U0954995

中学生人生教育丛书

古代散文联璧百篇 100

大数据时代
语文思维的力量

李建生 主编

上海科学技术文献出版社
Shanghai Scientific and Technological Literature Press

图书在版编目（CIP）数据

古代散文联璧百篇 / 李建生主编． —上海：上海科学技术文献出版社，2017（2022.10 重印）

（中学生人生教育丛书）

ISBN 978-7-5439-7334-3

Ⅰ．①古… Ⅱ．①李… Ⅲ．①古典散文—中国—中学—课外读物 Ⅳ．① G634.303

中国版本图书馆 CIP 数据核字 (2017) 第 038045 号

责任编辑：张 树 于学松

封面设计：周 婧

丛书名：中学生人生教育丛书

书 名：古代散文联璧百篇

李建生 主编

出版发行：上海科学技术文献出版社

地 址：上海市长乐路 746 号

邮政编码：200040

经 销：全国新华书店

印 刷：常熟市人民印刷有限公司

开 本：720×1000 1/16

印 张：32

字 数：452 000

版 次：2017 年 3 月第 1 版 2022 年 10 月第 3 次印刷

书 号：ISBN 978-7-5439-7334-3

定 价：68.00 元

http://www.sstlp.com

主　　编： 李建生

副 主 编： 潘　峰

参与编写：（按姓氏笔画）

丁　玲　王德高　孙家新　杜雪莉　吴月华

宋　庆　张金良　范　奎　季红霞　孟庆平

秦亚琴　顾后荣　倪惠琴　倪　勤　黄纯洁

黄琴丹　谢剑伟　魏立艳

目　录

一、记叙性散文(共50篇)

二、说理性散文(共28篇)

(一) 立论

三、实用性散文(共22篇)

绪　论

我国古代的散文，跟古代诗歌一样，都是源远流长，有不少传诵的名篇。无数曼妙的散文作品，编织出中国历史精彩纷呈的大千世界，反映出丰富多彩的社会生活，刻画出绚丽多姿的自然风貌、妍媸俱呈的人生百态，以及深刻微妙的精神境界……许多经典作品，成为伟大的中华文明的载体，历经数千年的洗礼，至今仍然闪烁着不朽的光辉，在现实中发挥着巨大的作用。

在传播与普及古代散文的工作上，历代的有识之士发挥自己的智慧创造性地做了许多努力：通过选本，撮其精要，然后逐步深入，扩而大之。如第一个对古代散文进行研究精选的梁昭明太子萧统编的《文选》，收入的作品"事出于沉思，义归乎翰藻"；宋初李昉编辑自南朝萧梁至五代朱梁诗文以续《文选》的《文苑英华》，作品重骈文不重散文；南宋谈理派散文家朱熹再传弟子真德秀编写的《文章正宗》，作品分辞令、议论、叙事、诗赋四类；论文派吕祖谦编的《古文关键》，选录韩愈、柳宗元、曾巩、苏洵、苏轼等人的文章共60篇，其学生楼昉《崇古文诀》则选秦汉至宋古文200余篇；明代有唐顺之编《文选》、归有光编《文章指南》、茅坤编《唐宋八大家文钞》，多选唐宋文，尤其重"论"；清代吴楚材、吴调侯叔侄的《古文观止》，桐城派方苞的《古文约选》和姚鼐的《古文辞类纂》，清末民初王文濡的《续古文观止》，都是对后世影响深远的古文选本。

时间推移到21世纪，古代散文的传播与普及，最富有挑战性的工作，莫过于将古典文本引入现代语境，让古代散文在现代语境重放光彩。语文教材在这一方面承担着重要的任务，但除语文教材以"树木花卉""亭台楼阁""山水情思""传统美德""家园亲情""浩然正气""人生与艺术境界"（注：此七大主题为上海现行高中语文教材文言文单元的主题,另还有以体裁分类的五大主题)等主题组织选文与实施教学之外,有没有更好地拓宽高中学生学习古代散文的途径及进入古代散文的路径,这是摆在我们语文教学工作者面前艰巨的任务。

我校在多年的古典诗文阅读教学中形成了诸如拓展阅读、专题阅读、探究性阅读等经验,并发现"比较阅读"是为古典诗文特别是古代散文学习的有效抓手。通过从课内文章到课外文章的比较,加深对课文文本的研究与学习,通过同一主题下不同文章的比较分析,形成不同专题的阅读与学习,而在研究与学习的过程中,学生的探究能力提升了,探究意识也增强了,古文阅读与欣赏的能力自然水涨船高。在此基础上,语文组同仁产生了编写这部《古代散文联璧百篇》的想法,并很快将想法付诸实施。"古代散文"者,乃除广义诗歌、小说、戏剧外之古代文学作品也;"联璧"者,富有比较价值之两篇文本也,置于一组如珠联璧合,组合一处如佳偶也。我们从浩如烟海的古代散文佳作中精选了100篇构成了50组。至于体裁的分类,根据"以内容为主、以形式为辅"(谭家健《中国古代散文史稿》,重庆出版社,2006年1月版)的原则,吸收台湾冯永敏的分类方法(《散文鉴赏艺术探微》,台湾文史哲出版社,1998年2月版),将古代散文分为3大类和14小类:

第一类:记叙性散文,包括传记、行状、纪事、碑志、记游、状物、杂记(共选25组);

第二类:说理性散文,包括立论(政论、史论、文论、杂说)、驳诘(共选14组);

第三类:实用性散文,包括书牍、序跋、奏议、赠序、哀祭(共选11组)。

每一小类中包含文章若干篇,每两篇构成一组(对)。同组文章具有某种内在的关联性,具有"对话"价值——或者体裁相同而内容不同甚至观点相反,或者体裁相同而写法各异,或者内容相同但观点迥异写法不一。学生通过阅读、鉴赏、探究、辨析这一组组有内在联系富有较强对话价值的文章,去感受不同形式(语言的、文体的)带给他们的语言或思维上的冲击,进而提升他们的阅读鉴赏力和思辨力。

在编写体例上，我们将两篇能构成最佳"对话"关系的文章编成一组，每组由以下7个部分构成：

1. 原文：选文一般采用通行版本，个别也参照其他版本；对某些文字有歧义者，择善而从；有的文章考虑到篇幅较长，一般作节选，并在注解中说明。

2. 注释：注释也采用通行版本；对于通假字和异体字，由于较为复杂，统一以"'×'同'×'"的格式加注。

3. 知识：列出两篇文章所涉及的重要的文学、文化常识。

4. 品读：两篇文章的比较阅读与鉴赏，或比较主题，或比较写法，或比较结构，或比较语言，有时兼顾全面，有时侧重一方。有的为一般赏析文章的常规写法——由主题、手法到结构、语言；有的也去常规，略带感情色彩，但又不主观武断。

5. 借鉴：列出两篇文章中重要观点、思想，重要的写作素材、写法、结构特点，以简洁而明显的语言告诉学生这些观点、思想、写法、素材可以用于作何样的文章，如何运用，以体现读写结合。

6. 思考：列出3～4道思考题，前两道为文意的分析与理解，后1～2道为鉴赏与评价的探究题。

7. 译文：结合通行译文由编写者重新翻译，找不到通行译文的则由编写者依据"信、达、雅"的原则逐句认真翻译。

我们认为，开展古代散文的比较阅读与教学研究，至少能起到以下几方面作用。

一是可以帮助学生构建古代散文的基本图谱。

从小学到高中，学生零零星星接触到的古代散文如散落的珠子，没能形成一个系统，更谈不上有比较的阅读与赏析。按照我们上面谈到的古代散文分类，学生如果能一篇篇读过去，一组组比较过去，还是能够大致了解中国古代散文的发展史、熟悉中国古代散文的总体架构与分支的，尤其是熟悉古代散文体式的基本特征。

二是可以形成由课内文章到课外文章的拓展关系。

本书所选古代散文除经时间淘洗的经典文本和有“对话价值”的文本之外，还有一个比较重要的特点是能拓展语文教材篇目。一篇作品主题的确立，作者创作倾向的表现，其独特艺术魅力之所在，我们如果就文论文，往往不能使学生得到深刻的印象，教师也往往不容易说得透彻。如果采取比较的方法，找若干篇题材相同的作品，比较它们主题上的不同，研究它们形成不同主题的原因；再比较它们是如何围绕不同的主题来选择材料、安排结构、使用语言的，这样无论是思想内容还是它的艺术技巧，都会给学生留下更为深刻的印象，也便于学生进一步领会和掌握。比如教贾谊的《过秦论》，完全可以拿苏洵和苏辙的同题文《六国论》作比较，分析史论文的写法，并比较贾谊是如何分析秦之灭亡，而苏氏父子又是如何得出六国破灭的原因的。其他诸如，教苏轼的《前赤壁赋》，可以引入《后赤壁赋》作比较；教归有光的《项脊轩志》，不妨将其另一篇散文《先妣事略》拿来比较。当然，考虑到本书主要提供学生课后拓展学习所用，故入选篇目尽量避开教材课文（全书100篇仅《前赤壁赋》和《兰亭集序》为教材篇目），尽管有些文章不是与教材篇目的联璧篇，但或多或少都可以和教材的文章形成拓展关系，同样有比较的意义和价值。

三是有利于扩大学生的视野，培养能力和发展智力。

现行高中语文教材6册共有12个文言文单元，除古代小说、诗歌、戏剧外共有古代散文作品31篇，远远满足不了高中生对古代散文深入学习的需要，但语文教学的教时又有限，怎样才能在较短的时间内让学生掌握较丰富的知识，准确把握作品间主要的不同之处，采取拓展式的比较阅读与赏析是一种较好的途径。因为通过比较，可以使学生开阔眼界，看到此文的论点并不是唯一正确的论点，还可以从另一个角度去阐述；此文的表现手法也不是唯一完善的手法，还可以运用别的手法去刻画、去表现。另外，表现这类题材也不一定囿于这种体裁，别的体裁也可以表现，而一旦换成另一种体裁，作品的结构和表现手法都会随之发生变化，这样可以使学生的知识领域开阔起来。

如同样是写留侯张良，前后就有宋苏轼和明魏禧的两篇同题文《留侯论》，两文虽然论述对象相同，但观点和写法皆有明显不同。魏禧文章的论说表面上是说张良仕汉是否忠韩，实际上是借这一问题引出"天下公器非一人一姓之私""天下之生民不可以不救"等观点，也推倒了所谓忠韩的匹夫之见。苏轼采用了立论的方式进行论证，他广征史实，从正反两方面加以论证发挥。文章能开能合，气势俊逸奔放，虽只有短短七百字，但言简意赅，分析透彻，鞭辟入里，体现了苏轼史论汪洋恣肆的风格。魏禧的文章则采取驳论的论证方式，先提出他人所见，通过层层推论，最后得出结论，文章气势踔厉风发，表现了他长于见识和议论的写作特色。

再比较同为自传性质的作品《五柳先生传》和《六一居士传》。陶渊明与欧阳修，一个是晋代著名隐士，一个是宋朝文坛巨擘，时代不同、世道不同、禀赋不同、经历不同，然而，当我们仔细品读他们各自的小传，我们却能从中看到诸多联系和区别。从"名号"来看，二人同是以"号"明"志"，只不过一个是随性中含有蔑视，一个则雅致中带着企盼；从"快乐"来看，两文均是因"雅"而"乐"，一个是旷达中显出狷介，一个则清高中透着悲凉；再看"出入"，二者均为因"淡"而"出"，一个是在桃源里独善其身，一个则在庙堂中兼济天下。总之，五柳先生和六一居士，两人都有着清雅之趣，拔俗之骨，然前者旷达不羁，后者清醒坚毅，前者展示的是魏晋名士出世的洒脱，后者彰显的是宋朝大儒入世的大义，然最终不约而同站成一道人生的大风景，具有穿越时空的撼人力量。

这样一比较，不仅扩大了学生的视野，同时也加深了学生对两篇文章的理解。

学习古代散文一旦形成了自觉的比较阅读与赏析的习惯，更能提升自身的能力，发展其智力。于漪老师把学生的能力培养概括为四种，即思维能力、想象能力、观察能力以及自学能力，并强调"自学能力是非常重要的"(《怎样做一个语文教师》)。我们认为，开展对古代散文的比较研究，可以较好地达到上述目的。因为在学习过程中，学生可以通过比较对象来加深对文章的分析理解；反过来，又可以运用阅读中获得的知识和方法对比较对象进行解剖和研究。因为它们之间既有共同点又有不同点，比起毫无关联的单篇作品的学习来更能掌握分析与鉴赏的要领和方法，也就是说可以较好地培养学生的能力，发展他们的智力。限于篇幅和体例，本书仅入选两篇作品构成一组，其实有的作品完全可以引入第三篇甚至第四篇相关的文章作比较分析，这样更容易见出高下之别。如本书选了苏洵和苏辙的《六国论》，其实历代还有苏轼和明代李桢也写过《六国论》，如学生运用本书之比较阅读的方法再去拓展阅读，对于提高自己的鉴赏水平，养成自学的习惯，锻炼分析比较的能力，无疑是大有裨益的。

另外，通过一组相关作品的比较，对厘清阅读过程中各种因素的相互关系，进而提高学生的阅读理解水平也是一种有益的尝试。学习古代散文如能对同类作品作多方比较，是培养学生思维能力，让他们学会对具体作品进行抽象归纳以至重新条理化的一个很好的途径。

席勒曾言："永远束缚在整体中一个孤零零的断片上，人也就把自己变成一个断片了"。人对自身的认知如此，人对文学作品的学习与阅读亦是如此。只有通过对有着某种联系的，不同作家、不同作品的比较，才能更为准确地掌握这个作家突出的精神风貌，这篇作品独异的艺术特色，从而探求出我们人类独有的精神产品——文学创作和鉴赏的规律来。

以上是我们对比较阅读鉴赏的一些粗浅的认识与看法。

本书从编写提纲的拟定、入选篇目的确定、选文的最后商定到各部分内容的编撰，到学校的试用，最后付梓，前后历经近三年时间。我们上海市崇明中学语文组大部分老师都在繁杂的日常教学工作之余全程参与此项艰巨任务，而且放弃了很多节假日休息时间，可亲而可敬，更可见我组同仁强大之精神凝聚力！

由于我们学识粗浅，视野有限，加上时间仓促，在入选篇目的择取、结构体例的编排、两文的比较品读和思考题的适切编制等方面还有许多尚待改进之处，敬请各位方家不吝赐教为盼为感！

李建生

2016 年 8 月

一、记叙性散文
(共50篇)

(一) 传　　记

项羽本纪·垓下之围[①]

［西汉］　司马迁

项王军壁垓下，兵少食尽，汉军及诸侯兵围之数重。夜闻汉军四面皆楚歌，项王乃大惊曰："汉皆已得楚乎？是何楚人之多也！"项王则夜起，饮帐中。有美人名虞，常幸从；骏马名骓，常骑之。于是项王乃悲歌慷慨，自为诗曰："力拔山兮气盖世，时不利兮骓不逝。骓不逝兮可奈何，虞兮虞兮奈若何[②]！"歌数阕，美人和之。项王泣数行下，左右皆泣，莫能仰视。

于是项王乃上马骑，麾下壮士骑从者八百余人，直夜溃围南出[③]，驰走。平明，汉军乃觉之，令骑将灌婴以五千骑追之。项王渡淮，骑能属者[④]百余人耳。项王至阴陵，迷失道，问一田父，田父绐曰："左。"左，乃陷大泽中，以故汉追及之。项王乃复引兵而东，至东城，乃有二十八骑。汉骑追者数千人。项王自度不得脱，谓其骑曰："吾起兵至今八岁矣，身七十余战，所当者破，所击者服，未尝败北，遂霸有天下。然今卒[⑤]困于此，此天之亡我，非战之罪也。今日固决死，愿为诸君快战，必三胜之，为诸君溃围，斩将，刈旗[⑥]，令诸君知天亡我，非战之罪也。"乃分其骑以为四队，四向。汉军围之数重。项王谓其骑曰："吾为公取彼一将。"令四面骑驰下，期山东为三处[⑦]。于是项王大呼驰下，汉军皆披靡，遂斩汉一将。是时，赤泉侯为骑将，追项王，项王嗔目而叱之，赤泉侯人马俱惊，辟易[⑧]数里。与其骑会为三处。汉军不知项王所在，乃分军为三，复围之。项王乃驰，复斩汉一都尉，杀数十百人，复聚其骑，亡其两骑耳。乃谓其骑曰："何如?"骑皆伏[9]曰："如大王言!"

于是项王乃欲东渡乌江。乌江亭长舣船[10]待，谓项王曰："江东虽小，地方千里[11]，众数十万人，亦足王也。愿大王急渡。今独臣有船，汉军至，无以渡。"项王笑曰："天之亡我，我何渡为[12]！且籍与江东子弟八千人渡江而西，今无一人还，纵江东父兄怜而王我[13]，我何面目见之？纵彼不言，籍独[14]不愧于心乎?"乃谓亭长曰："吾知公长者。吾骑此马五岁，所当无敌，尝一日行千里，不忍杀之，以赐公。"乃令骑皆下马步行，持短兵接战。独籍所杀汉军数百人。项王身亦被十余创，顾见汉骑司马吕马童，曰："若非吾故人乎?"马童面之[15]，指王翳曰："此项王也。"项王乃曰："吾闻汉购我头千金，邑万户，吾为若德[16]。"乃自刎而死。

【注释】

①本文选自《史记・项羽本纪》。垓(gāi)下，古地名，在今安徽省灵璧县东南。②逝：奔驰。奈若何：把你怎么办。③直夜：当夜。溃围：突破重围。④骑能属者：定语后置句；能跟随他的兵马。⑤卒：终于。⑥快战：痛痛快快地打一仗。刈(yì)：砍倒。⑦期山东为三处：约定(突围后)在山的东面分三处集合。⑧辟易：倒退。⑨伏：通"服"。⑩舣船：移船靠岸。⑪江东：长江在芜湖、南京间作东北偏北流向；习惯上称从这里以下的长江南岸地区为江东。地方：土地方圆。⑫我何渡为：我为什么要渡江呢！⑬纵：即使。王(wàng)我：使我为王。⑭籍：项羽的名。独：难道。⑮马童：即吕马童，又名吕伯子，少与项羽有旧，后项羽裁军投汉为郎中骑将。面：通"偭"(miǎn)，背对。⑯吾为若德：我为你做件好事。

高祖本纪・高祖论杰[1]

[西汉]　司马迁

五年，高祖与诸侯兵共击楚军，与项羽决胜垓下。淮阴侯将三十万自当之②,孔将军居左,费将军居右,皇帝在后③,绛侯、柴将军在皇帝后。项羽之卒可十万。淮阴先合④,不利,却。孔将军、费将军纵⑤,楚兵不利,淮阴侯复乘之,大败垓下。项羽卒闻汉军之楚歌,以为汉尽得楚地,项羽乃败而走,是以兵大败。使骑将灌婴追杀项羽东城,斩首八万,遂略定楚地。

……

高祖置酒雒阳南宫。高祖曰:"列诸侯将无敢隐朕⑥,皆言其情⑦。吾所以有天下者何?项氏之所以失天下者何?"高起、王陵对曰:"陛下慢⑧而侮人,项羽仁而爱人。然陛下使人攻城略地,所降下者因以予之,与天下同⑨利也。项羽妒贤嫉能,有功者害⑩之,贤者疑之,战胜而不予人功,得地而不予人利,此所以失天下也。"高祖曰:"公知其一,未知其二。夫运筹策⑪帷帐之中,决胜于千里之外,吾不如子房。镇国家,抚百姓,给餽饷⑫,不绝粮道,吾不如萧何。连百万之军,战必胜,攻必取,吾不如韩信。此三者,皆人杰也,吾能用之,此吾所以取天下也。项羽有一范增而不能用,此其所以为我擒也。"

【注释】

①本文节选自《史记·高祖本纪》。②当之:面对楚军,与楚军正面对阵。当,面对。③皇帝:指刘邦。④合:交战。⑤纵:指纵兵攻击楚军。⑥无敢:不能。隐朕:瞒我。⑦情:真情,这里指心里话。⑧慢:简慢无礼。⑨同:同享,共享。⑩害:忌妒,嫉恨。⑪筹策:谋求,计谋。⑫餽(kuì)饷:粮饷。

【知识】

1. 项羽

项羽(前232—前202),名籍,字羽,秦下相(今江苏宿迁西南)人。秦二世元年(前209年)从叔父项梁在吴中(今江苏苏州)起义,在巨鹿之战摧毁章邯的秦军主力。秦亡后称西楚霸王,实行分封制,封灭秦功臣及六国贵族为王。后与刘邦争夺天下,进行了4年的楚汉战争,公元前202年兵败,在乌江边自刎。

2. 刘邦

汉高祖刘邦(前 256—前 195),汉朝开国皇帝,统治期间,建章立制并采用休养生息之宽松政策治理天下,迅速恢复生产发展经济,不仅安抚了人民,也促成了汉朝雍容大度的文化基础。

3. 司马迁和《史记》

司马迁(前 145—前 87?),字子长,西汉夏阳(今陕西韩城,一说山西河津)人,伟大的史学家、文学家,被后人尊为“史圣”。所著《史记》是我国第一部纪传体通史。记载了上自上古传说中的黄帝时代,下至汉武帝太史元年间共 3 000 多年的历史。全书分本纪、世家、列传、书、表 5 部分。“本纪”记载历代帝王的兴衰和重大历史事件;“世家”是历朝诸侯贵族的活动和事迹;“列传”为历代除帝王、诸侯外各阶层有影响人物的传记;“书”是关于天文、历法、水利、经济、文化等方面的专题史;“表”是各个历史时期的大事记。

【品读】

一个时代的星空点缀了两颗明亮的巨星,注定不能永久地并存。他们终于用长期的征战决定并完成了自己的使命,却给我们留下了久久的品读与回味。阅读《高祖本纪》和《项羽本纪》中节选的这两段文字,我们不禁从心底发出这样的感慨:问天下谁是英雄?

1. 内容把握

综观两个本纪,内容上呈现一定的差异。

《高祖本纪》记述人物是从生到死。从介绍刘邦的姓氏、籍贯、出生、家庭以及做亭长时种种事情写起,写到刘邦入秦、打败项羽、建立帝业,写到高祖返乡,一直到高祖去世。而《项羽本纪》则是从少到老。文章主要选择了 3 件大事:少有大志、叱咤风云和垓下之围。

2. 写法比较

首先,从选材上,《高祖本纪》选材贯串刘邦的一生,是详细的记述描写;而

《项羽本纪》则择其要者,仅撷取其人生中几个精彩片段。其次,从重点上看,《高祖本纪》侧重其人生历程;而《项羽本纪》侧重其形象展示。再次,从写法上看,《高祖本纪》多运用叙述;而《项羽本纪》多运用描写。最后,从结构上看,《高祖本纪》是按照顺序展示;而《项羽本纪》则展示之后有评论。

3. 探究原因

第一,从传主身份上看,刘邦为本朝开国之主,所以要全面展示;而项羽乃过世英雄,则以择要集中展示。第二,从传主特点上看,刘邦是一位"不是家人生产作业""好酒及色"的乡间无赖,在时势的推动下走向英雄的神坛,从无赖到英雄有太多过程需要展示才能让读者看到一位英雄的成长历程;而项羽则是一位出生世家的贵族传人,天赋的异禀、世传的卓越只需典型事件便可展现。第三,从作者情感上看,前者对成功的英雄,作者虽承认其英雄身份,但不免对其为人略有微词,是以客观记述其成功过程而不着一词评价;后者在失败的英雄身上却寄托着作者的人格理想,是以对其形象着意展示而直现其有褒扬有遗憾的评价。

4. 形象比较

无论是刘邦还是项羽,都具有以下三个方面的特点:其一,都有远大理想。刘邦"有大度""大丈夫当如此也";项羽"学万人敌""彼可取而代也"。其二,都是性情中人。在情绪激昂时高歌。刘邦高歌"大风起兮云飞扬";项羽悲歌"力拔山兮气盖世"。其三,都不喜欢读书。唐人章碣《焚书坑》:"竹帛烟销帝业虚,关河空锁祖龙居。坑灰未冷山东乱,刘项原来不读书。"

刘邦与项羽也有显著的不同点。第一,出生不同:刘邦"蛟龙于其上",与上天有关;项羽"项氏世世代代为楚将",名将之后。第二,为人不同:刘邦"廷中吏无不狎侮",喜好羞辱他人;项羽"虞兮虞兮奈若何""吾为若德",重感情。第三,做事不同:刘邦"用留侯陈平计""用张良计",用他人计策;项羽"为诸君快战",亲力亲为。第四,成败原因不同,刘邦之所以成功,是因为乱世之中不为规则所困,只讲结果不计过程;善用他人之计;而项羽之所以失败,是由于重一时的形象展示而缺乏长远的打算和事事亲力亲为而缺乏对人才的利用。

【借鉴】

1.《大风歌》与《垓下歌》

(1) 刘邦《大风歌》:“大风起兮云飞扬,威加海内兮归故乡,安得猛士兮守四方!”

(2) 项羽《垓下歌》:“力拔山兮气盖世,时不利兮骓不逝。骓不逝兮可奈何,虞兮虞兮奈若何!”

以上两则素材可用在理想、抱负、挫折、人生等话题方面的写作。

2. 后人点评

(1) 司马迁:“自矜功伐,奋其私智而不师古,谓霸王之业,欲以力征经营天下,五年卒亡其国,身死东城,尚不觉寤而不自责,过矣。”

(2) 杜牧《题乌江亭》:“胜败兵家事不期,包羞忍耻是男儿。江东子弟多才俊,卷土重来未可知。”

(3) 王安石《题乌江亭》:“百姓疲劳壮士哀,中原一败势难回。江东子弟今虽在,肯为君王卷土来?”

(4) 李清照《夏日绝句》:“生当作人杰,死亦为鬼雄。至今思项羽,不肯过江东。”

(5) 毛泽东《七律·人民解放军占领南京》:“钟山风雨起苍黄,百万雄师过大江。虎踞龙盘今胜昔,天翻地覆慨而慷。宜将剩勇追穷寇,不可沽名学霸王。天若有情天亦老,人间正道是沧桑。”

以古为鉴,可知兴替;以人为鉴,可明得失。面对同一段历史,同一个历史人物,每个人的认识和判断是不同的。这些材料可以用在认识、判断、主观与客观等话题写作。

【思考】

1.《垓下之围》由 3 个场面组成,请分别用四字短语加以概括。

2. 汉高祖说,“公知其一,未知其二”。结合文本用自己的话概括,“其一”是指什么？“其二”又指什么？

3.《垓下之围》中有多处细节描写刻画了项羽这一英雄形象，请结合文本作简要赏析。

4. 项羽与刘邦，谁才是真正的英雄？请给出自己的理由。

【译文】

项羽本纪 · 垓下之围

项王的部队在垓下修筑了营垒，兵少粮尽，汉军及诸侯兵把他团团包围了好几层。深夜，听到汉军在四面唱着楚地的歌，项王大为吃惊，说：“难道汉军已经完全取得了楚地？怎么楚国人这么多呢？”项王连夜起来，在帐中饮酒。有美人名虞，一直受宠跟在项王身边；有骏马名骓，项王一直骑着。这时候，项王不禁慷慨悲歌，自己作诗吟唱道：“力量能拔山啊，英雄气概举世无双，时运不济呀骓马不再往前闯！骓马不往前闯啊可怎么办，虞姬呀虞姬，怎么安排你呀才妥善？”项王唱了几遍，美人虞姬在一旁应和。项王眼泪一道道流下来，左右侍者也都跟着落泪，没有一个人能抬起头来看他。

于是项王骑上马，部下壮士八百多人骑马跟在后面，趁夜突破重围，向南冲出，飞驰而逃。天快亮的时候，汉军才发觉，命令骑将灌婴带领五千骑兵去追赶。项王渡过淮河，部下壮士能跟上的只剩下一百多人了。项王到达阴陵，迷了路，去问一个农夫，农夫骗他说：“向左边走。”项王带人向左，陷进了大沼泽地中。因此，汉兵追上了他们。项王又带着骑兵向东，到达东城，这时就只剩下二十八人。汉军骑兵追赶上来的有几千人。项王自己估计不能逃脱了，对他的骑兵说：“我带兵起义至今已经八年，亲自打了七十多仗，我所抵挡的敌人都被打垮，我所攻击的敌人无不降服，从来没有失败过，因而能够称霸，据有天下。可是如今终于被困在这里，这是上天要灭亡我，决不是作战的过错。今天肯定得决心战死了，我愿意给诸位打个痛痛快快的仗，一定胜它三回，给诸位冲破重围，斩杀汉将，砍倒军旗，让诸位知道的确是上天要灭亡我，决不是作战的过错。”于是把骑兵分成四队，面朝四个方向。汉军把他们包围起几层。项王对骑兵们说：“我来给你们拿下一员汉将！”命令四面骑士驱马飞奔而下，约定冲到山的东边，分作三处集合。于是项王高声呼喊着冲了下去，汉军像草木随风倒伏一样溃败了，项王杀掉了一名汉将。这时，赤泉侯杨喜为汉军骑将，在后面追赶项王，项王瞪大眼睛呵斥他，赤泉侯连人带马都吓坏了，倒退了好几里。项王与他的骑兵在三处会合了。汉军不知项王的去向，就把部队分为三路，再次包围上来。项王驱马冲了上去，又斩了一名汉军都尉，杀死有百八十人，聚拢骑兵，仅仅损失了两个人。项王问骑兵们道：“怎么样？”骑兵们都敬服地说：“正像大王说的那样。”

这时候，项王想要向东渡过乌江。乌江亭长正停船靠岸等在那里，对项王说：“江东虽然小，但土地纵横各有一千里，民众有几十万，也足够称王啦。希望大王快快渡江。现在只有我这儿有船，汉军到了，没法渡过去。”项王笑了笑说：“上天要灭亡我，我为什么要渡江呢！再说我和江东子弟八千人渡江西征，如今没有一个人回来，纵使江东父老兄弟怜爱我让我做王，我又有什么脸面去见他们？纵使他们不说什么，我项籍难道心中没有愧吗？”于是对亭长说：“我知道您是位忠厚长者，我骑着这匹马征战了五年，所向无敌，曾经日行千里，我不忍心杀掉它，把它送给您吧。”命令骑兵都下马步行，手持短兵器与追兵交战。光项籍一个人就杀掉汉军几百人。项王身上也有十几处负伤。项王回头看见汉军骑司马吕马童，说：“你不是我的老相识吗？”马童这时才跟项王打了个对脸儿，于是指给王翳说：“这就是项王。”项王说：“我听说汉王用黄金千斤，封邑万户悬赏征求我的脑袋，我就把这份好处送你吧！”说完，自刎而死。

高祖本纪·高祖论杰

五年（前202），高祖和诸侯军共同进攻楚军，与项羽在垓下决战。淮阴侯韩信率领三十万大军与楚军正面对阵，他的部将孔将军在左边，费将军在右边，汉王领兵随后，绛侯周勃、柴将军跟在汉王的后面，项羽的军队大约有十万。淮阴侯首先跟楚军交锋,不利,向后退却。孔将军、费将军从左右两边纵兵攻上去,楚军不利,淮阴侯乘势再次攻上去,大败楚军于垓下。项羽的士兵听到汉军唱起了楚地的歌,以为汉军已经完全占领了楚地,项羽战败逃走,楚军因此全部崩溃。汉王派骑将灌婴追杀项羽,一直追到东成,杀了八万楚兵,终于攻占平定了楚地。

……

高祖在洛阳南宫摆设酒宴。高祖说:“列侯和各位将领,你们不能瞒我,都要说自己的真心话。我之所以能取得天下,是因为什么呢?项羽之所以失去天下,又是因为什么呢?”高起、王陵回答说:“陛下傲慢而且好侮辱别人;项羽仁厚而且爱护别人。可是陛下派人攻打城池夺取土地,所攻下和降服的地方就分封给人们,跟天下人同享利益。而项羽却妒贤嫉能,有功的就忌妒人家,有才能的就怀疑人家,打了胜仗不给人家授功,夺得了土地不给人家好处,这就是他失去天下的原因。”高祖说:“你们只知其一,不知其二。如果说运筹帷幄之中,决胜于千里之外,我比不上张子房;镇守国家,安抚百姓,供给粮饷,保证运粮道路不被阻断,我比不上萧何;统率百万大军,战则必胜,攻则必取,我比不上韩信。这三个人都是人中的俊杰,我却能够使用他们,这就是我能够取得天下的原因所在。项羽虽然有一位范增却不信任重用,这就是他被我擒获的原因。”

冯谖客孟尝君①

《战国策》

齐人有冯谖者,贫乏不能自存,使人属② 孟尝君,愿寄食门下。孟尝君曰:“客何好?”曰:“客无好也。”曰:“客何能?”曰:“客无能也。”孟尝君笑而受之,曰:“诺。”左右以君贱之也,食以草具③。

居有顷④,倚柱弹其剑,歌曰:“长铗归来乎⑤!食无鱼。”左右以告。孟尝君曰:“食之,比门下之客。”居有顷,复弹其铗,歌曰:“长铗归来乎!出无车。”左右皆笑之，以告。孟尝君曰："为之驾，比门下之车客。"于是乘其车，揭其剑，过其友曰："孟尝君客我。"后有顷，复弹其剑铗，歌曰："长铗归来乎！无以为家。"左右皆恶之，以为贪而不知足。孟尝君问："冯公有亲乎？"对曰，"有老母。"孟尝君使人给其食用，无使乏。于是冯谖不复歌。

后，孟尝君出记⑥，问门下诸客："谁习计会⑦，能为文收责于薛者乎？"冯谖署曰："能。"孟尝君怪之，曰："此谁也？"左右曰："乃歌夫'长铗归来'者也。"孟尝君笑曰："客果有能也，吾负之，未尝见也。"请而见之，谢曰："文倦于事，愦于忧，而性懧愚⑧，沈于国家之事，开罪于先生。先生不羞，乃有意欲为收责于薛乎？"冯谖曰："愿之。"于是约车治装，载券契⑨而行，辞曰："责毕收，以何市而反？"孟尝君曰："视吾家所寡有者。"

驱而之薛，使吏召诸民当偿者，悉来合券。券遍合，起，矫命⑩以责赐诸民，因烧其券，民称"万岁"。

长驱到齐，晨而求见。孟尝君怪其疾也，衣冠而见之，曰："责毕收乎？来何疾也！"曰："收毕矣。""以何市而反？"冯谖曰："君云'视吾家所寡有者'。臣窃计，君宫中积珍宝，狗马实外厩，美人充下陈⑪。君家所寡有者，以义耳！窃以为君市义。"孟尝君曰："市义奈何？"曰："今君有区区之薛，不拊爱⑫子其民，因而贾利之。臣窃矫君命，以责赐诸民，因烧其券，民称'万岁'。乃臣所以为君市义也。"孟尝君不悦，曰："诺，先生休矣。"

后期年，齐王⑬谓孟尝君曰："寡人不敢以先王之臣为臣。"孟尝君就国于薛，未至百里，民扶老携幼，迎君道中终日。孟尝君顾谓冯谖："先生所为文市义者，乃今日见之。"

冯谖曰："狡兔有三窟，仅得免其死耳。今君有一窟，未得高枕而卧也。请为君复凿二窟。"孟尝君予车五十乘，金五百斤，西游于梁，谓惠王曰："齐放其大臣孟尝君于诸侯，诸侯先迎之者，富而兵强。"于是梁王虚上位，以故相为上将军，遣使者，黄金千斤，车百乘，往聘孟尝君。冯谖先驱，诫孟尝君曰："千金，重币也；百乘，显使也。齐其闻之矣。"梁使三反，孟尝君固辞不往也。

齐王闻之，君臣恐惧，遣太傅⑭赍黄金千斤，文车二驷，服剑一，封书谢孟尝君曰："寡人不祥，被于宗庙之祟⑮，沈于谄谀之臣，开罪于君。寡人不足为也，愿君顾先王之宗庙，姑返国统万人乎！"冯谖诫孟尝君曰："愿请先王之祭器，立宗庙于薛。"庙成，还报孟尝君曰："三窟已就，君姑高枕为乐矣。"

孟尝君为相数十年，无纤介⑯之祸者，冯谖之计也。

【注释】

①冯谖(xuān)：齐国游说之士。谖，一作"煖"，《史记》又作"驩"，音皆同。客：做门客。孟尝君：齐国贵族，姓田名文，齐滑王时为相。其父田婴在齐宣王时为相，并受封于薛，故本篇中有"寡人不敢以先王之臣为臣"之说。田婴死后，田文袭封地，封号为孟尝君。孟尝君好养士，据说有门客三千。②属：同"嘱"，嘱咐。③草具：粗劣的饭菜。④居有顷：过了不久。⑤铗(jiá)：剑把，这里指剑。归来乎：回去吧。这里的"来"是语气词，不表"来到"的意思。⑥出记：出了一个文告。记，账册，古代一种公文文种。⑦计会：会计。⑧愦于忧：忧愁思虑太多，心思烦乱。愦，同"溃"，乱。懧愚：懦弱无能。懧：同"懦"。⑨券契：债契。债务关系人双方各持一半为凭。古时契约写在竹简或木简上，分两半，验证时，合起来查对，故后有合券之说。下文的"合券"，即验合债券。⑩矫命：假托(孟尝君)命令。⑪下陈：堂下，后室。⑫拊爱，爱抚。拊，同"抚"，抚育，抚慰。⑬齐王：齐滑王。《史记·孟尝君列传》："齐(滑)王惑于秦、楚之毁，以为孟尝君各高其主，而擅齐国之权，遂废孟尝君。"所谓"不敢以先王之臣为臣"，是托词。⑭太傅，官名，为辅佐国君之官。⑮被于宗庙之祟：遭受祖宗神灵降下的灾祸。被，遭受。⑯纤介：介，同"芥"，纤丝与草籽，比喻极微小。

信陵君窃符救赵

[西汉] 司马迁

魏公子无忌者，魏昭王少子，而魏安釐王异母弟也。昭王薨，安釐王即位，封公子为信陵君。是时，范雎亡魏相秦；以怨魏齐故，秦兵围大梁，破魏华阳下军，走芒卯。魏王及公子患之。

公子为人仁而下士[①]，士无贤不肖[②]皆谦而礼交之，不敢以其富贵骄士[③]。士以此方数千里争往归之，致食客三千人。当是时，诸侯以公子贤，多客，不敢加兵谋魏十余年。

公子与魏王博，而北境传举烽，言“赵寇至，且入界”。魏王释博，欲召大臣谋。公子止王曰：“赵王田猎耳，非为寇也。”复博如故。王恐，心不在博。居顷，复从北方来传言曰：“赵王猎耳，非为寇也。”魏王大惊，曰：“公子何以知之？”公子曰：“臣之客有能深得赵王阴事者，赵王所为，客辄以报臣，臣以此知之。”是后魏王畏公子之贤能，不敢任公子以国政。

魏有隐士曰侯嬴，年七十，家贫，为大梁夷门监者。公子闻之，往请，欲厚遗之。不肯受，曰：“臣修身洁行数十年，终不以监门困故而受公子财。”公子于是乃置酒大会宾客。坐定，公子从车骑，虚左，自迎夷门侯生。侯生摄[④]敝衣冠，直上载公子上坐，不让，欲以观公子。公子执辔愈恭。侯生又谓公子曰：“臣有客在市屠中，愿枉车骑过之[⑤]。”公子引车入市，侯生下，见其客朱亥，俾倪，故久立与其客语，微察公子，公子颜色愈和。当是时，魏将相宗室[⑥]宾客满堂，待公子举酒。市人皆观公子执辔。从骑皆窃骂侯生。侯生视公子色终不变，乃谢客就车。至家，公子引侯生坐上坐，遍赞宾客，宾客皆惊。酒酣，公子起，为寿侯生前[⑦]。侯生因谓公子曰：“今日嬴之为公子亦足矣[⑧]！嬴乃夷门抱关者也，而公子亲枉车骑自迎嬴，于众人广坐之中，不宜有所过，今公子故过之。然嬴欲就公子之名，故久立公子车骑市中，过客，以观公子，公子愈恭。市人皆以嬴为小人，而以公子为长者[⑨]，能下士也。”于是罢酒，侯生遂为上客。

侯生谓公子曰：“臣所过屠者朱亥，此子贤者，世莫能知，故隐屠间耳。”公子往，数请之，朱亥故不复谢。公子怪之。

魏安釐王二十年，秦昭王已破赵长平军，又进兵围邯郸。公子姊为赵惠文王弟平原君夫人，数遗魏王及公子书，请救于魏。魏王使将军晋鄙将十万众救赵。

秦王使使者告魏王曰:"吾攻赵旦暮且下,而[10]诸侯敢救者,已拔赵,必移兵先击之。"魏王恐,使人止晋鄙,留军壁[11]邺,名为救赵,实持两端以观望。平原君使者冠盖相属于魏,让[12]魏公子曰:"胜所以自附为婚姻者,以公子之高义,为能急人之困。今邯郸旦暮降秦而魏救不至,安在公子能急人之困也!且公子纵轻胜,弃之降秦,独不怜公子姊邪?"公子患之,数请魏王,及宾客辩士说王万端[13]。魏王畏秦,终不听公子。

公子自度终不能得之于王,计不独生而令赵亡,乃请宾客,约车骑百余乘,欲以客往赴秦军,与赵俱死。行过夷门,见侯生,具告所以欲死秦军状[14]。辞决而行,侯生曰:"公子勉之矣,老臣不能从。"公子行数里,心不快,曰:"吾所以待侯生者备矣,天下莫不闻,今吾且死而侯生曾无一言半辞送我,我岂有所失哉?"复引车还问侯生。侯生笑曰:"臣固知公子之还也。"曰:"公子喜士,名闻天下。今有难,无他端而欲赴秦军,譬若以肉投馁虎,何功之有哉?尚安事客?然公子遇臣厚,公子往而臣不送,以是知公子恨之复返也。"公子再拜,因问。侯生乃屏人间语曰:"嬴闻晋鄙之兵符常在王卧内,而如姬最幸,出入王卧内,力能窃之。嬴闻如姬父为人所杀,如姬资之三年[15],自王以下欲求报其父仇,莫能得。如姬为公子泣,公子使客斩其仇头,敬进如姬。如姬之欲为公子死[16],无所辞,顾未有路耳。公子诚一开口请如姬,如姬必许诺,则得虎符夺晋鄙军,北救赵而西却秦,此五霸之伐也。"公子从其计,请如姬。如姬果盗兵符与公子。

公子行,侯生曰:"将在外,主令有所不受,以便国家。公子即合符,而晋鄙不授公子兵而复请之,事必危矣。臣客屠者朱亥可与俱,此人力士。晋鄙听,大善;不听,可使击之。"于是公子泣。侯生曰:"公子畏死邪?何泣也?"公子曰:"晋鄙嚄唶宿将,往恐不听,必当杀之,是以泣耳,岂畏死哉?"于是公子请朱亥。朱亥笑曰:"臣乃市井鼓刀屠者,而公子亲数存之,所以不报谢者,以为小礼无所用。今公子有急,此乃臣效命之秋也。"遂与公子俱。公子过谢侯生。侯生曰:"臣宜从,老不能。请数公子行日,以至晋鄙军之日,北乡自刭,以送公子。"公子遂行。

至邺,矫魏王令代晋鄙。晋鄙合符,疑之,举手视公子曰:"今吾拥十万之众,屯于境上，国之重任。今单车来代之，何如哉？”欲无听。朱亥袖四十斤铁椎椎杀晋鄙。公子遂将晋鄙军。勒兵，下令军中，曰：“父子俱在军中，父归；兄弟俱在军中，兄归；独子无兄弟，归养。”得选兵八万人，进兵击秦军。秦军解去，遂救邯郸，存赵。赵王及平原君自迎公子于界，平原君负韊矢为公子先引。赵王再拜曰：“自古贤人未有及公子者也！”当此之时，平原君不敢自比于人。

公子与侯生决，至军，侯生果北乡自刭。

魏王怒公子之盗其兵符，矫杀晋鄙，公子亦自知也。已却秦存赵，使将将其军归魏，而公子独与客留赵。赵孝成王德公子之矫夺晋鄙兵而存赵，乃与平原君计，以五城封公子。公子闻之，意骄矜而有自功之色。客有说公子曰：“物有不可忘，或有不可不忘。夫人有德于公子，公子不可忘也。公子有德于人，愿公子忘之也。且矫魏王令晋鄙兵以救赵，于赵则有功矣，于魏则未为忠臣也。公子乃自骄而功之，窃为公子不取也。”于是公子立自责，似若无所容者。赵王扫除自迎，执主人之礼，引公子就西阶。公子侧行辞让，从东阶上。自言罪过，以负于魏，无功于赵。赵王侍至暮，口不忍献五城，以公子退让也。公子竟留赵。赵王以鄗为公子汤沐邑，魏亦复以信陵奉公子。

【注释】

①仁而下士：心肠仁爱而且能够谦逊地对待士人。②无贤不肖：无论才能高还是低。③以其富贵骄士：凭借自己的富贵骄横地对待士人。④摄：整理。⑤愿枉车骑过之：希望委屈您的车马去访他。⑥宗室：和国王同一个宗族的贵族。⑦为寿侯生前：到侯生前，为他祝寿。⑧今日嬴之为公子亦足矣：今天我侯嬴为难公子也够了。⑨长者：有德行的人。⑩而：假如。⑪壁：驻扎。⑫让：责备。⑬说王万端：用各种理由劝说魏王。⑭具告所以欲死秦军状：把自己要同秦军拼命的情况都告诉他。⑮如姬资之三年：意思是如姬想为父亲报仇的念头存在心里已三年了。⑯如姬之欲为公子死，无所辞：如姬愿意替公子效命出力，没有什么可说的。

【知识】

1.《战国策》

《战国策》是一部国别体史书。主要记述了战国时期的纵横家的政治主张和策略，展示了战国时代的历史特点和社会风貌，是研究战国历史的重要典籍。西汉末年，刘向将之编定为33篇，书名亦为刘向所拟定，文笔恣肆，语言流畅，论事透辟，写人传神，还善于运用寓言故事和新奇的比喻来说明抽象的道理，具有浓厚的艺术魅力和文学趣味。

2. 战国四公子

战国末期各诸侯国贵族为对付秦国的入侵和挽救本国，竭力网罗人才。他们礼贤下士，广招宾客，以扩大自己的势力，因此养"士"之风盛行。当时，以养"士"著称的有魏国的信陵君、齐国的孟尝君、赵国的平原君、楚国的春申君，时人称之为"战国四公子"。

【品读】

《信陵君窃符救赵》和《冯谖客孟尝君》这两篇文章，在表现人物方面，有异曲同工之妙。

就人物形象而言，无论是公子还是门客，皆形神兼备，个性鲜明。

首先，这两篇文章对信陵君和孟尝君的形象刻画可谓匠心独运，各臻其妙。两人都善养门客，人数多达三千。信陵君"仁而下士，士无贤不肖皆谦而礼交之，不敢以其富贵骄士"，孟尝君则经常接济贫者，两人都有礼贤下士、善用人才的品德。

信陵君在关键时刻急人之困。赵国危在旦夕，他重义相救，甘愿与秦军决一死战。他高瞻远瞩，深知唇亡齿寒，救赵等于救魏。他治军有方，夺得晋鄙军后，立即宣布："父子俱在军中，父归；兄弟俱在军中，兄归；独子无兄弟，归养。"这一措施，深得人心，由此得选精兵八万，终于获胜。孟尝君在政治上也颇有头脑，他善于听从门客的建议，靠手下门客躲过危难，相安无事。他会笼络人心，对冯谖的三次恩赐均是其善用人的一种艺术。他对门客充分利用其才智，真可谓是“善于养士”之人。两位公子的个性十分鲜明，读来跃然纸上。

其次，两位作者对门客的描写，运笔有致，形神兼备。侯嬴和冯谖二人为了自己的公子，竭心尽力。《信陵君窃符救赵》中侯嬴不受公子之财，故意冷淡亲自驱车前来拜访的信陵君，之后为信陵君出谋划策，解了赵军之困。呈现了一个贫而有志、智慧忠诚、用心良苦的门客形象，其情感人。《冯谖客孟尝君》中的冯谖有深邃的政治眼光。文章始写冯谖弹剑弹铗弹剑铗，要鱼要车要养家，贪欲甚多，显得可嫌。之后冯谖矫命烧券，“窃以为君市义”，惹来孟尝君不高兴，文章前半篇对冯谖抑之又抑，无须再抑。孟尝君失去相位，薛邑百姓扶老携幼，迎君终日。孟尝君此时看到“义”之所在，顿觉冯谖之可敬可佩。文章后半篇主要叙述构筑“狡兔三窟”，对冯谖扬之又扬，无可再扬。结语谓：“孟尝君为相数十年，无纤介之祸者，冯谖之计也。”终于圆满地树立起一位忠诚睿智的策士形象。

就人物形象的刻画技法而言，两文可值得称道的有三点：

第一，善于在矛盾冲突中凸显人物形象。《信陵君窃符救赵》主要选取结交侯嬴、求如姬窃兵符、夺晋鄙军救赵这些情节，赵国长平惨败，全军覆没，邯郸被围，危在旦夕，在这种危机四伏、十万火急的情势下，作者让信陵君出场，让人物在矛盾冲突的漩涡里经受考验，展示他的智勇。《冯谖客孟尝君》中冯谖把薛地百姓所有债务全免掉了，害得孟尝君很不高兴。孟尝君没有遇到信陵君那样的“政治风暴”，但他却面临着潜在的危机，那就是齐王对他的猜忌，作者抓住孟尝君对冯谖的“宽容”，然后借助冯谖的“设计”，使他从容地度过了一次次的政治风波。两位作者都抓住各种矛盾来突出人物性格。

第二，善于运用行动和语言描写来表现人物形象。写信陵君的礼贤下士，颜色“愈和”“愈恭”，两个“愈”字极言他对侯嬴的谦逊态度。《冯谖客孟尝君》中的对话，颇具特色，由冯谖的“索取”与孟尝君的“赏赐”可见一斑。索鱼的对话，歌曰:“长铗归来乎!食无鱼。”孟尝君曰:“食之,比门下之客。”索车的对话,歌曰:“长铗归来乎!出无车。”孟尝君闻此后又曰:“为之驾,比门下之车客。”精湛的对话表现了当冯谖主动索取利禄时,孟尝君礼贤下士的一面。

第三,善于在复杂的人物关系中展现人物思想性格。对信陵君的刻画是将其置于侯嬴、平原君以及朱亥等人的关系中的。比如信陵君的礼贤下士通过侯嬴的故意冷淡来呈现,对侯嬴的勾勒又有朱亥来陪衬,朱亥的勇和侯嬴的谋都为信陵君善于用人张本。有关冯谖的描写,主要通过他与孟尝君以及其他门客的关系加以衬托。冯谖与“鸡鸣狗盗”之门客不同,他有政治建树。他之所以为孟尝君“市义”,就因为他看到了公子有一天会“落魄”。复杂的政治历史背景,为人物活动提供了广阔的空间。

两篇著名的历史作品,成功地塑造了齐国与魏国两公子及其门客的形象,堪称出神入化,妙笔生花。

【借鉴】

1. 狡兔三窟,高枕无忧

冯谖说:“狡兔三窟,仅得免其死耳。今有一窟,未得高枕而卧也。”意思是狡兔三窟才免去死亡危险,你只有一处安身之所,不能高枕无忧啊!文中的这句话言下之意就是有备而无患。也就是说要充分发挥主观能动性,根据自身能力为未来的发展创造条件,从而使事物向着好的一面发展。联想到当今社会,瞬息万变,竞争激烈,我们必须扬长避短,努力发挥自身的优势,未雨绸缪,早作准备,才能解除后顾之忧,获得学业事业的更大进步。

2. “士为知己者死”

侯嬴为了表达自己对公子的支持和忠诚,坚定信陵君夺取晋鄙军的决心,凛然自刭,促成了信陵君“存魏救赵”的壮举。在侯嬴身上,体现了司马迁为人处世的一种道德观念,那就是“士为知己者死”。“士为知己者死”,指甘愿为赏识自己、栽培自己的人献身。汉代刘向《说苑》中说:“生我者父母,知我者鲍子也。士为知己者死，而况为之哀乎！”“士为知己者死”可以作为报答知遇之恩，以自己的行动证明人间重真情、忠义、气节等观点的有力论据。

【思考】

1. 简析侯嬴自杀的原因。

2. 为巩固孟尝君在齐国的地位，冯谖向孟尝君献上“凿三窟，方可高枕为乐”之计，请用简洁语言概括这“三窟”的具体内容，并说说冯谖是一个怎样的人？

3. 鲁迅先生说，《史记》“不拘于史法，不囿于字句，发于情，肆于心而为文”。司马迁在《太史公自序》里称赞信陵君：“能以富贵下贫贱，贤能诎于不肖，唯信陵君为能行之。”在本篇中，作者通过哪两件事来表现信陵君侠义精神的？在信陵君身上倾注了作者怎样的思想感情？

4.《冯谖客孟尝君》中对公子孟尝君和门客冯谖的描写，与《信陵君窃符救赵》中对信陵君和门客侯嬴的刻画颇有异曲同工之妙。就人物形象的刻画技法而言，结合文本内容分析两篇文章有哪些相似的地方。

【译文】

冯谖客孟尝君

齐国有个叫冯谖的人，穷得不能维持自己的生活，他让人转告孟尝君，希望到他门下当一名食客。孟尝君问：“冯谖有什么爱好？”来人说：“没有什么爱好。”孟尝君又问：“他有何才干？”来人说：“没什么才能。”孟尝君笑了笑，说道：“好吧。”就收留了冯谖。孟尝君身边管事的人认为孟尝君看不起冯谖，就给冯谖吃一些粗劣的食物。

过了没多久，冯谖靠着柱子，用手指弹着他的佩剑唱道：“长铗啊，咱们还是回去吧，这儿没有鱼吃啊！”孟尝君身边管事的人把这事告诉了孟尝君。孟尝君说:“给他鱼吃,让他吃一般门客的伙食标准。”又过了没多久,冯谖又靠着柱子,弹着剑唱道:“长铗啊,咱们还是回去吧,这儿出门连车也没有!”左右的人都笑他,又把这话告诉了孟尝君。孟尝君说:“给他车子坐,让他享受有车坐的门客一样的待遇。”于是冯谖坐着车子,举着他的长剑去拜访他的朋友,说:“孟尝君以宾客的礼遇款待我!”后来又过了些时候,冯谖又弹起他的剑唱道:“长铗啊,咱们还是回去吧,我无法养家。”孟尝君身边管事的人都很讨厌他,认为他十分贪心,不知满足。孟尝君知道后就问:“冯先生家里有亲人吗?”有人回答说:“有一个老母亲。”孟尝君就派人供给冯谖的母亲吃的、用的,不让她缺少什么东西。从此以后,冯谖就不再弹剑唱歌了。

后来,孟尝君贴出一张文告,问门下诸位食客:“哪位学过会计,能够替我去薛地收债吗?”冯谖签了名,说:“我能够。”孟尝君见了名字感到很惊奇,问:“这是谁呀?”管事的人说:“就是唱那‘长铗归来’的人。”孟尝君笑着说:“这位门客果然有才能,我亏待了他,还没见过面呢!”孟尝君就派人请冯谖来相见,向他道歉说:“我被琐事搞得精疲力竭,被忧虑搅得心烦意乱;加之我懦弱无能,整天埋在国家大事之中,以致怠慢了您,而您却并不见怪,倒愿意往薛地去为我收债,是吗?”冯谖回答道:“我愿意去。”于是备好车马,整治行装,载上契约票据动身了。临行前冯谖向孟尝君告辞时问:“债收完了,买什么回来?”孟尝君说:“您看我家里缺什么就买什么吧。”

冯谖坐着车子到了薛地,派官吏把该还债务的百姓找来核验借据。借据核验完毕后,他假托孟尝君的命令,把所有的债款赏赐给欠债人,并当场把债券烧掉。百姓都高呼“孟尝君万岁”。

冯谖赶着车,马不停蹄,直奔齐都,清晨就求见孟尝君。孟尝君对他回来得这么快感到奇怪,穿好衣服、戴好帽子,去见他,问道:“债都收完了吗?怎么回来得这么快?”冯谖说:“债都收了。”“买什么回来了?”孟尝君问。冯谖回答道:“您曾说‘看我家缺什么就买什么’,我私下考虑您宫中积满了珍珠宝贝,外面马房多的是猎狗、骏马,后庭多的是美女,您家里所缺的只不过是‘恩义’罢了,所以我用债款为您买了‘恩义’。”孟尝君道：“买恩义是怎么回事？”冯谖道：“现在您只有一块小小的薛地，您不像对待自己的子女一样去爱护那里的老百姓，还向他们放债求利。我擅自假造您的命令，把债款赏赐给百姓，顺便烧掉了契据，以至百姓欢呼‘孟尝君万岁’，这就是我用来为您买恩义的方式啊。”孟尝君听后很不快地说：“好吧，先生，算了吧。”

过了一年，齐王对孟尝君说：“我可不敢用先王的臣子做我的臣子。”孟尝君只好到他的封国薛地去。离薛地还差一百里，薛地的人民扶老携幼，在路旁迎接孟尝君一整天。孟尝君见此情景，回头看着冯谖道：“您为我买的‘恩义’，今天才见到作用了。”

冯谖说：“狡猾机灵的兔子有三个洞才能免遭死患，现在您只有一个洞穴，还不能高枕无忧，请让我再去为您挖两个洞穴吧。”孟尝君应允了，就给了五十辆车子，五百斤黄金，冯谖往西到了魏国，他对惠王说：“现在齐国把他的大臣孟尝君放逐出来了，哪位诸侯先迎接他，他的国家就可富裕而且兵力强大。”于是惠王把相位空出来，把原来的相国调为上将军，并派使者带着千斤黄金，百辆车子去聘请孟尝君。冯谖比魏国的使者先到达薛地，告诫孟尝君说：“黄金千斤，这是很重的聘礼了；百辆车子，算是显贵的使臣了。齐国君臣大概听说这事了吧。”魏国的使臣往返了三次，孟尝君坚决推辞而不去魏国。

齐王果然听到这一消息，君臣上下十分惊恐。于是连忙派太傅拿着千斤黄金，驾着两辆四匹马拉的绘有文采的车子，带上一把佩剑，并给孟尝君写了封信谢罪说：“我倒了霉，遭到祖宗降下的灾祸，又被身边阿谀逢迎的臣子迷惑，所以得罪了您。我是不值得您帮助的，但希望您顾念齐国先王的宗庙，暂且回国都来治理国事吧。”冯谖又告诫孟尝君道：“希望你向齐王请求先王传下来的祭器，在薛建立宗庙。”（齐王果然照办。）宗庙建成后，冯谖回报孟尝君：“现在三个洞穴已经营造好，您可以高枕无忧了。”

孟尝君在齐国当了几十年相国，没有遭到丝毫祸患，这都是冯谖计谋的结果啊！

信陵君窃符救赵

魏公子无忌是魏昭王的小儿子,魏安王的异母弟弟。昭王去世后,安王继位,封公子为信陵君。当时范雎从魏国逃出到秦国任秦相,因为怨恨魏相魏齐屈打自己几乎致死的缘故,就派秦军围攻大梁,击败了魏国驻扎在华阳的部队,使魏将芒卯战败而逃。魏王和公子对这件事十分焦虑。

公子为人仁爱而尊重士人,士人无论是才能高的还是的,都谦逊而礼貌地结交他们,不敢以自己的富贵(身份)慢待士人。几千里内的士人都争着归附他,招来食客(竟达)三千人。这时候,诸侯由于公子的贤能,又有很多食客,十几年不敢兴兵谋取魏国。

有一次,公子跟魏王正在下棋,不想北边边境传来警报,说"赵国发兵进犯,将进入边境"。魏王立即放下棋子,就要召集大臣们商议对策。公子劝阻魏王说:"是赵王打猎罢了,不是进犯边境。"又接着跟魏王下棋如同没发生什么事一样。可是魏王惊恐,心思全没放在下棋上。过了一会儿,又从北边传来消息说:"是赵王打猎罢了,不是进犯边境。"魏王听后大感惊诧,问道:"公子是怎么知道的?"公子回答说:"我的食客中有个人能深入底里探到赵王的秘密,赵王有什么行动,他就会立即报告我,我因此知道这件事。"从此以后,魏王畏惧公子贤能,不敢任用公子处理国家大事。

魏国有个隐士名叫侯嬴,七十岁了,家境贫寒,是大梁夷门的守门人。公子听说这个人,前往邀请,想送他厚礼。侯嬴不肯接受,说:"我几十年重视操守品行,终究不应因做守门人贫困而接受公子的钱财。"公子于是摆酒大宴宾客。(宾客)就坐之后,公子带着车马,空出左边的座位,亲自去迎接夷门的侯生。侯生撩起破旧的衣服,径直登上车,坐在左边的上位,并不谦让,想用这(一举动)来观察公子(的情态)。公子手执辔头,(表情)愈加恭敬。侯生又对公子说:"我有个朋友在街市的肉铺里,希望委屈(您的)车马顺路拜访他。"公子便驾着车马进入街市,侯生下车拜见他的朋友朱亥,斜着眼睛偷看(公子),故意地久久站着与朋友闲谈,暗中观察公子(的表情)。公子的脸色更加温和。这时,魏国的将相、宗室等宾客坐满了厅堂,等待公子开宴。街市上人们都观看公子手拿着辔头。随从的人都偷偷地骂侯生。侯生观察公子的脸色始终没有变化,才辞别朋友上车。到公子家中,公子请侯生坐在上座,在全体宾客面前赞扬侯生,宾客们都很惊讶。酒兴正浓的时候,公子起身,到侯生面前祝酒。侯生于是对公子说:“今天我侯嬴为难公子也够了。侯嬴(我)本是夷门的守门人,公子却亲身委屈车马,在大庭广众之间去迎接我,(我本)不应该有过访(朋友)的事情,公子却特意地(同我)去访问朋友。然而,侯嬴是为了成就公子的名声,才故意使公子的车马久久地站在街市里,借访问朋友来观察公子,公子(的态度)却愈加恭敬。街市的人都以为侯嬴是个小人,而以为公子是个宽厚的人,能谦恭地对待士人。”于是酒宴结束,侯生便成为上等宾客。

侯生对公子说:“我访问的屠者朱亥,这个人是个贤能的人,世人不了解他,所以才隐居在屠市之中。”公子拜访朱亥,多次请他,朱亥故意不回拜答谢,公子感到很奇怪。

魏安王二十年,秦昭王已经击破了赵国长平的军队,又进兵包围邯郸。公子的姐姐是赵惠文王弟弟平原君的夫人,多次送信给魏王和公子,向魏国求救。魏王派将军晋鄙率领十万部队援救赵国。秦王派使者警告魏王说:“我攻打赵国,朝夕之间将可攻下,诸侯(有)敢于援救(赵国)的,(待我)拿下赵国之后,一定调动军队先去攻打他。”魏王恐惧,派人制止晋鄙,使军队留在邺城筑垒,名义上是援救赵国,实际上是观望双方(的形势)。平原君的使者车马相连地往魏国,(平原君)责备魏公子说:“赵胜(我)所以自愿地攀附(公子)并结为婚姻的原因,是由于(我)认为公子有高尚的节义,是能够解救他人的危难的。邯郸城朝夕之间将要归服秦国,而魏国的救兵却没有到达,公子救人危难的精神何在!况且,公子即使轻视(我)赵胜,抛弃(我),使(我)归服秦国,难道不怜惜你的姐姐吗?”公子为这件事忧虑,多次请求魏王(出兵),他的宾客有辩才的千方百计地劝说魏王。魏王怕秦国,终于没有听公子(的劝谏)。

公子自己估计终究不能说服魏王,决计(自己)不单独生存而让赵国灭亡,于是约请宾客,准备车骑百余辆,想带着宾客前往抗击秦军,与赵国共存亡。(信陵君)路过夷门,见到侯生,把想同秦军去拼死的情况详细告诉(了侯生)。然后,(与侯生)诀别而起程,侯生说:“公子努力吧! 老臣不能随从(前往)。”公子走了几里路,心中很不舒服,想道:“我对待侯生的礼节也算够周到了,天下没有不知道的,我将要战死而侯生竟然没有一言半语送我走,我难道有什么失礼的地方吗?”于是又带领车骑返回,询问侯生。侯生笑着说:“我原知道公子会回来的。”接着又说:“公子喜欢士人,名声传遍天下,有了危难,没有别的办法,却想到同秦军去拼死,这好比把肉投给饥饿的老虎,能有什么功效呢? (如果这样),还要门客做什么呢? 然而公子对待我很优厚,公子前往而我竟没有相送,因此知道公子会因为感到遗憾而再回来的。”公子连拜两拜,请教(侯生)。侯生才屏退众人悄悄地说:“侯嬴(我)听说晋鄙的兵符常放在魏王的卧室里,而如姬最受魏王的宠幸,(每天)出入魏王的卧室,以她的条件能将这东西偷出来。侯嬴(我)又听说如姬的父亲被人杀害,如姬立意报仇已经三年,从魏王以下都想为她父亲报仇,没有做到。如姬对公子哭诉(此事),公子派门客斩掉她仇人的头颅,献给如姬。如姬想为公子去死,在所不辞,只是没有机会罢了。只要公子开一开口,请求如姬(相助),如姬必定许诺,那么,就可以得到虎符,夺过晋鄙的军权,北边援救赵国,西边打退秦军,这是五霸的功勋啊!”公子听从了他的计策,请求如姬(相助)。如姬果然盗得晋鄙的兵符给了公子。

公子启程时,侯生说:“将军在外(作战),国君的命令也有不接受的,(这样)对国家有好处。公子到那里即使兵符相合,如果晋鄙(还是)不把兵权交给公子,却再次请示魏王,事情就一定很危险了。我的朋友屠夫朱亥可以同公子一道(前往),这个人是个大力士。晋鄙如果听从,极好;如果不听从,可以让(朱亥)击杀他。”于是公子哭了。侯生说:“公子怕死吗? 为什么哭呢?”公子说:“晋鄙是一个有威势(叱咤风云)的老将,(我)前去,恐怕(他)不听从,那就要杀掉他,因此才哭泣! 哪里是怕死呢!”于是公子邀请朱亥。朱亥笑着说:“我本是街市中一个拿刀的屠夫，而公子多次亲自慰问我，我没有回报的原因，是（我）以为微小的礼节没有什么用处。如今公子有了危难，这正是我效命的时机呀！”于是与公子同行。公子到侯生那里辞别。侯生说：“我应当跟随（公子前往），因为年老而不能（前去）。请（让我）计算公子的行期，在到达晋鄙军营的那一天，我将面朝北而自杀，凭借这个给公子送行。”公子于是出发了。

到了邺城，（公子）假传魏王的命令取代晋鄙。晋鄙合了兵符，怀疑这件事，举着手看着公子说：“我率领十万部队，在边境屯军，这是国家的重任，你单车来代替我，怎么回事？”想不听从（公子）。朱亥袖里藏着四十斤重的铁锥，打死了晋鄙。公子于是掌管了晋鄙的军队。约束士兵，在军中传达命令说：“父子都在军中的，父亲回去；兄弟都在军中的，哥哥回去；独生子没有兄弟的，回去赡养（父母）。”于是得到精选的士兵八万人，进兵攻击秦军。秦兵解围而去，于是解救了邯郸，保全了赵国。赵王和平原君亲自到边境迎接公子，平原君背着箭筒和弓箭走在前面为公子引路。赵王拜了两次说：“自古贤德的人没有比得上公子的。”在这时，平原君不敢把自己同信陵君相比。

公子与侯生诀别之后，到了（晋鄙的）军营，侯生果然面朝北方自杀了。

魏王对公子盗走他的兵符，假传命令杀了晋鄙，很恼怒，公子自己也知道（这一点）。他击退秦军保全赵国之后，派将领统帅军队回到魏国，他自己却与门客留在赵国。赵孝成王感激公子假托君命夺取晋鄙军权从而保住了赵国这一义举，就与平原君商量，把五座城邑封赏给公子。公子听到这个消息后，产生了骄傲自大的情绪，露出了居功自满的神色。门客中有个人劝说公子道：“事物有不可以忘记的，也有不可以不忘记的。别人对公子有恩德，公子不可以忘记；公子对别人有恩德，希望公子忘掉它。况且假托魏王命令，夺取晋鄙兵权去救赵国，这对赵国来说算是有功劳了，但对魏国来说那就不算忠臣了。公子却因此自以为有功，觉得了不起，我私下认为公子实在不应该。”公子听后，立刻责备自己，好像无地自容一样。赵国召开盛大欢迎宴会，赵王打扫了殿堂台阶，亲自到门口迎接贵客，并执行主人的礼节，领着公子走进殿堂的西边台阶。公子则侧着身子走，一再推辞谦让，并主动从东边的台阶升堂。宴会上，公子称说自己有罪，对不起魏国，于赵国也无功劳可言。赵王陪着公子饮酒直到傍晚，始终不好意思开口谈封献五座城邑的事，因为公子总是在谦让自责。公子终于留在了赵国。赵王把鄗邑封赏给公子，这时魏王也把信陵邑又奉还给公子。

屈原列传[①]

［西汉］ 司马迁

屈原者，名平，楚之同姓也[②]。为楚怀王左徒[③]。博闻强志，明于治乱，娴于辞令。入则与王图议国事，以出号令；出则接遇宾客，应对诸侯。王甚任之。

上官大夫与之同列，争宠而心害其能。怀王使屈原造为宪令，屈平属草稿未定。上官大夫见而欲夺之，屈平不与，因谗之曰："王使屈平为令，众莫不知。每一令出，平伐其功，曰以为'非我莫能为'也。"王怒而疏屈平。

屈平疾王听之不聪也，谗谄之蔽明也，邪曲之害公也，方正之不容也，故忧愁幽思而作《离骚》。"离骚"者，犹离忧也。夫天者，人之始也；父母者，人之本也。人穷则反本，故劳苦倦极，未尝不呼天也；疾痛惨怛，未尝不呼父母也[④]。屈平正道直行，竭忠尽智，以事其君，谗人间之，可谓穷矣。信而见疑，忠而被谤，能无怨乎？屈平之作《离骚》，盖自怨生也。《国风》好色而不淫，《小雅》怨诽而不乱。若《离骚》者，可谓兼之矣。上称帝喾，下道齐桓，中述汤、武，以刺世事[⑤]。明道德之广崇，治乱之条贯，靡不毕见[⑥]。其文约，其辞微，其志洁，其行廉。其称文小而其指极大，举类迩而见义远[⑦]。其志洁，故其称物芳[⑧]；其行廉，故死而不容。自疏濯淖污泥之中，蝉蜕于浊秽，以浮游尘埃之外，不获世之滋垢，皭然泥而不滓者也[⑨]。推此志也，虽与日月争光可也。

屈原既绌[⑩]。其后秦欲伐齐，齐与楚从亲，惠王患之[⑪]。乃令张仪佯去秦，厚币委质事楚[⑫]，曰："秦甚憎齐，齐与楚从亲，楚诚能绝齐，秦愿献商、於之地六百里。”楚怀王贪而信张仪，遂绝齐，使使如秦受地。张仪诈之曰：“仪与王约六里，不闻六百里。”楚使怒去，归告怀王。怀王怒，大兴师伐秦。秦发兵击之，大破楚师于丹、淅，斩首八万，虏楚将屈匄，遂取楚之汉中地。怀王乃悉发国中兵，以深入击秦，战于蓝田。魏闻之，袭楚至邓。楚兵惧，自秦归。而齐竟怒，不救楚，楚大困。明年，秦割汉中地与楚以和。楚王曰：“不愿得地，愿得张仪而甘心焉。”张仪闻，乃曰：“以一仪而当汉中地，臣请往如楚。”如楚，又因厚币用事者臣靳尚，而设诡辩于怀王之宠姬郑袖。怀王竟听郑袖，复释去张仪。是时屈原既疏，不复在位，使于齐，顾反，谏怀王曰：“何不杀张仪？”怀王悔，追张仪，不及。

其后，诸侯共击楚，大破之，杀其将唐昧。时秦昭王与楚婚，欲与怀王会。怀王欲行，屈平曰：“秦，虎狼之国，不可信，不如毋行。”怀王稚子子兰劝王行：“奈何绝秦欢？”怀王卒行。入武关，秦伏兵绝其后，因留怀王，以求割地。怀王怒，不听。亡走赵，赵不内。复之秦，竟死于秦而归葬。

长子顷襄王立，以其弟子兰为令尹⑬。楚人既咎子兰以劝怀王入秦而不反也。屈平既嫉之，虽放流，眷顾楚国，系心怀王，不忘欲反。冀幸君之一悟，俗之一改也。其存君兴国，而欲反复之，一篇之中，三致志焉。然终无可奈何，故不可以反。卒以此见怀王之终不悟也。

人君无愚智贤不肖，莫不欲求忠以自为，举贤以自佐。然亡国破家相随属，而圣君治国累世⑭而不见者，其所谓忠者不忠，而所谓贤者不贤也。怀王以不知忠臣之分，故内惑于郑袖，外欺于张仪，疏屈平而信上官大夫、令尹子兰，兵挫地削，亡其六郡，身客死于秦，为天下笑，此不知人之祸也。《易》曰：“井渫不食，为我心恻，可以汲。王明，并受其福⑮。”王之不明，岂足福哉！令尹子兰闻之，大怒。卒使上官大夫短屈原于顷襄王。顷襄王怒而迁之。

屈原至于江滨，被发⑯行吟泽畔，颜色憔悴，形容枯槁。渔父见而问之曰：“子非三闾大夫欤？何故而至此？”屈原曰：“举世混浊而我独清，众人皆醉而我独醒，是以见放。”渔父曰：“夫圣人者，不凝滞于物，而能与世推移。举世皆浊，何不随其流而扬其波？众人皆醉，何不哺其糟而啜其醨⑰？何故怀瑾握瑜，而自令见放为?”屈原曰:“吾闻之,新沐者必弹冠,新浴者必振衣。人又谁能以身之察察,受物之汶汶者乎⑱?宁赴常流而葬乎江鱼腹中耳。又安能以皓皓之白,而蒙世之温蠖乎⑲?”乃作《怀沙》之赋⑳。于是怀石,遂自投汨罗以死。

【注释】

①本文选自《史记·屈原贾生列传》,为屈原的传记部分,其中又删除了屈原《怀沙》赋全文。②楚之同姓:楚王族本姓芈(mǐ),楚武王熊通的儿子瑕封于屈,他的后代遂以屈为姓,瑕是屈原的祖先,楚国王族的同姓。屈、景、昭氏都是楚国的王族同姓。③楚怀王:楚威王的儿子,名熊槐,公元前328年至前299年在位。左徒:楚国官名,职位仅次于令尹。④反本:追思根本。反,同“返”。惨怛(dá):忧伤。⑤帝喾(kù):古代传说中的帝王名。相传是黄帝的曾孙,号高辛氏。齐桓:即齐桓公,名小白,春秋五霸之一,公元前685年至前643年在位。汤:商朝的开国君主。武:指周武王,灭商建立西周王朝。⑥条贯:条理,道理。见:同“现”。⑦指:同“旨”。迩(ěr):近。见:同“现”。⑧称物芳:指《离骚》中多用兰、桂、蕙、芷等香花芳草作比喻。⑨疏:离开。濯淖(zhuó nào):污浊。蝉蜕(tuì):这里是摆脱的意思。获:玷污。滋:同“兹”,黑。皭(jiào)然:洁白的样子。泥(niè):同“涅”,动词,染黑。滓(zǐ):污黑。⑩绌(chù):同“黜”,废,罢免。指屈原被免去左徒的职位。⑪从(zòng):同“纵”。从亲,合纵相亲。当时楚、齐等六国联合抗秦,称为合纵,楚怀王曾为纵长。惠王:秦惠王,公元前337年至311年在位。⑫张仪:魏人,主张“连横”,游说六国事奉秦国,为秦惠王所重。委:呈献。质:同“贽”,信物。⑬顷襄王:名熊横,公元前298年至前262年在位。令尹:楚国的最高行政长官。⑭世:三十年为一世。⑮《易》:即《周易》,又称《易经》。这里引用的是《易经·井卦》的爻辞。渫(xiè谢):淘去泥污。这里以淘干净的水比喻贤人。⑯被:同“披”。披发,指头发散乱,不梳不束。⑰哺(bǔ):吃,食。糟:酒渣。啜(chuò):喝。醨(lí):薄酒。⑱察察:洁白的样子。汶(mén)汶:昏暗的样子。⑲皓(hào)皓:莹洁的样子。温蠖(huò):尘滓重积的样子。⑳《怀沙》:

在今本《楚辞》中，是《九章》的一篇。今人多以为系屈原怀念长沙的诗。

张　衡　传[①]

［南朝］　范　晔

张衡字平子，南阳西鄂人也。衡少善属文，游于三辅，因入京师，观太学，遂通五经，贯六艺。虽才高于世，而无骄尚之情[②]。常从容淡静，不好交接俗人。永元中，举孝廉不行，连辟公府不就。时天下承平[③]日久，自王侯以下，莫不逾侈。衡乃拟班固《两都》作《二京赋》，因以讽谏。精思傅会[④]，十年乃成。大将军邓骘奇其才，累召不应。

衡善机巧，尤致思[⑤]于天文、阴阳、历算。安帝雅闻衡善术学，公车[⑥]特征拜郎中，再迁为太史令[⑦]。遂乃研核阴阳，妙尽璇玑[⑧]之正，作浑天仪，著《灵宪》、《算罔论》，言甚详明。

顺帝初，再转，复为太史令。衡不慕当世，所居之官辄积年不徙。自去史职，五载复还。

阳嘉元年，复造候风地动仪。以精铜铸成，员径八尺，合盖隆起，形似酒樽，饰以篆文山龟鸟兽之形。中有都柱[⑨]，傍[⑩]行八道，施关发机[⑪]。外有八龙，首衔铜丸，下有蟾蜍，张口承之。其牙机巧制[⑫]，皆隐在尊中，覆盖周密无际。如有地动，尊则振龙，机发吐丸，而蟾蜍衔之。振声激扬，伺者因此觉知。虽一龙发机，而七首不动，寻其方面，乃知震之所在。验之以事，合契若神。自书典所记，未之有也。尝一龙机发而地不觉动，京师学者咸怪其无征。后数日驿至，果地震陇西，于是皆服其妙。自此以后，乃令史官记地动所从方起。

时政事渐损[⑬]，权移于下，衡因上疏陈事。后迁侍中，帝引在帷幄，讽议左右。尝问天下所疾恶者。宦官惧其毁己，皆共目之，衡乃诡对[⑭]而出。阉竖恐终为其患，遂共谗之。衡常思图身之事[⑮]，以为吉凶倚伏[⑯]，幽微难明。乃作《思玄赋》以宣寄情志。

永和初，出为河间相。时国王骄奢，不遵典宪；又多豪右，共为不轨。衡下车，治威严，整法度，阴知奸党名姓，一时收禽，上下肃然，称为政理。视事三年，上书乞骸骨，征拜尚书。年六十二，永和四年卒。

【注释】

①本文节选自《后汉书·张衡传》。②骄尚之情：骄傲自大的情绪。尚：矜夸自大。③承平：太平，指国家持续地太平安定。④精思傅会：精心创作的意思。⑤致思：极力钻研。致，极，尽。⑥公车：汉代官署名称，设公车令。⑦太史令：东汉时掌管天文、历数的官，与西汉以前掌管天象历法兼有修史之责的太史令职责不完全相同。⑧璇玑：玉饰的测天仪器。⑨都柱：大铜柱。都，大。“都柱”就是地动仪中心的震摆，它是一根上大下小的柱子，哪个方向发生地震，柱子便倒向哪边。⑩傍：同“旁”，旁边。⑪施关发机：设置关键(用来)拨动机件，意思是每组杠杆都装上关键，关键可以拨动机件(指下句所说的“龙”)。⑫牙机巧制：互相咬合制作精巧的部件。⑬损：腐败。⑭诡对：不用实话对答。⑮图身之事：图谋自身安全的事。⑯吉凶倚伏：祸福相因。语出《老子》：祸兮福所倚，福兮祸所伏。

【知识】

1. 屈原和《离骚》

屈原(约公元前340—前278)，名平，字原，我国古代伟大的爱国诗人，古代浪漫主义诗歌的奠基者。他在楚国民歌的基础上创造了新的诗歌体裁——楚辞，主要作品有《离骚》《九章》《九歌》《天问》等。《离骚》是我国古代最长的一首浪漫主义的政治抒情诗。关于诗题，后人有二说：一是释“离”为“罹”的通假字，离骚就是遭受忧患；二是释“离”为离别，离骚就是离别的忧愁。《离骚》从自叙身世、品德、理想写起，抒发了自己遭谗言被害的苦闷与矛盾，斥责了楚王昏庸、群小猖獗与朝政日非，表现了诗人坚持“美政”理想，不与邪恶势力同流合污的斗争精神和至死不渝的爱国热情。

2. 前四史

“前四史”是“二十四史”中的前四部史书，即《史记》《汉书》《后汉书》和《三国志》4本书。《史记》是为司马迁所撰。《汉书》东汉时期的班固编撰，是中国第一部纪传体断代史。《后汉书》由南朝范晔所著，是一部记载东汉历史的纪传体史书。《三国志》是西晋陈寿编写的一部主要记载魏、蜀、吴三国鼎立时期的纪传体国别史。

【品读】

传记的基本特点是遵循真实性原则，用形象化的方法记述人物的生活经历、精神风貌及其历史背景。传记的常规写法除了介绍人物姓名、籍贯之外，还必须选择人物一生中最具有特征的事件，叙述他的为人及其对社会的影响。由于传记不同于史料，所以人物必须“活跃”，有可感性。

人物传记的种类，包括一般的传记、自传、评传、小传、别传、外传、合传等。这两篇文章，均属于评传，既记叙人物的事迹，又评价与探讨人物的思想状况、人物所处的时代背景、思想发展过程和对人类的贡献。这是两篇传记的最大共同点。《屈原列传》叙中夹议，议论中饱含了感情。如关于“穷”、“怨”的议论，继而在评述《离骚》后关于“志”的议论，再如关于人君、忠贤的议论等，突出和赞颂了屈原的崇高思想品格，同时曲折地表达了自己与屈原的“实有同心”，寄寓了“同是天涯沦落人”的身世之慨。《张衡传》亦如此，在记叙张衡一生事迹的同时，又评价探讨了张衡的思想状况。文章写了张衡在文学、科学、政治上的突出贡献，强调了他在科学方面取得的成就，其间穿插了对其为人品格的评价，重点突出，详略分明。

取人物纵剖面，粗线条地勾勒人物一生，是两篇文章的又一共同点。两篇传记都是按时间顺序，截取重点片段塑造人物形象，表现人物的一生，选材有详有略，重点突出。《屈原列传》按时间顺序，以“任、疏、绌、迁、沉”为线索，处处围绕屈原的“志”写:第一部分以评价《离骚》“推其志”,第二部分以国家危难突出屈原“眷顾楚国,系心怀王”,“其存君兴国,而欲反复之,一篇之中,三致志焉”,第三部分以回答渔父让屈原抒发矢志不渝的信念。文章表现了屈原的一生和楚国的兴衰存亡息息相关,表现了屈原的政治才华,赞颂了他的爱国精神和正直的品德。《张衡传》介绍人物以时间为经,以事迹为纬,介绍了张衡在文学、科学、政治三方面的才能和成就。其中,以科学方面的才能和成就作为重点详写;在介绍科学方面的才能和成就时,又突出了候风地动仪的研究制造,介绍特别详尽,对其他创造的介绍则较简略。这样详略得宜的安排,使文章重点突出,人物特点鲜明。

两篇传记在记述人物上也有诸多不同,其中最大的区别在表达方式上。《屈原列传》为了表现屈原高洁的“志”“行”和寄寓作者的情怀,采用了叙议结合的方法,文笔充满感情,有抒情散文的特点,主观性较强,文笔沉郁顿挫。而《张衡传》以表现张衡的杰出贡献,简要概括其一生为主要目的,所以用说明性文字对张衡的文学创作和科技发明进行介绍,其中着重对候风地动仪的介绍,而对其品德为人的描写都散见于字里行间,贯穿于文章中,很少直接抒情,笔调沉静,文字质朴。

【借鉴】

1. “举世混浊而我独清,众人皆醉而我独醒”

在阐发独立人格、自由思想等观点时,屈原一生的经历是最好的明证,当个人的追求与世俗的价值发生激烈的冲突时,尽管渔父以“圣人者不凝滞于物,而能与世推移”之言反驳屈原,但屈原最终还是选择了“自投汨罗以死”的不屈意志和伟岸人格。

2. 学会多角度观察并描绘事物

《张衡传》对候风地动仪的介绍,写得具体细致、清晰扼要:除了具体记述机构、作用以显示其不平常的科学才能外,还生动描摹了地动仪的形状雕饰,使所写事物更为形象;对地动仪不仅写了它的“静态”,还写了它的“动态”,不仅用“验之以事，合契若神”一语概述了它的灵验，还用“地震陇西”这一典型事例证明它的神妙。这都缘于作者从各个角度去观察并说明事物的特点。深入品读理解这部分文字，有助于我们记事状物能力的提高。

【思考】

1. 请用简短的词语概括屈原的一生遭遇，也请简要概括张衡的高尚品德和杰出才能。

2. 明代学者李贽评论《屈原列传》道：“张仪侮弄楚怀，直似儿戏，屈原乃欲托之为元首，望之如尧、舜、三王，虽忠亦痴。观者但取其心可矣。”结合这段评论思考：如何看待屈原对楚怀王的忠诚？

3.《张衡传》选作各地高中教材的课文时删掉了第五段，你觉得应该保留还是应该删掉，说说理由。

【译文】

屈原列传

屈原名平，与楚国的王族同姓。他曾担任楚怀王的左徒，见闻广博，记忆力很强，通晓治理国家的道理，熟悉外交应对辞令。对内与怀王谋划商议国事，发号施令；对外接待宾客，应酬诸侯。怀王很信任他。

上官大夫和他同在朝列，想争得怀王的宠幸，心里嫉妒屈原的才能。怀王让屈原制定法令，屈原起草尚未定稿，上官大夫见了就想强行更改它（想邀功），屈原不赞同，他就在怀王面前谗毁屈原说：“大王叫屈原制订法令，大家没有不知道的，每一项法令发出，屈原就夸耀自己的功劳说：‘除了我，没有人能做的。’”怀王很生气，就疏远了屈原。

屈原痛心怀王惑于小人之言，不能明辨是非，小人混淆黑白，使怀王看不明白，邪恶的小人妨碍国家，端方正直的君子则不为朝廷所容，所以忧愁苦闷，写下了《离骚》。“离骚”,就是遭到忧愁的意思。天是人类的原始,父母是人的根本。人处于困境就会追念本源,所以到了极其劳苦疲倦的时候,没有不叫天的;遇到病痛或忧伤的时候,没有不叫父母的。屈原行为正直,竭尽自己的忠诚和智慧来辅助君主,谗邪的小人来离间他,可以说到了困境了。诚信却被怀疑,忠实却被诽谤,能够没有怨恨吗?屈原之所以写《离骚》,其原因大概是从怨愤引起的。《国风》虽然多写男女爱情,但不过分而失当,《小雅》虽然多讥讽指责,但并不宣扬作乱。像《离骚》,可以说是兼有二者的特点了。它对远古上溯到帝喾,近世称述齐桓公,中古称述商汤和周武王,用来讽刺当时的政事。阐明道德的广阔崇高,国家治乱兴亡的道理,无不完全表现出来。他的文笔简约,词意精微,他的志趣高洁,行为廉正。就其文字描写来看,不过寻常事物,但它的旨趣是极大的(因为关系到国家的治乱),举的是近事,而表达的意思却十分深远。由于志趣高洁,所以文章中称述的事物也是透散着芬芳的,由于行为廉正,所以到死也不为奸邪势力所容。他独自远离污泥浊水之中,像蝉脱壳一样摆脱浊秽,浮游在尘世之外,不受浊世的玷辱,保持皎洁的品质,出污泥而不染。可以推断,屈原的志向,即使和日月争辉,也是可以的。

屈原已被罢免。后来秦国准备攻打齐国,齐国和楚国结成合纵联盟互相亲善。秦惠王对此担忧。就派张仪假装脱离秦国,用厚礼和信物呈献给楚王,对怀王说:“秦国非常憎恨齐国,齐国与楚国却合纵相亲,如果楚国确实能和齐国绝交,秦国愿意献上商、於之间的六百里土地。”楚怀王起了贪心,信任了张仪,就和齐国绝交,然后派使者到秦国接受土地。张仪抵赖说:“我和楚王约定的只是六里,没有听说过六百里。”楚国使者愤怒地离开秦国,回去报告怀王。怀王发怒,大规模出动军队去讨伐秦国。秦国发兵反击,在丹水和淅水一带大破楚军,杀了八万人,俘虏了楚国的大将屈匄,于是夺取了楚国的汉中一带。怀王又发动全国的兵力,深入秦地攻打秦国,交战于蓝田。魏国听到这一情况,袭击楚国一直打到邓地。楚军恐惧,从秦国撤退。齐国终于因为怀恨楚国,不来援救,楚国处境极端困窘。第二年,秦国割汉中之地与楚国讲和。楚王说:“我不愿得到土地,只希望得到张仪就甘心了。”张仪听说后，就说：“用一个张仪来抵挡汉中地方，我请求到楚国去。”到了楚国，他又用丰厚的礼品贿赂当权的大臣靳尚，通过他在怀王宠姬郑袖面前编造了一套谎话。怀王竟然听信郑袖，又放走了张仪。这时屈原已被疏远，不在朝中任职，出使在齐国，回来后，劝谏怀王说：“为什么不杀张仪？”怀王很后悔，派人追张仪，已经来不及了。

后来，各国诸侯联合攻打楚国，大败楚军，杀了楚国将领唐昧。这时秦昭王与楚国通婚，要求和怀王会面。怀王想去，屈原说：“秦国是虎狼一样的国家，不可信任，不如不去。”怀王的小儿子子兰劝怀王去，说：“怎么可以断绝和秦国的友好关系！”怀王终于前往。一进入武关，秦国的伏兵就截断了他的后路，于是扣留怀王，强求割让土地。怀王很愤怒，不听秦国的要挟。他逃往赵国，赵国不肯接纳。只好又到秦国，最后死在秦国，尸体运回楚国安葬。

怀王的长子顷襄王即位，任用他的弟弟子兰为令尹。楚国人都抱怨子兰，因为他劝怀王入秦而最终未能回来。屈原也为此怨恨子兰，虽然流放在外，仍然眷恋着楚国，心里挂念着怀王，念念不忘返回朝廷。他希望国君总有一天醒悟，世俗总有一天改变。屈原关怀君王，想振兴国家改变楚国的形势，一篇作品中，都再三表现出来这种想法。然而终于无可奈何，所以不能够返回朝廷。由此可以看出怀王始终没有觉悟啊。

国君无论愚笨或明智、贤明或昏庸，没有不想求得忠臣来为自己服务，选拔贤才来辅助自己的。然而国破家亡的事接连发生，而圣明君主治理好国家的很多世代也没有出现，这是因为所谓忠臣并不忠，所谓贤臣并不贤。怀王因为不明白忠臣的职分，所以在内被郑袖所迷惑，在外被张仪所欺骗，疏远屈原而信任上官大夫和令尹子兰，军队被挫败，土地被削减，失去了六个郡，自己也被扣留死在秦国，为天下人所耻笑，这是不了解人的祸害啊！《易经》说：“井淘干净了，还没有人喝井里的水，使我心里难过，因为井水是供人汲取饮用的。君王贤明，天下人都能得福。”君王不贤明，难道还谈得上福吗！令尹子兰得知屈原怨恨他，非常愤怒，终于让上官大夫在顷襄王面前说屈原的坏话。顷襄王发怒，就放逐了屈原。

屈原到了江滨,披散头发,在水泽边一面走,一面吟咏着。脸色憔悴,形体面貌像枯死的树木一样毫无生气。渔父看见他,便问道:“您不是三闾大夫吗?为什么来到这儿?”屈原说:“整个世界都是混浊的,只有我一人清白;众人都沉醉,只有我一人清醒。因此被放逐。”渔父说:“聪明贤哲的人,不受外界事物的束缚,而能够随着世俗变化。整个世界都混浊,为什么不随大流而且推波助澜呢?众人都沉醉,为什么不吃点酒糟,喝点薄酒?为什么要怀抱美玉一般的品质,却使自己被放逐呢?”屈原说:“我听说,刚洗过头的一定要弹去帽上的灰沙,刚洗过澡的一定要抖掉衣上的尘土。谁能让自己清白的身躯,蒙受外物的污染呢?宁可投入长流的大江而葬身于江鱼的腹中。又哪能使自己高洁的品质,去蒙受世俗的尘垢呢?”于是他写了《怀沙》赋。因此抱着石头,自投汨罗江而死。

张衡传

张衡,字平子,是南阳郡西鄂县人。张衡年轻时就擅长写文章,曾到三辅一带游学,趁机进了洛阳,在太学学习,于是通晓五经,贯通六艺,虽然才华比一般的人高,但并不因此而骄傲自大。(他)平时举止从容,态度平静,不喜欢与世俗之人交往。永元年间,他被推举为孝廉,却不应荐,屡次被公府征召,都没有就任。此时社会长期太平无事,从王公贵族到一般官吏,没有不过度奢侈的。张衡于是摹仿班固的《两都赋》写了《二京赋》,用它来(向朝廷)讽喻规劝。(这篇赋,他)精心构思润色,用了十年才完成。大将军邓骘认为他的才能出众,屡次征召他,他也不去应召。

张衡善于器械制造方面的巧思,尤其在天文、气象和历法的推算等方面很用心。汉安帝常听说他擅长术数方面的学问,命公车特地征召他,任命他为郎中。两次迁升为太史令。于是,张衡就精心研究、考核阴阳之学(包括天文、气象、历法诸种学问),精辟地研究出测天文仪器的正确道理,制作浑天仪,著成《灵宪》《算罔论》等书籍,论述极其详尽。

（汉）顺帝初年，（张衡）又两次转任，又做了太史令之职。张衡不趋附当时的那些达官显贵，他所担任的官职，就多年得不到提升。自他从太史令上离任后，过了五年，又回到这里。

顺帝阳嘉元年，张衡又制造了候风地动仪。这个地动仪是用纯铜铸造的，直径有八尺，上下两部分相合盖住，中央凸起，样子像个大酒樽。外面用篆体文字和山、龟、鸟、兽的图案装饰。内部中央有根粗大的铜柱，铜柱的周围伸出八条滑道，还装置着枢纽，用来拨动机件。外面有八条龙。龙口各含一枚铜丸，龙头下面各有一个蛤蟆，张着嘴巴，准备接住龙口吐出的铜丸。仪器的枢纽和机件制造得很精巧，都隐藏在酒樽形的仪器中，覆盖严密得没有一点缝隙。如果发生地震，仪器外面的龙就震动起来，机关发动，龙口吐出铜丸，下面的蛤蟆就把它接住。铜丸震击的声音清脆响亮，守候机器的人因此得知发生地震的消息。地震发生时只有一条龙的机关发动，另外七个龙头丝毫不动。按照震动的龙头所指的方向去寻找，就能知道地震的方位。用实际发生的地震来检验仪器，彼此完全相符，真是灵验如神。从古籍的记载中，还看不到曾有这样的仪器。有一次，一条龙的机关发动了，可是洛阳并没有感到地震，京城的学者都奇怪它这次没有应验。几天后，驿站上传送文书的人来了，证明果然在陇西地区发生地震，大家这才都叹服地动仪的绝妙。从此以后，朝廷就责成史官根据地动仪记载每次地震发生的方位。

当时政治昏暗，中央权力向下转移，张衡于是给皇帝上书陈述这些事。后来被升为侍中，皇帝让他进皇宫，在皇帝左右，对国家的政事提意见。皇帝曾经向张衡问起天下人所痛恨的是谁。宦官害怕张衡说出他们，都给他使眼色，张衡于是没对皇帝说实话。但那些宦党终究害怕张衡成为祸患，于是一起诋毁他。张衡常常思谋自身安全的事，认为福祸相因，幽深微妙，难以看清，于是写了《思玄赋》表达和寄托自己的情思。

（汉顺帝）永和初年，张衡调离京城，担任河间相。当时河间王骄横奢侈，不遵守制度法令；又有很多豪族大户，豪门大户他们一起胡作非为。张衡上任之后治理严厉，整饬法令制度，暗中探得奸党的姓名，一下子同时逮捕，拘押起来，于是上下敬畏恭顺，称赞政事处理得好。（张衡）在河间相位上任职三年，给朝廷上书，请求辞职回家，朝廷任命他为尚书。张衡活了62岁，于永和四年去世。

伯夷列传[①]

［西汉］ 司马迁

孔子曰：“伯夷、叔齐，不念旧恶，怨是用希[②]。”“求仁得仁，又何怨乎？”余悲伯夷之意，睹轶诗[③]可异焉。其传曰：

伯夷、叔齐，孤竹君之二子也。父欲立叔齐，及父卒，叔齐让伯夷。伯夷曰：“父命也。”遂逃去。叔齐亦不肯立而逃之。国人立其中子[④]。于是伯夷、叔齐闻西伯昌善养老，盍往归焉。及至，西伯卒，武王载木主[⑤]，号为文王[⑥]，东伐纣。伯夷、叔齐叩马[⑦]而谏曰：“父死不葬，爰及干戈[⑧]，可谓孝乎？以臣弑君，可谓仁乎？”左右欲兵之。太公[⑨]曰：“此义人也。”扶而去之。武王已平殷乱，天下宗周，而伯夷、叔齐耻之，义不食周粟，隐于首阳山，采薇[⑩]而食之。及饿且死，作歌。其辞曰：“登彼西山兮，采其薇矣。以暴易暴兮[⑪]，不知其非矣。神农、虞、夏忽焉没兮，我安适归矣？于嗟徂兮[⑫]，命之衰矣！”遂饿死于首阳山。

由此观之，怨邪非邪？

或曰：“天道无亲[⑬]，常与善人。”若伯夷、叔齐，可谓善人者非邪？积仁洁行如此而饿死！且七十子之徒，仲尼独荐颜渊为好学[⑭]。然回也屡空[⑮]，糟糠不厌，而卒蚤夭[⑯]。天之报施善人，其何如哉？盗跖日杀不辜，肝人之肉，暴戾恣睢[⑰]，聚党数千人横行天下，竟以寿终。是遵何德哉？此其尤大彰明较著者也。若至近世，操行不轨，专犯忌讳，而终身逸乐，富厚累世不绝。或择地而蹈之[⑱]，时然后出言，行不由径[⑲]，非公正不发愤，而遇祸灾者，不可胜数也。余甚惑焉，倘所谓天道，是邪非邪？

子曰：“道不同，不相为谋。”亦各从其志也。故曰：“富贵如可求，虽执鞭之士，吾亦为之。如不可求，从吾所好。”“岁寒，然后知松柏之后凋。”举世混浊，清士乃见。岂以其重若彼，其轻若此哉[20]？

【注释】

①本文节选自《史记·伯夷列传》。《伯夷列传》是伯夷和叔齐的合传，冠《史记》列传之首。②怨是用希：即“怨用是希”，怨恨因此就少了。用，因。希，同“稀”，稀少。③轶诗：指下文引用的《采薇》诗，未收入《诗经》，故为轶诗。轶，同“逸”，散失。④国人：指居住在国都，享有一定参预议论国事权力的人。中子：古代兄弟排行按伯仲叔季的次序，伯夷排行第一，叔齐排行第三。中子，就是次子。⑤木主：象征死者的木制牌位。⑥号：追谥的尊号。文王，即前文提到的西伯昌。⑦叩马：勒紧马缰绳。叩，同“扣”，拉住。⑧干戈：古代常用兵器，引申为战争。⑨太公：即姜太公吕尚，助武王伐纣的功臣。⑩薇：野豌豆，蕨类植物，草本，其叶与果可食。⑪暴：前暴指暴臣，后暴指暴君。⑫于(xū)嗟：叹词，表示惊异。于，同“吁”。徂(cú)：同“殂”，死亡。⑬天道：指左右人类命运的天神意志。无亲：没有私心，没有亲疏厚薄之分。⑭七十子：孔子徒弟三千，通六艺者七十二人。七十，是举整数而言。颜渊，即颜回，春秋鲁人，孔子弟子，相传颜渊32岁死去。⑮空：空乏、穷困。⑯糟糠：粗劣的食物。糟，酿酒剩的陈渣。糠，粮食之皮。厌，同“餍”，满足。蚤，同“早”。⑰盗跖(zhí)：春秋时期人，展氏，名跖，一作蹠，鲁国大夫柳下惠之弟，传说中的大盗，率领盗匪数千人，人称盗跖。肝人之肉：挖人肝脏当动物肉吃。暴戾(lì)：粗暴凶恶。恣(zì)睢(suī)：任意胡为。⑱择地而蹈之：选好地方才肯迈步。⑲行不由径：不从小路行走。径，小路，引申为邪路。⑳“岂以”两句：意为圣贤把道德操行看得很重，因而把富贵以至于生死都看得很轻。

太史公自序[①]

［西汉］ 司马迁

太史公曰："先人[②]有言：'自周公[③]卒五百岁而有孔子。孔子卒后至于今五百岁，有能绍明世、正《易传》[④]，继《春秋》、本《诗》、《书》、《礼》、《乐》之际？'"意在斯乎！意在斯乎！小子何敢让焉！

上大夫壶遂[⑤]曰："昔孔子何为而作《春秋》哉?"太史公曰："余闻董生[⑥]曰：'周道衰废，孔子为鲁司寇[⑦]，诸侯害之，大夫雍之。孔子知言之不用，道之不行也，是非二百四十二年之中，以为天下仪表，贬天子，退诸侯，讨大夫，以达王事而已矣。'子曰：'我欲载之空言，不如见之于行事之深切著明也。'夫《春秋》，上明三王[⑧]之道，下辨人事之纪，别嫌疑，明是非，定犹豫，善善恶恶，贤贤贱不肖，存亡国，继绝世，补弊起废，王道之大者也。《易》著天地、阴阳、四时、五行，故长于变；《礼》经纪人伦，故长于行；《书》记先王之事，故长于政；《诗》记山川、溪谷、禽兽、草木、牝牡、雌雄，故长于风；《乐》乐所以立，故长于和；《春秋》辨是非，故长于治人。是故《礼》以节人，《乐》以发和，《书》以道事，《诗》以达意，《易》以道化，《春秋》以道义。拨乱世反之正，莫近于《春秋》。《春秋》文成数万，其指[⑨]数千。万物之散聚皆在《春秋》。《春秋》之中，弑君三十六，亡国五十二，诸侯奔走不得保其社稷者不可胜数。察其所以，皆失其本已。故《易》曰'失之毫厘，差之千里。'故曰'臣弑君，子弑父，非一旦一夕之故也，其渐久矣'。故有国者不可以不知《春秋》，前有谗而弗见，后有贼而不知。为人臣者不可以不知《春秋》，守经事而不知其宜，遭变事而不知其权。为人君父而不通于《春秋》之义者，必蒙首恶之名。为人臣子而不通于《春秋》之义者，必陷篡弑之诛，死罪之名。其实皆以为善，为之不知其义，被之空言而不敢辞。夫不通礼义之旨，至于君不君，臣不臣，父不父，子不子。夫君不君则犯，臣不臣则诛，父不父则无道，子不子则不孝。此四行者，天下之大过也。以天下之大过予之，则受而弗敢辞。故《春秋》者，礼义之大宗也。夫礼禁未然之前，法施已然之后；法之所为用者易见，而礼之所为禁者难知。”

壶遂曰：“孔子之时，上无明君，下不得任用，故作《春秋》，垂空文以断礼义，当一王之法。今夫子上遇明天子，下得守职，万事既具，咸各序其宜，夫子所论，欲以何明？”

太史公曰：“唯唯，否否，不然。余闻之先人曰：‘伏羲至纯厚，作《易》八卦。尧舜之盛，《尚书》载之⑩，礼乐作焉。汤武⑪之隆，诗人歌之⑫。《春秋》采善贬恶，推三代之德，褒周室，非独刺讥而已也。’汉兴以来，至明天子，获符瑞⑬，封禅，改正朔，易服色⑭，受命于穆清⑮，泽流罔极，海外殊俗，重译款塞⑯，请来献见者不可胜道。臣下百官力诵圣德，犹不能宣尽其意。且士贤能而不用，有国者之耻；主上明圣而德不布闻，有司之过也。且余尝掌其官，废明圣盛德不载，灭功臣世家贤大夫之业不述，堕先人所言，罪莫大焉。余所谓述故事，整齐其世传，非所谓作也，而君比之于《春秋》，谬矣。”

于是论次其文。七年而太史公遭李陵之祸，幽于缧绁⑰。乃喟然而叹曰：“是余之罪也夫！是余之罪也夫！身毁不用矣！”退而深惟曰：“夫《诗》、《书》隐约者，欲遂其志之思也。昔西伯拘羑里，演《周易》⑱；孔子厄陈、蔡，作《春秋》；屈原放逐，著《离骚》；左丘失明，厥有《国语》；孙子膑脚，而论兵法；不韦迁蜀，世传《吕览》；韩非囚秦，《说难》、《孤愤》；《诗》三百篇，大抵贤圣发愤之所为作也。此人皆意有所郁结，不得通其道也，故述往事，思来者。”于是卒述陶唐以来，至于麟止⑲，自黄帝始⑳。

【注释】

①《太史公自序》是司马迁为《史记》一书撰写的序言。原序由三部分组成：第一部分历叙世系和家学渊源，并概括了自己前半生的经历；第二部分（即这里节选的部分）利用对话的形式，鲜明地表达了作者撰写《史记》的目的：是为了完

成父亲临终前的嘱托,以《史记》上续孔子的《春秋》,并通过对历史人物的描绘、评价,来抒发自己心中的抑郁不平之气,表白自己,以古人身处逆境、发愤著书的事迹自励,终于在遭受宫刑之后,忍辱负重,完成了《史记》这部巨著;第三部分是《史记》一百三十篇的各篇小序。全序规模宏大,文气深沉浩瀚,是《史记》全书的纲领。②先人:指司马迁的父亲司马谈。③周公:姓姬,名旦,周武王之弟,周成王之叔。武王死时,成王尚年幼,于是就由周公摄政(代掌政权)。周朝的礼乐制度相传是由周公制定的。④《易传》:《周易》的组成部分,是儒家学者对古代占筮用《周易》所作的各种解释。⑤壶遂:人名,曾和司马迁一起参加太初改历,官至詹事,秩二千石,故称"上大夫"。⑥董生:指汉代儒学大师董仲舒。⑦孔子为鲁司寇:鲁定公十年(前500),孔子在鲁国由中都宰升任司空和大司寇,是年五十二岁。司寇,掌管刑狱的官。⑧三王:指夏、商、周三代的开国之君禹、汤、文王。下文"推三代之德"中"三代"即指夏、商、周三代。⑨指:同"旨"。⑩《尚书》载之:《尚书》的第一篇《尧典》,记载了尧禅位给舜的事迹。⑪汤武:指商汤王和周武王,分别是商朝的建立者和西周王朝的建立者。⑫诗人歌之:《诗经》中有《商颂》五篇,内容多是对殷代先王先公的赞颂。⑬符瑞:吉祥的征兆。汉初思想界盛行"天人感应"之说,此曰"获符瑞",指公元前122年,汉武帝猎获了一头白麟,于是改元"元狩"。⑭改正朔,易服色:朔是一月的开始;正朔即指一年的第一天。古时候改朝换代,都要重新确定何时为一年的第一个月,以示受命于天。易服色:更改车马、祭牲的颜色。秦汉时代,盛行"五德终始说"。认为每一个朝代在五行中必定占居一德。与此相应,每一朝代都崇尚一种颜色。所谓夏朝为水德,故崇尚黑色;商朝为金德,故崇尚白色;周朝为火德,故崇尚赤色;汉初四十年,汉人认为自己是水德,故崇尚黑色,后经许多人的抗争,到武帝时正式改定为土德,崇尚黄色。⑮穆清:指天。⑯重译:经过几重翻译,喻远方邻邦。款塞:叩关。⑰遭李陵之祸:李陵,陇西成纪(今甘肃秦安)人,汉名将李广之孙,善于骑射,汉武帝时官拜骑都尉。天汉二年(前99年),汉武帝出兵三路攻打匈奴,以他的宠妃李夫人之弟、贰师将军李广利为主力,李陵为偏师。李陵率军深入腹地,遇匈奴主力而被围。李广利按兵不动，致使李陵兵败投降。司马迁认为李陵是难得的将才，在武帝面前为他辩解，竟被下狱问罪，处以宫刑，这就是“李陵之祸”。缧绁(léi xiè)：原是捆绑犯人的绳索，这里引申为监狱。⑱西伯拘羑(yǒu)里，演《周易》：周文王被殷纣王拘禁在羑里(今河南汤阴县北)时，把上古时代的八卦(相传是伏羲所作)推演成六十四卦，这就是《周易》一书的骨干。下文“孔子厄陈、蔡，作《春秋》”：孔子为了宣传自己的政治主张，曾周游列国，但到处碰壁，在陈国和蔡国，还受到了绝粮和围攻的困厄，其后返回鲁国写作《春秋》；“左丘失明，厥有《国语》”：相传春秋时鲁国的史官左丘失明以后，撰写成《国语》一书；“孙子膑脚，而论兵法”：孙膑因遭庞涓妒忌而受截去两腿膝盖上髌骨的膑刑，孙膑后被齐威王任为军师，著有《孙膑兵法》；“不韦迁蜀，世传《吕览》”：不韦即吕不韦，战国末年的大商人，秦庄襄王时，被任为相国，封文信侯，始皇即位，称吕不韦为“尚父”，他曾命门下的宾客编撰了《吕氏春秋》(又称《吕览》)一书，秦始皇亲政后，被免去相国职务，赶出都城，又令迁蜀，忧惧自杀；“韩非囚秦，《说难》、《孤愤》”：韩非是战国末期法家的代表，出身韩国贵族。为李斯所谗，在狱中自杀，《说难》、《孤愤》是《韩非子》中的两篇。⑲陶唐：即唐尧。尧最初住在陶丘(今山东定陶县南)，后又迁往唐(今河北唐县)，故称陶唐氏，《史记》列为五帝之一。至于麟止：汉武帝元狩元年(前 122)，猎获白麟一只，《史记》记事即止于此年。鲁哀公十四年(前 481)，亦曾猎获麒麟，孔子听说后，停止了《春秋》的写作，后人称之为“绝笔于获麟”。《史记》写到捕获白麟为止，是有意仿效孔子作《春秋》的意思。⑳黄帝：传说中中原各族的共同祖先，姬姓，号轩辕氏、有熊氏。《史记》首篇即《五帝本纪》，黄帝为五帝之首，故云。

【知识】

1.《春秋》

《春秋》是古代中国的儒家典籍，被列为“五经”之一。《春秋》是鲁国的编年史，据传是由孔子修订的。书中用于记事的语言极为简练，然而几乎每个句子都暗含褒贬之意,被后人称为“春秋笔法”。由于《春秋》的记事过于简略,因而后来出现了很多对《春秋》所记载的历史进行详细记录的“传”,较为有名的是被称为“春秋三传”的《左传》、《公羊传》和《谷梁传》。

2. 诸子百家

诸子百家是对春秋、战国、秦汉时期各种学术派别的总称,据《汉书·艺文志》的记载,数得上名字的一共有189家,后来只有12家被发展成学派。诸子百家之流传中最为广泛的是法家、道家、墨家、儒家、阴阳家、名家、杂家、农家、小说家、纵横家、兵家、医家。在春秋战国时期,各种思想学术流派的成就,与同期古希腊文明相辉映;以孔子、老子、墨子为代表的三大哲学体系,形成诸子百家争鸣的繁荣局面。

【品读】

《伯夷列传》和《太史公自序》分别为《史记》七十列传的第一篇和最后一篇。作者为何要将《伯夷列传》置于七十列传之首?按序文的通常位置来看,《太史公自序》应在全书之首,但司马迁却将其放在了最后,这到底有何用意?或许将两篇文章放在一起对读,能窥见其中的一些奥义。

我们还是先来看两篇文章各写了些什么吧。

《伯夷列传》一文,在《史记》的“列传”一体中,是章法颇为独特的一篇作品。就《史记》中一般列传的写法而言,司马迁大多是先以叙事的口吻直写一个人的传记,然后在篇末才以“太史公曰”四字开端,来写他自己之评说的论赞。至于《史记》中少数不以个人为单篇传记而以群体合为一篇之传记者,则司马迁有时也先对群体之性质做一番概说,然后再分写个人之传记,如《史记》中之《游侠列传》、《货殖列传》等属之。然而其《伯夷列传》一篇,则既与个人传记之先叙故实后加论赞者不同,也与群体列传之先加总论后再分叙者不同。《伯夷列传》乃是先以论述开端,后以论述结尾,而中间只以“其传曰”三字开始,写了一段极短的传记,简单交代了伯夷、叔齐的事迹。看来,在本篇中,对人物的介绍不是作者的本意，但我们再读一读作者的论赞，细心的读者或许会发现，其论述部分与其他列传的论赞口吻有所不同。且看上面节选部分的最后两段，一以贯之的是那个问号，还有就是有那么多的引号。有那么多的引号，引的都是别人的话；有那么多的问号，提出了一个又一个的问题。那究竟是为什么？

我们再读一读《太史公自序》，或许就有了答案。

节选的这部分《太史公自序》着重突出了作《史记》的缘由、宗旨和完成的决心，表现了司马迁作《史记》的远大志向和发愤著述的顽强精神。节选的第一段，作者首先提起了父亲的重托，表明要像孔子写《春秋》一样撰写《史记》。为什么司马迁要以孔子写《春秋》自比呢？文章接下来以壶遂的问话，引出作者对《春秋》的评论，回答了这个问题：他要像孔子写《春秋》那样写《史记》，就是要用“深切著明”的历史事实，来帮助人们“上明三王之道，下辨人事之纪，别嫌疑，明是非，定犹豫，善善恶恶，贤贤贱不肖”，补弊起废，拨乱反正，通达道义之大宗，以达到表现自己的社会理想，改良现实政治的目的。这就是司马迁写《史记》的宗旨。

但是，不幸的事发生了！“七年而太史公遭李陵之祸，幽于缧绁”，打击使他悲痛欲绝，然而他没有沉溺，他脑海中翻腾着古代圣贤发愤而作的各种事迹，他从古代圣贤那里找到了精神支柱，忍辱负重地活了下来，并且以耻辱作为鼓舞和推动自己写《史记》的一种特殊的强大力量，终于完成了光照千古的伟大著作。

回到《伯夷列传》中的问号和引号的问题，现在有了答案，实在也正由于司马迁之内心中也恰好有一种所谓“贤人君子幽约怨悱”的“不能自言之情”，即如其在《太史公自序》中历举的“孔子厄陈蔡，作《春秋》；屈原放逐，著《离骚》”等多人为例，以证明古代许多不朽的传世之作“大抵贤圣发愤之所为作也”。司马迁心里有很多话是不能够说出来的，他的悲愤只能留给读者去探索和回味。如果我们不了解自序中的这些背景和深意，一定会奇怪：他东说一句西说一句到底在说什么？其实，他的前后都是有呼应的。如果我们把问号和引号改成句号和感叹号，可不可以这样说，司马迁高度颂扬了伯夷积仁洁行、清风高节的崇高品格，同时抒写了自己内心一种积郁不平、幽约怨悱不能自言之情。这是何等怨尤和怨愤！著名古典诗词名家叶嘉莹教授在读《伯夷列传》时说，《伯夷列传》的章法与词之若隐若现的美感特质相似，有“神龙见首不见尾”的变化莫测之致。(《神龙见首不见尾——读〈史记·伯夷列传〉的章法与词之若隐若见的美感特质》，载《中国韵文学刊》，2009年第4期)

可以说，司马迁从伯夷身上发现了很多自己的东西，这篇他传实为一篇自传；而他把自序安排在列传之末，也好像是给自己写了一篇列传，这一首一尾是有呼应关系的。两篇文章对于我们认识司马迁，甚至进入《史记》的许多华彩篇章，都极具重要参考价值。

【借鉴】

1.“举世混浊，清士乃见”

在《伯夷列传》最后，作者引用了“道不同，不相为谋”、“岁寒，然后知松柏之后凋”等名言，也引出了自己“举世混浊，清士乃见”的感慨，这些均可作为论述追求独立人格等文章的观点和论据。

2. 司马迁谈发愤著书

在《太史公自序》中，西伯演《周易》、孔子作《春秋》、屈原著《离骚》、左丘写《国语》、孙子论兵法、吕不韦传《吕览》、韩非著《说难》《孤愤》等多则古代圣贤发愤著书之例，在论述逆境、困顿反而能成就人的文章观点时，都是很好的写作论据。

【思考】

1.《伯夷列传》作者援引颜回和盗跖的事例用意是什么？《太史公自序》作者提及孔子著《春秋》的事目的是什么？请分别说明。

2. 请分条概述《太史公自序》第二段“太史公曰”的内容。

3. 根据以下两则评论，思考司马迁把《伯夷列传》置于七十篇列传之首，有什么深意。

(1)《春秋》首隐公,《史记》世家首吴泰伯,列传首伯夷,贵让也。(明·杨慎)

(2) 世家以吴泰伯为首,列传以伯夷为首。二人皆护国者,史公之寓意甚深。(清·谢有煇)

【译文】

伯夷列传

孔子说:“伯夷、叔齐不记以往的仇恨,因而怨恨也就少了。”“他们追求仁德,就得到了仁德,又有什么怨恨呢?”我对伯夷的意志深表同情,看到他们未被经书载录的遗诗,又感到很诧异。他们的传记上说:

伯夷、叔齐是孤竹君的两个儿子。父亲想要立叔齐为国君,等到父亲死了,叔齐要把君位让给伯夷。伯夷说:“这是父亲的遗命啊!”于是逃走了。叔齐也不肯继承君位逃走了。国人只好拥立孤竹君的次子。这时,伯夷、叔齐听说西伯昌能够很好地赡养老人,就想何不去投奔他呢! 可是到了那里,西伯昌已经死了,他的儿子武王追尊西伯昌为文王,并把他的木制灵牌载在兵车上,向东方进兵去讨伐殷纣。伯夷、叔齐勒住武王的马缰谏诤说:“父亲死了不葬,就发动战争,能说是孝顺吗? 作为臣子去杀害君主,能说是仁义吗?”武王身边的随从人员要杀掉他们。太公吕尚说:“这是有节义的人啊。”于是搀扶着他们离去。等到武王平定了商纣的暴乱,天下都归顺了周朝,可是伯夷、叔齐却认为这是耻辱的事情,他们坚持仁义,不吃周朝的粮食,隐居在首阳山上,靠采摘野菜充饥。到了快要饿死的时候,作了一首歌,那歌辞是:“登上那西山啊,采摘那里的薇菜。以暴臣换暴君啊,竟认识不到那是错误。神农、虞、夏的太平盛世转眼消失了,哪里才是我们的归宿? 唉呀,只有死啊,命运是这样的不济!”于是饿死在首阳山。

从这首诗看来,他们是怨恨还是不怨恨呢?

有人说:“天道是没有偏私的,总是经常帮助好人。”像伯夷、叔齐应该说是好人呢,还是不该说是好人呢?他们如此地积累仁德,保持高洁的品行,却最终饿死!再说,孔子七十名得意的学生里,只有颜渊被推重为好学,然而颜渊总是穷困缠身,连粗劣的食物都吃不饱,终于过早地死去了。天道对好人的报偿又是怎样的呢?盗跖成天杀无辜的人,烤人的心肝当肉吃,凶残放纵,聚集党徒几千人在天下横行,竟然长寿而终。这遵循的是什么道德呢?这是极大而又显著的事啊。至于说到近代,那些不走正路、专门违法犯禁的人,却能终生安逸享乐,过着富裕优厚的生活,世世代代都不断绝。而有的人,选好地方才肯迈步,适宜的机会才肯说话,走路,不敢经由小路,不是公正的事决不发愤去做,像这样小心审慎而遭祸灾的人,数都数不过来。我深感困惑不解。倘若有所谓天道,那么这是天道呢,还是不是天道?

孔子说过:"道德见解不同是不能共同谋划事情的。"也只能各自依照自己的意愿行事罢了。所以他说:"富贵如能追求到手,那么,即使让我执鞭为马夫,我也愿意干。如果不能追求,还是按照我所喜好的去做吧。""岁月到了寒冷的季节,才知道松柏是最后凋落的。"整个世道都浑浊的时候,品行高洁的人才显现出来。难道是因为他们把道德看得太重,而把富贵看得太轻吗?

太史公自序

太史公说:"我的父亲生前曾经说过:'自周公死后,经过五百年才有了孔子。孔子死后,到今天也有五百年了,有谁能继承圣明时代的事业,修正《易传》,续写《春秋》,本于《诗经》《尚书》《礼记》《乐经》的吗?'他老人家的意思是把希望寄托在我的身上呀!寄托在我的身上呀!我怎么敢推辞呢!"

上大夫壶遂说:"从前,孔子为什么要写《春秋》呢?"太史公说:"我曾听董生说过:'周朝的政治衰落破败之时,孔子出任鲁国的司寇,诸侯害他,大夫们排挤他。孔子知道他的建议不会被接受了,他的政治主张再也行不通了,于是评判242年历史中的是是非非,以此作为天下人行动的准则,贬抑天子,斥退诸侯,声讨大夫,以阐明王道。'孔子说:'我想把我的思想用空话记载下来,但不如通过具体的历史事件来表现更加深刻、明显。'《春秋》,从上而言,阐明了夏禹、商汤、周文王的政治原则;从下而言,辨明了为人处事的纲纪,分清了疑惑难明的事物,判明了是非的界限,使犹豫不决的人拿定了主意,褒善贬恶,崇敬贤能,排抑不肖,保存已经灭亡了的国家,延续已经断绝了的世系,补救政治上的弊端,兴起已经荒废的事业,这些都是王道的重要内容。《易经》显示了天地、阴阳、四时、五行的相互关系,所以长于变化;《仪礼》规定了人与人之间的关系,故长于行动;《尚书》记载了上古先王的事迹,所以长于从政;《诗经》记载了山川、溪谷、禽兽、草木、雌雄、男女,所以长于教化;《乐记》是音乐所以成立的根据,所以长于调和性情;《春秋》明辨是非,所以长于治理百姓。因此,《仪礼》是用来节制人的行为的,《乐记》是用来激发和穆的感情的,《尚书》是用来指导政事的,《诗经》是用来表达内心的情意的,《易经》是用来说明变化的,《春秋》是用来阐明正义的。把一个混乱的社会引导到正确的轨道上来,没有比《春秋》更有用了。《春秋》全书有数万字,其中的要点也有数千。万物万事的分离与聚合,都记在《春秋》里了。《春秋》中,臣杀君的有 36 起,亡国的有 52 个,诸侯四处奔走仍然不能保住国家政权的不计其数。观察他们所以会这样的原因,都在于失去了根本啊! 所以《周易》说'失之毫厘,差之千里'。因此说,'臣杀君,子杀父,不是一朝一夕才这样的,而是长时期逐渐形成的'。所以,一国之君不可以不知道《春秋》,否则,当面有人进谗他看不见,背后有窃国之贼他也不知道。身为国家大臣的不可以不知道《春秋》,否则,处理一般的事情不知怎样做才合适,遇到出乎意料的事变不知用变通的权宜之计去对付。作为一国之君和一家之长却不懂得《春秋》中的道理,一定会蒙受罪魁祸首的恶名。作为大臣和儿子的不懂得《春秋》中的道理,一定会因为阴谋篡位和杀害君父而被诛杀,得一个死罪的名声。其实,他们都以为自己在干好事,做了而不知道应该怎么做,受了毫无根据的批评而不敢反驳。因为不通礼义的宗旨,以至于做国君的不像国君,做大臣的不像大臣,做父亲的不像父亲,做儿子的不像儿子。做国君的不像国君,大臣们就会犯上作乱;做大臣的不像大臣,就会遭到杀身之祸;做父亲的不像父亲,就是没有伦理道德;做儿子的不像儿子,就是不孝敬父母。这四种行为,是天下最大的过错。把这四种最大的过错加在这些人身上,他们也只能接受而不敢推托。所以《春秋》这部书,是关于礼义的主要经典著作。礼的作用是防患于未然,法的作用是除恶于已然;法的除恶作用容易见到,而礼的防患作用难以被人们理解。”

壶遂说:“孔子的时代,国家没有英明的国君,下层的贤才俊士得不到重用,孔子这才写作《春秋》,流传下这部用笔墨写成的著作来判明什么是礼义,以代替周王朝的法典。现在,您太史公上遇英明的皇帝,下有自己的职守,万事已经具备,都按着适当的顺序进行着,太史公所论述的,想要说明什么宗旨呢?”

太史公说:“嗯,嗯,不对,不对!不是这样的。我曾从先父那里听说:‘伏羲最纯朴厚道,他创作了《周易》中的八卦。唐尧、虞舜时代的昌盛,《尚书》上记载了,礼乐就是那时制作的。商汤、周武王时代的兴隆,古代的诗人已经加以歌颂。《春秋》歌颂善人,贬斥恶人,推崇夏、商、周三代的德政,颂扬周王朝,并非全是抨击和讥刺。’自从汉朝建立以来,直到当今的英明天子,捕获白麟,上泰山祭祀天地之神,改正历法,更换车马、祭牲的颜色。受命于上天,德泽流布远方,四海之外与汉族风俗不同的地区,也纷纷通过几重翻译叩开关门,请求前来进献物品和拜见天子,这些事说也说不完。大臣百官尽力歌颂天子的圣明功德,但还是不能把其中的意义阐述透彻。况且,贤士不被任用,这是国君的耻辱;皇上英明神圣而他的美德没能流传久远,这是史官的过错。况且,我曾经做过太史令,如果废弃皇上英明神圣的盛大美德不去记载,埋没功臣、贵族、贤大夫的事迹不去记述,丢弃先父生前的殷勤嘱托,没有什么罪过比这更大了。我是说记述过去的事情,整理那些社会传说,谈不上创作,而你却把它同孔子作《春秋》相提并论,这就错了。”

于是编写《史记》。过了七年,我因“李陵事件”而大祸临头,被关进了监狱。于是喟然长叹:“这是我的罪过啊!这是我的罪过啊!身体被摧毁了,不会再被任用了!”退居以后又转而深思:“《诗经》和《尚书》辞意隐约,这是作者要表达他们内心的思想。从前文王被囚禁在羑里,就推演了《周易》;孔子在陈国和蔡国受到困厄，就写作《春秋》；屈原被怀王放逐，就写了《离骚》；左丘明眼睛瞎了，这才有了《国语》；孙膑遭受膑刑之苦，于是研究兵法；吕不韦谪迁蜀地，后世却流传着《吕氏春秋》；韩非子被囚禁在秦国，《说难》《孤愤》才产生；《诗经》三百零五篇，大多是古代的圣贤之人为抒发胸中的愤懑之情而创作的。这些人都是意气有所郁结，没有地方可以发泄，这才追述往事，希望未来的人了解自己。”于是，终于记述了唐尧以来的历史，从黄帝开始，止于猎获白麟的元狩元年。

伶官传[①]

［北宋］ 欧阳修

庄宗好畋猎[②]，猎于中牟[③]，践民田。中牟县令当马切谏，为民请，庄宗怒，叱县令去，将杀之。伶人敬新磨知其不可，乃率诸伶走追县令，擒至马前责之曰：“汝为县令，独不知吾天子好猎邪？奈何纵民稼穑[④]以供税赋！何不饥汝县民而空此地，以备吾天子之驰骋？汝罪当死！”因前请亟行刑，诸伶共唱和之。庄宗大笑，县令乃得免去。

庄宗尝与群优戏于庭，四顾而呼曰：“李天下[⑤]，李天下何在？”新磨遽前以手批其颊[⑥]。庄宗失色，左右皆恐，群伶亦大惊骇，共持新磨诘曰：“汝奈何批天子颊？”新磨对曰：“李天下者，一人而已，复谁呼邪！”于是左右皆笑，庄宗大喜，赐与新磨甚厚。

新磨尝奏事殿中，殿中多恶犬，新磨去，一犬起逐之，新磨倚柱而呼曰：“陛下毋纵儿女啮人！”庄宗家世夷狄[⑦]，夷狄之人讳狗，故新磨以此讥之。庄宗大怒，弯弓注矢将射之，新磨急呼曰：“陛下无杀臣！臣与陛下为一体，杀之不祥！”庄宗大惊，问其故，对曰：“陛下开国，改元同光，天下皆谓陛下同光帝。且同，铜也，若杀敬新磨，则同无光矣。”庄宗大笑，乃释之。

然时诸伶，独新磨尤善俳[⑧]，其语最著，而不闻其佗[⑨]过恶。其败政乱国者，有景进、史彦琼、郭从谦三人为最。

是时，诸伶人出入宫掖，侮弄缙绅[10]，群臣愤嫉，莫敢出气，或反相附托，以希恩倖[11]，四方藩镇，货赂交行，而景进最居中用事。庄宗遣进等出访民间，事无大小皆以闻。每进奏事殿中，左右皆屏退，军机国政皆与参决，三司使孔谦兄事之，呼为“八哥”。

庄宗初入洛，居唐故宫室，而嫔御未备。阉宦希旨，多言宫中夜见鬼物，相惊恐，庄宗问所以禳[12]之者，因曰：“故唐时，后宫万人，今空宫多怪，当实以人乃息。”庄宗欣然。其后幸邺，乃遣进等采邺美女千人，以充后宫。而进等缘以为奸，军士妻女因而逃逸者数千人。庄宗还洛，进载邺女千人以从，道路相属，男女无别。

魏王继岌[13]已破蜀，刘皇后听宦者谗言，遣继岌贼杀郭崇韬[14]。崇韬素嫉伶人，常裁抑之，伶人由此皆乐其死。皇弟存乂[15]，崇韬之婿也，进谗于庄宗曰：“存乂且反，为妇翁报仇。”乃囚而杀之。

朱友谦，以梁河中降晋者，及庄宗入洛，伶人皆求赂于友谦，友谦不能给而辞焉。进乃谗友谦曰：“崇韬且诛，友谦不自安，必反，宜并诛之。”于是及其将五六人皆族灭之，天下不胜其冤。进，官至银青光禄大夫、检校左散骑常侍兼御史大夫、上柱国。

【注释】

①本文节选自《新五代史·伶官传》。《伶官传》主要记载了敬新磨、景进、史彦琼、郭从谦等伶人败政乱国的史实。本文节选的是敬新磨和景进的传记。②庄宗：即后唐庄宗李存勖，五代时期后唐政权的建立者，唐末河东节度使、晋王李克用的长子。908年继晋国王位，之后经过多年的南征北战，北却契丹，南击朱梁，东灭桀燕(刘守光)，使得晋国逐渐强大起来。923年4月在魏州(河北大名府)称帝，国号“唐”，史称后唐，是为后唐庄宗。畋(tián)猎：打猎。③中牟：今属河南省郑州市。④稼穑：种植与收割，泛指农业劳动。⑤李天下：李存勖的艺

名。⑥批其颊：打耳光。⑦夷狄：古称东方部族为夷，北方部族为狄，泛指边远少数民族。⑧俳（pái）：古代指杂戏、滑稽戏。⑨其佗：其他。⑩缙绅（jìn shēn）：称有官职的或做过官的人。缙：也写作“搢”，插。绅：束在衣服外面的大带子。⑪倖：同“幸”。⑫禳（ráng）：又称禳灾、禳解，指行使法术解除面临的灾难，禳原为古代祭祀名。⑬继岌：李继岌，庄宗李存勖之子，被封为魏王。⑭刘皇后：庄宗李存勖之妻。郭崇韬：后唐重臣。⑮存乂（yì）：李存勖的弟弟。

宦者传[①]

［北宋］ 欧阳修

张承业，字继元，唐僖宗[②]时宦者也。晋王兵击王行瑜，承业数往来兵间，晋王喜其为人。及昭宗为李茂贞所迫[③]，将出奔太原，乃先遣承业使晋以道意，因以为河东监军。其后崔胤[④]诛宦官，宦官在外者，悉诏所在杀之。晋王怜承业，不忍杀，匿之斛律寺。昭宗崩，乃出承业，复为监军。

晋王病且革[⑤]，以庄宗属承业曰：“以亚子[⑥]累公等！”庄宗常兄事承业，岁时升堂拜母，甚亲重之。庄宗在魏，与梁战河上十余年，军国之事，皆委承业，承业亦尽心不懈。凡所以畜积金粟，收市兵马，劝课农桑，而成庄宗之业者，承业之功为多。自贞简太后、韩德妃、伊淑妃及诸公子在晋阳者，承业一切以法绳之，权贵皆敛手畏承业。

庄宗岁时自魏归省亲，须钱蒱博[⑦]赏赐伶人，而承业主藏，钱不可得。庄宗乃置酒库中，酒酣，使子继岌为承业起舞，舞罢，承业出宝带、币、马为赠，庄宗指钱积呼继岌小字以语承业曰：“和哥[⑧]乏钱，可与钱一积，何用带、马为也？”承业谢曰：“国家钱，非臣所得私也。”庄宗以语侵之，承业怒曰：“臣，老敕使[⑨]，非为子孙计，惜此库钱，佐王成霸业尔！若欲用之，何必问臣？财尽兵散，岂独臣受祸也？”庄宗顾元行钦曰：“取剑来！”承业起，持庄宗衣而泣，曰：“臣受先王顾托之命，誓雪家国之仇。今日为王惜库物而死，死不愧于先王矣！”阎宝从旁解承业手令去，承业奋拳殴宝踣[10]，骂曰：“阎宝，朱温之贼，蒙晋厚恩，不能有一言之忠，而反谄谀自容邪！”太后闻之，使召庄宗。庄宗性至孝，闻太后召，甚惧，乃酌两卮谢承业曰：“吾杯酒之失，且得罪太后。愿公饮此，为吾分过。”承业不肯饮。庄宗入内，太后使人谢承业曰：“小儿忤[11]公，已笞之矣。”明日，太后与庄宗俱过承业第，慰劳之。

卢质嗜酒傲忽[12]，自庄宗及诸公子多见侮慢，庄宗深嫉之。承业乘间请曰：“卢质嗜酒无礼，臣请为王杀之。”庄宗曰：“吾方招纳贤才以就功业，公何言之过也！”承业起贺曰：“王能如此，天下不足平也！”质因此获免。

天祐十八年[13]，庄宗已诺诸将即皇帝位。承业方卧病，闻之，自太原肩舆[14]至魏，谏曰：“大王父子与梁血战三十年，本欲雪家国之仇，而复唐之社稷。今元凶未灭，而遽以尊名自居，非王父子之初心，且失天下望，不可。”庄宗谢曰：“此诸将之所欲也。”承业曰：“不然，梁，唐、晋之仇贼，而天下所共恶也。今王诚能为天下去大恶，复列圣之深仇，然后求唐后而立之。使唐之子孙在，孰敢当之？使唐无子孙，天下之士，谁可与王争者？臣，唐家一老奴耳，诚愿见大王之成功，然后退身田里，使百官送出洛东门，而令路人指而叹曰‘此本朝敕使，先王时监军也’，岂不臣主俱荣哉？”庄宗不听。承业知不可谏，乃仰天大哭曰：“吾王自取之！误我奴矣。”肩舆归太原，不食而卒，年七十七。同光元年[15]，赠左武卫上将军，谥曰正宪。

【注释】

①本文节选自《新五代史·宦者传》。《宦者传》记载了后唐庄宗时期宦官张承业、张居翰、马绍宏以及后唐明宗时期宦者孟汉琼等人的史实。本文节选的是张承业的传记部分。②唐僖宗：李儇（862—888），873—888年在位。③昭宗：李晔（867—904），唐朝亡国之君。李茂贞：唐末藩镇军阀，五代时期岐王，曾经开岐王府，妻称皇后，各种仪式都跟皇帝一样，后向后唐称臣，封秦王。④崔胤（853—

904):乾宁二年(895)进士及第,累迁御史中丞。景福二年(893),为宰相。与朱温相结,欲倚之除宦官。屡罢政事,均以朱温的支持再起,先后四拜宰相,时号"崔四人"。后为朱温所杀。⑤革:同"亟",病重。⑥亚子:指庄宗李存勖。⑦蒱(pú)博:古代的一种博戏。泛指赌博。⑧和哥:李存勖之子李继岌的小名。⑨敕使:皇帝的使者。⑩踣(bó):向前扑倒。⑪忤(wǔ):抵触,不顺从。⑫傲忽:傲慢。⑬天祐十八年:公元921年。⑭肩舆:轿子。⑮同光元年:公元923年。

【知识】

1. 欧阳修和《新五代史》

欧阳修(1007—1072),字永叔,号醉翁,别号"六一居士",吉州永丰(今江西省永丰县)人,谥号文忠,世称欧阳文忠公。北宋卓越的政治家、文学家、史学家,与韩愈、柳宗元、王安石、苏洵、苏轼、苏辙、曾巩合称"唐宋八大家"。后人又将其与韩愈、柳宗元和苏轼合称"千古文章四大家"。史学著作有《新唐书》和《新五代史》。

2. 伶人和宦官

伶人,亦称优,优伶,旧时称以乐舞戏谑为职业的艺人,后亦称戏曲演员。在中国的传统文化意识里,伶人的社会地位比较卑下。宦官,是中国古代专供皇帝、君主及其家族役使的官员。自东汉开始,均为被阉割失去性能力的人,也称太监、公公、内侍、中官、中涓、中贵人等。宦官因与皇室朝夕相处,遂能博取信赖或有可乘之机,故在一些朝代中存在着宦官掌握国家政务大权的情况。

【品读】

欧阳修在编撰新五代史时,曾写信给尹师鲁说,"史者国家之典法也",史书记载"君臣善恶,与其百事之废置",目的在于"垂劝戒,示后世"。在他看来,旧五代史还没有完全做到这一点,有"繁猥失实"的地方,没有起到它应起的作用。所以他把"褒贬义例"——即著书的主旨和体例——放在新五代史的首要地位,并以孔子编撰春秋的“义例”,作为自己立论的原则,用“春秋笔法”(指寓褒贬于曲折的文笔之中,即在文章的记叙之中表现出作者的思想倾向,而不是通过议论性文辞表达出来)对五代历史进行褒贬。《伶官传》和《宦者传》可以称得上是作者遵从“褒贬义例”的原则而精心打造的篇章。

从《伶官传》节选的部分来看,作者刻画了敬新磨和景进这两位伶官。在高中课文《伶官传序》中,作者指出《伶官传》的写作目的是:“夫祸患常积于忽微,而智勇多困于所溺,岂独伶人也哉! 作《伶官传》。”也就是说,伶人是导致庄宗误国的一大原因。按此推理,作者对伶人应当以“乱臣贼子”之罪归之,但在《伶官传》中,作者对敬新磨和景进却作出了不同的评价:“然时诸伶,独新磨尤善俳,其语最著,而不闻其佗过恶。其败政乱国者,有景进、史彦琼、郭门高三人为最。”欧阳修认为敬新磨虽是伶人,但他也只是为人滑稽会讲笑话,没什么大恶,而景进在作者笔下却是一个十足的恶人。

《宦者传》节选的是张承业传记的部分。作者通过辅佐李克用、法绳权贵、节用库钱、智救卢质、忧疾而终等几件事刻画出一个尽心敬业、秉公执法、忠君为国的臣子形象。张承业是宦官,欧阳修对宦官也有他自己的看法,在《宦者传序》中作者说“自古宦、女之祸深矣……不可以不戒”,又说“自宦者乱人之国,其源深于女祸。女,色而已;宦者之害,非一端也……宦者之为祸,虽欲悔悟,而势有不得而去也”,他对宦官的态度是很明朗的——是国之祸。但是,欧阳修对张承业却也有他自己的看法,他多次在《宦者传》的论述中强调“其议可谓杰欤,殆非宦者之言也”,可见张承业不是那种误国误民的宦官。

欧阳修为何要在《新五代史》“列传”部分单独编撰《伶官传》和《宦者传》? 或许这首先要考察作者评价历史人物的主导思想。以什么样的标准评价历史人物,是史学家史学思想的重要组成部分,而评价一个时期的历史人物的标准,主要取决于史学家对这个时期评价如何。欧阳修对五代时期的总体估价是:“五代之乱,君不君,父不父,子不子,至于兄弟夫妇人伦之际,无不大坏,而天理几乎其灭矣!”“当此之时,臣弑其君,子弑其父,而缙绅之士安其禄而立其朝,充然无复廉耻之色者皆是也。”出于这样的总体评价，欧阳修对五代时期历史人物的评价特别强调“忠孝”二字。所谓“忠”主要是要求臣子必须尽臣节，目的在于维护封建国家纲常和秩序；强调“孝”主要是为了维护封建家庭伦常，二者相互联系，缺一不可，都是稳定封建统治必不可少的精神支柱。欧阳修坚持以忠孝为评价一代人物的主要尺度，就是针对五代的社会特点，要恢复君君臣臣、父父子子的封建纲常秩序，以适应宋统治的需要。从这个目的出发，欧阳修对五代时期各类人物进行了严格地评论，或赞扬或鞭挞。因而，欧阳修对伶官和宦官基本上是否定态度的。这是其一。

其二，我们或许还要考察欧阳修编史的方法与原则。宋代“春秋学”大盛，统治者需要用《春秋》来重整纲常，史学家们则重视《春秋》秉笔求实的精神，欧阳修就认为“正名以定分，求情而责实，此《春秋》之所以作也”，这正表明欧阳修忠于历史事实的严肃态度，因而在《新五代史》中也是本着“不没其实”的原则来书写历史人物的。因此，欧阳修在其书中对于他认为的大恶之人，都不忽其小善，他一方面批评宦者自古“乱人之国”，又肯定宦官张承业忠于唐朝、张居翰“更一字以活千人”的行为。他称这种笔法是“取其善而戒其恶，所谓爱而知其恶，憎而知其善也”。这种思想是很可贵的。

从以上欧阳修的两点史学思想出发，我们或许可以从更高的角度来观照《伶官传》和《宦者传》了，他是在鞭挞“一类人”，但他又是把“一个人”和“一类人”区别了开来，不因“一类人”的共同特点而全盘扼杀“一个人”，而是更多地还原“一个人”的“人”性。当然欧阳修最终的目的还是用“忠孝”二字维护封建国家的纲常和秩序、维护封建家庭伦常，从而稳定封建统治。作为史学家和士大夫的欧阳修用心何其良苦也！

【借鉴】

1. 成也庄宗，败也庄宗

教材《伶官传序》一文中，欧阳修从庄宗得天下和失天下的事迹中总结出了

“盛衰之理，虽曰天命，岂非人事哉”的兴亡规律，《伶官传序》写其得天下之“难”与“意气之盛”，《伶官传》和《宦者传》则是对庄宗失天下之“易”与“身死国灭”的最好注脚。庄宗可谓成败皆由人事的典型论据。

2. 描写人物要“简而有法”

欧阳修记人似司马迁而不雷同，虽然他的基本手法也还是通过语言、动作等描写，但他更概括、更简练，他不是为“简”而简，而是“简而有法”。因此，他常是抓住一个人最突出的方面，通过几件事用数百字写出一个人的主要特点，给人留下深刻的印象。如《伶官传》第二段中写庄宗与俳优杂戏乱呼、敬新磨动手打宗庄面颊的一段文字，把庄宗宠幸伶人、欢乐无度，伶人的无所顾忌、肆意取笑的情景活画了出来，描写十分精彩。刻画人物时，我们也不妨学学欧阳修的作文法。

【思考】

1. 试概括《伶官传》中伶官景进“败政乱国”的主要罪状。

2.《宦者传》中张承业反对庄宗称帝的主要原因是什么？试结合第五段内容加以说明。

3.《伶官传》和《宦者传》刻画人物的方法有什么相同之处？试结合两文内容说明。

4. 在《新五代史》中，欧阳修对五代时期如此评价：“五代之乱，君不君，父不父，子不子，至于兄弟夫妇人伦之际，无不大坏，而天理几乎其灭矣！”“当此之时，臣弑其君，子弑其父，而缙绅之士安其禄而立其朝，充然无复廉耻之色者皆是也。”试结合此评价说说欧阳修作《伶官传》和《宦者传》的用意。

【译文】

伶　官　传

庄宗喜欢打猎，在中牟打猎时践踏民田。中牟县令挡住马恳切进谏，为民请命，庄宗怒斥县令要杀掉他。伶人敬新磨知道他这样做不对，就和众多伶人去追赶县令，捉拿到马前斥责他说：“你当县令，为什么不知道我们天子喜欢打猎呢？你为啥要叫百姓种庄稼供赋税，为啥不让你县老百姓饿着，空出这块地给我们天子打猎呢？你罪该死！”并且上前请求立即处死，众伶人齐声同意，庄宗听了大笑，县令才得免死。

庄宗曾经与伶人在庭园游戏，环顾四周大喊道：“李天下，李天下到哪里去了？”新磨跑上来用手打庄宗的脸。庄宗恼怒，左右的人都惊恐，众伶人大惊，都斥责新磨说：“你为什么打天子的脸？”新磨回答说：“李天下这个人，一人而已，谁敢乱喊呢！”于是左右的人都笑，庄宗大喜，赏赐新磨很多财物。

新磨常常到殿中奏报事情，殿中养了很多恶狗，新磨离开，一狗来追，新磨靠柱大喊说：“陛下不要放纵儿女咬人！”庄宗出身少数民族，少数民族忌讳狗，所以新磨故意讽刺他。庄宗大怒，拿箭就要射他，新磨急呼说：“陛下不要杀臣，臣与陛下为一体，杀了不祥！”庄宗大惊问原因，回答说：“陛下建国，改年号同光，天下都称陛下叫同光帝。况且‘同’就是‘铜’。若杀了我，那就共同无光了。”庄宗大笑，于是放了他。

然而当时的诸位伶官，唯有敬新磨特别善于讲笑话，他的话也流传最广，但没有听说他的别的过错和恶行。那些败坏政治祸乱国家的伶官，以景进、史彦琼、郭从谦三人为最。

当时，众伶人出入宫廷，侮辱戏弄官员，群臣又愤怒又痛恨，却不敢在他们面前大声说话，有的人反而依附于他们，以图被宠信而升迁。各地藩镇，争相送他们财物贿赂，而景进地位最高，权力最大。庄宗派景进等人出宫到民间访查，事情无论大小都要奏报。每次在大殿中奏报事情，左右的人全部屏退，军事机要和国家政务他都参与决策。三司使孔谦用对待哥哥的礼节对待他，叫他“八哥”。

庄宗刚进入洛阳时，住在唐朝过去的宫殿，宫中的嫔妃不足。宦官迎合皇上的心思，都说宫里夜晚看见了鬼，互相惊吓。庄宗问祛除鬼怪的办法，他们趁机说：“过去唐代时，后宫中有上万人，现今空荡荡的宫室中有很多鬼怪，应该填充人进去才能止息。”庄宗很高兴。那以后他驾临邺都，就派遣景进等人搜罗邺地美女上千人，来充实后宫。而景进等人借机干坏事，士卒的妻子、女儿因此而逃跑的有上千人。庄宗回洛阳时，景进用车载邺地美女数千人跟从，在道路上一个接着一个，男女混杂。

魏王李继岌攻破蜀国之后，刘皇后听信宦官的谗言，派李继岌杀害了郭崇韬。郭崇韬素来痛恨伶官，常常压制他们，伶官们也因此都乐于看到他死去。皇弟李存乂是郭崇韬的女婿，景进对庄宗进谗言说：“李存乂将要谋反，为岳父报仇。”于是囚禁、杀害了李存乂。

朱友谦，是当年曾带着梁朝的河中一带投降晋国的人。等到庄宗进入洛阳，伶官们都向朱友谦索取贿赂，朱友谦没有能力供给，就拒绝了他们。景进于是诬陷朱友谦说：“连郭崇韬尚且被杀，朱友谦心中不安，一定会反叛，应该一并杀掉。”于是庄宗将他及部将五六人全都灭了族，天下人都不能忍受他的冤屈。景进，官做到银青光禄大夫、校检左散骑常侍兼御史大夫、上柱国。

宦者传

张承业，字继元，是唐朝僖宗时的一名宦官。晋王出兵攻打王行瑜，张承业多次出入兵间，晋王很喜欢他的为人。等到昭宗被李茂贞逼迫，将出走太原，就先派遣张承业到晋阳说明去意，于是任命他担任河东监军。后来崔胤诛杀宦官，出使在外的宦官，(崔胤)全都下令各地杀掉他们。晋王怜惜张承业，不忍心杀他，把他藏到斛律寺。昭宗死了，才放出张承业，又做监军。

晋王病重，把庄宗托付给张承业说：“有劳各位辅佐我的这个儿子！”庄宗平常像敬重兄长一样对待张承业，一年中时常到他家去拜望他的母亲，非常亲近器重他。庄宗在魏地，与后梁在黄河一带交战十多年，国内一切事务全交给张承业，张承业尽心不懈。大凡积贮钱财粮食，招兵买马，鼓励农耕，于是能够促成庄宗大业的事情，张承业的功劳最大。从贞简太后、韩德妃、伊淑妃到各位公子，所有在晋阳的人，张承业全部按法律约束他们，有权势的豪门大户都自觉收敛，害怕张承业。

庄宗每年常从魏地回来探亲，想要些钱赌博和赏赐伶官，可是张承业掌管钱库，要不到钱。庄宗于是在钱库旁摆酒席，酒兴正浓时，庄宗就让儿子继岌为承业起舞助兴，舞毕，张承业就拿出宝带、钱币和马匹赠送给继岌，庄宗指着钱堆，喊着继岌的小名对张承业说："和哥缺钱用，你可以拿一垛钱赏他，何必用宝带和马呢？"张承业拒绝说："这是国家的钱，不是我所能够私下给的。"庄宗就用话挖苦他。张承业生气地说："我，是先王的老奴，我并不是替子孙考虑，吝惜钱库的钱，是为了帮助你成就霸王大业罢了！如果你要用钱，又何必来问我？钱花光，士兵就会各自逃散，难道只是我遭受灾祸？"庄宗回头对元行钦说："拿剑过来！"张承业起身拉着庄宗的衣角哭着说："我接受先王的重托，发誓要报仇雪恨。今天能为大王珍惜钱财而死，死也无愧于先王了！"阎宝在一旁拉开张承业的手要他走，张承业使劲一拳把阎宝打倒在地，骂道："阎宝，你是朱温的死党，蒙受晋王的厚恩，竟然没有一句忠诚的话，反而讨好、奉承取悦于人！"太后听说后，派人把庄宗叫去。庄宗生性非常孝顺，听到太后召见，非常害怕，于是倒了两杯酒，向张承业道歉说："我酒后失态，将会被太后怪罪。希望您喝了这杯酒，替我分担过错！"张承业不肯喝。庄宗进去宫里，太后派人来向张承业道歉说："小儿触犯了您，我已经鞭打了他。"第二天，太后和庄宗一起到张承业的府上拜访，慰问安抚他。

卢质好酒贪杯，高傲无礼，从庄宗以下到几位公子多被他轻慢过，庄宗非常嫉恨他。张承业找了一个机会试探庄宗说："卢质好酒无礼，请让我替大王杀了他。"庄宗说："我现在正招纳贤才来助我成就功业，您怎么说出这样有失分寸的话来？"张承业起身祝贺说："大王能够如此爱惜人才，平定天下不在话下！"卢质因此免于一死。

天祐十八年，唐庄宗已经答应各位将领要即皇帝之位。张承业正生病卧床不起，听说这件事，从太原乘轿子到魏州，劝谏（庄宗）说："大王父子和梁血战三十年，原希望为家为国报仇，而恢复唐王朝江山社稷。如今元凶还没有消灭，就匆忙以尊贵的名号自居，这不是大王父子当初的心愿，而且会让天下人失望，不可以这样!”唐庄宗推辞说:“这是将领们的意愿。”张承业说:“不对,梁是唐、晋的仇敌,是天下人共同憎恶的。现在大王如果能为天下铲除大恶,为历代圣主报深仇大恨,然后再寻找唐的后裔立为皇帝。如果唐的子孙还活着,谁人敢对抗他呢?如果唐已经没有子孙了,天下的士人,谁能和大王您争夺皇位呢?我是唐家的一个老奴罢了!(但)确实希望看到大王的成功,然后退身田间,让百官送我出洛阳东门,而让路上的人指着我赞叹说‘这本朝皇帝的使臣,先王时的监军’,难道不是臣子君主都光荣的事吗?”唐宗庄不听。张承业明白不能谏阻了,于是仰天大哭:“我们大王自己取天下,误了我老奴了。”坐着轿子回到太原,绝食而死,年龄七十七岁。同光元年,赠左武卫上将军,赐谥号正宪。

方山子传

[北宋] 苏 轼

方山子,光、黄①间隐人也。少时慕朱家、郭解②为人,闾里③之侠皆宗之。稍壮,折节④读书,欲以此驰骋当世,然终不遇。晚乃遁于光、黄间,曰岐亭⑤。庵居蔬食,不与世相闻。弃车马,毁冠服,徒步往来,山中人莫识也。见其所著帽,方屋⑥而高,曰:“此岂古方山冠⑦之遗像乎?”因谓之方山子。

余谪居于黄,过岐亭,适见焉。曰:“呜呼!此吾故人陈慥季常也。何为而在此?”方山子亦矍然⑧,问余所以至此者。余告之故。俯而不答,仰而笑。呼余宿其家。环堵萧然,而妻子奴婢皆有自得之意。

余既耸然异之。独念方山子少时,使酒好剑,用财如粪土。前十有九年,余在岐下⑨,见方山子从⑩两骑,挟二矢,游西山。鹊起于前,使骑逐而射之,不获。方山子怒马独出,一发得之。因与余马上论用兵及古今成败,自谓一世豪士。今几日耳,精悍之色犹见于眉间,而岂山中之人哉!

然方山子世有勋阀⑪,当得官,使从事于其间,今已显闻。而其家在洛阳,园宅壮丽，与公侯等[12]；河北有田，岁得帛千匹，亦足以富乐。皆弃不取，独来穷山中，此岂无得而然哉？

余闻光、黄间多异人，往往阳狂垢污，不可得而见。方山子傥[13]见之与！

【注释】

①光、黄：二州名。光州（治所在今河南潢川县）与黄州（治所在今湖北黄冈县）邻接。②朱家、郭解：西汉时的侠士，《史记》有传。朱家，鲁（今山东曲阜县）人，专门为人解救急难，曾救活上百个豪士。郭解，河南轵（今河南济源县）人，以德报怨，救人性命而不居功，后被朝廷杀害。③闾里：民间。周制，国城外置六乡、六遂。在六乡，二十五家为闾；在六遂，二十五家为里。④折节：改变志趣。⑤岐亭：镇名，在今湖北麻城县西南。⑥方屋：方顶。屋，古人帽子顶部高起的部分。⑦方山冠：唐宋时隐士戴的帽子。⑧矍然：吃惊的样子。⑨岐下：岐山，今陕西凤翔县。⑩从：使……跟从。⑪勋阀：功勋、功业。⑫等：类似、等同。⑬傥：或许。

巢谷传

[北宋] 苏 辙

巢谷，字元修，父中世，眉山农家也。少从士大夫读书，老为里校[1]师。谷幼传父学，虽朴而博。举进士京师，见举武艺[2]者，心好之。谷素多力，遂弃其旧学，畜[3]弓箭，习骑射。久之，业成而不中第。

闻西边多骁勇，骑射击刺，为四方冠，去游秦凤、泾原[4]间，所至友其秀杰。有韩存宝者，尤与之善，谷教之兵书，二人相与为金石交。熙宁[5]中，存宝为河州将，有功，号“熙河名将”，朝廷稍奇之。会泸州蛮[6]乞弟扰边，诸郡不能制，乃命存宝出兵讨之。存宝不习蛮事，邀谷至军中问焉。及存宝得罪，将就逮，自料必死,谓谷曰:“我泾原武夫,死非所惜,顾妻子不免寒饿。橐中有银数百两,非君莫使遗之者。”谷许诺,即变姓名,怀银步行,往授其子,人无知者。存宝死,谷逃避江淮间,会赦乃出。

予以乡闾⑦故,幼而识之,知其志节,缓急可托者也。予之在朝,谷浮沉里中⑧,未尝一见。

绍圣⑨初,予以罪谪居筠州,自筠徙雷,徙循⑩。予兄子瞻亦自惠再徙昌化⑪。士大夫皆讳与予兄弟游,平生亲友无复相闻者。谷独慨然⑫,自眉山诵言⑬,欲徒步访吾兄弟。闻者皆笑其狂。元符⑭二年春正月,自梅州⑮遗予书曰:“我万里步行见公,不自意全,今至梅矣。不旬日必见,死无恨矣。”予惊喜曰:“此非今世人,古之人也!”既见,握手相泣,已而道平生,逾月不厌。时谷年七十有三矣,瘦瘠多病,非复昔日元修也。将复见子瞻于海南,予愍其老且病,止之曰:“君意则善,然自此至儋数千里,复当渡海,非老人事也。”谷曰:“我自视未即死也,公无止我!”留之,不可。阅其橐中,无数千钱,予方乏困,亦强资遣之。船行至新会,有蛮隶窃其橐装以逃,获于新州⑯,谷从之至新,遂病死。予闻,哭之失声,恨其不用吾言,然亦奇其不用吾言而行其志也。

昔赵襄子厄于晋阳,知伯率韩、魏决水围之。城不沉者三版⑰,县釜而爨,易子而食。群臣皆懈,惟高恭不失人臣之礼。及襄子用张孟谈计,三家之围解,行赏群臣,以恭为先。谈曰:“晋阳之难,惟恭无功,曷为先之?”襄子曰:“晋阳之难,群臣皆懈,惟恭不失人臣之礼,吾是以先之。”谷于朋友之义,实无愧高恭者,惜其不遇襄子,而前遇存宝,后遇予兄弟。予方杂居南夷,与之起居出入,盖将终焉。虽知其贤,尚何以发之?闻谷有子蒙在泾原军中,故为作传,异日以授之。谷,始名榖,及见之循州,改名谷云。

【注释】

①里校:乡里村学。②举武艺:指赴试武科。取中者为武进士。③畜:同“蓄”,储备,此处是“置办”的意思。④秦凤、泾原:指关中凤县、泾远二州。⑤熙

宁：宋神宗的年号。⑥泸州蛮：四川西南的少数民族。⑦乡闾：乡里，同乡。⑧浮沉里中：杂处于乡民中间。这里有惋惜巢谷未被起用之意。⑨绍圣：宋哲宗的年号。⑩“予以罪”三句：绍圣元年三月，苏辙被贬职，知汝州（今河南临汝），在移知袁州（今江西宜春）途中，再贬为朝议大夫，试少府监，分司南京（今河南商丘），筠州（今江西高安）居住。绍圣四年又谪化州（今属广东）别驾，雷州（今属广东）安置。元符元年移循州（今属广东）。⑪“予兄”句：绍圣元年4月，苏轼在贬知英州（今广东英德）途中，再贬宁远军节度副使，惠州组（今广东惠阳）安置。绍圣四年五月，再贬苏轼为琼州（今海南海口）别驾，昌化军（今海南儋州西北）安置。⑫慨然：慷慨激昂的样子。⑬诵言：公开声言。诵，同“讼”，公开。⑭元符：宋神宗的年号。⑮梅州：今广东广州。⑯新州：今广东新兴。⑰三版：版，是古代筑墙、坟所用的板，每块高二尺。三版为六尺。

【知识】

1. 苏轼与“乌台诗案”

苏轼(1037—1101)，北宋文学家、书画家。字子瞻，号东坡居士。其文汪洋恣肆，明白畅达，为“唐宋八大家”之一，与欧阳修并称“欧苏”；诗清新豪健，与黄庭坚并称苏黄；词开豪放一派，与辛弃疾并称“苏辛”；书法擅长行书、楷书，与黄庭坚、米芾、蔡襄并称“宋四家”。元丰二年(1079)三月，苏东坡由徐州调任湖州，作《湖州谢上表》，流露出一些牢骚。此时有人把苏轼写的诗曲解附会，欲置之于死地。最后，宋神宗贬苏轼去黄州担任团练副使。这就是历史上著名的“乌台诗案”。自此，苏轼开始了屡遭放逐的人生坎坷之路。

2. “三苏”

“三苏”是指北宋散文家苏洵和他的儿子苏轼、苏辙。“三苏”均属“唐宋八大家”之列。宋仁宗嘉定初年，苏洵和苏轼、苏辙父子三人都到了东京（今河南开封市），由于欧阳修的赏识和推誉，他们的文章很快著名于世。

【品读】

方山子和巢谷，他们与苏家兄弟既非亲戚，又非世交，只是生活中的普通朋友，却不约而同成为了兄弟两人笔下的传主。那么究竟是什么打动了苏轼兄弟俩呢?

不妨先看看方山子和巢谷的身世和为人。方山子，完全可以凭着显赫的家世过着锦衣玉食的生活，完全可以借助祖上功勋顺利走上仕途，却一反常态地“弃车马，毁冠服，徒步往来山中”“所著帽，方屋而高”，甚至家人与奴婢在他的影响下皆有“自得之意”。而更让我们不能理解的是，年轻时的方山子竟是一位充满侠气的青年，其前后判若两人的行为令人称奇。巢谷，他弃文从武、逆时而动；他冒着“自料必死”的危险，“怀银步行”，只为完成金石之交韩存宝的临终嘱托；他顶着众人耻笑的压力，不顾自己年事已高、体弱多病，一路颠沛流离，只为能与同乡畅谈心曲，哪怕最终客死他乡。我们不难发现，无论是方山子还是巢谷，他们皆非寻常之人，可以说是当时的“异数”。

如果说，吸引苏轼兄弟为二人作传的原因仅仅是他们身上的那份“异数”的话，那么我们的理解显然是失于肤浅的。我们再往下思考一步，就会产生这样的疑惑:为什么方山子在晚年时选择与年轻时代完全不一样的生活？由侠到隐，由入世到出世，难道是思想上的彻底消解吗？后文又为什么写他“精悍之色，犹见于眉间”？然而当我们读到文末“余闻光、黄间多异人，往往阳狂垢污”时或许会恍然大悟:“异人”的不寻常行为乃是一种掩饰，是为了压抑心中的激情，平息心中的矛盾。而方山子就是这样的一个异人。他早年的折节读书，是希望自己能有一番作为，只是因无所遇合被迫归隐山中。再看巢谷，巢谷作为一介布衣，既无显赫的功名，亦无惊天动地的事迹，原本注定要被历史遗忘。且文中所写的前两件事只是让我们感知到巢谷是一位侠义尚武、“缓急可托”的民间“异”士而已，但第三件事，它将巢谷的“异”上升为一种政治气节。遥想苏轼兄弟，当时的处境可能不仅仅是“孤”，因为无人和他们交往，甚至是亲戚朋友，也更在于“危”，因为有太多的人落井下石。但巢谷来了，不远万里、一路辗转地来了！这给了历经宦海沉浮、看清世态炎凉的苏轼兄弟怎样的震惊与慰藉呀！

至此，我们不难看出，苏轼写方山子，正是为了借他来表现自己丰富复杂的心灵矛盾。那“乌台诗案”后的一贬再贬，对于一向怀有鸿鹄之志、期望做出惊天伟业的苏轼而言，无疑是人生的一次次重大打击，对于方山子的不遇而隐，颇有感触的他，正是借本文来自悲不遇。而苏辙，也正因为“乌台诗案”牵连而“谪居筠州，自筠徙雷，徙循”，政治上的打击，让他更清晰地看透了世人的龌龊，而唯有巢谷的倾情付出，才是带给他们慰藉的精神支柱。面对世俗的实用心态和巢谷的古道热肠，苏辙唯有拿起笔来，通过为巢谷作传来弘扬正气，这既是对巢谷最好的回报，也是对社会的一种激浊扬清。

或许是人生的境遇使然，或许是兄弟间的心有灵犀，两文在写作方面也有着一定的相似之处。他们对于传主都展开了正面的描写，让我们对这两人有直接的了解；同时两文的结尾，含蓄又蕴藉，前者是苏轼借方山子来悲叹自身之不遇，而后者则是苏辙借巢谷的古道热肠来揭露世态炎凉，可谓借他人之传来浇心中块垒。

【借鉴】

1. 精神状态决定为人境界

《黄州快哉亭记》中说，“使其中坦然，不以物伤性，将何适而非快”，这说明人的精神状态很重要，只要“坦然”就不为外物左右。《方山子传》一文中说陈季常(方山子)“皆弃不取，独来穷山中，此岂无得而然哉?”说明他精神脱离物欲，向着追求内心宁静的更高境界迈进。而苏辙评价巢谷时感叹：“此非今世人，古之人也!”无非是说，巢谷的那种包含侠骨柔肠的精神状态，已经达到了崇尚道义的“古人”境界。

2. 记叙文体写作中的“我”

人物传记，相当于我们现在写人的记叙文。这类文章中，怎样处理“我”的问题？或者说，怎样在文中体现作者的观点？在这里，苏轼与苏辙的做法却有不同。苏辙文中引用高恭乱中“不失人臣之礼”表达对巢谷的赞扬，观点是显豁的；苏轼文中则没有明显的倾向性评论，观点是含蓄的。后者写法类似于“春秋笔法”，能巧妙委婉地表达对人或事的看法，抒发内心的情感，值得我们写作时模仿和尝试。

【思考】

1.《巢谷传》一文主要写了巢谷哪三件事？请用四字短语加以概括。

2. 当得知苏轼被贬黄州的缘由之后，方山子“俯而不答，仰而笑”。谈谈你对这种反应的理解。

3. 读过两篇文章后，请结合全文领会方山子之“异”和巢谷之“贤”的内涵。

4. 体会苏轼兄弟为方山子、巢谷作传的用意，并赏析《方山子传》中的“春秋笔法”。

【译文】

方山子传

方山子，是光州、黄州一带的隐士。他年轻时仰慕汉代游侠朱家、郭解的为人，所以乡里的游侠之士都尊奉他。年岁稍长，他就改变志趣，发奋读书，想借此来取得功名，在世上干出一番事业，但是始终没有得到一展抱负的机遇。到了晚年就隐居在光州、黄州一带，名叫岐亭的地方。住茅屋，吃素食，不与世俗之人来往。他抛却原先的车马，废弃原先的礼服，来来往往全靠步行，山野乡里的人都不认识他。人们见他戴的帽子，上面方方的并且很高，就说：“这不就是古代方山冠的老式样吗？”于是就称他为“方山子”。

我贬官居住在黄州时，有一次经过岐亭，正巧碰见了他。我说：“哎呀，这是我的老朋友陈慥陈季常啊！为什么会在这里呢？”方山子也惊讶地问我到这里来的原因。我告诉了他来到这里的原因。他先是低头不语，继而仰天大笑。他邀请我到他家住宿。他的房舍只有四堵墙，显得很冷清，可是他的妻子儿女和奴仆都显出安适自在的神情。

我内心大为震动，对此感到十分惊奇。自己回想起方山子年轻的时候，纵情饮酒，喜欢剑术，挥金如土。十九年前，我在岐山初次见到方山子，他带着两名骑马的随从，分别带着弓箭在西山游猎。前方飞起一只喜鹊，他便叫随从追赶射击喜鹊，结果都没能射中。方山子生气地独自跃马而出，一箭就射中喜鹊。在那时，于是他就与我在马上谈论起用兵之道及古今成败的道理，自认为是抱负高远的一代豪杰。那时到现在才过去多少日子，在他的眉宇间，仍然能看到那股精悍的神色，这难道会是一位隐居山中的人吗？

但是方山子的家庭，本来世世代代都有功勋，他自己也应该得到官职。假如他参与政事的话，现在地位也已经很显贵了。而且他的家原在洛阳，园林宅舍雄伟富丽，可以与公侯之家相比；他家在河北还有田地，每年可有上千匹的丝帛收入，这些也足以用来过富裕安乐的生活了。然而，他抛开了一切，偏偏来到这穷困偏僻的山沟里，这难道能说是因为无法得到安适的生活才被迫这样做的吗？

我听说光州、黄州一带有很多奇人异士，常常假装疯癫、浑身污垢，人们无法见到他们。方山子或许能遇见他们吧！

巢 谷 传

巢谷，字元修，他的父亲叫中世，是眉山的农民。年少时跟随村里有身份、有学问的人读书，老年后做乡里村学的教师。巢谷年少时传承了父亲的知识，虽朴实但很博学。他被推荐到京城参加进士考试，看见参加武艺考试的人，心里非常喜欢。巢谷一向力气很大，于是放弃了原来所学的东西，置办了弓箭，练习骑马射箭。一段时间后，武艺学成了却没有考中进士。

（巢谷）听说西部人大多英勇善战，骑马射箭、击剑刺杀被认为是天下第一，于是（他）离开家乡去游历秦凤、泾原等地，每到一处就与杰出的人物交友。有个叫韩存宝的，巢谷与他的关系最友好。巢谷教他兵书，两人相处结成了金石之交。熙宁年间，存宝作为河州的将领，建立战功，被称为“熙河名将”，朝廷渐渐地重视他。恰好碰到四川西南的少数民族侵扰边境，各郡县都不能制服他们，(朝廷)于是命令韩存宝出兵讨伐。存宝不熟悉少数民族的风俗，请巢谷到军营中向他询问。等到韩存宝因讨伐无功、擅自撤军获罪，将要被逮捕，自己料到一定会死，就对巢谷说：“我是泾原的一介武夫，死并没有什么可惜的，只是我的妻子儿女免不了受冻挨饿，我袋子里还有几百两银子，除了你没有可以代我送给他们的人了。”巢谷答应了，就更换姓氏名字，怀揣着银两步行去送给韩存宝的儿子，没有人知道这件事。韩存宝死后，巢谷逃离躲避到江淮一带，恰逢朝廷赦免才露面。

我因为与巢谷是同乡的缘故，所以小时候就认识他，知道他的志向节操，是可以托付危急之事的人。我入朝当官，巢谷杂处在乡民之中，没有见过一次面。

绍圣年初，我因为获罪被贬职到筠州，然后从筠州调到雷州，再调到循州。我的哥哥子瞻也从惠州调到昌化，士大夫们都忌讳跟我们兄弟来往，亲戚朋友也不再互通音信了。只有巢谷慷慨激昂，在眉山公开说要步行寻访我们兄弟俩。听见的人都笑他痴狂。元符二年正月，他从梅州送来一封信说：“我步行万里来见你，自己没有意料到还能保全性命，现在到梅州了，不用十天一定能相见，即使死也没有遗憾了。”我惊喜地说：“这不是当朝的人，而是品德高尚的古人啊！”相见之后，握手相对而哭，不久又说了往日的经历，说了一个多月也不觉厌倦。当时巢谷已经73岁了，身体瘦弱多病，已经不再是从前的那个元修了。他还打算到海南看子瞻，我哀怜他年老而且多病，阻止他说：“你的心意是好的，但是从这里到儋州那里有数千里之远，还要过海，不是老人能办到的事。”他说：“我自认为还不会马上死，你别阻止我。”我挽留他，没能够留住。看巢谷的钱袋里，没有几千钱了，我当时穷困，还是勉强资助送他走了。船到了新会，有个南蛮差役偷了他的包逃跑，在新州被抓获，巢谷跟着他到了新州，然后就病死了。我听说之后，痛哭失声，埋怨他没听我的话，然而也对他不听我的话去实现他自己的心愿感到惊奇。

以前赵襄子被困于晋阳，智伯率领魏、韩军队用决堤放水的方法围困他。城墙没有被水淹的只剩六尺高,水深到要把锅吊起来才可以生火,人们彼此交换孩子来煮了吃。群臣都散慢了,只有高恭没有忘记礼数。后来赵襄子采用了张孟谈的计策解了三国的围困,论功行赏时,高恭排在首位。张孟谈说:“晋阳之难,高恭没有一点功劳,为什么以他为先?”襄子说:“因为当时大臣们都散慢了,只有他没有忘记君臣之礼,所以我把他排在首位。”巢谷对朋友的义气,实在比得上高恭,只可惜他没碰上襄子,而只是先后遇到了存宝和我们兄弟。我正住在南方,和南夷居民住在一起,大概也要死在这里了。虽然知道他的贤德,还能用什么方法来发扬他的事迹呢?我听说他有个儿子叫巢蒙,在泾原军中,所以为他立了传,日后给巢蒙。巢谷开始叫巢穀,等到在循州相见之后,改名叫巢谷。

五柳先生传

[晋] 陶渊明

先生不知何许①人也,亦不详其姓字。宅边有五柳树,因以为号焉。闲静少言,不慕荣利。好读书,不求甚解②;每有会意③,便欣然忘食。性嗜酒,家贫不能常得。亲旧知其如此,或置酒而招之。造饮辄尽④,期在必醉;既醉而退,曾不吝情⑤去留。环堵萧然⑥,不蔽风日,短褐穿结⑦,箪瓢⑧屡空,晏如⑨也。常著文章自娱,颇示己志。忘怀得失,以此自终⑩。

赞⑪曰:黔娄⑫之妻有言:“不戚戚⑬于贫贱,不汲汲⑭于富贵。”其言兹若人之俦乎⑮?衔觞⑯赋诗,以乐其志,无怀氏⑰之民欤?葛天氏之民欤?

【注释】

①何许:何处。许,处所。②不求甚解:读书只求领会要旨,不在一字一句的解释上过分深究。甚,很、过分。③会意:心得体会。陶渊明《与子俨等疏》说:“开卷有得,便欣然忘食。”与此同义。④造:往,到。尽:指喝完。⑤吝情:顾惜,

舍不得。⑥环堵：四周墙壁。萧然：空寂的样子。⑦短(shù)褐：古时贫苦人穿的粗布衣服。亦作“竖褐”、“裋褐”。穿结：衣服穿孔补绽。⑧箪(dān)：竹制食器。瓢：饮器。⑨晏如：安然自若的样子。⑩自终：自己过完一辈子。终，终了，结束。⑪赞：史传体例，是史官评论传主的结语。⑫黔娄：春秋时鲁国人，以清贫自守，不愿出仕。⑬戚戚：忧愁。⑭汲汲：竭力求取。⑮若人：此人，指五柳先生。俦：辈，同类。⑯衔觞：口衔酒杯，指饮酒。⑰无怀氏：与后文的“葛天氏”都是传说中古朴淳厚的上古社会中的帝王。

六一居士传

［宋］ 欧阳修

六一居士初谪滁山[①]，自号醉翁。既老而衰且病，将退休于颍水之上[②]，则又更号六一居士。

客有问曰：“六一，何谓也？”居士曰：“吾家藏书一万卷，集录三代以来金石遗文[③]一千卷，有琴一张，有棋一局，而常置酒一壶。”客曰：“是为五一尔，奈何？”居士曰：“以吾一翁，老于此五物之间，是岂不为六一乎？”客笑曰：“子欲逃名[④]者乎？而屡易其号。此庄生所诮畏影而走乎日中者也[⑤]；余将见子疾走大喘渴死，而名不得逃也。”居士曰：“吾固知名之不可逃，然亦知夫不必逃也；吾为此名，聊以志吾之乐尔。”客曰：“其乐如何？”居士曰：“吾之乐可胜道哉！方其得意于五物也，太山在前而不见，疾雷破柱而不惊；虽响九奏[⑥]于洞庭之野，阅大战于涿鹿之原[⑦]，未足喻其乐且适也。然常患不得极吾乐于其间者，世事之为吾累者众也。其大者有二焉，轩裳珪组[⑧]劳吾形于外，忧患思虑劳吾心于内，使吾形不病而已悴，心未老而先衰，尚何暇于五物哉？虽然，吾自乞其身于朝者三年矣，一日[⑨]天子恻然哀之，赐其骸骨[⑩]，使得与此五物偕返于田庐，庶几[⑪]偿其夙愿焉。此吾之所以志也。”客复笑曰：“子知轩裳珪组之累其形，而不知五物之累其心乎？”居士曰:“不然。累于彼者已劳矣,又多忧;累于此者既佚[12]矣,幸无患。吾其何择哉?”于是与客俱起,握手大笑曰:“置之,区区不足较也。”

已而叹曰:“夫士少而仕,老而休,盖有不待七十者矣[13]。吾素慕之,宜去一也。吾尝用于时[14]矣,而讫无称焉,宜去二也。壮犹如此,今既老且病矣,乃以难强之筋骸,贪过分之荣禄,是将违其素志而自食其言,宜去三也。吾负[15]三宜去,虽无五物,其去宜矣,复何道哉!”

熙宁三年九月七日,六一居士自传。

【注释】

①初谪滁山:庆历六年(1046),欧阳修被贬为滁州知州,时年四十岁。②将退休于颍水之上:熙宁元年(1068),欧阳修在颍州(今安徽阜阳市)修建房屋,准备退休于此。③三代:指夏商周。金石遗文:指欧阳修所收集的钟鼎和石刻文字的拓本。欧阳修撰有《集石录》,为我国现存最早的著录金石的专著。④逃名:避名声而不居。⑤畏影而走乎日中者:《庄子·渔父》说:“人有畏影恶迹而去之走者,举足愈数而迹愈多,走愈疾而影不离身。自以为尚迟,疾走不休,绝力而死。”诮,讥笑。⑥九奏:即“九韶”,虞舜时的音乐。《庄子·至乐》:“咸池九韶之乐,张之洞庭之野。”⑦阅大战于涿鹿之原:《史记·五帝本纪》记皇帝与蚩尤战于涿鹿之野,遂擒杀蚩尤事。⑧轩裳珪组:分指古代大臣所乘车驾,所着服饰,所执玉板,所佩印绶,总指官场事务。⑨一日:一旦,终有一天。⑩赐其骸骨:比喻皇帝同意其告老退休。⑪庶几:或许可以,表示希望。⑫佚:安逸,安乐。⑬不待七十:古人认为,人到七十,便当退职;“不待七十”是说退休不一定要等到七十岁。⑭用于时:指出仕。⑮负:具有,具备。

【知识】

1. 自传

自传是传记的一种,以记述自己的生平事迹为主。一般用第一人称,也有用第三人称的。自传作品采用多种形式,从生前不必然要出版的私密写作(包括信件、日记、札记、回忆录、忆往),到正式的自传。古人著书后常作自序,有的也属自传。

2. 陶渊明

陶渊明(约365—427),字元亮(一名潜,字渊明),私谥"靖节",浔阳柴桑(今江西九江市)人。晋宋时期诗人、辞赋家、散文家。曾任江州祭酒、镇军参军、彭泽令等职。因不满当时士族地主把持政权的黑暗现实,任彭泽令不足三月即辞官归隐。他长于诗文辞赋,诗歌多描写自然景色及其在农村生活的情景。另一类题材的诗如《咏荆轲》等则表现了他的政治抱负,颇多悲愤慷慨之音。陶渊明诗文兼有平淡与爽朗的风格,语言质朴自然,又极为精炼。

【品读】

陶渊明与欧阳修,一个是晋代著名隐士,一个是宋朝文坛巨擘,禀赋不同、经历各异,所处世道亦各不相同,然当我们努力走进他们,品读他们各自的小传,却能从中看出诸多联系和区别。

一说"名号"。

古代文人雅士,多喜欢给自己起号,或抒发情趣,或表明志向。"五柳先生"的名号从何而来?"宅边有五柳树,因以为号焉",似乎没有原因,也毫无寓意,信手拈来,我们甚至可以想象,若宅边不是柳树,而是榆树、桉树,他是否也会以"五榆"、"五桉"号之。"五柳"正体现了陶渊明的随性率真,而这与他所处的时代不无关系。魏晋南北朝时期,士族门阀制度盛行,大地主、大豪强在国家的经济、政治方面都占据着统治地位,造成"上品无寒门,下品无士族"之势。陶渊明隐去传主的姓名、籍贯而以最名不见经传的"五柳"为号,恰是对当时门阀士族所倚重的郡望、士姓的蔑视。

再看《六一居士传》。欧阳修说:"吾为此名,聊以志吾之乐尔。"欧阳修之乐为何?"藏书一万卷、集录三代以来金石遗文一千卷、琴一张、棋一局、酒一壶",

“以吾一翁，老于此五物之间”。琴棋书酒自古以来就是文人骚客情趣修养的象征，欧阳修以“六一”为号也正是彰显自己身为雅士的艺术情趣。然“六一”的深意绝非仅在于此。文章第一段作者明确写道：“既老而衰且病，将退休于颍水之上，则又更号六一居士”，从“将退休”三字可见欧阳修的“六一”之乐是以其辞官归老为前提的，以“六一”为号，不只明情趣，更暗藏着一种亟待隐退的渴望。

同是以“号”明“志”，一个是随性中含有蔑视，一个则雅致中带着企盼。

二说“快乐”。

两人的快乐是和他们的志趣紧密联系的。五柳先生好读书而欣然忘食，性嗜酒而期在必醉，家徒四壁却安然自适，吟诗著文以娱情示志。而晚年欧阳修同样徜徉在琴棋诗酒金石之间，享受“太山在前而不见，疾雷破柱而不惊”的至乐。他们的快乐无关斗米、无关爵禄，只要精神满足、心灵自由，这是何等地旷达与清雅。然细读文本，我们又会发现其中的不同。

先说陶渊明。好读书却不求甚解，不是囫囵吞枣，一知半解，而是有别于世俗之人牵强附会、穿凿曲解；性嗜酒却不能常得，有酒就喝，一醉方休，有别于世俗之人遮遮掩掩、伪饰矫情；家清贫不蔽风雨却依旧安贫乐道，忘怀得失，有别于世俗之人多方钻营、不择手段……陶渊明的快乐源自他的有所为，有所不为，而“不为”背后正是他与世俗格格不入的狷狂。

再说欧阳修。我们有必要了解一下欧阳修的生平及本文写作背景。写《六一居士传》时，欧阳修已经 64 岁，自 24 岁应试及第授西京留守推官步入仕途，已整整 40 年，期间三度被贬，历经宦海浮沉。一生官场让欧阳修深感轩裳珪组累其形，劳其心，“形不病而已悴，心未老而先衰”，这在他的《秋声赋》中表现得尤为明显，然向皇帝请辞却始终未获应允，这就是小传中所说的“吾自乞其身于朝者三年矣”。如此说来，一方面欧阳修追求五物带来的安逸无患之快乐，另一方面却承受着轩冕荣华、世事俗务的束缚而不得脱的悲凉。乐由悲生，悲乐相映，如此心境，如何不让人动容。

同是因“雅”而“乐”，一个是旷达中显出狷介，一个则清高中透着悲凉。

三说“出入”。

欧阳修说:“吾爱陶渊明,爱酒又爱闲。”文人的惺惺相惜正是源于他们的志趣相投:不满现实、不慕荣利、辞官归隐、尽享自由。然最终两人还是分别走上了独善其身与兼济天下的道路。这在两篇小传中也有所体现。

五柳先生性格“闲静”,家贫“晏如”,喝酒忘情,写文自娱,追求无怀氏、葛天氏民风淳厚的理想社会。我们看到,尽管陶渊明对现实是不满的,但《五柳先生传》所呈现出来的却不是愤世嫉俗,相反却显得冲淡平和、超然物外,而这恰是作者深受老庄自然无为、返璞归真思想的影响,追慕阮籍无君无臣、无富无贵的社会理想的体现。五柳先生就是“不戚戚于贫贱,不汲汲于富贵”的黔娄一类的隐士,可以说,陶渊明是出世的。

六一居士也是出世的,文中引用《庄子·渔父》的典故,借道家之言表达自己摆脱物累、息隐林泉之志,文章末段更是以三个“宜去”进一步强化这种愿望。然究其一生,欧阳修虽屡遭贬谪,但仍不改初衷,虽向往田园,但仍渴望治世。事实上,欧阳修写完《六一居士传》一年后才获准致仕,又过了一年,即病逝颍州。并且,就在写《六一居士传》的同一年,欧阳修还写了一篇《岘山亭记》,其中就表达了自己摒弃好名记功的利欲之心,以建立羊祐、杜预之伟业的信念。所以说,欧阳修终究是入世的,是一个出世的入世者。

同是因“淡”而“出”,一个是在桃源里独善其身,一个则在庙堂中兼济天下。

总而言之,五柳先生、六一居士,两人都有着清雅之趣,拔俗之骨,然前者旷达不羁,后者清醒坚毅,前者展示的是魏晋名士出世的洒脱,后者彰显的是宋朝大儒入世的大义,然最终不约而同站成一道人生的大风景,具有穿越时空的感人力量。

【借鉴】

1. “进则朝廷庙堂,退而江湖山野”

出世与归隐,似乎是中国古代文人心中永远解不开的情结。“学而优则仕”,

多少士人头悬梁、锥刺股，只待有一天金榜题名，进入仕途。然为官者，有人为治国平天下，如范仲淹；有人为颜如玉千钟粟，如和珅。“仕而艰则隐”，科举之路本就坎坷，险恶官场也绝非常人能应付，于是，历朝历代皆有隐士：有人自愿归隐，如陶渊明回归田园与自然融合；有人不得不隐，如蒲松龄屡试不第而搜狐说异以刺贪刺虐；当然也有人假装归隐，如卢藏用隐居深山只为一条终南捷径……透过仕与隐、入与出的行为，我们看到一个人的思想与人格。陶渊明和欧阳修的人生经历可以作为论述“入与出”、“贫与富”、“得与失”，以及“物质与精神”、“自由与束缚”、“悲伤与快乐”等话题的典型素材。

2. 写作需要有辩证思维

两篇文章的观点都极具思辨色彩。如《五柳先生传》中“不戚戚于贫贱，不汲汲于富贵”，物质生活贫贱，精神生活富足；“忘怀得失，以此自终”，忘却仕途上的“失”，收获田园里的“得”；再如《六一居士传》中“固知名之不可逃，然亦知夫不必逃也”，对于名声，不逃即逃。甚至五柳先生、六一居士的人生经历，亦透着“出”与“入”的辩证色彩：陶渊明三仕三隐、先仕后隐，欧阳修欲隐却仕、亦仕亦隐。仕与隐，入与出，看似矛盾的两个概念，却在他们人生的不同阶段乃至同一时期完美统一。在写作二元关系型话题时，我们应透过文字的表面看到矛盾中的统一，对立中的联系，从而拓展自己思维的深度和广度。

【思考】

1.《五柳先生传》从哪几个方面描写五柳先生？塑造了一个怎样的隐士形象？请分别加以概括。

2. 赏析《六一居士传》中“太山在前而不见，疾雷破柱而不惊；虽响九奏于洞庭之野，阅大战于涿鹿之原，未足喻其乐且适也”的妙处。

3. 两篇传记第一段都交代了传主“号”之由来，《五柳先生传》强调其来路不明、姓氏不传而以“五柳”名之，《六一居士传》则明确交代自己更号的情况，请联系时代背景、作者经历体会这样写的深意。

【译文】

五柳先生传

先生不知道是什么地方人，也不清楚他的姓名和表字。他的住宅旁边有五棵柳树，于是就以此为号了。(五柳先生)安闲沉静，很少说话，也不羡慕荣华利禄。(五柳先生)喜欢读书，读书只求领会要旨，不在一字一句的解释上过分深究；每当对书中的内容有所领会的时候，就会高兴得忘了吃饭。(五柳先生)生性喜欢喝酒，但因为家里贫穷不能经常得到酒喝。亲戚朋友知道他这种境况，有时摆了酒席来招待他。他去喝酒总是开怀畅饮，希望一定喝醉；喝醉了就离开，从来不会留恋着而不肯离开。简陋的居室里空空荡荡，遮不住寒风和烈日，粗布短衣上打了补丁，盛饭的篮子和饮水的水瓢里经常是空的，而他却能安然自得。(五柳先生)常常以写诗作文来自娱自乐，很能(以此)显示自己的志趣。他不把得失放在心上，用这种心态过完自己的一生。

赞语说：黔娄的妻子曾经说过："不为贫贱而感到忧愁，不为发财做官而奔走钻营。"推究她所说的这句话，五柳先生不就是黔娄那样的人物吗？饮酒赋诗，为自己的志趣而快乐，他是无怀氏时期的百姓吗？还是葛天氏时期的百姓呢？

六一居士传

六一居士当初被贬到滁山，为自己起了个别号叫醉翁。已经年迈而且衰老多病，将要退休到颍水边上安度晚年，就又更改别号为六一居士。

有客人问："六一，说的是什么呢？"居士回答："我家有一万卷藏书，集录了三代以来留下的一千卷金石遗文，有一张琴，有一盘棋，又常常置备有一壶酒。"客人说："这是五个'一'，怎么称'六一'呢？"居士回答说："还有我这个老翁，在这五物之间养老休闲，这难道不是六个'一'吗？"客人笑着说："您是想逃避名声吗？

多次更改您的别号。这正像庄子所讽刺的那个害怕影子却在太阳底下奔跑的蠢人;我将要看到您像那个人一样喘着粗气狂奔干渴而死的样子,但名声仍是不能逃避的啊。"居士回答说:"我本知道名声不能逃避,但我也知道那不必逃避;我起这个名字,只是要借以记下我的乐趣罢了。"客人说:"您的乐趣怎样呢?"居士说:"我的乐趣哪里说得尽呢!当我陶醉在这五种物品之间的时候,泰山在眼前我也视而不见,疾雷轰破屋子中的梁柱我也不惊慌。即使在洞庭大原野奏起九韶仙乐,在涿鹿之原观看激烈的战斗场面,也不能够说明其中的快乐和满足啊。然而我常常忧虑不能够在这五物间尽情享乐,世上拖累我的事务太多了。大的事情有两件,在外界,官场事务拖累了我的身体,在内心,忧郁祸患和各种思虑劳累我的精神,使我的身体没得病却已显得憔悴,心没有老而精神却先衰竭,还有什么闲暇在这五物间快乐呢?即使这样,我自己向朝廷请求辞官已三年了,(假如)有一天天子同情哀怜我,允许我告老还乡,使我能够和这五件事物一起返回到田园,也许就能满足我的夙愿了。这就是我记下我的乐趣的原因啊。"客人又笑着说:"你知道官场事务劳累身体,就不知道这五件事物也劳累精神吗?"居士说:"不是这样的。被官场拖累已经很劳苦了,又有很多忧虑;被这些物品吸引却很安逸,又可以免于祸患。你看我选择哪一方面呢?"于是和客人一起起身,握手大笑说:"停止辩论吧,这些小事不值得计较。"

不久我又感叹说:"读书人年轻时出来做官,年老退休,有的人等不到 70 岁。我一向羡慕他们,这是我应该离职的第一条理由。我曾被当朝所用,但终究没有值得称道的成绩,这是我应该离职的第二条理由。年轻时尚且这样,现在已经年老而且多病,却凭着再也难以强健的筋骨,贪求过分的荣耀和俸禄,这样做将违背我平素的志向和我自己说过的话,这是我应该离职的第三条理由。我具备了三条应该离职的理由,即使没有这五种物品,也应该离职了,还有什么可说的呢!"

熙宁三年九月七日,六一居士欧阳修记。

芋老人传[①]

［清］ 周 容

芋老人者，慈水祝渡[②]人也。子佣出[③]，独与妪居渡口。一日，有书生避雨檐下，衣湿袖单，影[④]乃益瘦。老人延入坐，知从郡城就童子试归。老人略知书，与语久，命妪煮芋以进；尽一器，再进。生为之饱，笑曰："他日不忘老人芋也。"雨止，别去。

十余年，书生用甲第为相国，偶命厨者进芋，辍箸叹曰："何向者祝渡老人之芋之香而甘也！"使人访其夫妇，载以来。丞、尉闻之，谓老人与相国有旧，邀见，讲钧礼[⑤]。子不佣矣。

至京，相国慰劳曰："不忘老人芋，今乃烦尔妪一煮芋也。"已而妪煮芋进，相国亦辍箸曰："何向者之香而甘也！"老人前曰："犹是芋也，而向者之香且甘者，非调和[⑥]之有异，时、位之移人也。相公昔自郡城走数十里，困于雨，不择食矣；今者堂有炼珍，朝分尚食，张筵列鼎[⑦]，尚何芋是甘乎？老人犹喜相公之止于芋[⑧]也。老人老矣，所闻实多：村南有夫妇守贫者，织纺井臼[⑨]，佐读勤苦；幸获名成，遂宠妾媵，弃其妇，致郁郁死。是芋视乃妇也。城东有甲乙同学者，一砚、一灯、一窗、一榻，晨起不辨衣履；乙先得举[⑩]，登仕路，闻甲落魄，笑不顾，交以绝。是芋视乃友也。更闻谁氏子[⑪]，读书时，愿他日得志，廉干如古人某，忠孝如古人某；及为吏，以污贿不饬[⑫]罢。是芋视乃学也。是犹可言也。老人邻有西塾[⑬]，闻其师为弟子说前代事，有将、相，有卿、尹，有刺史、守、令，或绾黄纡紫，或揽辔褰帷[⑭]，一旦事变中起，衅孽外乘[⑮]，辄屈膝叩首迎款[⑯]，唯恐或后，竟以宗庙、社稷、身名、君宠，无不同于芋焉。然则世之以今日而忘其昔日者，岂独一箸间哉！"

老人语未毕，相国遽惊谢曰："老人知道者！"厚资而遣之。于是芋老人之名大著。

赞曰：老人能于倾盖不意[17]，作缘[18]相国，奇已！不知相国何似，能不愧老人之言否。然就其不忘一芋，固已贤夫并老人而芋视之者。特怪老人虽知书，又何长于言至是，岂果知道者欤？或传闻之过实耶？嗟夫！天下有缙绅士大夫所不能言，而野老鄙夫能言之者，往往而然。

【注释】

①本文选自《春酒堂文集》。作者周容（1619—1679），明末清初文学家。字茂三，一字鄮山，鄞县（今浙江鄞县）人。②慈水：今浙江慈溪县。祝渡：即祝家渡，渡口在慈溪县西南约三十华里。用实有地名，意在增强真实性。③佣出：外出做雇工。④影：身影，指体形。⑤讲钧礼：行平等之礼，意即免除了尊贵上下之礼。钧，通“均”。⑥调和：此处是烹调的意思。⑦炼珍：烹制精美的食品。宋代陶穀《清异录》：“段文昌精食事，第中庖所，榜之曰炼珍堂。”朝分尚食：于朝廷中分得皇帝赏赐的食品。尚食：指皇帝的食品。列鼎：古时王侯公卿列鼎而食。鼎是青铜铸成的炊器。《汉书·主父偃传》颜师古注引张晏语：“五鼎食，牛、羊、豕、鱼、麋也。诸侯五，卿大夫三。”后表示馔食丰美。⑧止于芋：只是食芋时味觉有了改变。⑨织纺井臼：自己操办衣食，勤苦度日。井臼，指汲水、舂米。⑩得举：科举及第。⑪谁氏子：指不知名的人，犹“某家子”。⑫不饬：不守规矩，行为不轨。⑬西塾：学塾。古时礼仪，主位在东，宾位在西。所以称塾师为西宾，称学塾为西塾。⑭绾（wǎn）黄纡紫：形容官员们身系官印。绾，系。黄，指代金印。纡，结扎。紫，指代系印的紫色丝带。揽辔褰帷：形容官员们做出匡世济民的架势。揽辔，语本《后汉书·范滂传》：“滂揽辔登车，慨然有澄清天下之志。”褰帷，语本《后汉书·贾琮传》：“琮为冀州刺史。旧典，传车骖驾，垂赤帷裳，迎于州界。及琮之部，升车言曰：‘刺史当远视广听，纠察美恶，何以反垂帷裳以自掩塞乎！’乃命御者褰（同‘褰’，撩起。）之。”⑮事变中起：宫廷中发生政治变故。衅孽外乘：外来的祸患乘机发生。⑯迎款：迎降归顺。⑰倾盖不意：意外地发生了交往。倾盖，原意是途中相遇，停车交谈。⑱作缘：结缘。

崇明老人记[①]

［清］ 陆陇其

崇明县有吴姓老人者，年已九十九岁，其妇亦九十七岁矣。老人生四子，壮年家贫，鬻子以自给，四子尽为富家奴。及四子长，咸能自立，各自赎身娶妇，遂同居而共养父母焉。

卜居于县治之西[②]，列肆共五间：伯开花布店，仲开布庄，叔开腌腊，季开南北杂货[③]。四铺并列，其中一间，为出入之所。四子奉养父母，曲尽孝道[④]。始拟膳每月一轮，周而复始。其媳曰："翁姑老矣[⑤]，若一月一轮，则必历三月后，方得侍奉颜色[⑥]，太疏。"拟每日一家，周而复始。媳又曰："翁老矣，若一日一轮，则历三日后，方得侍奉颜色，亦疏。"乃以一餐为率[⑦]，如蚤餐伯，则午餐仲，晚餐叔，则明日蚤餐季，周而复始。若逢五及十，则四子共设于中堂，父母南向坐，东则四子及诸孙辈，西则四媳及诸孙媳辈。分昭穆坐定[⑧]，以次称觞献寿[⑨]。率以为常[⑩]。

老人饮食之所，后置一橱，橱中每家各置钱一串，每串五十文。老人每食毕，反手于橱中随意取钱一串，即往市中嬉，买果饼啖之。橱中钱缺，则其子潜补之，不令老人知也。老人间往知交游，或博弈，或摴蒱[⑪]。四子知其所往，随遣人密持钱二三百文，安置所游家，并嘱其家佯输钱于老人。老人胜，辄踊跃持钱归。老人亦不知也，亦率以为常。盖数十年无异云。

老人夫妇至今犹无恙。其长子年七十七岁，余子皆颁白[⑫]。孙与曾孙约共二十余人。崇明总兵刘兆以联表其门[⑬]，曰："百龄夫妇齐眉[⑭]，五世孙儿绕膝[⑮]。"洵不诬也[⑯]。因援笔记之，以告世之为人子者。

【注释】

①崇明：县名，今属上海市，在上海市北部、长江口崇明岛上。本文作者陆陇

其(1630—1692),字稼书,卒谥清献,浙江平湖人。公元1670年(康熙九年)进士。历官嘉定、灵寿知县,有政绩,得民望。将授御史时,因上疏得罪上司而引退回乡。推崇程朱理学,被清廷誉为"本朝理学儒臣第一"。有《四书大全》、《三鱼堂文集》等。②卜居:选择住处。县治:县官办公所在地。③伯、仲、叔、季:指兄弟排行,依次为长、次、三、四。④曲尽:委婉地、想方设法地尽到、做到。⑤翁姑:妻子称丈夫的父亲为"翁",称丈夫的母亲为"姑"。下文独言翁而不言姑,是因为翁的年纪比姑大,在世的时间更不多了,更需照顾。⑥方:才。颜色:原指脸色、面容。侍奉颜色,犹如说当面侍奉、承欢。⑦率(lǜ):标准。⑧昭穆:古代的宗庙次序,始祖庙居中,以下父子(祖、父)按次序递为昭穆,左为昭,右为穆。此处指辈分的次序。⑨称觞:举杯。献寿:祝寿。⑩率(shuài):遵循。常:永久的,保持不变的。⑪博弈:博,局戏,用六箸十二棋。弈,围棋。摴蒱(chū pú):又作"樗蒱"。原为古代的博戏,后泛指赌博。⑫颁(bān)白:同"斑白"。头发花白。⑬总兵:清代武官名,位次提督。联:对联。表其门:贴在他家门上,以示表彰。⑭齐眉:比喻夫妻相敬相爱。《后汉书·梁鸿传》载,梁鸿每天做工回来,妻子为他端上饭菜,不敢仰视,只是把托盘举起,比齐眉毛。⑮五世:五代。绕膝:围绕在身边。⑯洵:确实,真。

【知识】

1. 科举制度

《芋老人传》中出现的"童子试"、"甲第"和"得举"与科举考试有关。清人为了取得参加正式科举考试的资格,先要参加童试(院试),参加童试的人称为儒生或童生,录取"入学",称为生员。生员"入学"后即受教官(教授、学正、教谕、训导)的管教,被称为生,俗称秀才。科举的正式考试有三种:乡试、会试、殿试。乡试考中了以后就称为举人,第一名称解元;会试考中称为贡士,第一名称会元;贡士在会试以后的第二个月参加殿试(由皇帝亲自主持),考中后就是钦定的进士,前三名分别称为状元、榜眼、探花。

2. 二十四孝

元代郭居敬辑录古代24个孝子从不同角度、不同环境、不同遭遇行孝的故事,编成《二十四孝》,序而诗之,用训童蒙,成为中国古代宣扬儒家思想及孝道的通俗读物。《二十四孝》的故事大都取材于西汉经学家刘向编辑的《孝子传》,也有一些故事取材《艺文类聚》、《太平御览》等书籍。而今,应当批判地看待古代"二十四孝"故事,形成新时代的"孝道"标准。

【品读】

《芋老人传》与《崇明老人记》同为人物传记,传主同为"老人"。但品读之后,会发觉即使同样的题材和体裁,也会有不同的写法、不同的旨趣。

《芋老人传》从文题看是人物传记,实际上是作者虚构的一篇讽喻性故事。晋陶渊明的《五柳先生传》,唐柳宗元的《种树郭橐驼传》《捕蛇者说》,明刘基的《卖柑者言》等,都属于此种类型。此类文章,有的有具体的人事依据,有的纯属虚构,而共同的特点则是因事说理,表述作者的经验之谈或感愤之言,是介于史传和小说之间的一种文体。这篇文章叙述的是芋老人和一位相国发迹前后的交往故事,第一、第二两段叙事,第三段借芋老人之口发表议论,第四段相国厚赏芋老人而故事结束,第五段是仿史传文末之赞,就所叙之人事表示赞叹。芋老人所议"时位移人",是个普遍真理。任何人都摆脱不了这条法则,只不过是变化的程度、性质有所不同。关键在于,本篇文章拈出"时位移人"这个道理,显然不单单是要阐述一种规律,而是针对社会上种种"以今日而忘昔日"的不良现象而发表感慨,从而形成本文主旨。因此,文中芋老人不仅解释了相国两次食芋而味道不同的原因,而且不厌其烦举出了四种丑恶现象,作进一步的开拓、深化。芋老人最后说:"世之以今日而忘其昔日者,岂独一箸间哉!"这样,由小及大,由近及远,由讲一个生活常理扩展为讽喻社会现实。作者周容生活于明末清初,国变后曾一度削发为僧,矢志不仕清。在其前半生,朝廷多变故,明清易代之际更多弃亲背友、丧志失节之事。由此可知,芋老人的这番议论,正是作者针对现实所发愤慨之言，具有更加强烈的警世、醒世、惩创人心的力量，甚至还借文末“赞”中“天下有缙绅士大夫所不能言，而野老鄙夫能言之者，往往而然”一句，对在朝为官者投以蔑视的一瞥。

《崇明老人记》乍看是一篇平实的记叙文，似乎娓娓道来的是家长里短，但在读后稍加回味，就会发觉，这篇文章题为“崇明老人记”，却旨在褒扬老人的四个儿子。四个儿子都出身奴仆，一番奋斗自立后，也不是大富大贵，对父母却尽责尽孝，使父母老有所养、老有所乐。陆陇其是清代初期尊崇朱熹理学的重要思想代表，他的一生除了居官尽职、开馆授课之外，以昌明学术、端正人心为己任，弘扬孝道即是其中之一。据说陆陇其做灵寿县令的时候，有一老太太告未成年的儿子忤逆。陆陇其便将那少年留下，每当自己竭尽心力服侍老母时，让少年在旁边感受。少年受到感化，最终成为远近闻名的孝子。结合这个故事，我们不难发现，《崇明老人记》是借“崇明老人”之名，宣扬一种“行孝”思想。文章结尾“因援笔记之，以告世之为人子者”，点明了写作意图。

从写作内容上看，两篇文章主旨各异，却都具有鲜明的针对性。就写作手法而言，也都具备“言在此而意在彼”的特点，都是由个别的事实引出一般的道理。除了这样的共性之外，更是要看到各自的风姿。《芋老人传》就食芋事而生发开去，几乎通篇未离芋事、“芋”字，结构上前后呼应，转接自然，章法上蓄势充足，铺垫完备，所说之理水到渠成。《崇明老人记》以家庭叙事的方式展开，叙述不急不缓，行文从容沉静，而白描手法让老人儿孙的言行如在眼前，通篇不着一“孝”字，而“孝道”大义昭然若揭。

同是人物传记，同写世上老人，却表现出不同写法、不同旨趣，这正是写作者的创造力所在，也正是值得阅读者涵咏其中的兴味所在。

【借鉴】

1. 善始善终

古语云：“靡不有初，鲜克有终。”又云：“善始者实繁，克终者盖寡。”话语中透露出坚守正道的艰难。芋老人借“芋”说理，意在强调随着时间和人事的改变，人们的美好理想也容易破灭。由此可以悟出：若要善始善终，既要有坚定的信仰，又要在实践中持之以恒。

2. 关于孝的名言

在我国传统文化中，“孝”一直是备受关注的一种伦理道德，甚至有时成为统治者治国的辅助手段，高中教材选录的《陈情表》即可让我们深刻感受到这一点。其实，抛开“愚孝”不谈，孝道确实是人伦的重要组成部分，可成为全人类的普适价值。下面辑录的就是与“孝”有关的名句。

孝子之养也，乐其心，不违其志。(《礼记》)

父母之年，不可不知也。一则以喜，一则以惧。(《论语》)

老吾老，以及人之老；幼吾幼，以及人之幼。(孟子)

智慧之子使父亲欢乐，愚昧之子使母亲蒙羞。(所罗门)

我们体贴老人，要像对待孩子一样。(歌德)

丑恶的海怪也比不上忘恩的儿女那样可怕。(莎士比亚)

【思考】

1.《芋老人传》借题发挥，揭示了怎样的道理，讽喻了怎样的社会世态？(请用自己的话回答)

2. 读过《芋老人传》后，请辩证分析“时位移人”的道理。

3. 某地为了弘扬传统文化，宣传孝道，以二十四孝为题材制作了一批街头公益广告，其中不乏“埋儿奉母”的画面。读了《崇明老人记》后，结合这种现象，请谈谈在当今社会怎样发扬“孝道”，赋予“孝道”新的含义。

【译文】

芋老人传

芋老人，他是慈水县祝家渡人。儿子出外当佣工赚钱，自己和老妻住在渡口边。有一天,有名书生在他家屋檐下躲雨,衣袖单薄而且都湿透了,身形非常瘦弱憔悴。芋老人请他进屋里坐坐,(闲聊中)知道对方是刚到郡城参加完童生考试要回家去的读书人。芋老人略懂诗书,和书生交谈很久,就叫老妻煮芋头拿来请书生吃;书生吃光了满满的一碗,芋老人又为他盛一碗。书生因为吃了芋头肚子饱饱的,笑着说:"我以后一定不会忘记老人家您请我吃芋头的恩情啊!"雨停了后,书生就告别离开。

十多年后,书生由考取一甲进士而官至宰相。偶然一次,他吩咐厨师煮芋头给他吃,(吃了吃),放下手中的筷子感叹说:"为什么从前祝家渡那老人家的芋头是那么香、那么甜呢!"于是就派人去找那渡口边的老夫妇,用车马载他们来。当地郡县的官员听到这事情之后,都以为老人和宰相有旧交情,纷纷邀请芋老人夫妇来见面,和他们行平等的礼节。芋老人的儿子也不用再到外面当佣工赚钱了。

到京城后,宰相慰劳他们说:"我一直忘不了老人家您以前请的那顿芋头,今天还想再麻烦您妻子为我煮一次芋头呢!"不久,芋老妻煮好芋头端给宰相吃,宰相吃了吃,也放下手中的筷子说:"为什么从前吃的芋头就那么香,那么甜呢!"芋老人向前说:"都是同样的芋头啊!从前芋头之所以那么香甜,并不是烹调有什么两样,而是时势地位改变人的口味啊!从前(那时候),相国您从郡城出来,走了几十里路,又被雨淋得湿透了,(又饿又冷),是不会挑剔食物的。现在您的厨房多的是精美的食物,又有朝廷赐的膳食,经常摆设酒席、陈列食物,哪里还吃得出芋头的香甜呢!(不过),我还是很高兴相国您的改变仅仅止于芋头而已呢!我的年纪老了,听到的事情实在太多太多了。我村子南边有对贫苦的夫妻,妻子每天织布纺纱,取水舂米,勤苦地帮助丈夫读书;丈夫幸运地考中科举,得到功名后,就宠爱其他的婢妾,抛弃家里的妻子,以致妻子忧伤过度,郁郁而终。这种情形,就是把他的妻子看成像芋头一样啊!城东边有甲、乙两位同学,曾经共享一方砚台、一盏灯火,住的地方只有一扇窗户、一张床铺,连早晨起来穿的衣服、鞋子都不分彼此。后来乙先考中及第,进入官场当了官,听说甲落魄潦倒,还讥笑着不管他,两人的交情因此断绝了。这种情形,就是把结交的朋友看成像芋头一样了。我更听说过某某人家的孩子在读书的时候,立志说未来自己如果得志显达的话,就要廉洁干练如某某古人,就要忠诚孝义如某某古人。可是真的做了官后,却因为贪污不检点、操守不佳而被罢官。这种情形,就是把所学的道理看成像芋头一样了。这些还说得过去。我的邻居有家私塾,听里头的老师向学生讲述前代的事情,有将相、卿相、卿尹、刺史、太守、县令等,他们中有人腰佩紫绶金印担当大任,有人执缰撩幔有匡世济民的姿态,然而一旦国内发生事变,异族自外入侵,他们往往就下跪叩头,争先恐后地投降了,竟然把宗庙、社稷(整个国家)、自己的名誉、君王的荣宠统统等同于芋头了。这么说来,世人由于眼前(的遭遇)而忘掉了过去,哪里单单只是吃芋头这一双筷子之间的事而已呢!"

老人话没说完,宰相赶紧向他道歉说:"老人家您真是个明白世间道理的人啊!"宰相就优厚地赏赐芋老人,派人护送他回去,于是芋老人的名声大为显扬。

我赞许说:"芋老人能够在无意中遇到宰相,一见如故,进而和他结缘,真是奇特的事情哪!不知道宰相如何能否不愧对老人家的话呢?不过,从他能够不忘怀那顿芋头看来,应该是好过那些连老人都把他看成像芋头一样的人吧!只是芋老人虽然读过些书,又怎么擅长说话到这样的地步了呢!难道他真是一位明白世间道理的人吗?唉!天下道理,有些是达官贵人与读书人所说不出来的,然而乡下老人粗鄙百姓却能够说得出来,往往就是这个样子。"

崇明老人记

崇明县有个姓吴的老人,已经99岁了,他的妻子也97岁了。这老人四个儿子,因壮年时家境贫困,所以卖了儿子来活命,四个儿子都做了有钱人家的奴仆。等到四个儿子长大了,都能自立,各自赎出了身子,娶好了媳妇,便居住在一起供养父母。

他们居住在县衙门的西面,房屋共五间:大儿子开花布店,二儿子开布店,三儿子开腌腊店,小儿子开南北杂货店,四个铺子并列,当中一间是进出的地方。四个儿子奉养父母,极尽孝道。最初打算每月一轮,轮流供养父母膳食。媳妇们说:“公公婆婆年纪大了！如果一月一轮,那必须经过三个月,才可以再服侍他们,时间隔得太远了。”后来,决定每天一家轮流着供奉膳食。媳妇们又说:“公公婆婆老了！如果一天一轮,必须三天后才可再服侍他们,也觉时间隔得太远了。”于是限定一餐轮流一家为标准。譬如早饭在大儿子家吃,那午饭在二儿子家吃,晚饭在三儿子家吃,第二天的早饭便在小儿子家吃,这样循环轮流。如果逢到每月五和十的日子,那就四个儿子一同把酒食放在中堂上,父母向南坐,东面是四个儿子和孙辈坐,西面四个媳妇和孙子媳妇坐,依据长辈小辈的辈分按席位坐定,然后逐一劝酒祝寿。遵照这种做法成为习惯了。

在老人喝水吃饭地方的后面,放着一个壁橱,壁橱里每家各放一串 50 文的钱。老人吃罢了饭,顺手反过去在壁橱里随便拿一串钱,就到街上去游玩,买些水果糕饼吃。壁橱中缺少了钱,儿子们便私自补足,不让老人知道。有时,老人到朋友家去下棋或赌钱,四个儿子知道了,便派人私自拿二三百文钱,放在老人所游玩的人家,并且告诉那人家,假装输钱给老人。老人胜后,常常很快乐地带着钱回来。老人自己也不知道内在原委,也就成了习惯了。这样大概有几十年没有过变化。

老人夫妇俩至今还很健康。他的大儿子已经 77 岁了,其他三个儿子也头发斑白了。孙子和曾孙共有 20 多人。崇明总兵刘兆把一副对联贴在他家门上表彰道:“百龄夫妇齐眉,五世儿孙绕膝。”确实是真事。于是用笔记下这崇明老人的事情,告诉给世上做儿女的人们。

(二) 行　　状

张中丞传后叙[1]

［唐］ 韩　愈

元和二年四月十三日夜，愈与吴郡张籍[2]阅家中旧书，得李翰所为《张巡传》。翰以文章自名，为此传颇详密。然尚恨有阙者：不为许远[3]立传，又不载雷万春[4]事首尾。

远虽材若不及巡者，开门纳巡[5]，位本在巡上，授之柄而处其下，无所疑忌，竟与巡俱守死，成功名。城陷而虏，与巡死先后异耳。两家子弟材智下[6]，不能通知二父志，以为巡死而远就虏，疑畏死而辞服于贼。远诚畏死，何苦守尺寸之地，食其所爱之肉[7]，以与贼抗而不降乎？当其围守时，外无蚍蜉蚁子之援，所欲忠者国与主耳，而贼语以国亡主灭。远见救援不至，而贼来益众，必以其言为信。外无待而犹死守，人相食且尽，虽愚人亦能数日而知死处矣。远之不畏死亦明矣！乌有城坏，其徒俱死，独蒙愧耻求活？虽至愚者不忍为。呜呼，而谓远之贤而为之邪！说者又谓，远与巡分城而守，城之陷自远所分始，以此诟远。此又与儿童之见无异。人之将死，其脏腑必有先受其病者；引绳而绝之，其绝必有处。观者见其然，从而尤之，其亦不达于理矣。小人之好议论，不乐成人之美，如是哉！如巡、远之所成就如此卓卓，犹不得免，其他则又何说！

当二公之初守也，宁能知人之卒不救，弃城而逆遁？苟此不能守，虽避之他处何益？及其无救而且穷也，将其创残饿羸之余，虽欲去，必不达。二公之贤，其讲之精矣！守一城，捍天下，以千百就尽之卒，战百万日滋之师，蔽遮江淮，沮遏其势，天下之不亡，其谁之功也！当是时，弃城而图存者，不可一二数；擅强兵坐而观者，相环也。不追议此，而责二公以死守，亦见其自比于逆乱，设淫辞而助之攻也。

愈尝从事于汴徐二府，屡道于两府间，亲祭于其所谓双庙者⑧。其老人往往说巡、远时事，云：南霁云之乞救于贺兰也⑨，贺兰嫉巡、远之声威功绩出己上，不肯出师救。爱霁云之勇且壮，不听其语，强留之，具食与乐，延霁云坐。霁云慷慨语曰："云来时，睢阳之人不食月余日矣。云虽欲独食，义不忍；虽食，且不下咽。"因拔所佩刀断一指，血淋漓，以示贺兰。一座大惊，皆感激为云泣下。云知贺兰终无为云出师意，即驰去。将出城，抽矢射佛寺浮图，矢着其上砖半箭，曰："吾归破贼，必灭贺兰，此矢所以志也。"愈贞元中过泗州，船上人犹指以相语。城陷，贼以刃胁降巡，巡不屈，即牵去，将斩之。又降霁云，云未应。巡呼云曰："南八，男儿死耳，不可为不义屈！"云笑曰："欲将以有为也。公有言，云敢不死！"即不屈。

张籍曰：有于嵩者，少依于巡。及巡起事，嵩常在围中。籍大历中于和州乌江县见嵩。嵩时年六十余矣。以巡初尝得临涣县尉，好学，无所不读。籍时尚小，粗问巡、远事，不能细也。云巡长七尺余，须髯若神。尝见嵩读《汉书》，谓嵩曰："何为久读此？"嵩曰："未熟也。"巡曰："吾于书读不过三遍，终身不忘也。"因诵嵩所读书，尽卷，不错一字。嵩惊，以为巡偶熟此卷，因乱抽他帙以试，无不尽然。嵩又取架上诸书试以问巡，巡应口诵无疑。嵩从巡久，亦不见巡常读书也。为文章，操纸笔立书，未尝起草。初守睢阳时，士卒仅万人，城中居人户亦且数万，巡因一见问姓名，其后无不识者。巡怒，须髯辄张。及城陷，贼缚巡等数十人坐，且将戮。巡起旋，其众见巡起，或起，或泣。巡曰："汝勿怖。死，命也。"众泣，不能仰视。巡就戮时，颜色不乱，阳阳如平常。远宽厚长者，貌如其心。与巡同年生，月日后于巡，呼巡为兄。死时年四十九。

嵩贞元初死于亳、宋间⑩。或传嵩有田在亳、宋间，武人夺而有之，嵩将诣州讼理，为所杀。嵩无子。张籍云。

【注释】

①本文是表彰安史之乱期间睢阳(今河南商丘)守将张巡、许远的一篇名作,是作者在阅读李翰所写的《张巡传》后,对有关材料作的补充,所以题为“后叙”。张中丞:即张巡(709—757),中丞,张巡驻守睢阳时朝廷所加的官衔。②张籍(约767—约830):唐代著名诗人,韩愈学生。字文昌,吴郡(治所在今江苏省苏州市)人,官至国子司业。李翰:字子羽,赵州赞皇(今河北省元氏县)人,官至翰林学士。与张巡友善,客居睢阳时,曾亲见张巡战守事迹。张巡死后,有人诬其降贼,因撰《张巡传》上肃宗,并有《进张中丞传表》。③许远(709—757):字令威,杭州盐官(今浙江省海宁县)人。安史之乱时,任睢阳太守,后与张巡合守孤城,城陷被掳往洛阳,至偃师被害。④雷万春:张巡部下勇将。《新唐书》本传谓其“强毅用命,每战,巡任之与霁云均”。但本文中并未述及其事,故茅坤《韩文钞》以为恐传抄之误,应作南霁云为是,如此方与后文相应。⑤开门纳巡:唐肃宗至德二年(757)正月,叛军安庆绪部将尹子奇带兵十三万围睢阳,许远向张巡告急,张巡自宁陵率军入睢阳城。⑥“两家”句:据《新唐书·许远传》载,安史之乱平定后,大历年间(766—779),张巡之子张去疾轻信小人挑拨,上书唐代宗,说城破后张巡等被害,惟许远独存,是屈降叛军,请追夺许远官爵。诏令张去疾与许远之子许岘及百官议此事。两家子弟即指张去疾、许岘。⑦“食其”句:尹子奇围睢阳时,城中粮尽,军民以雀鼠为食,最后只得以妇女与老弱男子充饥。当时,张巡曾杀爱妾、许远曾杀奴仆以充军粮。⑧“愈尝”句:韩愈曾先后在汴州(治所在今河南省开封市)、徐州(治所在今江苏省徐州市)任推官之职。唐代称幕僚为从事。双庙:张巡、许远死后,后人在睢阳立庙祭祀,称为双庙。⑨南霁云(?—757):张巡部下勇将。本为张沼下属,安禄山反叛,被遣至睢阳与张巡议事,为张巡忠诚所感,遂留其处。贺兰:复姓,指贺兰进明。时为御史大夫、河南节度使,驻节于临淮一带。下文泗州在唐代属河南道,州治在临淮(今江苏省泗洪县东南),当年贺兰进明屯兵于此。⑩亳(bó):亳州,治所在今安徽省亳县。宋:宋州,治所在睢阳。

段太尉逸事状

［唐］ 柳宗元

太尉始为泾州刺史时①，汾阳王以副元帅居蒲②。王子晞为尚书③，领行营节度使，寓军邠州④，纵士卒无赖。邠人偷嗜暴恶者，率以货窜名军伍中，则肆志，吏不得问。日群行丐取于市，不嗛，辄奋击折人手足，椎釜鬲瓮盎盈道上，袒臂徐去，至撞杀孕妇人。邠宁节度使白孝德⑤以王故，戚不敢言。

太尉自州以状白府，愿计事。至则曰："天子以生人付公理，公见人被暴害，因恬然。且大乱，若何？"孝德曰："愿奉教。"太尉曰："某为泾州，甚适，少事；今不忍人无寇暴死，以乱天子边事。公诚以都虞候⑥命某者，能为公已乱，使公之人不得害。"孝德曰："幸甚！"如太尉请。

既署一月，晞军士十七人入市取酒，又以刃刺酒翁，坏酿器，酒流沟中。太尉列卒取十七人，皆断头注槊上，植市门外。晞一营大噪，尽甲。孝德震恐，召太尉曰："将奈何？"太尉曰："无伤也！请辞于军。"孝德使数十人从太尉，太尉尽辞去。解佩刀，选老躄者一人持马，至晞门下。甲者出，太尉笑且入曰："杀一老卒，何甲也？吾戴吾头来矣！"甲者愕。因谕曰："尚书固负若属耶？副元帅固负若属耶？奈何欲以乱败郭氏？为白尚书，出听我言。"

晞出见太尉。太尉曰："副元帅勋塞天地，当务始终。今尚书恣卒为暴，暴且乱，乱天子边，欲谁归罪？罪且及副元帅。今邠人恶子弟以货窜名军籍中，杀害人，如是不止，几日不大乱？大乱由尚书出，人皆曰尚书倚副元帅，不戢士。然则郭氏功名，其与存者几何？"言未毕，晞再拜曰："公幸教晞以道，恩甚大，愿奉军以从。"顾叱左右曰："皆解甲散还火伍中，敢哗者死！"太尉曰："吾未晡食，请假设草具⑦。"既食，曰："吾疾作，愿留宿门下。"命持马者去，旦日来。遂卧军中。晞不解衣，戒候卒击柝卫太尉。旦，俱至孝德所，谢不能，请改过。邠州由是无祸。

先是，太尉在泾州为营田官[⑧]。泾大将焦令谌取人田，自占数十顷，给与农，曰："且熟，归我半。"是岁大旱，野无草，农以告谌。谌曰："我知入数而已，不知旱也。"督责益急，农且饥死，无以偿，即告太尉。

太尉判状辞甚巽[⑨]，使人求谕谌。谌盛怒，召农者曰："我畏段某耶？何敢言我！"取判铺背上，以大杖击二十，垂死，舆来庭中。太尉大泣曰："乃我困汝！"即自取水洗去血，裂裳衣疮，手注善药，旦夕自哺农者，然后食。取骑马卖，市谷代偿，使勿知。

淮西寓军帅尹少荣，刚直士也。入见谌，大骂曰："汝诚人耶？泾州野如赭，人且饥死；而必得谷，又用大杖击无罪者。段公，仁信大人也，而汝不知敬。今段公唯一马，贱卖市谷入汝，汝又取不耻。凡为人傲天灾、犯大人、击无罪者，又取仁者谷，使主人出无马，汝将何以视天地，尚不愧奴隶耶！"谌虽暴抗，然闻言则大愧流汗，不能食，曰："吾终不可以见段公！"一夕，自恨死。

及太尉自泾州以司农征[⑩]，戒其族："过岐，朱泚[⑪]幸致货币，慎勿纳。"及过，泚固致大绫三百匹。太尉婿韦晤坚拒，不得命。至都，太尉怒曰："果不用吾言！"晤谢曰："处贱无以拒也。"太尉曰："然终不以在吾第。"以如司农治事堂，栖之梁木上。泚反，太尉终，吏以告泚，泚取视，其故封识具存。

太尉逸事如右[⑫]。

元和九年月日[⑬]，永州司马员外置同正员柳宗元谨上史馆[⑭]。今之称太尉大节者，出入[⑮]以为武人一时奋不虑死，以取名天下，不知太尉之所立如是。宗元尝出入岐周邠斄间[⑯]，过真定，北上马岭，历亭障堡戍，窃好问老校退卒，能言其事。太尉为人姁姁[⑰]，常低首拱手行步，言气卑弱，未尝以色待物；人视之，儒者也。遇不可，必达其志，决非偶然者。会州刺史崔公来，言信行直，备得太尉遗事，复校无疑。或恐尚逸坠，未集太史氏，敢以状私于执事[⑱]。谨状。

【注释】

①"太尉"句：唐代宗大历十二年(777)，段秀实因邠宁节度使白孝德的推荐，

任泾州(治所在今甘肃省泾川县北)刺史。这里以段秀实死后追赠的官名称呼他,以示尊敬。②汾阳王:即郭子仪。郭子仪平定安史之乱有功,于唐肃宗宝应元年(762)进封汾阳郡王。唐代宗广德二年(764)正月,郭子仪兼任关内、河东副元帅,河中节度、观察使,出镇河中。蒲:州名,唐为河中府(治所在今山西省永济县)。③“王子晞”句:郭晞,郭子仪第三子,随父征伐,屡建战功。(764)年,吐蕃侵边,郭晞奉命率朔方军支援邠州。历任御史中丞,加御史大夫,检校工部尚书。④寓军:在辖区之外驻军。邠(bīn)州:治所在今陕西省彬县。⑤白孝德:安西(治所在今新疆库车县)人,李广弼部将,广德二年(764)任邠宁节度使。⑥都虞候:军队中的执法官。⑦晡(bū)食:晚餐。晡,申时,下午三至五时。假设草具:意谓代办一般性的食物。草具:粗劣的餐具。⑧营田官:唐制,诸军万人以上置营田副使一人,掌管军队屯垦。⑨巽(xùn):同“逊”,委婉,谦恭。⑩司农:即司农卿,为司农寺长官,掌国家储粮用粮之事。唐德宗建中元年(780)二月,段秀实自泾原节度使被召为司农卿。⑪朱泚(cǐ):幽州昌平(今北京市昌平县)人。时为凤翔府尹。⑫“太尉”句:这是表示正文结束的话。⑬元和九年:公元814年。元和是唐宪宗李纯年号(806—820)。⑭“永州”句:当时柳宗元任永州(治所在今湖南零陵县)司马,这里是他官职地位的全称。史馆:国家修史机构。⑮出入:大抵,不外乎。⑯“宗元”句:柳宗元于贞元十年(794)曾游历邠州一带。周:在岐山下,今陕西省眉县一带。斄(tái):同“邰”,在今陕西省武功县西。后句中“真定”已不可考,或是“真宁”之误。真宁即今甘肃省正宁县。马岭:山名,在今甘肃省庆阳县西北。⑰姁(xǔ)姁:和善的样子。⑱执事:旧时书信中称对方,不直称其人,而向其侍从左右执事者陈述以示尊敬。此处指史官韩愈。

【知识】

1. 状

状,或称“行状”,是旧时详记死者世系、名字、爵里、行治、寿年的一种文体。逸事状专录人物逸事,是状的一种变体。

2. 韩愈

韩愈(768—824),字退之,唐代文学家、哲学家,河阳(今河南孟县)人。韩愈祖籍河北昌黎,故世称"韩昌黎";因官至吏部侍郎,又称"韩吏部";因谥号"文",又称"韩文公"。韩愈自幼勤勉好学,沉潜诗书。他与柳宗元一起倡导古文运动,主张"文以载道",复古崇儒,抵排异端,攘斥佛老,是唐宋八大家之首。他的文章气势宏大、曲折多姿、逻辑严整、融汇古今,无论议论、叙事或抒情,都有独特的风格,苏轼称他"文起八代之衰"。

3. 柳宗元

柳宗元(773—819),字子厚,唐代文学家、哲学家。祖籍河东(今山西永济),后迁长安,世称"柳河东";因官终柳州刺史,又称"柳柳州"。与韩愈共同倡导唐代古文运动,并称"韩柳"。他反对六朝以来笼罩文坛的绮靡浮艳文风,主张"文以明道",提倡质朴流畅的散文。柳宗元一生创作丰富,议论文、传记、寓言、游记都有佳作。其中山水游记最为脍炙人口,著名代表作有"永州八记",他也因而被称为"游记之祖"。

【品读】

《张中丞传后叙》是韩愈的著名散文,写于元和二年。文章一方面就李翰所作《张巡传》推论安史之乱时睢阳战役对扭转当时局势的重要意义和巨大作用,另一方面对《张巡传》作必要的事实补充。文章记述了张巡、许远、南霁云等人死守睢阳,英勇抵抗安史叛军的事迹。作者满怀崇敬的心情,表彰那些坚守危城、宁死不屈、为国捐躯的英雄人物,以满腔的义愤痛斥了制造流言蜚语的奸邪小人和弃城图存、见死不救的无耻之徒,表明了韩愈一贯反对藩镇割据,主张国家统一,维护中央集权的政治态度。

《段太尉逸事状》是元和九年柳宗元在永州作的。本文选取段太尉生平事迹三则,经恰当剪裁、生动描写、鲜明渲染,突现出一个人关心人民、不畏强暴并能知机于事先、临财不苟取的旧时代优秀人物形象。作者旨在端正人们对段太尉的认识,通过其生平中一些不为人知的事迹,揭示他后来那种英雄行为的必然性,并且借以发挥自己的天才,寄托自己的理想。

韩愈和柳宗元是同时代的散文大家,两人交往甚密,思想倾向性和创作手法都比较接近,因此两人的作品有许多共同之处。

两篇文章题材相似,思想倾向性一致,都是站在维护边防、巩固统一的立场上,讴歌国家的有功之臣。韩文记述许远、张巡、南霁云等死守睢阳英勇抗敌的事迹,绘声绘色,可歌可泣;柳文具体描写了段秀实沉着机智、不畏强暴、爱护人民的优秀品质和英雄形象。两文都是用事实驳斥当时一些人诋毁功臣的谬论,表现了鲜明的爱憎。韩文以事实驳说者谓许远“畏死而辞服于贼”“城之陷,自远所分始”等谬论;而柳文则是以逸事驳“今之称太尉大节者,出入以为武人一时奋不顾死,以取名天下”的诡辩,两者都表现了作者进步的思想性。

两文内容的真实性都很强,所论所述均以史实作依据。韩文补叙轶事部分主要采用“托人之口”的方法。如南霁云乞师,托诸睢阳老人之口;巡、远轶事托诸张籍之口,张籍又得之于亲历其事的于嵩,睢阳老人和张籍的话又是作者直接耳闻,故可查可信。柳文也是这样,所选轶事都来自“能言其事”的“老校退卒”。两文章都表现了“实录”精神和严谨态度,体现了史传文学的优良传统。

尽管如此,两人的作品还是存在着一定的差异。

两文内容的差异表现在韩文内容比较繁杂,表现多人多事,且事件内在联系不大。而要把这些零碎的材料围绕中心组织起来尤难,但作者把他们有机融合在文章里,读之毫无散漫、杂乱、游离之感。如叙南霁云事,一方面是对张巡的衬托,是整个睢阳战役无数忠勇义烈事迹中的一例;另一方面,又是用事实进一步加强对“设淫辞助之攻”的小人的回击。而柳文内容较集中、单一,表现一人多事,事件之间联系较密切。作者选取段太尉一生中勇服郭晞、仁愧焦令谌、节显治事堂三件逸事,多侧面地表现了人物外柔内刚、勇毅见于平易的个性特征,刻画了一位封建时代正直官吏的形象。

从艺术特色而言,两文也各有异同。

两文都采用现实主义的创作手法，但表现手法却迥然不同。《张中丞传后叙》从全文结构上看共有六段。前四段采用夹叙夹议的方法，议论史实，驳斥谬论，义正词严，锋芒毕露，议论和叙事并重，互为表里，不分宾主，有机结合，以证明许远“城陷而虏，与巡死先后异耳”，实不畏死。后两段以叙事为主，根据自己所得民间的传闻，写张巡、南霁云事，而特别写了南霁云乞师贺兰的片段情景，具体生动，为前面的观点提供了有力证据。前后两部分之间用自己过睢阳、祭双庙作过渡，衔接自然，结尾处回应开头，使得全文神气贯通，浑然一体。《段太尉逸事状》以叙述段秀实三则逸事为主体，故事之间有一定内在联系，越写越深入。如第一则逸事写段秀实为邠洲人民除害，突出表现他的大智大勇，同时为第三则逸事中的不纳朱泚大绫作了铺垫。柳宗元的这篇文章与韩愈的文章叙事和议论并重的特色相比，最突出的表现手法是不着任何议论，让作者的评价和爱憎从叙述的事件、场面中流露出来，显得自然、贴切，最后点明文章的写作目的，驳斥某些人贬低英雄的语言，收束得体。全篇文章结构严谨，脉络清晰，真可谓水到渠成。

两篇文章塑造的人物形象都很鲜明，个性都很突出，韩愈和柳宗元都善于选择最典型的事件用最具有个性特色的言行来突出人物的重要性格。所不同的是，《张中丞传后叙》树立的是睢阳英雄的群像，人物性格相互映衬，并通过次要人物来突出主要人物。如文章中写了南霁云的乞师和就义，用南霁云敬重张巡来突出张巡的形象；写了许远的宽厚及气节，用许远敬重张巡进一步突出张巡。这些人物的举止情态、内心活动无不逼真、传神。尤其是对南霁云拒食、断指、抽矢、射塔等细节的描写，收到了入木三分的效果。韩愈笔下的英雄形象忠贞慷慨、肝胆照人、栩栩如生。《段太尉逸事状》则通过三则逸事生动地刻画了一个刚正、慈惠、廉洁的旧时代的优秀人物形象。柳宗元刻画人物形象富有创造性。首先，是从暴露现实和批判现实的角度选取人物，从而选择其重要的事件，加以适当的剪裁和必要的具体描写来完成一个人物形象，这是塑造人物形象的一个典型化过程，是对《史记》笔法的继承和发展。同时，在塑造人物形象时，不仅采用正面描写的方法(如第一则逸事写段太尉毛遂自荐、为民除害和第三则逸事写段太尉拒受贿赂),而且采用侧面表现、烘托的方法,如描写尹少荣怒斥焦令谌、焦令谌自愧而死,用不同的军阀官吏的行为烘托段秀实这个人物行为的可贵和感人至深的力量。段秀实这个形象体现出的仁民爱物、官为民役的思想,寄托着作者的政治理想。

韩愈和柳宗元对于言的运用都达到了炉火纯青的地步,言简意赅是他们的共同特色,但又各有千秋。《张中丞传后叙》的语言壮盛摇曳、奇横杰出,富于感情色彩。有的义正词严、慷慨激昂(如乞师、就义),有的亲切平易,如叙家常(如张巡轶事);有奔腾直泻的长句,也有斩钉截铁的短语,长短伸缩,抑扬有致,语意壮盛,句势轩昂,无不精炼准确,丰富多彩(第四段尤为突出)。文章无论叙事、议论,处处饱含作者的主观感情色彩,褒贬泾渭分明。对两家弟子的鄙弃,对好议论小人的憎恶,对英雄的褒奖崇敬溢于言表,有强烈的艺术感染力。《段太尉逸事状》的语言主要特色是简洁有力。如写郭晞军队的强烈反应:"晞一营,大噪,尽甲。"几个字,紧张的气氛全出。写灾情的严重:"灾情大旱,野无草。"用"野无草"三个字,则其惨相可知。写段太尉的廉洁:"吏以告泚,泚取视,其故封识俱存。"凡此种种都是三言两语,简劲有力,而能给读者以极为强烈的印象。

【借鉴】

1. 正直忠诚的人是民族的脊梁,历史总会给以公正的评价

不管什么时代,正直忠诚的人都是民族的脊梁。安史乱起,张巡在雍丘一带起兵抗击,后与许远同守睢阳,城破被俘,与部将 36 人同时殉难。乱平以后,朝廷小人竭力散布二人有罪的流言。而一些别有用心的人编造"武人一时奋不虑死,以取名天下"的流言贬低段秀实宁死不附叛贼的英壮行为。韩愈柳宗元愤而提笔,为两人辨证,拨开迷雾,还原了两人忠诚正直的形象,弘扬了正气。不管是两文的主人公还是作者,都是忠诚正直、弘扬正气等主题作文的写作素材。

2. 描写人物的过程中写出其性格品质的由来

如韩文第五段写张巡读书，记忆力过人，反映出英雄人物的品格和能力，与其文化修养是有密切关系的。柳文中写当时一些人认为段秀实宁死不附叛贼的英壮行为是“武人一时奋不虑死，以取名天下”，他深知其为人一贯刚直，“遇不可，必达其志”，选择其生平逸事三则，说明段秀实的刚勇是其性格之必然，使谣言不攻自破。我们在作记人类的文章时，不仅要写出人物的性格特点，还要思考这些个性特点的由来，从而使文章深刻起来。

【思考】

1.《张中丞传后叙》第一段可看出作者写作本文的主要原因是什么？《段太尉逸事状》最后一段作者交待了他创作本文的意图是什么？

2. 两篇文章各叙述了人物的哪些事迹？试加以概括。

3. 两篇文章都为人物传记，试比较写法上的异同。

【译文】

张中丞传后叙

元和二年四月十三日晚上，我和吴郡人张籍翻阅家中的旧书，发现了李翰所写的《张巡传》。李翰因文章写得好而自负，写这篇传记十分详细周密。但遗憾的是还有不足之处：没有为许远立传，又没有记载雷万春事迹的始末。

许远虽然才能似乎比不上张巡，但他打开城门迎接张巡共同守卫睢阳。地位本在张巡之上，他却把指挥权交给张巡，甘居于其下，毫无猜疑妒忌，最终和张巡一起守城而死，成就了功名。城池沦陷后被俘，不过和张巡死的时间有先后的不同罢了。张、许两家的子弟才能智慧低下，不能彻底了解其父辈的志向，认为张巡战死而许远被俘，怀疑许远怕死而投降了叛军。如果许远真的怕死，为何苦苦守住这尺寸大小的地盘，以他所爱之人的肉充饥，来和叛军对垒而不投降呢？

当他在包围中守城时，外面没有一点哪怕极为微弱的援助，他们所要效忠的只是国家和君主罢了，而叛军则告诉许远唐朝已经灭亡，君主已经死了。许远见救兵不来，而叛军越来越多，一定以为敌人的话是真的。等不来外面的救兵却仍然死守城池，人吃人也快吃完了，即使是傻瓜也会计算得出死亡的期限。许远不怕死也可以清楚了！哪有城破而且自己的部下都已战死，他自己却偏偏蒙受耻辱苟且偷生？即使再笨的人也不愿这样做。唉！难道说像许远如此贤明的人会做这样的事吗？议论的人又认为许远和张巡分守城门，城失陷是从许远分守的一面开始的，拿这个理由来辱骂许远。这又和小孩的见识没有差别。人将要死的时候，他的内脏必定有一个先受到病侵害的地方；扯紧绳子，把它拉断，绳断必定有一个先裂的地方。观察人死、绳断的人看到这种情况，据此就责怪这个先受侵害的内脏和先裂的这一段，也太不通达事理了！小人喜欢议论，不愿成人之美，竟到了这样的地步！像张巡、许远所造就的功业，如此杰出卓越，尚且躲不掉小人的指摘，别的事情那还有什么可说呢！

当张、许二位刚守睢阳城的时候，哪能料到别人终究不肯来相救，因而预先弃城逃走呢？如果睢阳城守不住，即使逃到其他地方又有什么用处？等到没有救兵而且走投无路的时候，率领着那些受伤而残废、饥饿而瘦弱的残兵，即使想撤离睢阳也肯定不可能了。张、许二公这样贤明，他们已经考虑得很周到了！坚守孤城，捍卫天下，仅凭千百个濒临灭亡的士兵，来对付近百万天天增加的敌军，保护着江淮地区，从而阻遏叛军的攻势。天下能够不被灭亡，这是谁的功劳啊！在那个时候，丢掉城池而只考虑活路的人，不是少数几个人；拥有强兵却安坐观望的人，一个接着一个。不追究非议这些人，却拿死守睢阳来责备张、许二位，也可见这些人把自己放在与逆乱者同类的地位，捏造谎言来帮叛敌一起攻击有功之人了。

我曾经在汴州、徐州二幕府任推官，多次经过两州之间的睢阳城，亲自在那叫做“双庙”的地方祭拜张巡和许远。那里的老人常常说起张巡、许远时候的事情：南霁云向贺兰进明求援的时候，贺兰进明妒忌张巡、许远的威望和功劳超过自己,不肯派兵相救。但他看中了南霁云的英勇和豪壮,不听他求救的要求,硬要挽留他,还准备了酒食和音乐,请南霁云入座。南霁云义气激昂说:“我来的时候,睢阳军民已经一个多月没有东西吃了!我即使想一个人享受,道义也不忍心;即使吃了,也难以下咽!”于是拔出自己的佩刀,砍断一个手指,鲜血淋漓,拿给贺兰进明看。满座的人非常震惊,都感动得为南霁云流下了眼泪。南霁云明白贺兰进明终究没有为自己出兵的意思,立即骑马离去。快要出城时,他抽出一支箭射向寺庙的佛塔,那支箭射进佛塔砖面半箭之深,说:“我回去如果打败叛军,一定要消灭贺兰进明!就用这支箭来作为标记。”我于贞元年间经过泗州,船上的人还指着中箭的塔砖说给我听当年的情况。睢阳城失陷后,叛军拿刀逼张巡投降,张巡坚贞不屈,马上被绑走,行将斩首。叛军又威逼南霁云投降,南霁云没有回答。张巡对南霁云呼喊道:“南八,男子汉一死而已,不能向不义之人屈服!”南霁云笑道:“我本想要有所作为。您既然这样说,我哪敢不死!”于是誓不投降。

张籍说:有一个叫于嵩的人,年轻时就跟随张巡。等到张巡起兵抗击叛军,于嵩曾在敌人的围困之中。我大历年间在和州乌江县见到过于嵩,那时他已60多岁了。因为张巡的缘故,于嵩当初曾得到临涣县尉的官职,喜欢学问,无所不读。我那时还幼小,粗略地询问过张巡、许远的事迹,了解得不太详细。于嵩说张巡身长七尺有余,胡子长得如同神像。他曾经看见于嵩在读《汉书》,便问:“为什么老是在读这一本书?”于嵩回答说:“没有读熟呀。”张巡说:“我读书不超过三遍,一辈子不会忘记。”于是就背诵于嵩所读的那卷书,一卷背完不错一个字。于嵩很惊奇,以为张巡是碰巧熟读过这一卷,就随意抽出其他卷来测试,他都像刚才那样能背诵出来。于嵩又取书架上另外一些书,试着考问张巡,张巡随问随诵,毫不踌躇。于嵩跟张巡时间较久,也不见张巡经常读书。写起文章来,拿起纸笔一挥而就,从来不打草稿。开始驻守睢阳时,士兵将近上万人,城里居住的人家,也将近几万。张巡只要见一次问过姓名,以后没有不认识的。张巡发起怒来,胡须都会竖起。到睢阳城失陷时,叛军绑住张巡等几十人让他们坐着,立即就要被处死。张巡起身去小便,他的部下见他起身,有的跟着站起,有的哭了起来。张巡说:“你们不要害怕!死是命中注定的。”大家都哭得不忍抬头看他。张巡被杀时,脸色毫不慌张,神态安详,就和平日一样。许远是个宽厚的长者,相貌也和他的内心一样质朴。他和张巡同年出生,月份和日子在张巡之后,称张巡为兄,死时 49 岁。

于嵩在贞元初年死在亳宋一带。有人传说他在那里有块田地,有个武人把它强夺霸占了。于嵩打算到州里提出诉讼,却被武人杀死。于嵩没有后代。这些都是张籍告诉我的。

段太尉逸事状

太尉刚任泾州刺史时,汾阳王郭子仪以副元帅的身份驻扎在蒲州。汾阳王的第三子郭晞担任尚书的职务,代理郭子仪军营的统领,驻军邠州,放纵其士卒横行不法。邠州人中那些惯偷以及贪婪、凶残、邪恶的人,大都用财物行贿,把自己的名字混进军队里,就可以胡作非为,官吏不能干涉。他们每天成群结队在市场上勒索财物,不能满足,就用武力打断人家的手足,砸碎锅、鼎、坛子、瓦盆,把它丢满路上,袒露着臂膀扬长而去,甚至还撞死孕妇。邠宁节度使白孝德因为汾阳王郭子仪的缘故,心中忧虑却不敢说。

太尉从泾州把有关情况用公文禀告邠宁节度使衙门,希望能商议此事。到了节度使衙门就对白孝德说:“皇上把老百姓交给您治理,您看见老百姓被暴徒伤害,依然安闲自在,即将引起大乱,怎么办?”白孝德说:“愿听从您的指教。”太尉说:“我任泾州刺史之职,很清闲,事不多。(我)现在不忍心老百姓没有敌人侵扰却惨遭杀害,来使皇上的边疆混乱。您若任命我担任都虞候,我能替您制止骚乱,使您的百姓不再受侵害。”白孝德说:“很好!”就按太尉的请求任命他为都虞候。

太尉暂任都虞候一个月后,郭晞部下士兵 17 人入街市拿酒,又用刀刺伤了卖酒的老头,砸坏了酿酒的器皿,酒流入沟中。太尉布置士兵逮捕了这 17 人,把他们的头都砍下来挂在长矛上,竖立在城门外。郭晞全营士兵大肆喧哗,全部披上铠甲。白孝德大为震惊恐慌,召见太尉说:"你打算怎么办?"太尉回答说:"不要紧,请让我到军营中去劝说。"白孝德派了几十个人跟随太尉,太尉把他们全部辞退了。他解下佩刀,挑了一个年老而跛脚的士兵牵马,来到郭晞军门下。营内全副武装的士兵冲了出来,太尉边笑边走了进去,说:"杀一个老头,何必全副武装?我顶着我的脑袋来了。"全副武装的士兵惊愕了。太尉乘机开导他们说:"郭尚书难道亏待你们了吗?副元帅难道亏待你们了吗?为什么要以变乱来败坏郭家的名声?替我禀告郭尚书,请他出来听我说话。"

郭晞出来见太尉,太尉说:"副元帅功勋充满天地之间,应当力求全始全终。现在您放纵士兵干凶暴不法之事,凶暴将导致变乱。扰乱天子的边地,要归罪于谁?罪将连累到副元帅。现在邠地邪恶之人用财物行贿,把自己的名字混进军营名册中,杀害百姓,像这样不加以制止,离大乱还能有多久?大乱从您军中产生,人们都会说您倚仗副元帅,不管束士兵,这样一来,那么郭家的功名还能保存多少呢?"话没说完,郭晞一再拜谢说:"有幸蒙您用大道理来教导我,恩惠很大,我愿意带领全军听从您的命令。"回头呵斥手下的士兵:"都解下铠甲解散回到队伍中去,胆敢再喧哗的处死!"太尉说:"我还没吃晚餐,请代为备办些粗劣的食物。"已经吃完了,又说:"我的老病又犯了,想请您留我在军门下住一晚。"叫牵马的回去,次日清早再来。于是就睡在军营中。郭晞连衣服也不脱,告诫负责警卫的卫兵打更以保护太尉。第二天一大早,郭晞和段太尉一同至白孝德住所,道歉说自己无能,请允许改正错误。从这以后邠州没有发生祸乱。

在此以前,太尉在泾州,担任营田官。泾州大将焦令谌夺取民田,占为己有,多达几十顷,租给农夫耕种,说:"谷子将成熟时,一半归我。"这一年大旱,田野草都不长。农民将旱情告诉焦令谌。焦令谌却说:"我只知道收入谷子的数目罢了,不知道旱灾。"催逼得更厉害。农民都将要饿死了,没有谷子偿还,就告到太尉那里。

太尉写了判决书,语言很是谦和,派人劝告焦令谌,替农夫求情。焦令谌大怒，将农夫叫了去说："我难道怕段某吗？为什么竟敢议论我！"他把判决书铺在农夫背上，用粗棍子打了他20下，打得农夫快死了，将他抬至太尉衙门的庭院。太尉大哭，说："是我害苦了你。"立即亲自取水洗去农夫身上的污血，撕破自己的衣裳包扎农夫的伤口，亲手敷上良药，早晚亲自先给农夫喂食物，然后自己才吃。将自己的坐骑卖掉，买谷子代农夫偿还地租，不让那农夫知道。

驻扎在泾州的淮西军主帅尹少荣，是个刚强正直之士。来到焦令谌的住处，见到焦令谌大骂说："你真的算得上是人吗？泾州田野如同赤土，人都快饿死了，而你却一定要得到租谷，又用大杖打无罪的人。段公是仁慈而有信义道德的人，而你却不知道敬重。现在段公仅有的一匹马，低价卖了买谷子送进你家，你又不知羞耻地收下了。总之你的为人，是不顾天灾、冒犯长者、打击无罪者之辈，还取仁义之人的谷子，使段先生进出无马骑，你将凭什么面对天地，还不愧对奴隶吗？"虽然焦令谌为人凶暴傲慢，但是听了尹少荣的话却也深感惭愧，汗流浃背，吃不下东西，说："我终究不能再见段公了！"一天傍晚，他恼恨而死。

等到太尉自泾原节度使被征召为司农卿之时，他告诫家属说："经过岐州时，朱泚倘若赠送财物，切不要接受。"等到过岐州之时，朱泚执意赠送大绫三百匹。太尉女婿韦晤坚决拒绝，但推辞不掉。到了京都，太尉大发脾气说："你们果真没有听我的话！"韦晤谢罪说："居于卑下的地位，没有办法拒绝。"太尉说："但是无论如何，终究不可以把大绫放在我的住宅里。"就把大绫送往司农的办公厅，置放在梁木上面。朱泚谋反以后，太尉被杀，官吏将"栖木梁上"之事告诉了朱泚，朱泚叫人将大绫取下来一看，原来封存的标志都还保存着。

以上就是太尉的逸事。

元和九年的某年某日，永州司马员外置同正员柳宗元恭恭敬敬地将此文呈上史馆。现今称赞太尉大节的不外乎是认为武夫一时奋不顾身，没考虑到死，以此来扬名天下，不了解太尉的为人就像这样。我曾往来于岐、周、邠、斄之间，经过真定，北上马岭，游历了亭岗堡垒哨所等各种军事建筑，私下里喜欢询问年老的军校和退役的士卒，他们都能说一些段太尉的事情。太尉为人和颜悦色，经常低头拱手走路，说话的口气谦恭温和，未曾以不好的脸色待人。人们看他，完全像个读书人。遇到不能赞同之事，一定要实现自己的主张，他的事迹决不是偶然的。适逢永州刺史崔公来，说话信实，行事正直，详备地获得了太尉的遗事，再次核对没有什么疑问。有的事实恐怕还有散失遗漏，未集中到史官手里，斗胆将这篇行状私下送交给您。郑重地写下这篇逸事状。

（三）纪　事

巨鹿之战[①]

［西汉］　司马迁

章邯已破项梁军[②]，则以为楚地兵不足忧，乃渡河击赵，大破之。当此时，赵歇为王，陈余为将，张耳为相，皆走入巨鹿城[③]。章邯令王离、涉闲围巨鹿，章邯军其南，筑甬道而输之粟[④]。陈余为将，将卒数万人而军巨鹿之北，此所谓河北之军也。

楚兵已破于定陶，怀王[⑤]恐，从盱台之彭城，并项羽、吕臣军自将之。以吕臣为司徒，以其父吕青为令尹。以沛公为砀郡长，封为武安侯，将砀郡兵。

初，宋义所遇齐使者高陵君显在楚军，见楚王曰："宋义论武信君之军必败[⑥]，居数日，军果败。兵未战而先见败征，此可谓知兵矣。"王召宋义与计事而大说之，因置以为上将军，项羽为鲁公，为次将，范增为末将，救赵。诸别将皆属宋义，号为卿子冠军。行至安阳，留四十六日不进。项羽曰："吾闻秦军围赵王巨鹿，疾引兵渡河，楚击其外，赵应其内，破秦军必矣。"宋义曰："不然。夫搏牛之虻不可以破虮虱[⑦]。今秦攻赵，战胜则兵罢，我承其敝；不胜，则我引兵鼓行而西，必举秦矣。故不如先斗秦赵。夫被坚执锐，义不如公；坐而运策，公不如义。"因下令军中曰："猛如虎，很[⑧]如羊，贪如狼，强不可使者，皆斩之。"乃遣其子宋襄相齐，身送之至无盐，饮酒高会。天寒大雨，士卒冻饥。项羽曰："将戮力而攻秦，久留不行。今岁饥民贫，士卒食芋菽，军无见粮，乃饮酒高会，不引兵渡河因赵食，与赵并力攻秦,乃曰'承其敝'。夫以秦之强,攻新造之赵,其势必举赵。赵举而秦强,何敝之承!且国兵新破,王坐不安席,埽境内[9]而专属于将军,国家安危,在此一举。今不恤士卒而徇其私,非社稷之臣。"项羽晨朝上将军宋义,即其帐中斩宋义头,出令军中曰:"宋义与齐谋反楚,楚王阴令羽诛之。"当是时,诸将皆慑服,莫敢枝梧[10]。皆曰:"首立楚者,将军家也。今将军诛乱。"乃相与共立羽为假上将军。使人追宋义子,及之齐,杀之。使桓楚报命于怀王。怀王因使项羽为上将军,当阳君、蒲将军皆属项羽。

项羽已杀卿子冠军,威震楚国,名闻诸侯。乃遣当阳君、蒲将军将卒二万渡河,救巨鹿。战少利,陈余复请兵。项羽乃悉引兵渡河,皆沉船,破釜甑[11],烧庐舍,持三日粮,以示士卒必死,无一还心。于是至则围王离,与秦军遇,九战,绝其甬道,大破之,杀苏角,虏王离。涉闲不降楚,自烧杀。当是时,楚兵冠诸侯。诸侯军救巨鹿下者十余壁[12],莫敢纵兵。及楚击秦,诸将皆从壁上观。楚战士无不一以当十,楚兵呼声动天,诸侯军无不人人惴恐。于是已破秦军,项羽召见诸侯将,入辕门[13],无不膝行而前,莫敢仰视。项羽由是始为诸侯上将军,诸侯皆属焉。

【注释】

①节选自《史记·项羽本纪》。巨鹿之战,是秦末大起义中,项羽率领数万楚军(后期各诸侯义军也参战),同秦将章邯、王离所率40余万秦军主力在巨鹿(今河北平乡)进行的一场重大决战性战役,也是中国历史上著名的以少胜多的战役之一。巨鹿,今河北省平乡县西南。②章邯已破项梁军句:章邯(?—前205),字少荣,秦末著名将领,上将军。秦二世时任少府,为秦朝的军事支柱,秦王朝最后一员大将。秦二世元年(前209)九月,受命率骊山刑徒及奴产子迎击陈胜起义军周文部,屡战屡胜,使秦廷得以苟延残喘。又陆续攻灭义军田臧等部于荥阳,直逼陈,迫陈胜遁走。后攻杀反秦武装首领魏咎、田儋、项梁,移师渡河攻赵。巨鹿之战中被项羽击败,漳污之战中再次被项羽击败而投降,随项羽入关,封雍王。

楚汉战争中，章邯在汉王元年（前 206）八月，与刘邦军屡战不利，退保废丘（今陕西兴平东南）。二（前 205）年六月，城破自杀。项梁（?—前 208），下相（今江苏省宿迁市宿城区）人。秦末著名起义军首领之一，楚国贵族后代，项燕之子，项羽的叔父。在反秦起义的战争中，因轻敌，在定陶被章邯打败，战死。③"赵歇为王"句：赵歇（?—前 204），秦末人。战国时赵贵族。公元前 208 年，被张耳、陈余立为赵王，都信都（今河北邢台西南）。陈余（?—前 204），大梁（今河南开封）人。秦末人物，魏地名士，性格刚愎高傲。张耳（前 264—前 202），大梁（今河南开封西北）人。秦末汉初人物，曾参加秦末农民起义军，项羽分封十八路诸侯时，张耳被封为常山王，后归汉成为刘邦部属，被加封为赵王。④章邯令王离、涉闲句：王离是秦朝名将王翦孙子，王贲之子。继其父为秦将，率兵戍边备胡。秦末农民起义爆发，与章邯一起统率秦兵与陈胜吴广作战。公元前 208 年，他奉命率军南下与章邯等共围张耳反秦军于巨鹿，杀项梁后为项羽率援军击破，被虏，遭杀害。甬道：古代两旁有墙垣遮蔽的通道。⑤怀王：即楚后怀王熊心（?—前 205）是前怀王熊槐的孙子，公元前 208—前 205 年在位。公元前 223 年楚亡后，熊心流落民间牧羊。项梁起义后为收揽人心，采纳谋士范增的计谋，访楚王后裔怀王之孙熊心立为楚怀王，定都于盱台。⑥宋义论武信君句：宋义：故楚令尹。秦二世二年，楚怀王以为上将军，号卿子冠军。三年（前—?）统兵救赵时，为项王所斩。武信君：即项梁，怀王封项梁为武信君。⑦夫搏牛之虻不可以破虮虱：原意是说主要目标应像击杀牛背上的虻虫一样去灭掉秦国，而不是像消除虮虱那样去与别人打仗。意思是说目的在于灭秦，不必马上用全力和章邯作战。后来比喻其志在大而不在小。⑧很：违逆，不听从。⑨埽境内：谓聚集境内全部兵力。⑩枝梧：抵抗。⑪釜甑（fǔ zèng）：釜是锅，甑是蒸饭用的炊具。釜甑，泛指炊事用具。⑫壁：壁垒，营垒。⑬辕门：领兵将帅的营门。古代军队驻扎时以车为阵，把车辕竖起来，相对为门，所以叫作"辕门"。

赤壁之战[①]

[北宋] 司马光

初[②],鲁肃闻刘表卒,言于孙权曰:“荆州与国邻接,江山险固,沃野万里,士民殷富,若据而有之,此帝王之资也。今刘表新亡,二子不协,军中诸将,各有彼此。刘备天下枭雄,与操有隙[③],寄寓于表,表恶其能而不能用也。若备与彼协心,上下齐同,则宜抚安,与结盟好;如有离违,宜别图之,以济大事。肃请得奉命吊表二子,并慰劳其军中用事者[④],及说备使抚表众,同心一意,共治曹操,备必喜而从命。如其克谐[⑤],天下可定也。今不速往,恐为操所先。”权即遣肃行。到夏口,闻操已向荆州,晨夜兼道[⑥],比至南郡,而琮已降,备南走,肃径迎之,与备会于当阳长坂。肃宣权旨,论天下事势,致殷勤之意,且问备曰:“豫州今欲何至?”备曰:“与苍梧太守吴巨有旧,欲往投之。”肃曰:“孙讨虏聪明仁惠,敬贤礼士,江表英豪咸归附之,已据有六郡,兵精粮多,足以立事。今为君计,莫若遣腹心自结于东,以共济世业。而欲投吴巨,巨是凡人,偏在远郡,行将为人所并,岂足托乎!”备甚悦。肃又谓诸葛亮曰:“我,子瑜友也。”即共定交。子瑜者,亮兄瑾也,避乱江东,为孙权长史。备用肃计,进住鄂县之樊口。

曹操自江陵将顺江东下,诸葛亮谓刘备曰:“事急矣,请奉命求救于孙将军。”遂与鲁肃俱诣孙权。亮见权于柴桑,说权曰:“海内大乱,将军起兵江东,刘豫州收众汉南,与曹操共争天下。今操芟夷大难[⑦],略已平矣,遂破荆州,威震四海。英雄无用武之地,故豫州遁逃至此,愿将军量力而处之!若能以吴、越之众与中国抗衡,不如早与之绝;若不能,何不按兵束甲,北面而事之!今将军外托服从之名而内怀犹豫之计,事急而不断,祸至无日矣!”权曰:“苟如君言,刘豫州何不遂事之乎?”亮曰:“田横,齐之壮士耳,犹守义不辱;况刘豫州王室之胄,英才盖世,众士慕仰,若水之归海。若事之不济,此乃天也,安能复为之下乎!”权勃然曰:

"吾不能举全吴之地，十万之众，受制于人，吾计决矣！非刘豫州莫可以当曹操者，然豫州新败之后，安能抗此难乎？"亮曰："豫州军虽败于长坂，今战士还者及关羽水军精甲万人，刘琦合江夏战士亦不下万人。曹操之众远来疲敝，闻追豫州，轻骑一日一夜行三百余里，此所谓'强弩之末势不能穿鲁缟[⑧]'者也，故兵法忌之，曰'必蹶上将军'[⑨]。且北方之人，不习水战；又，荆州之民附操者，逼兵势耳，非心服也。今将军诚能命猛将统兵数万，与豫州协规同力，破操军必矣。操军破，必北还；如此则荆、吴之势强，鼎足之形成矣。成败之机，在于今日！"权大悦，与其群下谋之。

是时曹操遗权书曰："近者奉辞伐罪，旌麾[⑩]南指，刘琮束手。今治水军八十万众，方与将军会猎[⑪]于吴。"权以示群下，莫不响震失色。长史张昭等曰："曹公，豺虎也，挟天子以征四方，动以朝廷为辞，今日拒之，事更不顺。且将军大势可以拒操者，长江也；今操得荆州，奄有[⑫]其地，刘表治水军，蒙冲斗舰[⑬]乃以千数，操悉浮以沿江，兼有步兵，水陆俱下，此为长江之险已与我共之矣。而势力众寡又不可论。愚谓大计不如迎之。"鲁肃独不言。权起更衣，肃追于宇下。权知其意，执肃手曰："卿欲何言？"肃曰："向察众人之议，专欲误将军，不足与图大事。今肃可迎操耳，如将军不可也。何以言之？今肃迎操，操当以肃还付乡党，品其名位，犹不失下曹从事，乘犊车，从吏卒，交游士林，累官故不失州郡也。将军迎操，欲安所归乎？愿早定大计，莫用众人之议也！"权叹息曰："诸人持议，甚失孤望。今卿廓开大计，正与孤同。"

时周瑜受使至鄱阳，肃劝权召瑜还。瑜至，谓权曰："操虽托名汉相，其实汉贼也。将军以神武雄才，兼仗父兄之烈，割据江东，地方数千里，兵精足用，英雄乐业，当横行天下，为汉家除残去秽；况操自送死，而可迎之邪？请为将军筹之。今北土未平，马超、韩遂尚在关西，为操后患；而操舍鞍马，仗舟楫，与吴、越争衡。今又盛寒，马无稿草。驱中国士众远涉江湖之间，不习水土，必生疾病。此数者用兵之患也，而操皆冒行之。将军禽操，宜在今日。瑜请得精兵数万人，进住夏口，保为将军破之！"权曰："老贼欲废汉自立久矣，徒忌二袁、吕布、刘表与孤耳；

今数雄已灭,惟孤尚存。孤与老贼势不两立,君言当击,甚与孤合,此天以君授孤也。”因拔刀斫前奏案,曰:“诸将吏敢复有言当迎操者,与此案同!”乃罢会。

是夜,瑜复见权曰:“诸人徒见操书言水步八十万而各恐慑,不复料其虚实,便开此议,甚无谓也。今以实校之,彼所将中国人不过十五六万,且已久疲;所得表众亦极七八万耳,尚怀狐疑。夫以疲病之卒御狐疑之众,众数虽多,甚未足畏。瑜得精兵五万,自足制之,愿将军勿虑!”权抚其背曰:“公瑾,卿言至此,甚合孤心。子布、元表诸人各顾妻子,挟持私虑,深失所望;独卿与子敬与孤同耳,此天以卿二人赞⑭孤也!五万兵难卒合,已选三万人,船、粮、战具俱办。卿与子敬、程公便在前发,孤当续发人众,多载资粮,为卿后援。卿能办之者诚决,邂逅⑮不如意,便还就孤,孤当与孟德决之。”遂以周瑜、程普为左右督,将兵与备并力逆操;以鲁肃为赞军校尉,助画方略⑯。

……

进,与操遇于赤壁。

时操军众已有疾疫,初一交战,操军不利,引次江北。瑜等在南岸,瑜部将黄盖曰:“今寇众我寡,难与持久。操军方连船舰,首尾相接,可烧而走也。”乃取蒙冲斗舰十艘,载燥荻枯柴,灌油其中,裹以帷幕,上建旌旗,豫备走舸⑰,系于其尾。先以书遗操,诈云欲降。时东南风急,盖以十舰最著前,中江举帆,余船以次俱进。操军吏士皆出营立观,指言盖降。去北军二里余,同时发火,火烈风猛,船往如箭,烧尽北船,延及岸上营落。顷之,烟炎张天⑱,人马烧溺死者甚众。瑜等率轻锐⑲继其后,雷鼓大震,北军大坏,操引军从华容道步走,遇泥泞,道不通,天又大风,悉使羸兵负草填之,骑乃得过。羸兵为人马所蹈藉,陷泥中,死者甚众。刘备、周瑜水陆并进,追操至南郡。时操军兼以饥疫,死者太半⑳。操乃留征南将军曹仁、横野将军徐晃守江陵,折冲将军乐进守襄阳,引军北还。

【注释】

①本文节选自《资治通鉴》,记叙了公元208年冬天,孙权联合刘备在赤壁击

败曹操这一战役的经过。赤壁，地名，一般认为在今湖北嘉鱼县东北，长江南岸。②初：叙事时，追述以前有关的事，常用“初”或“先是”开头。③与操有隙：跟曹操有仇。汉献帝的亲信受密诏要杀曹操，刘备曾参预其事。隙，嫌怨、感情上的裂痕。④用事者：掌权的人。⑤克谐：能够成功。克，能够。谐，和谐，这里有圆满、顺利的意思。⑥晨夜兼道：日夜赶路。兼道，也作“兼程”，以加倍速度赶路。⑦芟夷大难：削平大乱，指消灭各地割据势力。芟，除草，这里是削除的意思。难，灾难。⑧强弩之末势不能穿鲁缟：强弓（射出了箭到了射程）的尽头，力量不能穿透鲁地的薄绢。弩，一种利用机械发箭的弓。鲁，山东。缟，未经染色的绢。鲁缟，鲁地出产的绢，最为轻细。⑨故兵法忌之，曰“必蹶上将军”：兵法，指《孙子兵法》，相传为春秋时著名的军事家孙武所著。必蹶上将军，一定会使主帅（遭到）挫败。蹶，跌倒，这里是挫败的意思。⑩旌麾：军旗，这里指军队。⑪会猎：一同打猎。这里是会战的委婉说法。⑫奄有：完全占有。奄，覆盖、包住。⑬蒙冲斗舰：大小战船。蒙冲，一种蒙盖着生牛皮的小型战船，行动迅速，用来袭击敌船。斗舰，大战船。⑭赞：辅助，协助。⑮邂逅：不期而遇，这里有万一遇到的意思。⑯画方略：谋划（作战的）策略。画，谋划，筹划。⑰走舸：轻快的小船。⑱烟炎张天：烟雾和火焰布满天空。炎，同“焰”，火焰。张，扩张，满。⑲轻锐：轻装的精锐部队。⑳太半：大半。

【知识】

1. 司马光与《资治通鉴》

司马光（1019—1086），字君实，北宋陕州夏县涑水乡（今山西省运城安邑镇东北）人，世称涑水先生，主编《资治通鉴》。死后追封温国公，谥文正。著作有《温国文正司马公集》《稽古录》。《资治通鉴》是由司马光和他的助手历时十九年编纂的一部编年体通史巨著。记载了从战国到五代共 1362 年的史实。宋神宗认为此书“鉴于往事，有资于治道”，定名为《资治通鉴》。

2.《项羽本纪》

郑板桥说：“《史记》一百三十篇中，以《项羽本纪》为最。而《项羽本纪》中，又以巨鹿之战、鸿门之宴、垓下之会为最。反复诵观,可歌可泣在此数端耳。”《项羽本纪》是《史记》人物传记中富有文学性的篇章之一,无论是有血有肉的人物性格、曲折多变的故事情节,还是高妙入神的语言艺术,都堪称中国史传文学的典范。

【品读】

巨鹿之战与赤壁之战均以以少胜多、以弱胜强在我国历史上留下浓墨重彩的一笔。同时,又因为有两大史笔司马光、司马迁的叙写更是独具魅力。

首先,两文均以生花妙笔为我们塑造了栩栩如生的历史人物形象,隔着千百年我们依然能够深受其魅力震撼。之所以能为此,得益于各臻其妙的人物对话描写和衬托手法的运用。《巨鹿之战》中项羽杀宋义一节,充分展示了项羽的风采。先以大义否定了宋义,“士卒食芋菽,军无见粮,乃饮酒高会”,煽动士卒激愤;之后以秦赵实力悬殊否定宋义“承其敝”之谬;再言宋义不孚怀王信任,“非社稷之臣”。可谓丝丝入扣,句句合理,可见其绝非单单一介武夫。其中宋义的刚愎自用、狂妄自大起到很好的衬托作用。而把衬托用到极致的还在文末诸侯军、将的表现,“莫敢纵兵”“无不人人惴恐”“无不膝行而前,莫敢仰视”,从而使神勇过人、一往无前的英雄形象更加凸显。《赤壁之战》围绕联合抗曹,呈现孙刘集团中一组众生相。诸葛亮尽管是“奉命求救于孙将军”,但是具体说服过程中却避重就轻,凸显孙曹矛盾,借机奠定孙刘联合的基础,进而以“若能以吴、越之众与中国抗衡,不如早与之绝;若不能,何不按兵束甲,北面而事之”激发孙权,从而促成孙权抗曹,关键还在于其后从天时地利人和角度分析曹方弊端,从而坚定了孙权的决心。由此,一个睿智深远、巧言善辩的形象便跃然纸上。鲁肃素以忠厚真诚著称,在说服孙权的过程中这一特点也展露无遗。在以长史张昭为主的主和派占上风的情况下,鲁肃没有说话,而是选择“权起更衣”时机,在“己降曹”与“孙权降曹”的对比中,从对方的切身利益出发,发自赤诚,有力地激发了孙权抗曹的决心。周瑜则向我们展示了另一番形象,慷慨激昂、义正词严,见出周瑜实力派的身份,至关重要的是其对主和派的逐一批驳逻辑严密、道理明晰,倍显儒将风度。而在主和主战的论争中，长史张昭言之凿凿的论述衬托了孙权大敌当前时沉着冷静，注意倾听臣下的意见，但决不盲从的君主形象。

其次，两文在叙述上均疾徐有致，详略得当，深得“文似看山不喜平”之三昧。《巨鹿之战》叙述战争打响之后，“皆沉船，破釜甑，烧庐舍，持三日粮”，“至则围王离，与秦军遇，九战，绝其甬道，大破之，杀苏角，虏王离。涉闲不降楚，自烧杀”，寥寥数语，其势如虹。而战前却以缓笔叙述秦楚兵势，诛杀宋义等环节，为破釜沉舟一战慢慢蓄势。《赤壁之战》事件繁杂、人物众多，然而，因作者把它集中于“孙刘联合”“吴方战和之争”“赤壁会战”三件核心事件之下，尤为重要的是三件事又重于战前谋略，故而叙述集中以孙刘两方人员游说为主，这样整个过程犹如链条衔接，一环扣一环，逐步推进。同时，作者对于战前谋略不惜笔墨，款款道来，极尽铺展之能事。真正到战争打响却又惜金如墨，句式急促，把曹操一败涂地，孙刘势如破竹之势呈现无遗。

同时，对战争场面的简略刻画也凸显了中国古代特有的思想特点。为了适应宗法制农业社会的需要，我国从远古开始便注重德行，克制强力。《左传》曰：“皇天无宗，惟德是辅”，认为有德者才能君临天下。即使部族战争也以德行为主，《孟子》云：“汤武革命，顺乎天而应乎人。”另一方面，以《孙子兵法》为代表的古代军事思想也历来讲究“势”：“势者，因利而制权也。百战百胜，非善之善也；不战而屈人之兵，善之善者也。故上兵伐谋，其次伐交，其次伐兵，其下攻城。攻城之法，为不得已。”故而两文均注重战前形势分析，而忽略血腥的战争场面。

当然，因为两文其旨不同，故而笔法也不尽相同。司马迁的《项羽本纪》给失败的领袖以帝王的尊荣，其中包孕了作者对项羽这一悲剧英雄的情感眷恋。故而，其文更多凸显项羽这一人物形象。“斩宋义”展示项羽审时度势之智，“破釜沉舟”凸显项羽视死如归之勇。因此，《巨鹿之战》更多在写人寓情。司马光《资治通鉴》以“鉴于往事，有资于治道”为旨归，故而其重在刻画孙刘两方围绕联合抗曹而展开的谋略布局，从政治上的孙刘联合，到战争形势分析，无不渗透着为后世借鉴的意图而笔力浓重，可见《赤壁之战》重在言事明理。

【借鉴】

1. 语言描写人尽其性

鲜活的人物形象得益于作者对人物刻画的妙笔。两篇文章在人物刻画中对语言描写可谓各臻其妙。语言描写成熟的关键在于对人物性格的把握之上。如《赤壁之战》中鲁肃忠厚真诚，故而其言往往深入人心。如说服刘备一节“巨是凡人，偏在远郡，行将为人所并，岂足托乎！”可谓设身处地为他人着想。如《巨鹿之战》中项羽杀宋义一节，丝丝入扣，句句入理的语言展示了项羽勇者无畏、智勇兼备的形象。我们在写作中也可以此为典范，注重人物语言刻画，写活笔下人物。

2. 破釜沉舟

《巨鹿之战》中“皆沉船，破釜甑，烧庐舍，持三日粮，以示士卒必死，无一还心”表明了不留退路，非打胜仗不可，下决心不顾一切地夺取胜利的精神。在论证置之死地而后生、面对困难勇往直前等观点时，破釜沉舟无疑是不错的论据。

【思考】

1.《巨鹿之战》与《赤壁之战》两文在塑造人物时都运用了衬托的手法，请结合文本进行分析。

2. 杜牧《咏史》诗云：“东风不与周郎便，铜雀春深锁二乔”，意在说明赤壁之战胜利纯属偶然性，结合《赤壁之战》内容谈谈你的看法。

3. 两篇文章结尾在叙述战争场面时在句式、节奏方面有何共同特点？这一特点与所要表达的内容有何联系？

【译文】

巨鹿之战

章邯击败了项梁军队以后，就认为楚国的兵力不足为虑，于是引兵渡过黄河

(北上)攻打赵国,大败赵军。此时,赵歇为赵王,陈余为上将军,张耳任相国,都逃进了巨鹿城。章邯命令王离、涉闲包围巨鹿,章邯自己驻军在巨鹿南面,修筑通道,给驻军运送粮食。陈余为上将军,率军几万人驻扎在巨鹿北面,这就是所谓河北之军。

楚军已经在定陶被(秦军)击破,楚怀王很恐惧,从盱台(迁都)来到彭城,合并项羽、吕臣二支军队,亲自担任统帅。以吕臣为司徒,以吕臣的父亲吕青为令尹。以沛公刘邦为砀郡守,封为武安侯,统率砀郡之兵。

当初,宋义所遇到的齐国使者高陵君显正在楚军中,见了楚王说:"宋义断定武信君兵必败,过了几天,果然失败了。军队还没有出战,就先看到了兵败的征兆,这真可以说是懂得用兵。"楚怀王召见宋义,与他议事,非常喜欢他。因此任命他为上将军,项羽为鲁公,为次将,范增为末将,出兵救赵。其他将领都为宋义部属,号为卿子冠军。楚军行到安阳,停留四十六天,不再前进。项羽对宋义说:"我听说秦军在巨鹿围住赵王,我们应该尽快带兵渡过黄河,楚军攻打他们的外围,赵军在里面响应,必定可以击破秦军。"宋义说:"不对,拍击牛身上的虻虫,不可以消灭毛里藏的虮虱。现在秦国进攻赵国,打胜了,军队一定疲惫,我们可以趁他们的疲惫之机攻打他们;打不胜,我们就率领大军,擂鼓长驱西向,必定推翻秦朝,所以不如先让秦赵相斗。披甲胄,执兵器,宋义我不如你,但坐下来运用策略,你不如我宋义。"于是给军中下达命令说:"势如猛虎,违逆如羊,性贪如狼,倔强不听指挥者,一律斩首。"于是派遣他的儿子宋襄去辅助齐王,亲自送到无盐,与地位显赫的人们在一起饮酒聚会。当时天寒大雨,士兵冻饿交加。项羽说:"正当合力攻秦,我们却久留而不前进。今年收成不好,百姓穷困,士卒只能吃芋头、豆子,军中无存粮,他却饮酒聚会,不肯引兵渡黄河从赵国取粮食,与赵国合力攻打秦国,却说'趁着他们疲惫'。凭秦朝的强盛,攻打新建立的赵国,势必破赵。赵国破灭,秦更强大,还有什么秦兵疲惫的机会可乘?况且我们楚兵新近失败,楚王坐不安席,集中全国之兵交予上将军。国家安危在此一举。现在上将军不体恤士卒,却去钻营私利,不是安定社稷的臣子。"项羽早晨去见上将军宋义,就在帐中斩下了宋义的头，在军中发布命令说："宋义与齐国同谋反楚，楚王密令我杀掉他！"这时，诸将都畏服，不敢有异议。大家都说："首先拥立楚王的，是将军家，现在又是将军诛杀了乱臣贼子。"于是拥立项羽为代理上将军。项羽派人追宋义的儿子，追到齐国，杀了他。又派桓楚去向楚怀王报告。怀王于是传令让项羽担任上将军，当阳君、蒲将军都归项羽属下。

项羽杀死卿子冠军宋义以后，威名传遍楚国，并在诸侯中传颂。(项羽)就派遣当阳君、蒲将军带领两万楚兵渡过黄河去救巨鹿。战斗取得了一些胜利，陈余又请兵出战。项羽就引兵全部渡过黄河，把船沉入河中，砸破做饭的锅，烧了住处，只带三天的干粮，用以表示一定战死，不准备再回来(的决心)。在这时就包围了王离，与秦军相遇，打了多次战斗，断绝了他们的(运粮的)通道，打败了他们，杀死苏角，活捉了王离。涉闲不肯投降楚军，自焚而死。这时，楚兵为诸侯军中最强大的。在城下的有十余支救巨鹿的诸侯军，没有敢放纵自己的军队的。到楚军进攻秦军时，诸将都在营垒上观看。楚军战士没有一个不是以一当十的，楚兵呼声震动天地，诸侯军没有哪个不恐惧。在这时就攻破了秦军，项羽召见诸侯军的将领，他们进入辕门，都跪在地上前行，不敢抬头仰视。项羽从此开始为诸侯中的上将军，诸侯都听从他了。

赤壁之战

当初，鲁肃听说刘表死了，对孙权说："荆州与我们邻接，山川险要、坚固，土地广阔、肥沃，人民殷实富足，如果能占有它，这正是开创帝王大业的凭借。现在刘表刚死，他的两个儿子不和，军队里的各位将领，有的拥护这个，有的拥护那个。刘备是天下的杰出人物，跟曹操有仇怨，寄居在刘表那里，刘表畏忌他的才能，没有能够重用他，如果刘备同刘表手下人团结一心，上下一致，那么我们就应该安抚他们，跟他们结盟友好；如果他们不同心协力，就应该另作打算，以成就帝王的大业。我希望能够奉命去慰问刘表的两个儿子，并慰劳军中掌权的人，并且劝说刘备，使他安抚刘表的部下，同心一意，共同对付曹操。刘备一定会高兴地接受我们的意见。如果这件事能够圆满成功，天下大势就可以定下来了。现在不赶快前往，恐怕被曹操抢在前头。”孙权立即派鲁肃前往。鲁肃到了夏口，听说曹操已向荆州进军，就日夜兼程，等到到达南郡时，刘琮已投降曹操，刘备向南逃走，鲁肃直接去找刘备，和刘备在当阳长坂坡相会。鲁肃传达孙权的意旨，谈论天下形势，表示真挚恳切的心意，并且问刘备说：“豫州您准备到哪里去？”刘备说：“我和苍梧太守吴巨有交情，打算去投奔他。”鲁肃说：“孙讨虏将军聪明仁惠，尊敬贤者，礼遇士人，江南的英雄豪杰都归附他，已经占据六个州郡，兵精粮多，足够使大事成立。现在为您打算，最好派遣亲信的人主动和东吴结交，从而建立流传后世的功业。您却准备投奔吴巨，吴巨是个平常人，偏僻地处在远处的州郡，即将被人吞并，哪里能够依靠呢！”刘备很高兴。鲁肃又对诸葛亮说：“我是子瑜的朋友。”两人当即结下了交情。子瑜是诸葛亮的哥哥诸葛谨，因躲避战乱来到江东，现任孙权的长史。刘备采用了鲁肃的计策，进兵驻扎在鄂县的樊口。

曹操从江陵将要顺江东下，诸葛亮对刘备说：“事情很紧急了，请让我奉命向孙将军求救。”就跟着鲁肃一起到孙权那里去。诸葛亮在柴桑见到了孙权，劝孙权说：“现在天下大乱，将军您在江东起兵，刘豫州在汉南招收人马，与曹操共同争夺天下。现在曹操已经消除了几个大患，局面大致平定了，于是大破荆州，威势震动全国。英雄没有用武之地，所以刘豫州才逃到这里，希望将军估计自己的力量来对付这个局面。假如果然能以吴越的人马同曹操的力量相对抗，不如趁早同他断绝关系；假若不能，为什么不停止军事行动，捆起铠甲，面向北面称臣去侍奉他呢！现在将军表面上假托服从的名义，内心抱着迟疑不决的想法，事情紧迫而不能决断，大祸临头没有几天了！”孙权说：“如果像您所说的，刘豫州为什么不就去侍奉曹操呢？”诸葛亮说：“田横，不过是齐国的一个壮士罢了，尚能坚守节义，不肯屈服受辱；何况刘豫州是汉朝王室的后代，英明才智超过当代所有的人，许多人爱戴拥护他，好像水流归大海一样。如果事业不能成功，这只是天意，怎么能够再做曹操的下属呢？”孙权恼怒地说：“我不能用整个儿的吴地，十万军队，受别人控制,我的主意定了!除了刘豫州没有一个能和我一齐抵挡曹操的人。然而,刘豫州刚打了败仗,怎么能顶住这场灾难呢?"诸葛亮说:"刘豫州的军队虽然在长坂坡打了败仗,可是现在归队的士兵以及关羽率领的水军精兵还有一万人,刘琦收集江夏的士兵也不少于一万人。曹操的军队远道而来已经疲劳不堪,听说追赶刘豫州时,轻装的骑兵一天一夜要走300多里,这就是常说的'强弓所发的箭,飞到末尾,它的力量连鲁国的薄绢也穿不透'啊。所以兵法上忌讳这种情况,说'一定使主帅遭到挫败'。况且北方来的士兵不习惯在水上作战,再加上荆州的老百姓归附曹操的,只是受到武力的胁迫罢了,并不是真心的降服。现在将军果真能派勇猛的大将统帅几万军队,和刘豫州共同谋划,同心合力,打败曹操的军队是肯定无疑的。曹操的军队被打败了,一定退还北方去;这样荆州和吴国的势力就会增强,三分天下的局面就形成了。成功和失败的关键,就在今天!"孙权非常高兴,跟他手下的臣子商量这件事。

这时候,曹操送给孙权一封信说:"近来,我奉皇帝的命令讨伐有罪的人,向南进军,刘琮投降了。现在训练了80万水军,正要同将军在东吴一起打猎。"孙权把曹操的信给手下臣子们看,没有一个不像被巨大声响所震动吓得变了脸色。长史张昭等人说:"曹操是豺狼虎豹,他挟持皇帝到处攻打,动不动就以朝廷的名义作借口,今天抗拒他,事情不顺乎道理。况且将军可以抗拒曹操的优势是长江;现在曹操已经取得了荆州,全部占领这个地方,刘表训练的水军,大小战船多到上千艘,曹操把这些战船全部沿江摆开,同时还有步兵,水陆齐下,这就是长江天险已经和我们共有了。而军事实力的大小,又是无法与他相比,我们认为万全之计不如欢迎他。"只有鲁肃不说话。孙权起身去厕所,鲁肃追到廊檐下。孙权知道他的用意,拉着他的手说:"您想要说什么?"鲁肃说:"我刚才仔细分析大家的议论,他们的主张只会耽误您,不值得同他们谋划国家大事。现在我鲁肃可以投降曹操,像将军您却不可以。凭什么这样说呢?如果我鲁肃投降了曹操,曹操会把我送回故乡,评定我的名望地位,还不至于失去下曹从事这样的小官,坐着牛车,带着吏卒,跟士大夫们交往,一步一步地升官,仍旧不会失去州郡长官的职位。将军您投降曹操，想要得到什么结局呢？希望您早定大计，不要采纳那些人的意见啊！”孙权感叹地说：“那些人所持的意见，使我非常失望。现在您阐明的正确方针，正和我的想法一样。”

当时周瑜接受使命到了鄱阳，鲁肃劝告孙权召周瑜回来。周瑜回来，对孙权说：“曹操假托汉朝宰相的名义，他的实质是汉朝的奸贼。将军您凭着超人的武略和杰出的才干，又依靠父兄的功业，占据江东一带，土地纵横数千里，军队精锐，物质充足，英雄乐意效力，应当驰骋天下，替汉朝翦除残暴，去掉污秽；何况曹操是自己来送死，怎么可以去投降他呢？请让我为将军具体分析一下这件事。现在北方还没有平定，马超、韩遂还在函谷关以西，是曹操的后患；而曹操放弃骑兵，依靠水军和东吴比高低。现在又是严寒的天气，战马没有稿草饲料。驱赶中原地区的士兵远道跋涉来到江湖地带，不服水土，一定会生疾病。这几件事都是用兵时最忌讳的，可是曹操却冒失地这样做。将军捉拿曹操，应该就在今天。我请求得到精锐军队几万人，进军驻到夏口。一定替将军打败曹操。”孙权说：“曹操这个老贼想废掉汉朝皇帝而自立为皇帝已经很久了，只是顾忌二袁、吕布、刘表和我罢了；现在那几位英雄已经灭亡，只有我还在。我和老贼势不两立，您说应该抗击他，同我的意见很相合，这是老天把您赐给我啊！”于是拔刀砍面前放置奏章文书的矮桌，说：“各位文武官员敢有再说应该投降曹操的，就和这桌子一样！”于是就散会了。

这天夜里，周瑜又去见孙权说：“人们只看到曹操信上说水军和步兵有 80 万就一个个吓住了，不再去估计它的真假，便提出这种投降的主张，是很没有道理的。现在按照实际情况核对它，他所率领的中原军队不过十五六万，并且久已疲惫。他所得到的刘表的军队，最多也不过七八万而已，还抱着犹豫的心理。用疲乏劳累的军队，控制犹豫不定的降兵，人数虽然多，也是很不值得害怕的。我能有精兵五万，就完全能制服他，希望将军不必忧虑！”孙权拍着周瑜的背说：“公瑾，您说到这里，非常合我的心意。子布、元表这些人各人只顾自己的妻子儿女，怀着自私的打算,很使我失望;只有您和子敬与我同心同德,这是老天让你们两人来辅助我的呀!5万精兵难以一下子集合起来,已经选好3万人,船只、粮草、战斗武器都已经准备好了。您和子敬、程公便可先出发,我一定继续调派军队,多多装载物资和粮草,作为你们的后援。您能对付就同他决战,万一遇到战事不利,就回到我这里来。我当和曹孟德决一死战。"于是以周瑜、程普为正副统帅,率领部队同刘备共同抵挡曹操,并派鲁肃担任赞军校尉,协助谋划作战的策略。

……

进军,与曹操的军队在赤壁相遇。

这时曹操的军队已经感染了疾病,刚开始交战,曹军失利,退却驻扎在长江北岸。周瑜等驻扎在南岸。周瑜部将黄盖说:"现在敌众我寡,很难同他们坚持长久,曹军并连战船,首尾相接,可用火攻使他们败逃。"于是就用十艘蒙冲斗舰,装满干燥苇荻和枯柴,把油浇灌在里面,外面用帐幕包起来,上面插上旗帜,预先准备好轻快的小船,连结在战船的尾部。先送信给曹操,假说要投降。当时东南风刮得很急,黄盖把十艘战船放在最前面,到了江心,挂起风帆,其余各船按次序前进。曹操军中的士兵和军官都走出军营站着观看,指点着,谈论着黄盖来投降了。距离曹军二里多远的时候,各船同时点火,火烈风猛,船走如箭,把北面曹军的船全烧光了,还蔓延到岸上的军营。一会儿,烟雾和火焰布满天空,曹操的人马烧死淹死的很多。周瑜等率领轻装的精锐部队紧跟在后面,擂起战鼓,大举进攻,曹军大败。曹操带领败兵从通往华容县的陆路步行逃跑,遇上烂泥,道路通不过,天又刮着大风,曹操就命令体弱的士兵都去背草填路,骑兵才得以通过。那些体弱的士兵被人马践踏,陷在泥中,死掉的很多。刘备、周瑜从水陆两路同时并进,追击曹军,一直到了南郡。当时,曹操的军队还加饥饿和疾病,死亡的有一大半。曹操于是留下征南将军曹仁、横野将军徐晃守卫江陵,折冲将军乐进守卫襄阳,自己带领军队回北方了。

烛之武退秦师

《左传》

晋侯、秦伯[①]围郑，以其无礼于晋[②]，且贰于楚也[③]。晋军函陵，秦军氾南。

佚之狐[④]言于郑伯曰："国危矣！若使烛之武见秦君，师必退。"公从之。辞曰："臣之壮也，犹不如人；今老矣，无能为也已！"公曰："吾不能早用子，今急而求子，是寡人之过也。然郑亡，子亦有不利焉！"许之。

夜缒[⑤]而出，见秦伯，曰："秦、晋围郑，郑既知亡矣。若亡郑而有益于君，敢以烦执事[⑥]。越国以鄙远，君知其难也，焉用亡郑以陪邻[⑦]？邻之厚，君之薄也。若舍郑以为东道主，行李[⑧]之往来，共其乏困[⑨]，君亦无所害。且君尝为晋君赐矣[⑩]，许君焦、瑕，朝济而夕设版焉[⑪]，君之所知也。夫晋，何厌之有[⑫]？既东封郑，又欲肆其西封[⑬]，若不阙秦，将焉取之？阙秦以利晋，唯君图之。"

秦伯说[⑭]，与郑人盟。使杞子、逢孙、杨孙戍之，乃还。子犯请击之[⑮]。公曰："不可。微夫人之力不及此。因人之力而敝之，不仁[⑯]；失其所与，不知；以乱易整，不武[⑰]。吾其还也。"亦去之。

【注释】

①晋侯、秦伯：指晋文公和秦穆公，春秋时期有公、侯、伯、子、男五等爵位。②以其无礼于晋：指晋文公即位前流亡国外经过郑国时，没有受到应有的礼遇。倒装句，于晋无礼。以，因为，连词。③且贰于楚：并且从属于晋的同时又从属于楚。且，并且，表递进。贰，从属二主。④佚之狐：郑国大夫。⑤缒：用绳子拴着从城墙上往下吊。⑥敢以烦执事：冒昧地拿（亡郑这件事）麻烦您。这是客气的说法。敢，冒昧地。执事，执行事务的人，对对方的敬称。⑦焉用亡郑以陪邻：怎么要用灭掉郑国来给邻国（晋国）增加（土地）呢？焉，哪里，怎么。以，来。陪，使

增加。⑧行李：也作“行吏”，外交使节。⑨共其乏困：供给他们缺乏的物资。共，同“供”。⑩尝为晋君赐矣：曾经给予晋君恩惠（指秦穆公曾派兵护送晋惠公回国）。尝，曾经。为，给予。赐，恩惠。为……赐，施恩。⑪朝济而夕设版焉：（晋惠公）早上渡过黄河（回国），晚上就筑城防御。济，渡河。设版，指筑墙。版，筑土墙用的夹板，防御攻势。朝，在早晨。⑫厌：同“餍”，满足。⑬肆其西封：扩展它西边的疆界。指晋国灭郑以后，必将图谋秦国。肆，延伸，扩张。封，疆界。⑭说：同“悦”。⑮子犯请击之：子犯，晋大夫狐偃的字。击之，指击秦师。⑯因人之力而敝之，不仁：依靠别人的力量，又返回来损害他，这是不人道的。因，依靠。敝，损害。⑰不武：不威武。

触龙说赵太后

《战国策》

赵太后新用事[①]，秦急攻之。赵氏求救于齐。齐曰：“必以长安君为质[②]，兵乃出。”太后不肯，大臣强谏。太后明谓左右：“有复言令长安君为质者，老妇必唾其面。”

左师触龙言愿见太后[③]，太后盛气而揖[④]之。入而徐趋，至而自谢，曰：“老臣病足，曾不能疾走，不得见久矣。窃自恕。而恐太后玉体之有所郄[⑤]也，故愿望见太后。”太后曰：“老妇恃辇而行。”曰：“日食饮得无衰乎？”曰：“恃鬻[⑥]耳。”曰：“老臣今者殊不欲食，乃自强步，日三四里，少益耆[⑦]食，和于身。”太后曰：“老妇不能。”太后之色少解。

左师公曰：“老臣贱息[⑧]舒祺，最少，不肖；而臣衰，窃爱怜之。愿令得补黑衣[⑨]之数，以卫王宫[⑩]。没死以闻[⑪]。”太后曰：“敬诺。年几何矣？”对曰：“十五岁矣。虽少，愿及未填沟壑[⑫]而托之。”太后曰：“丈夫亦爱怜其少子乎？”对曰：“甚于妇人。”太后笑曰：“妇人异甚。”对曰：“老臣窃以为媪之爱燕后[⑬]贤于长安君。”曰：“君过矣！不若长安君之甚。”左师公曰：“父母之爱子，则为之计深远。媪之送燕后也，持其踵[14]，为之泣，念悲其远也，亦哀之矣。已行，非弗思也，祭祀必祝之，祝曰：‘必勿使反[15]。’岂非计久长，有子孙相继为王也哉？”太后曰：“然。”

左师公曰：“今三世以前[16]，至于赵之为赵[17]，赵王之子孙侯者，其继有在者乎？”曰：“无有。”曰：“微独赵[18]，诸侯有在者乎？”曰：“老妇不闻也。”“此其近者祸及身，远者及其子孙。岂人主之子孙则必不善哉？位尊而无功，奉厚而无劳，而挟重器[19]多也。今媪尊长安君之位，而封之以膏腴之地，多予之重器，而不及今令有功于国，一旦山陵崩，长安君何以自托于赵？老臣以媪为长安君计短也，故以为其爱不若燕后。”太后曰：“诺，恣君之所使之。”

于是为长安君约车百乘，质于齐，齐兵乃出。

子义[20]闻之曰：“人主之子也，骨肉之亲也，犹不能恃无功之尊、无劳之奉，已守金玉之重也，而况人臣乎。”

【注释】

①赵太后：赵惠文王威后，赵孝成王之母。用事：执政，当权。②长安君：赵太后幼子的封号。质：古代诸侯国求助于别国时，每以公子抵押，即人质。③左师：春秋战国时宋、赵等国官制，有左师、右师，为掌实权的执政官。触龙言：原作“触詟”二字，据《史记·赵世家》改。④揖：辞让。《史记·赵世家》“揖”作“胥”，胥为等待之意。⑤郄（xì）：同“隙”。有所郄，是身体有所不正常的委婉说法。⑥鬻（zhù）：“粥”的本字。⑦耆（shì）：同“嗜”，喜爱。⑧贱息：对自己儿子的谦称。⑨黑衣：赵国侍卫所服，用以指代宫廷卫士。⑩宫：原作“官”，从《史记·赵世家》改。⑪没死：冒着死罪。臣对君的谦卑用语。⑫填沟壑：对自己“死”的谦称。自比为贱民奴隶，野死弃尸于溪谷。⑬燕后：赵太后之女，远嫁燕国为后。⑭踵：足跟。女嫁乘舆辇将行，母不忍别，在车下抱其足而泣。⑮反：同“返”。古代诸侯嫁女于他国为后，若非失宠被废、夫死无子、或亡国失位，是不回国的。⑯三世以前：指赵武灵王。孝成王之父为惠文王，惠文王之父为武灵王。⑰赵之

为赵:前“赵”指赵氏,周穆王赐造父以赵城,始有赵氏;后“赵”指赵国。公元前376年,魏、韩、赵三家灭晋分其地。赵国有今山西中部、陕西东北角、河北西南部等地。经赵武灵王至惠文王时,疆域又有所扩大。⑱微独:非独,不仅,不单。微,非,不。⑲重器:指象征国家权力的贵重器皿。⑳子义:赵国贤人。

【知识】

1.《左传》

《左传》原名为《左氏春秋》,汉代改称《春秋左氏传》,与《公羊传》《谷梁传》合称“春秋三传”。相传是春秋末年左丘明为解释孔子的《春秋》而作,实质上是一部独立撰写的叙事详尽的编年体史书,是儒家重要经典之一。《左传》代表了先秦史学和文学的最高成就,是研究先秦历史和春秋时期历史的重要文献,对后世的史学产生了很大影响。

2.《战国策》

《战国策》记载了东周、西周及秦、齐、楚、赵、魏、韩、燕、宋、卫、中山各国之事,主要记述了战国时期的纵横家的政治主张和言行策略,亦展示了东周战国时代的历史特点和社会风貌,是研究战国历史的重要典籍。它是一部国别体史书,又称《国策》。

【品读】

刘勰在《文心雕龙》中曾说:“一言之辩,重于九鼎之宝;三寸不烂之舌,强于百万之师”,极言说客辩士语言之魅力。《烛之武退秦师》与《触龙说赵太后》两文中人物无疑正是具有此绝妙口才之士,二文都充分展示了古人高超的语言艺术,从说服语言及过程来看,都具有独特的艺术魅力。

从两文中人物的说服语言来看,都体现了言简义丰的特点。这样的辩说语言不同于常见的雄辩,以语言气势来使对象叹服。它们不在意于语言的气势,而是更多注重语言本身的内涵与力量。烛之武整个说辞只有短短的125字,可谓简练至极，然而却对秦、晋、郑三国的关系条分缕析，厘清秦国于此次行动的得失，曝光晋国的狼子野心，给秦伯留下深刻的思考空间，最终不战而退秦师。触龙说服赵太后的过程尽管较之烛之武的说服过程显得迂回一些，但是，真正起到说服效果的语言也是极其简约的，“此其近者祸及身，远者及其子孙。岂人主之子孙则必不善哉？位尊而无功，奉厚而无劳，而挟重器多也”，这一段话总结回应连续的两个追问，把“位尊”“丰厚”“挟重器多”与“无功”“无劳”之间的矛盾点明，给赵太后留下对后果的思考空间，直接置赵太后于清醒状态，最终心悦诚服地道出：“诺，恣君之所使之。”

同时，二者在说服过程中都善于蓄势，从而使说服语言呈现委婉曲折的特点。《触龙说赵太后》一文，表现得尤为突出。清人林西仲在《古文析义》中，有一段很好的阐释：“余细绎前后问答，譬善弈者，初观其闲闲置子，似觉无用；待成局之后较之，方知自首至尾，悉无虚着。”触龙见赵太后，首先解释自己因为病脚不能快走，年纪大不想吃东西，都是述己之老态，以引起下文“填沟壑”之语。接着又分析了太后的老态，引出下文“山陵崩”之语。触龙之子舒祺不肖，请补黑衣以卫王宫，足见其目前割爱，使其子离左右，是欲令其有以自托，为之计长久，故而有下文希望太后将长安君托于赵，为长安君作长久计的建议。如此步步为后文的说服蓄势，最终达成说服的效果。《烛之武退秦师》尽管过程简单，但是说辞本身却依然能够体现委婉曲折之特点。开篇即言“郑既知亡矣”，似乎有悖于此行目的，其实是退一步说话，消解对方的戒备心理。此后，把秦国此行有益与否提上日程，亡郑与否，利益截然不同。这样把秦郑的关系由敌对转化为同盟。接着以晋国的野心冲击秦晋同盟关系，转同盟为敌对。如此，烛之武巧妙地把此行为郑的目的转变为为秦考虑。言语之委婉可见一斑。

当然，二者之所以能够最终达成说服的目的更重要的在于他们都能够抓住实质，能够切中对方要害，使自己的说辞起到振聋发聩的效果。

《烛之武退秦师》中烛之武的外交辞令深藏睿智。“春秋无义战”，诸侯国间纷争皆为“利”往。烛之武正是抓住这一关键入手，动之以“利”。秦穆公出兵围郑表面上是与晋国有同盟关系，实质上无非是想借此获利，扩张自己势力。而烛之武的分析却让这一希望落空，从现实角度而言，“越国以鄙远”实为难事，亡郑于秦无益；从历史角度而言，秦晋有隙，晋国强大扩张威胁秦国。如此而言，不仅无利可图，甚或贻害无穷。可谓句句入心，字字撼人，故而能够让秦穆公不战而退。这充分展示了烛之武的政治洞察力，对利害关系了然于心，能够透过现象直抓本质。

《触龙说赵太后》中触龙之说辞与烛之武有异曲同工之妙，也充分展示了触龙的远见卓识，对于“爱”有着更加深刻的认识。太后拒绝长安君为质无非是出于爱，然而正是这种爱蒙蔽了太后的眼睛，使她看不清长远。触龙正是通过一番说辞，拨开蒙蔽，使太后认识到诸侯“近者祸及身，远者及其子孙”原因在于“位尊而无功，奉厚而无劳，而挟重器多也”。言至此可谓振聋发聩，让太后真正认识到“爱”之所在，认识到“爱”的本质应该是为长安君谋长远的未来。

【借鉴】

1. 人物形象的塑造

作者将人物放在具体的矛盾冲突中，通过语言和行动去表现人物性格，所以能给人以深刻的印象。烛之武凭借他的高超口才和爱国主义精神，在国家危难之际，临危受命，不避险阻，只身去说服秦君，维护了国家安全。触龙凭借一颗忠心耿耿的老臣之心和雄辩的论说才能，在其他大臣劝说失败的情况下，最终出面劝说顽固的太后，让人叹服。学习写作写人记事类的文章，不妨借鉴这种刻画人物的方法。

2. 动之以情，晓之以理

要想让自己的语言具有说服力，情理相生是最主要的途径。烛之武放眼长远，充分利用秦晋之间的矛盾，从亡郑于秦无益，说到秦、晋历史关系，说到晋国灭郑之后必然进犯秦国，步步深入，站在秦国立场上，极具远见，以理服人，以情动人最终说服秦伯。《触龙说赵太后》中“人主之子也、骨肉之亲也，犹不能恃无功之尊、无劳之奉”，站在赵太后的立场上，说明爱孩子就要为孩子考虑得长远一些，就要让孩子有立身之本，不能仅仅依靠权势、父母，情理俱佳，从而说动顽固太后。两文给我们的启示在于：“理”这个东西天生枯燥，常拒人三尺之外，在你没有理解它之前，很难主动靠近它；这就要靠情去连接、诱导、帮助，所谓动之以情，如绿叶缀枝，青藤绕松。真情是接近真理的最好过渡。

【思考】

1. 试分别分析烛之武、触龙两位人物形象。

2.《触龙说赵太后》中触龙首先谈及饮食以及自己的儿子有何意图？

3. 有人认为烛之武、触龙之所以劝说成功关键在于他们分别抓住了“利”与“爱”的本质，请结合文本进行简要分析。

4. 烛之武和触龙的劝说方式有何异同，试结合原文简要赏析。

【译文】

烛之武退秦师

晋文公、秦穆公联合围攻郑国，因为郑国曾经没有用应有的礼仪来接待他，并且在依附于晋国的同时又依附于楚国。晋军驻扎在函陵，秦军驻扎在氾南。

佚之狐对郑伯说：“郑国处于危险之中，如果能派烛之武去见秦伯，一定能说服他们撤军。”郑伯同意了。烛之武推辞说：“我年轻时候，尚且不如别人；现在老了，做不成什么了。”郑文公说：“我早先没有重用您，现在危急之中求您，这是我的过错。然而郑国灭亡了，对您也不利啊！”烛之武就答应了。

夜晚用绳子将烛之武从城墙上放下去，去拜见秦伯，烛之武说：“秦、晋两国围攻郑国，郑国已经知道即将要灭亡了。如果使郑国灭亡对您有好处，怎敢拿亡郑这件事情来麻烦您！越过晋国把远方的郑国作为秦国的东部边邑，您知道这件事是困难的,为什么要使郑国灭亡而增加邻邦晋国的土地呢?邻国的势力雄厚了,您的势力也就相对削弱了。如果放弃灭郑,而让郑国作为您秦国东方道路上的主人,秦国使节来来往往,郑国可以随时供给他们所缺乏的东西,对您秦国来说,也没有什么害处。况且,您曾经对晋惠公有恩惠,他也曾答应把焦、瑕二邑割让给您。然而,他早上渡过黄河回到晋国,晚上就修筑防御工事拒秦,这是您知道的。晋国,有什么满足的时候呢?把郑国当作东部的疆界后,又想往西扩大疆域。如果不侵损秦国,晋国怎么取得它所企求的土地呢?秦国受损而晋国受益,希望您好好考虑考虑吧!"

秦伯高兴了,就与郑国签订了盟约。并派杞子、逢孙、杨孙帮郑国守卫,就撤军回国。

子犯请求晋文公下令攻击秦军。晋文公说:"不行!假如没有那人的支持,我到不了今天这个地步。借助了别人的力量而又去损害他,这是不仁义的;失掉自己的盟国,这是不明智的;以混乱相攻代替联合一致,这是不威武的。我们还是回去吧!"晋军也撤离了郑国。

触龙说赵太后

赵太后刚刚执政,秦国就加紧进攻赵国。赵太后向齐国求救。齐国说:"一定要用长安君来做人质,援兵才能派出。"赵太后不答应,大臣们极力劝谏。太后明白地告诉身边的近臣说:"有再说让长安君去做人质的人,我一定朝他脸上吐唾沫!"

左师触龙希望去见太后。太后气势汹汹地等着他。触龙缓慢地小步快跑,到了太后面前向太后道歉说:"我的脚有毛病,连快跑都不能,很久没来看您了。私下里自己原谅自己。又总担心太后的贵体有什么不舒适,所以想来看望您。"太后说:"我全靠坐车走动。"触龙问:"您每天的饮食该不会减少吧?"太后说:"吃点稀粥罢了。"触龙说:"我现在特别不想吃东西,自己却勉强走走,每天走上三四里,就慢慢地稍微增加点食欲,身上也比较舒适了。"太后说:"我做不到。"太后的怒色稍微消解了些。

左师说："我的儿子舒祺，年龄最小，不成才；而我又老了，私下疼爱他，希望能让他替补上黑衣卫士的空额，来保卫王宫。我冒着死罪禀告太后。"太后说："可以。年龄多大了？"触龙说："15岁了。虽然还小，希望趁我还没入土就托付给您。"太后说："你们男人也疼爱小儿子吗？"触龙说："比妇女还厉害。"太后笑着说："妇女更厉害。"触龙回答说："我私下认为，您疼爱燕后就超过了疼爱长安君。"太后说："你错了！不像疼爱长安君那样厉害。"左师公说："父母疼爱子女，就得为他们考虑长远的利益。您送燕后出嫁的时候，拉着她的脚后跟为她哭泣，这是惦念并伤心她嫁到远方，也够可怜的了。她出嫁以后，您也并不是不想念她，可您祭祀时，一定为她祝告说：'千万不要被赶回来啊。'难道这不是为她作长远打算，希望她生育子孙，一代一代地做国君吗？"太后说："是这样。"

左师公说："从这一辈往上推到三代以前，甚至到赵国建立的时候，赵国君主的子孙被封侯的，他们的子孙还有能继承爵位的吗？"赵太后说："没有。"触龙说："不光是赵国，其他诸侯国君的被封侯的子孙的后继人有还在的吗？"赵太后说："我没听说过。"左师公说："他们当中祸患来得早的就会降临到自己头上，祸患来得晚的就降临到子孙头上。难道国君的子孙就一定不好吗？这是因为他们地位尊贵而没有功勋，俸禄丰厚而没有功劳，占有的象征国家权力的珍宝太多了啊！现在您把长安君的地位提得很高，又封给他肥沃的土地，给他很多珍宝，而不趁现在这个时机让他为国立功，一旦您去世之后，长安君凭什么在赵国站住脚呢？我觉得您为长安君打算得太短了，因此我认为您疼爱他比不上疼爱燕后。"太后说："好吧，任凭您指派他到什么地方去。"

因此就替长安君准备了100辆车子，送他到齐国去做人质，齐国的救兵才出动。

子义听到这事说："国君的孩子，可算是国君的亲骨肉了，尚且还不能凭靠无功的尊位、没有劳绩的俸禄来守住金玉宝器，更何况是人臣呢！"

先妣[①]事略

［明］ 归有光

先妣周孺人[②]，弘治元年二月十一日生。年十六来归。逾年生女淑静，淑静者大姊也；期[③]而生有光；又期而生女、子，殇一人，期而不育者一人；又逾年生有尚，妊十二月；逾年，生淑顺；一岁，又生有功。有功之生也，孺人比乳他子加健。然数颦蹙[④]顾诸婢曰："吾为多子苦！"老妪以杯水盛二螺进，曰："饮此，后妊不数矣。"孺人举之尽，喑不能言。

正德八年五月二十三日，孺人卒。诸儿见家人泣，则随之泣，然犹以为母寝也。伤哉！于是家人延画工画，出二子，命之曰："鼻以上画有光，鼻以下画大姊。"以二子肖母也。

孺人讳桂。外曾祖讳明。外祖讳行，太学生。母何氏。世居吴家桥，去县城东南三十里；由千墩浦而南，直桥并小港以东，居人环聚，尽周氏也。外祖与其三兄皆以资雄，敦尚简实；与人姁姁[⑤]说村中语，见子弟甥侄无不爱。

孺人之吴家桥，则治木棉；入城则缉纑[⑥]，灯火荧荧，每至夜分。外祖不二日使人问遗[⑦]。孺人不忧米盐，乃劳苦若不谋夕，冬月炉火炭屑，使婢子为团，累累暴阶下。室靡弃物，家无闲人。儿女大者攀衣，小者乳抱，手中纫缀不辍，户内洒然[⑧]。遇童奴有恩，虽至棰楚[⑨]，皆不忍有后言。吴家桥岁致鱼蟹饼饵，率人人得食。家中人闻吴家桥人至，皆喜。有光七岁，与从兄有嘉入学，每阴风细雨，从兄辄留，有光意恋恋，不得留也。孺人中夜觉寝，促有光暗诵《孝经》，即熟读，无一字龃龉[⑩]，乃喜。

孺人卒，母何孺人亦卒。周氏家有羊狗之痾[⑪]。舅母卒，四姨归顾氏，又卒，死三十人而定。惟外祖与二舅存。

孺人死十一年，大姊归王三接，孺人所许聘者也。十二年，有光补学官弟子。

六年而有妇，孺人所聘者也。期而抱女，抚爱之，益念孺人。中夜与其妇泣，追惟一二，仿佛如昨，馀则茫然矣。世乃有无母之人，天乎痛哉！

【注释】

①先妣：对已故母亲的称呼。②"孺人"是明清时七品官之母或妻的称号，也用为妇人的尊称。③期(jī)：周年。④颦蹙(pín cù)：皱眉头。⑤姁姁(xǔ)：和蔼亲切。⑥缉纑(lú)：搓麻线。缉，析麻搓接成线；纑，麻缕。⑦问遗(wèi)：亲友相馈赠。⑧洒然：很有秩序。⑨棰楚：本指棍杖之类，引申为拷打。⑩龃龉(jǔ yǔ)：上下牙齿不配合，此为错漏之意。⑪羊狗之痾(ē)：由家畜传染的疾病。痾，同"疴"。

先妣事略

[清] 张惠言

先妣姓姜氏，考①讳本维，武进县学增广生②。其先世居镇江丹阳之滕村，迁武进者四世矣。

先妣年十九，归我府君③。十年，凡生两男两女，殇其二，惟姊观书及惠言在；而府君卒，卒后四月，遗腹④生翊。是时先妣年二十九，姊八岁，惠言四岁矣。

府君少孤。兄弟三人，资⑤教授以养先祖母。先祖母卒，各异财⑥，世父别赁屋居城中。府君既卒，家无一夕储。世父曰："吾弟不幸以殁，两儿未成立，是我责也。"然世父亦贫，省啬⑦口食，常以岁时减分钱米，而先妣与姊作女工以给焉。惠言年九岁，世父命就城中与兄学，逾月时乃一归省⑧。一日暮归，无以为夕飧，各不食而寝。迟明⑨，惠言饿不能起，先妣曰："儿不惯饿惫耶？吾与而姊而弟时时如此也。"惠言泣，先妣亦泣。时有从姊乞一钱⑩，买糕啖惠言。比日昳⑪，乃贳贷得米，为粥而食。惠言依世父居，读书四年，反，先妣命授翊书。先妣与姊课针黹，常数线为节，每晨起，尽三十线，然后作炊。夜则燃一灯，先妣与姊相对坐，惠言兄弟持书倚其侧，针声与读声相和也。漏四下，惠言姊弟各寝，先妣乃就寝。

然先妣虽不给于食，惠言等衣履，未尝不完；三党亲戚吉凶遗问之礼⑫，未尝阙；邻里之穷乏来告者⑬，未尝不佽⑭恤也。先是，先祖早卒，先祖妣白太孺人⑮恃纺绩以抚府君兄弟，至于成人，教之以礼法孝悌甚备，里党称之以为贤。及先妣之艰难困苦，一如白太孺人时，所以教惠言等者，人以为与白太孺人无不合也。

先妣逮事白太孺人五年，尝得白太孺人欢，于先后⑯委宛备至，于人无所忤。又善教诲人，与之居者，皆悦而化。姊适同邑董氏，其姑钱太君，与先妣尤相得，虚其室假先妣居，先妣由是徙居城中。每岁时过故居，里中诸母争要请，致殷勤，惟恐速去。及先妣卒，内外长幼无不失声，及姻亲之臧获⑰皆为流涕。

先妣以乾隆五十九年十月十八日卒，年五十有九。以嘉庆二年正月十二日，权葬于小东门桥之祖茔，俟卜地而窆焉⑱。府君姓张氏，讳蟾宾，字步青，常州府学廪膳生。世居城南郊德安里。惠言乾隆丙午科举人，翊武进县学生，为叔父后。观书之婿曰董达章，国子监生。

呜呼！先妣自府君卒，三十年更困苦惨酷，其可言者止此，什伯⑲于此者，不可得而言也。尝忆惠言五岁时，先妣日夜哭泣，数十日，忽蒙被昼卧，惠言戏床下，以为母倦哭而寝也。须臾族母至，乃知引带自经⑳，幸而得苏。而先妣疾，惠言在京师，闻状驰归，已不及五十一日。呜呼！天降罚于惠言，独使之无父无母耶？而于先妣何其酷也！

【注释】

①考：称已故的父亲。②增广生：生员的一种，即岁科考试在一等前列者，比廪生略低。③府君：子孙对其先世的尊称，这里指作者的父亲。④遗腹：妻子在丈夫生前怀孕、丈夫死后生下的孩子。⑤资：凭借。⑥异财：分财产，分家。⑦省啬：节省，吝惜。⑧归省：回家探亲。⑨迟明：将近天明。⑩从姊：堂姐。乞：给，

与。⑪昳(dié):午后日偏斜。⑫三党:父族、母族和妻族。遗问:赠送和问候。⑬告:请求。⑭佽(cì):帮助。⑮太孺人:犹言"太夫人"。⑯先后:兄弟之妻互相的称谓,犹"妯娌"。⑰臧获:奴仆。⑱卜:选择。窆(biǎn):落葬,安葬。⑲什伯:十倍百倍。伯,亦作"佰"。⑳自经:自缢。

【知识】

1. 归有光和唐宋派

归有光(1506—1571),字熙甫,号震川,又号项脊生,江苏昆山人。明代散文家。60岁才中进士,官南京太仆寺丞,卒年66。所作古文朴素简洁,善于叙事。由于归有光在散文创作方面的极深造诣,在当时被称为"今之欧阳修",后人称赞其散文为"明文第一",著有《震川集》。

唐宋派是明代嘉靖年间的一个散文流派,代表人物有王慎中、唐顺之、茅坤、归有光。他们的基本观点是反对以文采取代"道统",主张"文道合一"的传统。

2. 张惠言

张惠言(1761—1802),字皋文,江苏武进(今常州市)人。嘉庆进士,官翰林院编修,清代经学家、文学家。经学专治《周易》《礼》。散文简洁,与恽敬同为"阳湖派"代表人物,为"常州词派"创始人,有《茗柯文编》。

3. 关于"先"

称谓前加"先",表示已死,用于敬称地位高的人或年长的人。如称已死的皇帝为"先帝",称已经死去的父亲为"先考"或"先父",称已经死去的母亲为"先妣"或"先慈",称已死去的有才德的人为"先贤"。

【品读】

明人王锡爵在《归公墓志铭》中评价归有光的文章"无意于感人,而欢愉惨恻之思,溢于言语之外",可谓确评。归有光《先妣事略》一文正是此类文章,而清代张惠言同题文章亦有同工之妙。

“无意于感人”是就这两篇文章的语言、内容角度而言，似乎缺少精心的选材、语言的雕琢，更多的是以平淡惯常示人。归文写母亲先是简述多子情况，再写母卒画像，后叙娘家情况，另有死后子女婚事的落实。唯一重点着墨的也无非是其持家简约的琐事。张文也是简要叙述父亲早逝，母亲一人抚养三子女，生活困顿，重点着墨的也就是母亲待人接物的情况，再有就是母亲逝世后的情况。这些内容可谓琐琐碎碎、零零星星，没有铺陈舒展，少却直抒情感。然而，整个文本却并不因为此而淡而无味，恰恰相反，字里行间满蕴深情，以至于感人至深。如何能够达到如此的艺术魅力，值得我们探究一二。

首先，两文都善于以细节点化人物，极细微的事件中内蕴无穷的魅力，让人物鲜活，让语言动人。归文中母亲听取老妪偏方后“举之尽”的行为中有多少对连年生子苦不堪言的抗争，此一举导致的后果又是多么惨痛，内中是作者对母亲无限的矜悯。“孺人中夜觉寝，促有光暗诵《孝经》，即熟读，无一字龃龉，乃喜”，这一节把母亲对作者殷切的期望表现得淋漓尽致，给作者终生留下深刻的印迹。张文中“惠言泣，先妣亦泣”，母子因饥饿困顿而泣不成声之情形直可催人泪下。“夜则燃一灯，先妣与姊相对坐，惠言兄弟持书倚其侧，针声与读声相和也”，困境中不忘督促儿子课业，其中不屈于命运的抗争在温情中展露无遗。正是善于捕捉这样的细节，让日常琐事深富内涵，给读者品咂无尽之味。

另外，两位母亲身世之悲与品质之高的对比，他人的侧面衬托都使文本更具感人的力量。至关重要的是这些手法的运用毫无斧凿痕，让人在平淡中感受真淳。归有光母亲在“不忧米盐”的情况下，勤俭持家；对待童奴有恩，以致“虽至棰楚，皆不忍有后言”；张惠言一文中充分展示了母亲于穷困潦倒之际节俭却不吝啬，人情世故不输于人，与人为善，深受亲人、邻居、乡人的尊敬与爱戴的特点。“及先妣卒，内外长幼无不失声，及姻亲之臧获皆为流涕”，一句从侧面充分体现了母亲对他人影响之深。对人物的凸显，在无意间深化，人物的高贵品质植根于生活，是现实中的，是真切的。

当然，使得两文感人至深，淡而有味的根本原因在于作者都是一往情深，文章皆发自肺腑，出自真情。两文都有贯穿于全文的情感基调，归文文末一句“天乎痛哉”既是全文情感的总爆发，又是贯穿于全文之情感。一痛母亲生于明弘治元年(1488)，死于正德八年(1513)，算来仅 26 岁，还未能充分享受人生就过早离世；二痛母亲深受生子之苦，用避孕偏方却落下喑哑的后遗症；三痛母亲离世而孩子幼小，“诸儿见家人泣，则随之泣，然犹以为母寝也。”无怪乎董说评《先妣事略》时说：“此文纾读至万遍，和泪细批，见所选古文辞中，此不名为文，直是一团血泪凝结而成。”张惠言文末言“而于先妣何其酷也”，一“酷”字包含多少悲痛于其中啊！其悲痛在于母亲一生困苦，至于“日夜哭泣”以达“数十日”，甚而想一死解脱。“忽蒙被昼卧，惠言戏床下，以为母倦哭而寝也。须臾族母至，乃知引带自经”，如此境况真可谓令人痛彻心扉，设想如果母亲在自己身边离去而自己竟然未知，那种悲伤该是多么深重！然而，母亲真的离开人世时自己却在千里之外，怎能不让人扼腕痛心！故而两文深切的悲痛以外，更有“子欲养而亲不待”的深深遗憾。

【借鉴】

1. 大哉母爱

“母爱”是千百年来永恒不变的写作主题，歌颂“母爱”的文章数不胜数，母亲的形象在不同人笔下既是变化的又是统一的，就是对子女无私、深沉、博大的爱。这两篇文章是怀念母亲、歌颂母爱的名篇，可作为母爱情感和母亲形象方面的积累。

2. 一枝一叶总关情

两篇文章都通过生活小事来纪念母亲，语言质朴，但情感浓烈。“一枝一叶总关情”，写人记事撷取生活小事足可以动人，加以语言动作的叙写，效果更佳。

【思考】

1. 归有光文章第四段体现了母亲怎样的持家理念？

2. 张惠言文末说“而于先妣何其酷也”，结合全文概况“酷”之所在。

3. 张惠言文章第三、四两段作者主要刻画了母亲怎样的精神品质?

4. 对比阅读两篇《先妣事略》,简要分析两文在写作手法上的相似之处。

【译文】

先妣事略

归有光

先母周孺人,弘治元年二月十一日生。16岁嫁到我家。第二年,生下女儿淑静。淑静,就是我的大姊。过一年,生下我,又一年生下一男一女,一个生下就死了,另一个也只活了一年。又过了一年,生下有尚,怀孕12个月。第二年生淑顺,过一年生有功。有功生下以后,先母比哺养前几个儿女时更加费劲。于是她常常皱着眉头对几个女佣说:"我苦于生孩子这样多。"有一个老婆子用一杯水盛着两个田螺送上来,说:"把这杯水喝了,以后就不会常怀孕了。"先母举起杯,把水一气喝完,从此失声变哑,不能说话。

正德八年五月二十三日,孺人病故。儿女都还小,看见家里大人哭,也跟着哭,但是还以为娘是睡着了。真是伤心啊!接着,家里请来画工为先母画遗像,把两个孩子带到画工眼前,对他说:"遗像鼻子以上照有光画,鼻子以下照淑静画。"因为这两个孩子面容像母亲。

先母名桂。外曾祖父名明;外祖父名行,是太学生;外祖母姓何。外祖父世世辈辈住吴家桥。吴家桥在昆山县城东南,离城30里,经过千墩浦,到南直桥,沿着小河往东就到。村子里聚居着许多人家,全都姓周。外祖父和他三个哥哥都因为富有而出名,为人忠厚正直。外祖父常常和和气气和村里人谈家常,看到小辈外甥侄子个个都喜爱。

先母到吴家桥娘家,就做棉花活。进城回婆家,就搓麻捻线,常常点盏小灯,劳动到深更半夜。外祖父三天两天差个人来送点东西。家里不缺吃食,先母却终日劳苦像是穷得揭不开锅。冬天生炉火用的炭屑,叫丫环做成炭团,一颗挨一颗晒在台阶下面。屋里没有废物,家里没有闲人。儿女大的牵着衣服,小的抱在怀里,手里还不停地缝缝补补,间间房里干干净净。待佣人有恩惠,佣仆虽然被责打了,背后也不忍心责怪她。吴家桥每年要送来鱼、蟹、糕饼,总是人人可以吃到。家里人听说吴家桥有人来,个个都欢喜。我7岁时和堂兄有嘉进学塾读书。每逢阴雨天气,堂兄总是在学塾里过夜,我心里舍不得和他分开,但是却不能留住,必定要赶回家。先母常在半夜醒来,叫我低声背诵《孝经》,要我背诵得没有一个字错漏,她才高兴。

孺人故世以后,外祖母何孺人也病故了。周家染上了瘟疫。舅母病故;四姨妈嫁在顾家,又病故;一连死了30个人才停止。只有外祖父和二舅还健在。

孺人故世十一年后,大姊淑静嫁给王三接,这婚事是孺人生前应允的。故世12年后,我补上了生员,16年后,我娶妻,婚事也是孺人生前给我定的。一年以后我有了个女儿,我们夫妇都很喜爱女儿,格外想念孺人。夜半三更,和妻子一同流着眼泪,回想她生前的几件事,仿佛像是昨天发生的一样,别的什么,都记不起来了。世界上竟有没有娘亲的人么!天啊,多么悲痛啊!

先妣事略

张惠言

母亲姓姜,她的父亲名本维,是武进县学的增广生。她的祖先居住在镇江府丹阳县的藤村,迁居到武进县已经有四代了。

母亲19岁时,嫁给我父亲。10年时间,一共生了两男两女,有两个女儿未成年就死了,只留下观书和我;父亲死后4个月,又生下弟弟翊。这时母亲29岁,姐姐8岁,我4岁了。

父亲小时候失去祖父,兄弟三人,靠教书糊口奉养我祖母。祖母死,三兄弟分家,各立门户。伯父另外租了屋子住在城里。我父亲死后,家里穷得没有隔夜粮。伯父说:“我弟弟不幸死了,两个男孩还没长大成人,这是我必须承担的责任。”可是伯父也穷,他节俭自家的口粮,常常在过年过节时省下钱米分给我家,而母亲和姐姐靠替人缝纫刺绣来维持家用。我9岁时，伯父要我住到城里和堂兄一起读书，过一个月的时间才回家探望一次。有一天傍晚回家，没有米做晚饭，各自空着肚子上床睡觉。将近天亮，我饿得起不了床，母亲说："孩儿不习惯挨饿疲乏吧？我和你姐姐、你弟弟经常这样啊。"我哭，母亲也哭。那时有位堂姐讨了一文钱，买了糕给我吃。一直到午后才赊欠到米，熬了粥喝。我住在伯父家中，读了四年书。回家来，母亲吩咐我教弟弟翊读书。母亲和姐姐按定额做针线活，常常数好丝线作为定额，每天早晨起来，要绣完30根线，然后才做早饭。夜晚共点一盏灯，母亲和我对面而坐，我们兄弟俩手拿书本靠在她们身旁，缝纫声和读书声相和。过了好几个时辰，我们姐弟各自睡下了，母亲才上床睡觉。

不过，母亲虽然缺粮少食，我们姐弟的衣裳鞋子，没有不整齐完好的；宗族亲戚家的红白喜事，应该吊问赠予的所有礼节礼物，不曾缺少；邻里乡亲因穷困而上门请求，没有不给予帮助和抚恤的。早先，我祖父死得早，祖母白太孺人靠纺织来抚养我父亲三兄弟，直到他们长大成人，全面地教育他们遵守礼法，孝顺友爱，乡邻们都称赞祖母贤惠能干。到母亲这一代，她的艰难困苦完全和白太孺人那时一样，她教育我们姐弟的方法，人们认为和白太孺人没有什么不同。

母亲在祖母生前侍奉了她5年，曾经得到祖母的喜爱。母亲极其婉转和善地对待妯娌们，对别人从不冒犯和抵触。她又善于开导人，和她住在一起的人，都心情愉快地受到她的影响。姐姐嫁给同县的董家，姐姐的婆婆钱太君，和母亲特别合得来，她把自己的房间空出来，借给母亲住，母亲从此迁居城里。每年她时常回访旧居，乡里的老太和大婶们都争着邀请她，殷勤款待他，只担心她很快就离开。在母亲死时，无论是娘家还是夫家，老老少少没有不悲痛哽咽的，连亲戚家的奴仆也都为她流泪。

母亲死于乾隆五十九年十月十八日，59岁。于嘉庆二年正月十二，暂时埋葬在小东门桥的祖坟里，等选好了墓地再正式安葬。我父亲姓张，名蟾宾，字步青，常州府学的廪膳生。世代居住在武进县城南郊的德安里。我是乾隆丙午年科举考试的举人，弟弟是武进县学学生，过继给叔父做儿子。姐姐的丈夫叫董达章，是国子监学生。

唉！母亲自从父亲死后，30 年来经历困苦凄惨，她一生可以写出来的只有这些，还有比这多十倍百倍的事情，是语言不能表达的啊！我曾经想起五岁时，母亲日夜哭泣了几十天，忽然白天蒙着被子躺在床上，我在床边玩，还以为母亲是哭累了睡觉呢。不一会儿，堂伯母来了，才知道母亲是用带子自缢，幸亏得救而苏醒过来。可是母亲生病这次，我在京师，听到这情况急速赶回家，已经晚了 51 天。唉！上天降下惩罚给我，偏偏使我没有父亲没有母亲吗？而上天对我母亲是多么残酷啊！

焚驴志[①]

［金］ 王若虚

岁己未，河朔大旱，远迩焦然无主赖[②]。镇阳帅自言忧农，督下祈雨甚急。厌禳[③]小数，靡不为之，竟无验。既久，怪诞之说兴。适民家有产白驴者，或指曰："此旱之由也。云方兴，驴辄仰号之，云辄散不留。是物不死，旱胡得止？"一人臆[④]倡，众万以附。帅闻，以为然。命亟取，将焚之。

驴见梦于府之属某曰："冤哉焚也！天祸流行，民自罹之，吾何预焉？吾生不幸为异类，又不幸堕于畜兽。乘负驾驭，惟人所命；驱叱鞭箠[⑤]，亦惟所加。劳辱以终，吾分然也。若乃水旱之事，岂其所知！而欲置斯酷欤？孰诬我者，而帅从之！祸有存乎天，有因乎人，人者可以自求，而天者可以委之也。殷之旱也，有桑林之祷，言出而雨[⑥]；卫之旱也，为伐邢之役，师兴而雨[⑦]；汉旱，卜式请烹弘羊[⑧]；唐旱，李中敏乞斩郑注[⑨]。救旱之术多矣，盍亦求诸是类乎？求之不得，无所归咎，则存乎天也，委焉而已。不求诸人，不委诸天，以无稽之言，而谓我之愆[⑩]。嘻，其不然！暴巫投魃[⑪]，既已迂矣，今兹无乃复甚？杀我而有利于人，吾何爱一死？如其未也，焉用为是以益恶？滥杀不仁，轻信不智，不仁不智，帅胡取焉？吾子，其属也，敢私以诉。”

某谢而觉，请诸帅而释之。人情初不怿也。未几而雨，则弥月不解，潦溢伤禾⑫，岁卒以空⑬。人无复议驴。

【注释】

①本文作者王若虚(1174—1243)，金末著名学者。字从之，号慵夫，又号滹南遗老。藁城(今属河北)人。他认为“古今互有短长”，“文章求真是而已，须存古意何为哉！”，为文不事雕琢，崇尚自然，唯求理当。有《滹南遗老集》。②无主赖：无所依凭。③厌(yā)禳(ráng)：均为古人祈祷免除灾祸的巫术。④臆：无根据的揣测。⑤箠(chuí)：同“棰”，鞭子。⑥“殷之旱也”三句：桑林，古地名。《吕氏春秋·顺民》：“昔者汤克夏而正天下，天大旱，五年不收。汤乃以身祷于桑林，曰：‘余一人有罪，无及万夫；万夫有罪，在余一人；无以一人之不敏，使上帝鬼神伤民之命。’于是翦其发，枥其手，以身为牺牲，用祈福于上帝。民乃甚悦，雨乃大至。”⑦“卫之旱也”三句：邢，古国名，在今河北邢台西南，后为卫所灭。《左传·僖公十九年》：“卫人伐邢，以报菟圃之役。于是卫大旱，卜有事于山川，不吉。宁庄子曰：‘昔周饥，克殷而年丰。今邢方无道，诸侯无伯，天其或者欲使卫讨邢乎？’从之，师兴而雨。”⑧“汉旱”二句：卜式，汉河南人，以牧羊致富，曾任太子太傅。烹，古代的一种酷刑。弘羊，即桑弘羊，洛阳人，武帝时任治粟都尉，领大司农。卜式痛恨桑弘羊推行的盐铁酒类的专卖政策，当时天旱，武帝令官求雨，卜式说：“烹弘羊，天乃雨。”(见《史记·平准书》)⑨“唐旱”二句：李中敏，晚唐时陇西人，曾任监察御史、司门员外郎等职。文宗时，奸臣郑注专权跋扈，曾诬陷宋申锡等多人。当时天大旱，文宗求致雨之术，中敏上书说：“今致雨之方，莫若斩郑注，而雪申锡。”(见《旧唐书》)⑩愆(qiān)：过失。⑪暴巫：暴，曝。让巫师在太阳下求雨。投魃(bá)：投，驱赶。魃，古代神话中的旱神。⑫潦：同“涝”。雨水过多，淹没田地庄稼。⑬岁卒以空：年终没有收获。岁，年成，此指庄稼。

卖柑者言[1]

[明] 刘 基

杭有卖果者，善藏柑，涉寒暑不溃。出之烨然[2]，玉质而金色。置于市，贾十倍，人争鬻之。予贸得其一，剖之，如有烟扑口鼻。视其中，则干若败絮。予怪而问之曰："若所市于人者，将以实笾豆[3]，奉祭祀，供宾客乎？将衒外以惑愚瞽乎[4]？甚矣哉为欺也！"

卖者笑曰："吾业是有年矣。吾赖是以食[5]吾躯。吾售之，人取之，未尝有言，而独不足子所[6]乎？世之为欺者不寡矣，而独我也乎？吾子未之思也。今夫佩虎符、坐皋比者[7]，洸洸乎干城之具也[8]，果能授孙吴[9]之略耶？峨大冠、拖长绅者[10]，昂昂乎庙堂之器也[11]，果能建伊、皋[12]之业耶？盗起而不知御，民困而不知救，吏奸而不知禁，法斁而不知理[13]，坐糜廪粟而不知耻[14]。观其坐高堂，骑大马，醉醇醴而饫肥鲜者[15]，孰不巍巍乎可畏、赫赫乎可象也[16]？又何往而不金玉其外、败絮其中也哉！今子是之不察，而以察吾柑！"

予默然无以应。退而思其言，类东方生滑稽之流[17]。岂其愤世嫉邪者耶？而托于柑以讽耶？

【注释】

①选自《郁离子》。②烨(yè)然：光彩鲜明的样子。③实：填满，装满。笾豆：古代祭祀时盛祭品用的两种器具。笾，竹制的食器。豆，木制、陶制或铜制的食器。④衒(xuàn)：同"炫"，炫丽。愚瞽(gǔ)：愚蠢的人和瞎子。⑤食(sì)：同"饲"，这里有供养、养活的意思。⑥所：意思，心意。《汉书·周亚夫传》："此非不足君所乎？"⑦虎符：虎形的兵符，古代调兵用的凭证。皋(gāo)比(pí)：虎皮，指将军的座席。比，同"皮"，毛皮。⑧洸洸(guāng guāng)：威武的样子。干城之

具:捍卫国家的将才。干,盾牌,文中意为捍卫。干和城都用以防御。具,材具,这里指人才。⑨孙吴:指古代著名军事家孙武和吴起。⑩峨:高高地,指高戴。拖长绅:拖着长长的腰带。绅,古代士大夫束在外衣上的带子。⑪昂昂:器宇轩昂的样子。器:才能,本领,这里指"有才能的人"。⑫伊、皋:指古代著名政治家伊尹和皋陶(yáo)。二人都是古代贤臣的代表。⑬斁(dù):败坏。⑭坐:坐在高位的意思,指那些在高位上却不干正事。糜:同"靡",浪费。廪粟:国家发的俸米。⑮饫(yù):饱食。肥鲜:指鱼肉之类的食物。⑯巍巍:高大的样子。赫赫:显赫的样子。象:模仿。⑰东方生:指东方朔。汉武帝时曾任太中大夫,性格诙谐,善于讽谏。滑稽(古书中读作 gǔ jī)之流:指诙谐多讽、机智善辩的人。

【知识】

1. 说"志"

志,是"记"的意思,意为记在心里或用文字、符号标记。后来,"志"成为志书的一种特殊体裁,采用记事本末体横排纵述各项事业及其各个侧面的内容,如《三国志》。"志"又是地方志简称,誉称为"一方之全史"、"地方百科全书"。《焚驴志》题中的"志",已经成为记叙事物、抒发情感的一种文体。

2. 刘基与《郁离子》

刘基(1311—1375),字伯温,谥曰文成,元末明初杰出的军事谋略家、政治家、文学家和思想家。文学史上,刘基与宋濂、高启并称"明初诗文三大家"。《郁离子》为刘基弃官归青田所作,文章短小,多为寓言,不仅集中反映了作为政治家的刘伯温治国安民的主张,也反映了他的人才观、哲学思想、经济思想、文学成就、道德为人以及渊博学识。

【品读】

《焚驴志》与《卖柑者言》皆精短之文,叙事简洁,言近旨远。考察两位作者所处时世,王若虚为金末元初人,刘基为元末明初人,都处在社会动荡之世而朝代更迭之时，二人作为饱学之士、有识之人，目见耳闻，有感而发，当在情理之中。从鉴赏的角度看，两文写作方法和内容上颇多相似之处。下面从“事”与“理”“言”与“意”“名”与“实”三个角度对两篇文章作一些分析。

1.“事”与“理”

两篇文章都可看作寓言，采用借事说理的写作方法。《焚驴志》假托一个焚驴求雨、白驴诉冤的故事，讥讽当权者迷信愚妄、不仁不智的本性，并巧借天人感应的说法，揭露统治者才是致祸的根本原因。《卖柑者言》从作者买柑受骗、责问卖柑人骗人牟利入篇，引发出卖柑者的一番议论，借一位普通市民的眼光来观察官僚阶层，贴近民众的爱憎好恶，揭露官场上“金玉其外，败絮其中”的欺世盗名本质。两篇综合起来看，都是辛辣犀利的讽刺小品，锋芒直指官僚阶层，嘲笑那些达官显贵是一伙神气十足、装模作样而百无一能、白拿俸禄的草包，表达了民众对庸官朽吏的憎恨。

2.“言”与“意”

借事说理是古文中常见的写作手法，此处所选两篇文章又有其独到之处。两文故事情节简单，不以波澜曲折取胜，而是不约而同引入人物或角色的议论，使之成为文章的主体，将全部的嘲笑讽刺，交由“代言人”来执行，这与《捕蛇者说》的笔法相类似。《焚驴志》中的白驴呈言，满腹委屈，缘情说理，并运用历史上“殷之旱”“卫之旱”“汉旱”“唐旱”作对比，条分缕析，直捣要害，指出“滥杀”“轻信”是“不仁不智”，以一个“迂”字表达对官僚及其附庸的鄙夷之情，可谓义愤填膺。《卖柑者言》中的卖柑者，将售柑之“欺”与达官显宦之“欺”，将玉质而金色的柑子与“洸洸乎干城之具”“昂昂乎庙堂之器”的大人物加以类比，并在最后发出质问：“今子是之不察，而以察吾柑！”诙谐中含着愤慨，实际上是作者在提醒世人对外表烨然而内心腐败不堪的统治集团要仔细观察，不可被它的假象所迷惑，显示出作者非凡的政治洞察力。两位作者借文中“他人之言”，表达了对时事政治的观察与思考，表明了对腐朽官僚的鞭挞与批判。采用“代言”的方式，既具备了婉曲之美，也利于保护作者自身。尤其是《焚驴志》，借动物之口加以控诉，具备浓郁的寓言色彩，也有一定的梦幻意味，让我们追想到以自然之趣达到纵横捭阖之妙的庄子散文。

3. “名”与“实”

再细察两篇文章的主旨，也有相通之处。名副其实，向来是我们大力提倡的，然而真正做到又谈何容易。卖柑者借自己所卖“美柑”的表里不一，矛头指向那些高官显宦，认为他们徒有虚名，外强中干，难当大任。而《焚驴志》恰好对这类官员做了很好的注脚：地方大旱，不去从实际出发制定抗旱措施，反而求诸神灵巫术，甚而迷信妄言，拿一头白驴来做替罪羊，真可谓“坐糜廪粟而不知耻”，何谈名实相符？反观当下，一些地方的官员为了追求政绩而大兴“面子工程”，岂不是“名实不符”的现代版演绎？

谈官场丑态，谈名实关系，历来不乏其文。然而，当我们看完这两篇文章之后，感觉到作者构思的机巧带来的新意，因为他们不是人云亦云，而是自辟蹊径。作家樊发稼在《文学的陌生化》一文中说：“不懈追求文学的陌生化，是确保文学生命活力所必需的。”那么，什么是“文学的陌生化”？他说：“其实‘新’，说到底就是一种陌生化！”这样看来，《焚驴志》和《卖柑者言》多少带给我们一些“陌生化”的感觉。

【借鉴】

1. “表里如一”才能“名至实归”

《卖柑者言》一文中，从柑子的表里不一谈到当官者的表里不一，揭露了社会中名实不符的怪异现象。在汉语成语中，与“名”和“实”有关的成语是很多的，如综核名实、正名定分、征名责实、循名考实等等。认识到“名”和“实”的关系，有利于我们在做事情的时候抓住事物本质，治标更要治本。同时，也有利于我们对人和事物做出历史的、辩证的评价。宋代邵雍有首《名实吟》：“内无是实，外有是名，小人故矜。外无是名，内有是实，君子何失。”指出小人和君子对待名实的不同态度。宋张耒《读王荆公诗》说：“名实由来不可逃，悠悠毁誉亦徒劳。臧公已死言终立，不是轩裳世禄高。”宋赵希鄂《汨罗庙》中也说：“怀沙一死固堪伤，千载修名实未亡。”这从另一个角度给我们启示，有名无实最终只能回归为虚无，而只要表里如一，即使一定时间段有实无名，总会有显山露水的时候。李白、杜甫，一位被奉为“诗仙”，一位被尊作“诗圣”，但他们在世时却没什么大名气，及至死后百余年，即中唐、晚唐之后，乃至到了宋朝，他俩的价值才逐渐为诗苑文坛所体认。丹麦的安徒生亦如是，这个鞋匠的儿子，他生前写诗、写剧本，当然也写童话，但他活着的时候没有任何地位，别人都瞧不起他，如今成了举世闻名的伟大作家、丹麦国的骄傲。像这样的例子，可以说不胜枚举。

2. 借事说理，寄意深远

语文教材中，无论是初中还是高中，借事说理的古代诗文占有不小的比例。宋诗中，苏轼的《题西林壁》、陆游的《游山西村》是两首著名的哲理诗，充分体现了借事说理的特点。古文中，从《伤仲永》《黄生借书说》，到《石钟山记》《游褒禅山记》，诸如此类，都可谓因事说理的典范。写作借事说理文章，一要注意“事”与“理”的自然结合，有充分的内在联系，避免牵强附会；二要在巧妙构思的基础上，注意思想的深度，深入挖掘事物内在的意蕴，通过比喻、比拟、类比、对比等手法，表达出文章的主旨。曾有一篇全国高考满分作文《赤兔之死》，借三国故事发挥想象来说理，可以说是考场作文运用借事说理手法的成功案例。

【练习】

1.《焚驴志》中，为什么最后“人无复议驴”？《卖柑者言》中，“甚矣哉为欺也”这句话在文中起到怎样的作用？

2. 这两篇寓言的写作意图分别是什么？试作简要分析。

3. 分别赏析白驴申诉与卖柑者辩白的语言特点。

【译文】

焚驴志

己未年间，河朔一带发生大旱。远近的庄稼都被烈日烤焦，老百姓没有依靠。镇阳帅自认为很忧虑老百姓的生计,急急忙忙地督促下属求雨。祭神消灾这类小的法术,没有不做的,最终也没有效果。时间长了,一些怪异荒诞的说法就产生了。碰巧有户百姓家里生了一头小白驴,有人指着这头白驴说:“这就是旱灾的祸根。云刚刚出现,白驴就仰头朝天嘶鸣,于是云就四散不见了。这头白驴不杀死,旱灾怎么能结束?”一个人凭空倡议,众人跟着随声附和。镇阳帅听说后,也认为有道理,于是就吩咐赶快把白驴抓起来,把它烧死。

一天晚上,白驴托梦给帅府中的某个属僚,说:“大帅要烧死我,实在是冤枉啊!天灾流行,百姓遭难,这跟我有什么关系呢?我不幸投胎成为异类,又不幸沦落为禽兽家畜。负重驾车,听人驱使;挨骂受打,默默承受。辛苦劳累、忍辱负重地一直工作到死,我的本分就是这样啊。至于这水旱之类的灾祸,哪里是我所能知道的!却想(因为旱灾)置我于残酷的下场?不知是谁在诬陷我,可大帅却采纳了他的建议。灾祸有的来源于上天,有的起因在人为,人为的灾祸可以寻找追究责任,来源于上天的只好听之任之了。殷代大旱,商汤有桑林之祷,刚一开始祷告就下雨了;卫国大旱,是提醒卫国去讨伐无道之邢,军队刚出征就下雨了;汉时大旱,卜式奏请处死桑弘羊;唐时大旱,李中敏奏请斩杀郑注。能抵抗旱灾的办法多的是啊,为什么不寻求殷、卫、汉、唐那样的做法呢?如果找不到办法,又无处归罪,那么责任就在于上天,只能听之任之了。不从人身上寻找原因,又不把责任推给上天,根据那些没有根据的言论,把旱灾说成是我的罪过。唉,真是太不讲道理呀!指令巫婆神汉在太阳地里祈雨,驱赶旱鬼,就已经很迂腐了,现在这样做的话恐怕就更荒唐了吧?如果杀了我对百姓有利,那么我为什么吝惜生命,贪生怕死呢?如果事情不是这样,做这样的事来增加罪恶有什么好处?滥杀无辜是不仁义的,轻信谣言是不明智的,这种不仁不智的事情,大帅为什么要做呢?先生您是他的属僚,所以,我斗胆私自向你申诉。”

属僚连忙向白驴道歉,从梦中醒来,起床之后向镇阳帅请求放了白驴。起初,人们都很不高兴。过了不久就下起了大雨,整整一个月也没有停止,以致发生水涝,毁坏了庄稼,直到年底,一点收成都没有。从此以后,人们再也不议论白驴了。

卖柑者言

杭州有个果贩子，很会贮藏柑子。他藏的柑子经过一冬一夏仍然不会腐烂，拿出来还那么鲜灵灵的，质地像玉一样晶莹洁润，皮色金光灿灿。放到市场上卖十倍的价格，人们也抢着买。我买了他的一只柑子，刚一剖开，就像有一股烟味呛人口鼻，再看那果实中间，却干枯得像破棉败絮一般。我感到奇怪，就问他："你卖柑子给人家，是打算让人家放在笾豆之中供祭祀用呢，还是拿去待嘉宾用呢？或者只不过用这种漂亮的外观去迷惑笨拙、瞎眼的人上当呢？你这样骗人也太过分了！"

卖柑子的笑着说："我从事卖柑子的行当已经好多年了，靠着这一营生养活自己。我卖它，人们买它，从来没听到什么质疑的话，为什么偏偏不能满足您的心意呢？世上骗人的事不在少数，难道只有我一个(骗人)吗？我的先生，您不想想看！当今佩戴虎符、高坐在虎皮交椅上，那些很像是在保卫家国的威武之将，他们真的就像孙武、吴起那样有韬略吗？那些峨冠博带的文臣，很像是气宇轩昂的栋梁之材，他们真的能像伊尹、皋陶那样建功立业吗？盗贼四起，他们不懂怎样抵御剿灭；生灵涂炭，他们不知怎样赈济解救；官吏枉法，他们无法挟制禁止；法纪败坏，他们不知该怎样整顿治理，(他们真是)骗取俸禄耗费国库而不知羞耻。你看他们坐高堂，骑骏马，沉醉于美酒，饱食着美味，哪个不是威风八面令人望而生畏，气势显赫而让人羡慕不已！然而他们又何尝不是外表似金如玉，内里却是破棉败絮呢？如今您不去明察这些事，却用挑剔的眼光来要求我卖的柑子！"

我默默地无话回答。回来后细细考虑他的话，觉得他很像诙谐滑稽的东方朔一类人物。莫非他果真是个愤世嫉俗的人？他是借柑子来讽刺世事的吗？

(四) 碑　　志

柳子厚墓志铭[①]

［唐］ 韩　愈

子厚，讳宗元。七世祖庆，为拓跋魏侍中，封济阴公。曾伯祖奭为唐宰相，与褚遂良、韩瑗俱得罪武后，死高宗朝。皇考[②]讳镇，以事母弃太常博士，求为县令江南，其后以不能媚权贵失御史。权贵人死，乃复拜侍御史。号为刚直，所与游皆当世名人。

子厚少精敏，无不通达。逮[③]其父时，虽少年，已自成人，能取进士第，崭然见头角，众谓柳氏有子矣。其后以博学宏词授集贤殿正字。俊杰廉悍，议论证据今古，出入经史百子，踔厉风发[④]，率常屈其座人，名声大振，一时皆慕与之交。诸公要人，争欲令出我门下，交口荐誉之。

贞元十九年，由蓝田尉拜监察御史。顺宗即位，拜礼部员外郎。遇用事者得罪[⑤]，例出为刺史[⑥]。未至，又例贬永州司马[⑦]。居闲，益自刻苦，务记览，为词章，泛滥停蓄[⑧]，为深博无涯涘，而自肆于山水间。元和中，尝例召至京师，又偕出为刺史，而子厚得柳州。既至，叹曰："是岂不足为政邪？"因其土俗，为设教禁，州人顺赖。其俗以男女质[⑨]钱，约不时赎，子本相侔[⑩]，则没为奴婢。子厚与设方计，悉令赎归。其尤贫力不能者，令书其佣，足相当，则使归其质。观察使下其法于他州，比一岁，免而归者且千人。衡、湘以南为进士者，皆以子厚为师。其经承子厚口讲指画为文词者，悉有法度可观。

其召至京师而复为刺史也，中山刘梦得禹锡亦在遣中，当诣⑪播州。子厚泣曰：“播州非人所居，而梦得亲在堂，吾不忍梦得之穷，无辞以白其大人，且万无母子俱往理。”请于朝，将拜疏⑫，愿以柳易播，虽重得罪，死不恨。遇有以梦得事白上者，梦得于是改刺连州。呜呼！士穷乃见节义。今夫平居里巷相慕悦，酒食游戏相征逐⑬，诩诩⑭强语以相取下，握手出肺肝相示，指天日涕泣，誓生死不相背负，真若可信。一旦临小利，仅如毛发比，反眼若不相识，落陷阱，不一引手救，反挤之，又下石焉者，皆是也。此宜禽兽狄夷所不忍为，而其人自视以为得计。闻子厚之风，亦可少愧矣！

子厚前时少年，勇于为⑮人，不自贵重顾藉，谓功业可立就，故坐⑯废退。既退，有无相知有气力得位者推挽，故卒死于穷裔⑰。材不为世用，道不行于时也。使子厚在台省时，自持其身已能如司马、刺史时，亦自不斥；斥时，有人力能举之，且必复用不穷。然子厚斥不久，穷不极，虽有出于人，其文学辞章，必不能自力，以致必传于后如今，无疑也。虽使子厚得所愿，为将相于一时，以彼易此，孰得孰失必有能辨之者。

子厚以元和十四年十一月八日卒，年四十七。以十五年七月十日归葬万年先人墓侧。子厚有子男二人，长曰周六，始四岁；季曰周七，子厚卒乃生。女子二人皆幼。其得归葬也，费皆出观察使河东裴君行立。行立有节概，重然诺⑱，与子厚结交，子厚亦为之尽，竟赖其力。葬子厚于万年之墓者，舅弟卢遵。遵，涿人，性谨慎，学问不厌。自子厚之斥，遵从而家焉，逮其死不去。既往葬子厚，又将经纪其家，庶几有始终者。铭曰：

是惟子厚之室，既固既安，以利其嗣人。

【注释】

①柳宗元(773—819)：字子厚，河东解县(今山西运城西南)人。世称柳河东，曾任柳州(今属广西)刺史，又称柳柳州，与韩愈皆倡古文运动，并称“韩柳”。②皇考：死去的父亲。③逮：及。④踔厉风发：形容议论雄辩有力，滔滔不绝。

⑤用事者得罪:用事者,执政的人,这里指王叔文,想改革当时的政治,任用了柳宗元等新进人士。得罪,改革失败,王叔文等人或被贬,或赐死。⑥例出为刺史:柳宗元因坐王叔文党,被变为邵州(今湖南邵阳市)刺史。⑦永州司马:永州,今湖南零陵县。司马:刺史的属官。⑧泛滥停蓄:形容学问渊博,知识深厚。⑨质:抵押。⑩子本相侔:子钱(利息)和本钱相等。⑪诣:到。⑫疏:奏疏,古代臣下向君主分条陈述事情的文字。⑬征逐:征,邀请。逐,追随。⑭诩:夸耀。⑮为(wèi):帮助。⑯坐:获罪。⑰裔:边远的地方。⑱然诺:应答的声音。

潮州韩文公庙碑[①]

[北宋] 苏　轼

匹夫而为百世师,一言而为天下法。是皆有以参天地之化,关盛衰之运,其生也有自来,其逝也有所为。故申、吕自岳降,傅说为列星[②],古今所传,不可诬也。孟子曰:“我善养吾浩然之气[③]。”是气也,寓于寻常之中,而塞乎天地之间。卒然遇之,则王公失其贵,晋、楚失其富,良、平失其智,贲、育失其勇,仪、秦失其辩[④]。是孰使之然哉?其必有不依形而立,不恃力而行,不待生而存,不随死而亡者矣。故在天为星辰,在地为河岳,幽则为鬼神,而明则复为人。此理之常,无足怪者。

自东汉以来,道丧文弊,异端并起,历唐贞观、开元之盛,辅以房、杜、姚、宋[⑤]而不能救。独韩文公起布衣,谈笑而麾之,天下靡然从公,复归于正,盖三百年于此矣。文起八代之衰,而道济天下之溺[⑥],忠犯人主之怒[⑦],而勇夺三军之帅:此岂非参天地,关盛衰,浩然而独存者乎?

盖尝论天人之辨,以谓人无所不至,惟天不容伪。智可以欺王公,不可以欺豚鱼[⑧];力可以得天下,不可以得匹夫匹妇之心。故公之精诚,能开衡山之云,而不能回宪宗之惑;能驯鳄鱼之暴[⑨],而不能弭皇甫镈、李逢吉之谤;能信于南海之民，庙食百世，而不能使其身一日安于朝廷之上。盖公之所能者天也，其所不能者人也。

始潮人未知学，公命进士赵德为之师。自是潮之士，皆笃于文行，延及齐民，至于今，号称易治。信乎孔子之言，“君子学道则爱人，小人学道则易使”也。潮人之事公也，饮食必祭，水旱疾疫，凡有求必祷焉。而庙在刺史公堂之后，民以出入为艰。前太守欲请诸朝作新庙，不果。元祐五年，朝散郎⑩王君涤来守是邦。凡所以养士治民者，一以公为师。民既悦服，则出令曰：“愿新公庙者，听！”民欢趋之，卜地于州城之南七里，期年而庙成。

或曰：“公去国万里，而谪于潮，不能一岁而归。没而有知，其不眷恋于潮也，审矣。”轼曰：“不然！公之神在天下者，如水之在地中，无所往而不在也。而潮人独信之深，思之至，焄蒿凄怆⑪，若或见之。譬如凿井得泉，而曰水专在是，岂理也哉？”元丰七年⑫，诏拜公昌黎伯⑬，故榜曰：“昌黎伯韩文公之庙。”潮人请书其事于石，因作诗以遗之，使歌以祀公。其辞曰：

“公昔骑龙白云乡，手抉云汉分天章，天孙为织云锦裳。飘然乘风来帝旁，下与浊世扫秕糠。西游咸池略扶桑⑭，草木衣被昭回光。追逐李、杜参翱翔，汗流籍、湜⑮走且僵，灭没倒影不能望。作书抵佛讥君王，要观南海窥衡湘，历舜九嶷⑯吊英、皇。祝融⑰先驱海若藏，约束蛟鳄如驱羊。钧天⑱无人帝悲伤，讴吟下招遣巫阳⑲。犦牲鸡卜羞我觞⑳，於粲荔丹与蕉黄。公不少留我涕滂，翩然被发下大荒。”

【注释】

①韩文公：韩愈死后谥为“文”，故称韩文公。②申、吕自岳降：申侯、吕伯，周朝大臣。岳降：指他们是四岳所降生。傅说为列星：傅说为商朝大臣，传说死后化为星宿。③浩然之气：即正气，刚正至大的气概。④晋、楚：是春秋时最富强的国家。良、平：张良、陈平，西汉谋臣。贲、育：孟贲、夏育，古代武士。仪、秦：张仪、苏秦，战国辩士。⑤房、杜、姚、宋：房玄龄、杜如晦，贞观年间贤相。姚宋：姚

崇、宋璟，开元年间贤相。⑥八代：东汉、魏、晋、宋、齐、梁、陈、隋。此时骈文盛行，文风衰败。济：拯救。⑦忠犯人主之怒：唐宪宗迎佛骨入宫，韩愈直谏，几被处死，经大臣营救，贬潮州刺史。⑧豚鱼：《易·中孚》说“信及豚鱼”，意即只有诚心祭祀，连供品猪鱼都感动，才得吉卦。⑨鳄鱼之暴：传说韩愈被贬为潮州刺史时，听说潮州境内的恶溪中有鳄鱼为害，就写下了《祭鳄鱼文》来劝戒鳄鱼搬迁。不久，恶溪之水西迁六十里，潮州境内永远消除了鳄鱼之患。⑩朝散郎：五品文官。⑪焄蒿凄怆：祭祀时引起凄怆的感情。焄（xūn），香气。蒿（hāo），蒸发。⑫元丰七年：宋神宗元丰七年，即1084年。⑬昌黎伯：昌黎，韩愈的老家。伯，旧时对文章、道德足为表率者的尊称。⑭咸池：神话中太阳沐浴的地方。扶桑：神木名。⑮李、杜：李白、杜甫。籍、湜：张籍、皇甫湜，均韩愈学生，其古文的成就远不及师，因此说“不能望”。⑯九嶷：山名，又名苍梧，在湖南省宁远县南。相传舜南巡不返，葬于九疑。⑰祝融：南海之神。海若：海神。⑱钧天：天的中枢，上帝所住处。⑲巫阳：神巫名。这两句意思是韩愈死后必为神。⑳犦（bào）牲鸡卜羞我觞：犦牲，牦牛。鸡卜，用鸡骨卜卦。羞，献。

【知识】

1. 墓志铭

墓志铭是一种悼念性的文体，一般由“志”和“铭”两部分组成。“志”多用散文撰写，叙述死者的姓名、字号、籍贯、官级、生平事略；“铭”则是用韵文概括“志”的全文，并对死者致以悼念、安慰、褒扬之情，是委婉抒情的。但也有只用碑记（文）或碑铭的。

2. “文起八代之衰，道济天下之溺”

韩愈针对唐代辞藻华丽、空洞无物的骈体文占统治地位的状况，为了扭转文风，恢复秦汉时散文的优良传统，他与柳宗元发起了“古文运动”，提出“文以载道”，强调“词必己出”，“陈言务去”，这对当时及后世文风影响深远，此为“文起八代之衰”。

【品读】

碑文一般包括墓主简要的家世、经历、成就、精神品格以及表达作者对墓主的评价、赞美等。因中国人讲究立德、立言、立行，碑文的主要内容是叙写墓主的道德品格、文章、政绩。

这两篇碑文也是如此，只是写法有别。《柳子厚墓志铭》（以下简称《柳》）中首段写其家世，以其家风之重孝道、刚直，从侧面为后文柳宗元的为人作铺垫。第三段写其在柳州的政绩，第四段写柳宗元“时穷节乃见”的风义，是全文最富感情也最为激昂慷慨的段落。柳宗元代诣播州，是考虑刘有老母，这是柳宗元继承父亲孝道的具体表现。作者又将柳宗元与“凡今之交，观势厚薄”甚至“落井下石”对比，以此凸显柳的朋友之义。可以说，韩愈对柳宗元的人品、文章给予的高度评价，对世风、时弊的辛辣抨击，对人生哲理的深刻阐发，就是到了十多个世纪后的今天，也是无以复加的了。从行文的整体上看，对其政绩是略写，文章抓住朋友之义的主线，结合文章成就，极写柳宗元的高风亮节，而又痛斥世俗酒肉之交，处处表现深厚的朋友之情。在叙事上力求简净生动，显得空灵。

《潮州韩文公庙碑》（以下简称《潮》）中对韩公道德文章、政绩的赞美，由暗而明。开头以“匹夫而为百世师，一言而为天下法”两句领起，论一代杰出人物在历史上的极大作用，下语精警，醒人心目。又分析这来源于浩然之气，在作者对浩然正气的描述、评论中，韩愈的高大形象已隐隐出现。第二段顺势落入实处，赞颂其在儒学和文学上的历史功绩。由东汉以来的历史演变下笔，为陈述韩公的贡献布下宏阔背景，再以贞观、开元盛世和房玄龄等贤相不能救反衬一笔，接着又转入正面写韩公镇定自若的风采，力挽狂澜的气魄和挥斥异端继承儒学的成就，碑文连用“文起”“道济”“忠犯”“勇夺”四句，以骈句铺陈，对仗精切，用语典重，概括了韩公的一生勋业。至此，也可充分理解，原来碑文首段所放笔泛写的浩然正气，实际上是句句都在描写韩愈。由此可见此文立意的精巧，用心的良苦。

碑文第四段也是明写韩愈在潮州的政绩。由于韩愈在潮州期间重视兴办教育事业,故“潮之士,皆笃于文行,延及齐民”;由于韩愈在潮州期间重视水利、根除民患,故“潮人之事公也,饮食必祭,水旱疾疫,凡有求必祷焉”。而对于王涤倡议重建韩愈新庙之举,“民欢趋之”。从正面写韩愈之政绩之余,又通过百姓的认可从侧面衬托了韩愈德政之深得人心。

碑文虽然要相对客观地叙写墓主德行,但情有所动,方能写出动人之文,碑文更是如此。这两篇碑文中都融入了作者个人的深情,方成为传世之作。这又是读者需要细心品味之处。

《柳》文第五段是作者对柳一生得失的总评。先为之“道不行于时也”而惋惜,后由“使子厚在台省时”表示同情,接着以“然”字转,变成为子厚庆幸,因为其文必传于后,波澜起伏,充满友情,不是深交,不可能写出这样的文字。同时,在文章第四段也蕴含着作者对当时社会的爱之深、责之切,后世如“酒食征逐”“落井下石”等成语就导源于此,丰厚了碑文的内涵。

《潮》文第三段也由对韩愈道德文章的赞美转入对其人生的评价。此段先说天不容伪,人事难期,以为张本;而后举出韩公所能者三事,所不能者三事。在这两相比照中,前项均属天意,后项均属人为,突出和强调韩愈受到贬谪、遭遇诽谤、不能安身于朝廷,全是人为的结果,也即是君昏臣奸的黑暗政治所造成的。碑文这样写,不仅是为了歌颂韩愈的忠诚和正直,也寄寓着对韩愈在政治上屡遭陷害打击的愤懑之情。“不能使其身一日安之于朝廷之上”,这既是感叹韩愈,又是作者的自我写照,苏轼宦海沉浮,大起大落,始终未能安立朝堂,就在写这篇碑文前后,曾连续遭到官僚的弹劾诬陷,不得不多次乞请外郡,内心的郁闷便借此宣出,字里行间渗透着作者的身世之感。

【借鉴】

1. “士穷乃见节义”

读书人在困境中才能看出节操来。柳宗元在刘禹锡身处困境时,伸出援助之手，韩愈以此句高度评价他崇尚仁义、忠厚待友之德。柳宗元的作为与后文“落陷阱，不一引手救，反挤之，又下石焉”的小人形成对比。读书人重在培养自身的节义，此乃读书人立身之本，也是民族精神传承之核心。在议论文中，论及读书人精神的价值时，可以此为论据，并借鉴此对比的写作手法。

2. 叙议结合彰显人物精神

两篇文章在摹写人物时，都用到了叙议结合的手法。如《柳》文在叙述柳宗元代诣播州一事后，“呜呼”一词引起议论，以读书人“穷乃见节义”的可贵精神肯定柳子厚的风义。《潮》文起笔高调议论杰出人物的巨大作用，虽未指名道姓，但已让人略见韩公之精神。第三段首尾两句均以“盖”字引领进行议论，中间部分叙述韩公一生的勋业，议论、叙述契合无间。叙议结合中，紧扣观点扼要叙述，为后文议论铺垫；议论处以连词“所以”、叹词“呜呼”等带出，增强语气，如此叙、议可在事理上融合，文气可在情感上递增。

【思考】

1. 请简要概括《柳子厚墓志铭》一文中柳子厚的主要事迹。

2.《潮州韩文公庙碑》第二、三段提到“天”，请结合文章内容简析其作用。

3. 结合文章内容，分析两篇文章语言的不同点。

4. 两篇碑文都主要从墓主的道德、文章两方面来写，结合你对柳宗元、韩愈中任意一人的了解，说说你对道德与文章二者关系的认识。

【译文】

柳子厚墓志铭

子厚，名宗元。七世祖柳庆，北魏时官至侍中，封济阴公。曾伯祖柳奭，在唐朝曾出任宰相，与褚遂良、韩瑗一同得罪了武后，死于高宗朝。父柳镇，为就便侍奉母亲，放弃了太常博士的任命，请求到江南去做县令。后来又因为不能迎合权贵,失去了殿中侍御史的官职,直到那个权贵死了,才重新被用为侍御史。他为人以刚直著称,所交往的朋友都是当时很有名望的人。

子厚小时候就精锐敏捷,通达事理。当他父亲还在世时,他虽然年纪轻,已经独立成人,能够考中进士,显露出超凡的气象,众人都说柳家有了个好儿子。以后又应博学宏词科考试合格,授集贤殿正字。他才能出众,端方坚毅,每有议论往往引据古今事典为证,贯通经史百家学说,识见高远,意气风发,经常使在座的人为之折服。他的名声因此大振,一时间人人都向往和他交游。那些公卿显要们,也争着要把他收到自己的门下,异口同声地赞誉举荐他。

贞元十九年,他由蓝田县尉晋升为监察御史。顺宗即位后,出任礼部员外郎。这时遇上当权的人获罪,他被视为一党,同被遣出京城做州刺史。还未到任,又被贬为州司马。居官清闲,愈加刻苦自励,专心读书记诵,写作诗文,如江河泛滥,湖海蓄积,其造诣可谓精深博大无有止境,但只能恣意寄情于山水之间罢了。元和年间,曾将他和一道被贬的人召回京城,又再次一道出京为刺史,这次子厚分在柳州。到任之初,他感慨地说:"这里难道就不值得实施政教吗?"于是按照当地的风俗,制定了劝谕和禁止的政令,赢得了柳州民众的顺从和信赖。此地人借钱时习惯用子女作为人质相抵押,如不能按约期赎回,等到利息与本钱相等时,子女就要沦为债主的奴婢。子厚为借钱的人想尽办法,让他们全都能把子女赎回去。其中特别贫穷实在无力赎取的,就让债主记下人质当佣工所应得到的酬劳,等到酬劳和所借钱数相当时,便要债主归还人质。观察使把这个办法下达到其他的州,刚到一年,免除了奴婢身份而回归自己家里的就有近千人。衡山湘江以南考中进士的人,都以子厚为老师。那些经过子厚亲自指点而撰写文词的人,从他们的文章中都可以看到很好的章法技巧。

当年他被召入京都而后又被贬出任地方刺史时,中山刘梦得也在被遣之列,要贬到播州。子厚流泪说:"播州不是人居住的地方,而且刘梦得有老母在身边,我实在不忍心看刘梦得的窘况,他将跟老母亲怎么讲呢?况且实在没有母子一起去播州的道理。"于是向朝廷为刘梦得求情,并且准备向皇帝上疏,表示自己愿意用柳州和他的播州交换，即使加重获罪，死也不遗憾。正好碰上有人把梦得的情况上报皇帝，梦得因此改换为连州刺史。啊！君子困窘时才能显现出他们高尚的节义。如今平时生活中的人们相互敬重仰慕，酒肉相娱，互相吹捧，谦虚地巴结讨好，表白自己的真心，指着太阳流泪发誓说生死之交，决不背弃，真的好像完全可信。一旦面对小小的利害关系，就算小的和毛发一般，立马翻脸好像从不认识，你掉入深坑里，不仅不伸手救援，反而推挤他，还往下扔石头，这样的人社会上比比皆是。这本应是禽兽都不忍心做的事，但是那些人还自以为有心计，听到子厚这高风亮节的故事，也该感到些许羞愧吧！

子厚从前年轻时，做事敢作敢为，很少考虑自己，不顾一切，自认为功业可以很快建立，所以遭遇排挤被朝廷罢黜。被贬以后，又缺少有权有势的知己援引推荐，所以最终死于荒远穷困的边地，才学不被重用，主张无法推行。如果子厚在朝廷时能够谨慎约束自己，像在司马、刺史之位时一样，也自然不会被贬了；被罢免后如果有人肯举荐他，那么必将被朝廷反复起用。但是，柳子厚被罢免时间如果不是很久，穷困如果不是到了极限，即使又能出人头地，那他的文学辞赋，必不能尽心写作以致让后人传诵，这一点是不需怀疑的。即使子厚在政治上一帆风顺，也不过担任朝廷将相。用仕途的顺畅来换他现在文学方面的辉煌成就，哪一方面划得来，人们一定看得十分清楚。

元和十四年十一月八日去世，年仅四十七岁。他的灵柩于十五年七月十日归葬在万年县祖先墓旁。子厚有两个儿子，长子名周六，才 4 岁；次子名周七，子厚死后出生。又有两个女儿，都还在幼年。子厚所以能归葬祖茔，全赖观察使河东人裴行立出资相助。裴行立有节操气概，重信用，与子厚交情很深，子厚也曾为他尽过力，最后竟然是依靠他的力量把子厚安葬在家乡先人墓地。在万年安葬子厚的是他舅弟卢遵。卢遵是涿州人，性格严谨，勤学好问。自从子厚被贬出后，卢遵就跟随子厚并且举家随迁，一直到子厚去世，也不离开；既随往万年安葬子厚，又打算帮忙料理子厚的家事，差不多称得上是有始有终的人了。铭文说：

这是子厚的墓室，既牢固又安逸，对子厚的子孙会有好处。

潮州韩文公庙碑

一个普通人却成为千百代的榜样，一句话却成为天下人效法的准则。这是因为他们的品格可以与天地化育万物相提并论，也关系到国家气运的盛衰。他们的降生是有来历的，他们的逝世也是有所作为的。所以，申伯、吕侯由高山之神降生，傅说死后成为天上的列星，从古到今的传说，是不可否认的。孟子说："我善于修养我盛大正直的气。"这种气，寄托在平常事物中，又充满于天地之间。突然遇上它，那么，王公贵族就会失去他们的尊贵，晋国、楚国就会失去它们的富有，张良、陈平就会失去他们的智慧，孟贲、夏育就会失去他们的勇力，张仪、苏秦就会失去他们的辩才。是什么东西使它这样的呢？那一定有一种不依附形体而成立、不依靠外力而行动、不等待出生就存在、不随着死亡而消逝的东西了。所以在天上就成为星宿，在地下就化为河川山岳；在阴间就成为鬼神，在阳世便又成为人。这个道理十分平常，不值得奇怪。

自从东汉以来，儒道沦丧，文风败坏，佛、道等邪说一齐出现经历了唐代贞观、开元的兴盛时期，依靠房玄龄、杜如晦、姚崇、宋璟等名臣辅佐，还不能挽救。只有韩文公从普通人里崛起，在谈笑风生中指挥古文运动，天下人纷纷倾倒追随他，使思想和文风又回到正路上来，到现在已经有300年左右了。他的文章使八代以来的衰败文风得到振兴，他对儒道的宣扬，使天下人在沉溺中得到拯救，他的忠诚曾触犯了皇帝的恼怒，他的勇气能折服三军的主帅：这难道不是与天地化育万物相并列，关系到国家盛衰，浩大刚正而独立存在的正气吗？

我曾谈论过天道和人事的区别，认为人没有什么事不能做出来，只是天不容许人作伪。人的智谋可以欺骗王公，却不能欺骗小猪和鱼；人的力量可以取得天下，却不能取得普通老百姓的民心。所以韩公的专心诚意，能够驱散衡山的阴云，却不能够挽回宪宗佞佛的执迷不悟；能够驯服鳄鱼的凶暴，却不能够制止皇甫镈、李逢吉的诽谤；能够在潮州老百姓中取得信任，百代都享受庙堂祭祀，却不能使自身在朝廷上有一天的平安。原来，韩公能够遵从的，是天道；他不能屈从的，是人事。

从前，潮州人不知道学习儒道，韩公指定进士赵德做他们的老师。从此潮州的读书人，都专心于学问的研究和品行的修养，并影响到普通百姓。直到现在，潮州被称为容易治理的地方。确实不错啊，孔子曾说过这样的话："有地位的人学了道理，就会爱护人民；地位低的人学了道理，就容易治理。"潮州人敬奉韩公，吃喝的时候必定要祭祀他，水灾旱荒、疾病瘟疫，凡是有求助于神灵的事，必定到祠庙里去祈祷。可是祠庙在州官衙门大堂的后面，百姓以为进出不方便。前任州官想申请朝廷建造新的祠庙，没有成功。元祐五年，朝散郎王涤先生来担任这个州的知州。凡是用来培养士子、治理百姓的措施，完全以韩公为榜样。老百姓心悦诚服以后，便下命令说："愿意重新修建韩公祠庙的人，就来听从命令。"老百姓高高兴兴地赶来参加这项工程。在州城南面七里选了一块好地方，一年后新庙就建成了。

有人说："韩公远离京城约万里，而贬官到潮州，不到一年便回去了，他死后有知的话，是不会深切怀念潮州的，这是明摆着的。"我说："不是这样的，韩公的神灵在人间，好比水在地上，没有什么地方不存在。而且潮州人信仰得特别深厚，思念得十分恳切，每当祭祀时，香雾缭绕，不由涌起悲伤凄怆的感觉，就像见到了他，好比挖一口井得到了水，就说水只在这个地方，难道有这个道理的吗？"元丰七年，皇帝下诏书封韩公为昌黎伯，所以祠庙的匾额上题为"昌黎伯韩文公之庙"。潮州人请我书写他的事迹刻在石碑上，因此作首诗送给他们，让他们歌唱着祭祀韩公。歌词说：

"您从前骑龙遨游在白云乡，双手拨动银河，挑开天上的云彩，织女替您织成云锦衣裳。您轻快地乘着风来到皇帝的身旁，下降到人间，为混乱的俗世扫除异端。您在西边游览了咸池，巡视了扶桑，草木都披上了您的恩泽，承受着您的光辉普照。您追随李白、杜甫，与他们一起比翼翱翔，使张籍、皇甫湜奔跑流汗，两腿都跑僵了，也不能仰见您那能使倒影消失的耀眼光辉。您上书痛斥佛教，讽谏君王，被邀请到潮州来观看，中途又游览了衡山和湘水，经过了埋葬帝舜的九嶷山,凭吊了娥皇和女英。到了潮州,祝融为您在前面开路,海若躲藏起来了,您管束蛟龙、鳄鱼,好像驱赶羊群一样。天上缺少人才,天帝感到悲伤,派巫阳唱着歌到下界招您的英魂上天。用牦牛作祭品,用鸡骨来占卜,敬献上我们的美酒;还有殷红的荔枝,金黄的香蕉。您不肯稍作停留,使我们泪下如雨,只得送您的英灵,披着头发,轻快地返回仙乡。”

（五）记　　游

小石城山记[1]

［唐］　柳宗元

自西山道口径北，逾黄茅岭而下，有二道：其一西出，寻之无所得；其一少[2]北而东，不过四十丈，土断[3]而川分，有积石横当其垠[4]。其上为睥睨梁欐之形[5]，其旁出堡坞[6]，有若门焉。窥之正黑，投以小石，洞然[7]有水声，其响之激越[8]，良久乃已。环之可上，望甚远。无土壤而生嘉树美箭，益奇而坚，其疏数偃仰[9]，类智者所施设也。

噫！吾疑造物者之有无久矣。及是，愈以为诚有。又怪其不为之中州[10]，而列是夷狄[11]，更千百年不得一售其伎[12]，是固[13]劳而无用。神者傥不宜如是[14]，则其果无乎？或曰：以慰夫贤而辱于此者。或曰：其气之灵[15]，不为伟人，而独为是物，故楚之南少人而多石。是二者，余未信之。

【注释】

①本文选自柳宗元《永州八记》的第八篇。②少：稍、略。③土断：山势突然断落，形成峭壁。④垠（yín）：边、岸。⑤睥睨（pì nì）：城墙上的小墙，亦称女墙；梁欐（lì）：屋梁。⑥堡坞：像小城堡的石头。⑦洞然：石子击水声。⑧激越：声音响亮清脆。⑨疏数偃仰：疏密起伏。⑩中州：中原地区。⑪夷狄：指偏远的永州。⑫更（gēng）：经历、经过。伎：同“技”，技艺、长处。此句意为：经历千百年不能

一献其优美景致而被人们所赏识、承认。⑬固:真的。⑭不宜如是:不应这样做,即徒劳地把小石城山安排在荒僻的永州。⑮气之灵:地气的灵秀。

始得西山宴游记①

[唐] 柳宗元

自余为僇人②,居是州,恒惴栗③。其隙也,则施施④而行,漫漫而游。日与其徒上高山,入深林,穷回溪⑤,幽泉怪石,无远不到。到则披草而坐,倾壶而醉;醉则更相枕以卧,卧而梦,意有所极,梦亦同趣⑥。觉而起,起而归。以为凡是州之山水有异态者,皆我有也,而未始知西山之怪特。

今年九月二十八日,因坐法华西亭⑦,望西山,始指异之。遂命仆人过湘江,缘染溪⑧,斫榛莽⑨,焚茅茷⑩,穷山之高而止。攀援而登,箕踞而遨⑪,则凡数州之土壤,皆在衽席之下。其高下之势⑫,岈然洼然⑬,若垤⑭若穴。尺寸千里,攒蹙⑮累积,莫得遁隐⑯。萦青缭白,外与天际,四望如一。然后知是山之特立,不与培塿为类;悠悠乎与灏气俱,而莫得其涯;洋洋乎与造物者游,而不知其所穷。引觞⑰满酌,颓然⑱就醉,不知日之入。苍然暮色,自远而至,至无所见,而犹不欲归。心凝形释⑲,与万化冥合。然后知吾向之未始游,游于是乎始。故为之文以志。是岁,元和四年也⑳。

【注释】

①本文选自柳宗元《永州八记》的第一篇。西山:山名。《清一统志》:"永州府:西山在零陵(今湖南永州)县西。县治在县西隔河二里,自朝阳岩起,至黄茅岭北,长亘数里,皆西山也。"②僇(lù)人:受刑的人,即罪人,此指遭贬谪之人。僇,同"戮",受刑辱。③恒:常常。惴(zhuì)栗:忧惧的样子。④施施(yí yí):缓慢行走的样子。⑤穷:穷尽。回溪:迂回曲折的山溪。⑥趣:同"趋",往,赴。

⑦法华西亭：法华寺西的一座亭子，寺在永州城内东山上，作者于元和四年建亭，称为西亭，并有《永州法华寺新作西亭记》。⑧缘：沿着。染溪：冉溪的别名，柳宗元改为愚溪，在湖南零陵县西南。⑨斫（zhuó）榛（zhēn）莽：砍伐丛生的草木。⑩茅茷：长得茂盛的茅草。⑪遨：观赏风景。⑫高下之势：指山的高低之势。⑬岈（xiā）然：山谷空阔的样子。洼然：溪谷低下的样子。⑭垤（dié）：蚁穴边的积土。⑮攒蹙：聚集紧接。⑯遁隐：藏匿起来。⑰引觞：拿起酒杯。⑱颓然：精神不振的样子，这里指醉醺醺的样子。⑲释：解除束缚。⑳元和四年：公元 809 年。元和为唐宪宗的年号。

【知识】

1. 山水游记

山水游记就古代散文的重要一支，主要是写登山临水的见闻观感，是记叙、描写、议论、抒情相结合的一种散文形式。有重在议论说理的，如《岳阳楼记》《游褒禅山记》；有重在考证说理的，如郦道元的《三峡》、苏东坡的《石钟山记》；有重在寄兴抒怀的，如柳宗元的《小石潭记》。

2. 永州八记

永州八记是柳宗元（773—819）因“八司马事件”（805 年）被贬永州司马时借写山水游记书写胸中愤郁的八篇散文，包括《始得西山宴游记》《钴鉧潭记》《钴鉧潭西小丘记》《至小丘西小石潭记》《袁家渴记》《石渠记》《石涧记》《小石城山记》。

【品读】

两篇文章的写作背景相同。柳宗元因参与王叔文“永贞革新”失败，被贬为永州（今属湖南）司马。永州地处湖南和广东交界的地方，当时甚为荒僻，是个人烟稀少、令人可怕的地方。在被贬期间，时艰不可济，唐祚难振兴，政敌造谣诽谤，人身攻击，贫病交迫，老母病故，居处遭火，这些迫害和磨难严重损害了他的健康，竟到了“行则膝颤、坐则髀痹”的程度。即使这样也并未动摇柳宗元的政治理想。他在信中明确表示:“虽万受摈弃,不更乎其内。”被明人吴讷称为“体之正”的《永州八记》就写于此时,借写山水游记书写胸中愤郁。这“八记”是情景交融的真正游记,它们如同通景画,自成章法又互有联系。

《始得西山宴游记》是其首篇。唐元和四年(公元809年)柳宗元住在城内东山法华寺,对河就是西山,柳宗元过河游览后写了《始得西山宴游记》这篇游记。而《小石城山记》写于元和九年(公元814年),这是八记中的最后一篇。小石城山在永州愚溪之北,过东风大桥到朝阳街道,沿着往北的山路而上,约一华里就到小石城山。明代在山腰修了一座“芝山庵”,因此“小石城山”又名“芝山”。

另外,两篇文章都是借游山而抒感。《始得西山宴游记》达到了描摹与言志抒情完美结合的境界。本文情景交融,将山水人格化,达到了很高的艺术境界。文章先从被贬后的忧惧和漫游写起,透露出当时的处境和心情,然后由一般游览引入西山之游,重笔写西山之“怪特”。岈然洼然的高下之势,咫尺千里的登眺所见,萦青绕白的山水远景,三组画面,三个层次,以相互的映衬、生动的比喻、色彩的渲染,构成绚丽多姿的“怪特”,准确而生动地写出了西山的景色。文中的西山,不类培塿,与灏气俱,与造物者游,超尘拔俗,卓立不群,其伟大的人格力量正是作者高尚品格和人生理想的体现。西山熔铸了他的幽愤,陶冶了他的胸襟,启迪了他的悟性,而他赞美西山正是以之来言志抒情。《小石城山记》先写小石城山的奇异景物,然后抒写感想。通过像小石城山这样美好的自然景观却埋没于荒僻之乡的疑问,引发对美的事物被压抑、遭遗弃的郁愤之情,并借以抒发贤才遭贬逐的天涯沦落之感。

但是,两篇文章描写山的方法略有不同。作为山水游记的伟大宗匠,柳宗元在《始得西山宴游记》中采用了“从对面着笔”的描写手法,产生了不同凡响的艺术效果。文中写登山远眺之所见,呈现了雄奇开阔的境界,而不写西山本身,写了“不以培塿为类”的培塿,从而也就衬托了西山,突出了西山。这种不从实处落笔的写法,颇类似于汉乐府诗《陌上桑》的从旁人所见来写罗敷美貌,和罗敷自夸其夫的“坐中千余人,皆言夫婿殊”一样,是将诗的“虚处着墨”化为文中的“从对面着笔”。如此写来，大有“不着一字，尽得风流”之妙。而《小石城山记》第一段直接描绘小石城山的奇异景物。可分两层，先指明小石城山的方位，反映了作者在永州借游赏自然寻幽探奇、“无所不到”以排遣悠闲时光和怀才不遇的烦扰的精神状态；继而描述小石城山的奇貌。无论是方位的指点还是景物的描绘，都是在循序渐进中进行的，自然景致随着观赏者的游历渐次展现，使读者阅读时不自觉地由其导引，似乎也步入了自然景观。两篇文章一篇是侧面烘托，一篇是正面描写，方法不同，但都达到了很好的艺术效果。

【借鉴】

1. 白描手法

《小石城山记》中写景名句“无土壤而生嘉树美箭，益奇而坚，其疏数偃仰，类智者所施设也”，这里运用了白描手法，语言简练，但形象逼真，妙趣横生。在写景或者刻画人物的过程中可以尝试使用，如杨绛的《老王》在刻画老王形象时就使用了此法，作者的情感含而不露，但人物性格和命运却跃然纸上。

2. 反衬手法

《始得西山宴游记》中，作者不是正面描写西山，而是先写立于西山之巅，看到了周围景色的趺宕起伏、广阔无垠、簇拥之势，但这些在作者眼中只不过是“培塿”，西山与之相比是“特立”的，不愿与之为类的。通过反衬手法突出了西山的超尘拔俗，卓尔不群。高中教材《种树郭橐驼传》为了突出“郭橐驼”种树技艺的高超，描写了“他植者”的种树方法、管理方法、种树成效，以此来反衬郭橐驼种树技艺水平之高。在写作议论文的过程中可以尝试此法。

【思考】

1.《小石城山记》第一段是从哪两个方面来介绍和描写小石城山的？《始得西山宴游记》写景抓住了西山的什么特点？

2. 作者题为《始得西山宴游记》，但不是正面描写西山，却写立于西山之所见,请简要赏析这样安排的妙处。

3. 简要分析两篇文章的主旨。

【译文】

小石城山记

从西山路口一直向北走,过了黄茅岭走下去,有两条路:一条通向西边,走过去寻找风景,没有找到什么;另外一条稍偏北又折向东边,只走40丈远,路断了,河流分成几支,有一堆石头横着堆积在这条路的头上。石堆上面呈现女墙和正梁的形状,旁边现出一座碉堡。有个洞像门,仔细望进去,里面纯黑色。捡个小石子丢进去,咚咚的有水响,那响声很清亮,好久才消失。沿着碉堡旁边的路可以走上去,站在上面望得很远。上面没有泥土,可是长着好看的树木和竹子,比泥土里长的更好看更结实,它们有疏有密,好像是聪明人布置的。

唉!我怀疑天神的有无很久了。到了这儿,我更认为它确实有。但又奇怪它不把这座小石城山放在繁华的中原地区,却把它摆在这荒凉的少数民族地区,使它经过千百年都没有一次表现自己的优美景色的机会,这简直是天神辛苦创造了好景物却没有受到应有的欣赏。有灵验的天神似乎不应该做这样的傻事,那么,天神真没有吧?有人说:天神是用这小石城山的优美景物来安慰那些德才兼备而被贬斥在这里的人。有人说:这个地方有一种灵秀之气,它不诞生伟大人物,却形成这种特别优美的景物,所以楚国的南方很少出人才,却出产很多山石。这两种看法,我都不相信。

始得西山宴游记

自从我遭到贬谪,居住在永州,心中一直忧惧不安。公务之余,缓缓散步,漫无目的,到处转悠。每天与同伴爬高山、钻深林,穷尽迂回曲折的山间小溪,深幽的泉水,奇形怪状的山石。无论多远,我们都去。一走到那些地方,我们便拨开野草,席地而坐，倒酒痛饮，不醉不罢。喝醉后便相互枕靠着睡在地上，很快就进入梦乡。凡是心中能想到的，睡梦中都能出现。醒来之后就起身，然后回家。我原以为永州山水中凡是稍有特异地方，都已被我游览了，殊不知还有个奇异独特的西山。

今年九月二十八日，由于坐在法华寺西亭，遥望西山，才使我发现西山胜景，大为称异。我于是带着仆人越过湘江，沿染溪而行，砍去丛生的灌木，烧掉杂乱的茅草，最终到达西山之巅才停止。攀援着树枝爬上山顶，两腿叉开，席地而坐，几乎几个州的土地都聚集在我的座下。它高高低低的态势，又显得高低起伏，有的像是蚁穴外隆起的小土堆，有的像是蚂蚁洞，千里之遥如在尺寸之间，聚集收拢，重叠到一起，没有逃脱隐藏的。青山萦回，白云缭绕，与遥远的天际相接，环看周围，浑然一体。这样之后才知道高峻独立出众的西山，不能跟那些小土堆相比。这景象多么旷远浩渺啊，我好像与弥漫于天地之间的大气一道存在，而不能了解它的边际；这景象多么广阔壮观啊，我好像与大自然一道游览，却不知道它的尽头。我于是拿起酒壶，斟满酒杯，畅怀痛饮，醉倒在地，不觉间日薄西山。苍茫暮色，自远而近，慢慢地天黑得什么也看不见了，而我却了无归意。精神凝聚安定，形体得到解脱，和万物的变化暗暗相合，我这才认识到过去等于没有游览，真正的游览从此时开始。所以我特意把这件事记下来。这一年是元和四年。

前赤壁赋①

［北宋］ 苏 轼

壬戌②之秋，七月既望，苏子与客泛舟，游于赤壁之下。清风徐来，水波不兴。举酒属客，诵明月之诗，歌窈窕之章③。少焉，月出于东山之上，徘徊于斗牛④之间。白露横江，水光接天。纵一苇之所如，凌万顷之茫然。浩浩乎如冯虚御风，而不知其所止；飘飘乎如遗世独立，羽化而登仙。

于是饮酒乐甚，扣舷而歌之。歌曰："桂棹兮兰桨，击空明兮溯流光。渺渺兮予怀，望美人⑤兮天一方。”客有吹洞箫者，倚歌而和之。其声呜呜然，如怨如慕，如泣如诉，余音袅袅，不绝如缕。舞幽壑之潜蛟，泣孤舟之嫠妇⑥。

苏子愀然，正襟危坐，而问客曰：“何为其然也?”客曰：“‘月明星稀，乌鹊南飞。’此非曹孟德之诗乎？西望夏口，东望武昌。山川相缪，郁乎苍苍，此非孟德之困于周郎者乎？方其破荆州，下江陵⑦，顺流而东也，舳舻⑧千里，旌旗蔽空，酾酒⑨临江，横槊赋诗，固一世之雄也，而今安在哉？况吾与子渔樵于江渚之上，侣鱼虾而友麋鹿。驾一叶之扁舟，举匏樽以相属。寄蜉蝣⑩于天地，渺沧海之一粟。哀吾生之须臾，羡长江之无穷。挟飞仙以遨游，抱明月而长终。知不可乎骤得，托遗响于悲风。”

苏子曰：“客亦知夫水与月乎？逝者如斯，而未尝往也；盈虚者如彼，而卒莫消长也。盖将自其变者而观之，则天地曾不能以一瞬。自其不变者而观之，则物与我皆无尽也，而又何羡乎？且夫天地之间，物各有主，苟非吾之所有，虽一毫而莫取。惟江上之清风，与山间之明月，耳得之而为声，目遇之而成色；取之无禁，用之不竭。是造物者之无尽藏也，而吾与子之所共适。”

客喜而笑，洗盏更酌。肴核既尽，杯盘狼藉。相与枕藉乎舟中，不知东方之既白。

【注释】

①在乌台诗案结案后不久，苏轼被贬谪为黄州团练副使，所幸的是黄州地方官吏钦慕他的为人与俊才，非但不加管束，还常常任他在管区内纵情游山观水，而情豪兴逸的苏东坡则每游一地必有诗文纪盛，《前赤壁赋》与《后赤壁赋》就是这一时期留下的不朽名篇。宋神宗元丰五年(1082)，也就是苏轼谪居黄州的第三年初秋，他与朋友驾一叶小舟，来到黄冈赤壁下的长江中赏月游玩，有所见，遂有所感，而做此文。只是，苏轼所游的赤壁位于今湖北黄冈县城外的赤鼻矶，而周瑜破曹操军的赤壁在今湖北嘉鱼县东北长江南岸，两者实际并非同一处。②壬戌：宋神宗元丰五年，公元1082年。③“明月”句：指《诗经·陈风·月出》

篇，其第一章有“月出皎兮……舒窈纠兮”等句。“窈纠”即“窈窕”。④斗牛：北斗星和牵牛星。⑤美人：屈原诗文中常以香草美人比贤明君主、贤人，后代文人继承了这种说法。此处应指宋神宗。⑥嫠（lí）妇：寡妇。⑦破荆州，下江陵：曹操南下进攻荆州，刘琮投降；又击败刘备，进军江陵。⑧舳舻（zhú lú）：指首尾衔接相连的船只。⑨酾（shī）酒：斟酒。⑩蜉蝣（fú yóu）：一种夏秋间生于水边，只能活几个小时的昆虫。

后赤壁赋

［北宋］苏　轼

是岁十月之望，步自雪堂①，将归于临皋②。二客从予过黄泥之坂。霜露既降，木叶尽脱。人影在地，仰见明月。顾而乐之，行歌相答。

已而叹曰：“有客无酒，有酒无肴，月白风清，如此良夜何！”客曰：“今者薄暮，举网得鱼，巨口细鳞，状如松江③之鲈。顾安所得酒乎？”归而谋诸妇。妇曰：“我有斗酒，藏之久矣，以待子不时之需。”

于是携酒与鱼，复游于赤壁之下。江流有声，断岸千尺；山高月小，水落石出。曾日月之几何，而江山不可复识矣！

予乃摄衣而上，履巉④岩，披蒙茸⑤，踞虎豹，登虬龙，攀栖鹘⑥之危巢，俯冯夷⑦之幽宫。盖二客不能从焉。划然长啸，草木震动，山鸣谷应，风起水涌。予亦悄然而悲，肃然而恐，凛乎其不可留也。反而登舟，放乎中流，听其所止而休焉。时夜将半，四顾寂寥。适有孤鹤，横江东来，翅如车轮，玄裳缟衣⑧，戛然长鸣，掠予舟而西也。

须臾客去，予亦就睡。梦一道士，羽衣蹁跹⑨，过临皋之下，揖予而言曰：“赤壁之游乐乎？”问其姓名，俯而不答。“呜呼！噫嘻！我知之矣。畴昔⑩之夜，飞鸣而过我者，非子也邪？”道士顾笑，予亦惊寤。开户视之，不见其处。

【注释】

①雪堂：苏轼在黄冈县自建的住宅。②临皋(gāo)：亭名，在今湖北黄冈县南，长江旁边。③松江：今属上海市，盛产四腮鲈，长五六寸，味道鲜美。④巉(chán)：险峻。⑤茸：草木茂盛的样子。⑥鹘(hú)：意为隼，鹰的一种。⑦冯(píng)夷：水神。⑧玄裳缟衣：下服是黑的，上衣是白的。玄，黑。裳，下服。缟，白。衣，上衣。仙鹤身上的羽毛是白的，尾巴是黑的，所以这样说。⑨蹁跹(pián xiān)：飘然轻快的样子。⑩畴昔：从前，这里指昨晚。

【知识】

1. 赋

赋，本为《诗经》中的一种常见表现手法，到汉代发展成为一种文体。它兼具诗和散文的特点，它多用铺陈叙事的手法，必须押韵，讲究文采。其基本特点可概括为“铺采摛文，体物写志”。到宋代赋已趋于散文化，后世称为“文赋”，既保留了传统赋体那种诗的特质，同时又吸取了散文的笔调和手法，使文章兼具诗歌的深致情韵，又有散文的透辟理趣。

2. 望，既望

“望”，本为月相名，后用以指农历每月十五日。“既望”，即指农历每月十六日。此外，“朔”指农历每月初一，“晦”指农历每月月末。

【品读】

自古文人爱苏轼。爱其人，兼爱其文；抑或说爱其文，兼爱其人。若以超脱旷达之言论苏轼，两“赤壁”当文如其人；若以开拓超俗之旨论苏文，则苏轼其人亦如“赤壁”两文。苏轼被贬谪黄州，遭遇窘境，却转诸内心诉求，人穷而辞工。失意之时写文作诗，并非难事。难则难在同题之文，同样怀抱，却要写出同中有异的趣味。

综观两文：一样的境界高远，文采斐然；一样地写景、抒情、言理，三者水乳交融；一样地筑就千古绝唱！《前赤壁赋》描绘了秋夜游赤壁之美景，表达了心境之转变，并以主客问答的方式，发表对宇宙人生的理解，特别是通过对明月与江水变与不变的阐述，表现了作者超脱的胸襟和达观的生活态度。《后赤壁赋》描绘了“山高月小，水落石出”的冬夜江岸及其寥落幽峭的气氛，表达了独自登高引起的悲戚心情，最后以“道士化鹤”虚幻梦境作结，于奇幻空灵中寄托超尘绝俗之愿，笔调迷离惝恍，逗人遐思。苏轼用散文笔法纵横自如地写景、抒情、叙事、议论，他那汪洋恣肆、雄伟奇丽的浪漫主义风格，在其丰富的想象之下更显出特殊新奇的意味。

林语堂认为：“这两篇赋之出名不无缘故，绝非别人的文章可比，因为只用寥寥数百字，就把人在宇宙中渺小的感觉道出，同时把人在这个红尘生活里可享受的大自然丰厚的赐与表明。”两文都以游乐为主题，都能归结到享受江山美景的乐趣，表现旷达超脱的胸襟。虽然不能全然否定作者的超脱有对政治失意后精神上的自我慰藉的味道，但可以肯定的是两文写游玩之乐、际遇之悲、解脱之情，字里行间都跳跃着苏轼在厄运中努力坚持人生理想和生活信念的艰苦思想斗争的身影。

此外，两文在艺术特点上主要体现在景、情、理的高度融合，形成诗情到哲理的升华，文学与哲学的结合。故而《古文观止》中评论“前后《赤壁赋》不啻一部《南华》”，意思是《赤壁赋》完全可以当作道家的《南华经》来读，因为它们在写景抒情中，处处流露着对人生哲理的参悟。

两文不同之处也较显见。

从时令上看，前文字字秋色，后文句句冬景。就景色而言，前文写泛舟所见，描绘出秋江月夜的清朗澄净和空旷优美，不觉让人陶醉其中。后文同是写月夜之景色，却险怪可怕，木枯石瘦，险象环生，令人惊恐悲哀。

内容侧重点也不尽相同。前文在写景的基础上以主客问答的手法来说理，从宇宙的变化说到人生的哲理。认为从变化的角度看，万物在变，人生苦短；从不变的角度看,则天地与我同生,万物与我同在。最后作者为“客人”指出出路:到大自然中寻求精神上的寄托。可以说,前文重在阐发哲理。后文写在月明风清之夜,与客行歌相答。先有“有客无酒”“有酒无肴”之憾,后有“携酒与鱼”而游之乐。从“江流有声,断岸千尺”的江岸夜景,写到“履巉岩,披蒙茸……”的山崖险情;从“曾日月之几何而江水不可复识”的感叹,到“悄然而悲,肃然而恐”的心情变化;最后写道士化鹤的梦幻之境。可以说,后文重在叙事写景。元代文学家虞集非常推崇后文的写景成就,认为“体物如山高月小,水落石出,皆天然章法。末有道士化鹤之事,尤出人意表”。

封建社会的士人总无法掌握自己的命运,他们有时用儒家的入世观念激励自己,有时又用老庄的出世哲学来安慰自己。苏轼亦如此。前文所谈的人生哲理,有合理积极的一面,但也含有佛老思想中随遇而安、惟与自然相适的消极因素,但主调上是旷达乐观的。后文写“道士化鹤”沿用道家象征性物象,是苏轼试图拿起从《庄子》中获得的思想武器来捍卫自己的心灵,应对人生的坎坷;是道家文化使他在人生的疾风暴雨面前自我调适,超然旷达而不封闭自虐、怨天尤人。前人评述前后《赤壁赋》“不啻一部《南华》”,并非虚言。

【借鉴】

1. 变与不变,取与不取

苏轼从自然水月之象中感悟到“盖将自其变者而观之,则天地曾不能以一瞬”,即人生与世界一样无时无刻不处于变化之中,暗含哲学中用变化的、发展的眼光看问题的哲理趣味。然后作者又写到“自其不变者而观之,则物与我皆无尽也”,即人生与万物一般可以永恒不变万古长存。“且夫天地之间,物各有主。苟非吾之所有,虽一毫而莫取”,这是说“不取”之道。功名利禄,进退得失,往往非人所能左右。最后作者感悟到“惟江上之清风,与山间之明月。耳得之而为声,目遇之而成色。取之无尽,用之不竭,是造物者之无尽藏也,而吾与子之所共适”,这是“取”之道,这就进一步启发我们纵使世态炎凉,但自然界的一切美好是人们可以随意拿取的,自然是人类永恒的精神依靠。

2. 因景生情,由情入理

《前赤壁赋》一文从写景开始,因景生情,由情入理。先写秋夜月下江边美景,引发超凡脱俗的遐想;后听闻悲凉洞箫之曲,不禁"愀然";在慨叹人生短暂之后,又进一步思辨"变与不变"之理、"取与不取"之道。景——情——理步步推进,逐层将文章引向深入。同学们在写景记游类散文中可以借鉴这种写法。

【思考】

1. 请梳理概括《前赤壁赋》中作者情感变化的过程及其背后的原因。

2. 你如何理解《后赤壁赋》中结尾写"道士化鹤"以及醒后寻道士这两个环节的用意?

3. 请从情与景关系的角度比较两文的不同之处。

4. 有人说,苏轼两文同写于乌台诗案之后,体现了作者直面现实困厄的"心灵突围"或"精神超越"的过程。请结合两文谈谈对此看法的理解。

【译文】

前赤壁赋

壬戌年的秋天,七月十六日,我与友人在赤壁下泛舟游玩。清风阵阵拂来,水面波澜不起。我举起酒杯向同伴劝酒,吟诵《明月》中"窈窕"这一章。不一会儿,明月从东山后升起,在斗宿与牛宿之间来回移动。白茫茫的雾气横贯江面,水光连着天际。我们任凭小船到处漂流,越过那茫茫的江面。我们就好像凌空乘风而行,并不知道哪里才会停栖;我们感觉身轻得似要离开尘世飘飞而去,有如道家羽化成仙。

此时此刻我们喝酒喝得高兴起来,一边敲着船边打着节拍,一边应声高歌。歌中唱道:"桂木做的船棹兰木做的船桨,桨划破月光下的清波啊,船在月光浮动的水面上逆流而上。我的心怀悠远,我所思念的人啊,在天的另一方。”有一个正在吹洞箫的客人,他依着节奏为歌声伴和。洞箫“呜呜”作声,有如怨怼有如思慕,既像啜泣也像倾诉,余音在江上回荡,像细丝一样连续不断。能使深谷中的蛟龙为之起舞,能使孤舟上的寡妇为之饮泣。

我的神色也愁惨起来,整好衣襟坐端正,向客人问道:“(箫声)为什么这样(哀怨)呢?”客人回答:“‘月明星稀,乌鹊南飞’,这不是曹公孟德的诗么?(这里)向西可以望到夏口,向东可以望到武昌,山河接壤连绵不绝,目力所及,一片郁郁苍苍。这不正是曹孟德被周瑜所围困的地方么?当初他攻陷荆州,夺得江陵,沿长江顺流东下,麾下的战船首尾相连延绵千里,旗子将天空全都蔽住,他面对大江斟酒,横执长矛吟诗,本来是当世的一位英雄人物,然而现在又在哪里呢?何况我与你在江中的小洲打渔砍柴,以鱼虾为侣,以麋鹿为友,(在江上)驾着这一叶小舟,举起杯盏相互敬酒。把如同蜉蝣一般短暂的生命置身于广阔的天地中,生命渺小得像沧海中的一粒粟米那样,(唉,)我哀叹我们的一生只是短暂的片刻,(不由)羡慕长江水没有尽头。(我想要)携同仙人而遨游各地,与明月相拥而永存世间。知道这些终究不能实现,只得将憾恨化为箫音,托寄在悲凉的秋风中罢了。”

我问道:“你可也知道这水与月?流逝的事物就像这水,其实并没有真正逝去;时圆时缺的事物就像这月,但终究没有盈亏。可见,从事物变化的一面看来,那么天地间万事万物时刻在变动;而从事物不变的一面看来,万物对于我来说是无穷无尽的,又有什么可羡慕的呢?何况天地之间,万物各有自己的归属,若不是自己应该拥有的,即使一分一毫也不求取。只有江上的清风,以及山间的明月,耳朵听到了就变成为美妙的乐声,进入眼帘便绘出美丽的形色。你要占有它,没有谁会来阻止;你要享用它,它永远不会枯竭。这是大自然(恩赐)没有穷尽的宝藏,因而你我尽可以一起享用。”

客人高兴地笑了,洗净酒杯重新斟酒。菜肴果品都已吃完,杯子盘子杂乱一片。大家互相枕着靠着睡在船上,不知不觉东方已经露出白色的曙光。

后赤壁赋

这一年十月十五日，我从雪堂出发，准备回临皋亭。有两位客人跟随着我，一起走过黄泥坂。这时霜露已经降下，树叶全都脱落。我们的身影倒映在地上，抬头望见明月高悬。四下里瞧瞧，心里十分快乐，于是一面走一面吟诗，相互酬答。

过了一会儿，我叹惜地说："有客人却没有酒，有酒却没有菜。月色皎洁，清风吹拂，这样美好的夜晚，我们怎么度过呢？"一位客人说："今天傍晚，我撒网捕到了一条鱼，大嘴巴，细鳞片，形状就像吴淞江的鲈鱼。不过，到哪里去弄到酒呢？"我回家和妻子商量，妻子说："我有几斗酒，保藏了很久，为了应付您突然的需要。"

就这样，我们携带着酒和鱼，再次到赤壁的下面游览。长江的流水发出声响，陡峭的江岸高峻直耸；山峦很高，月亮显得小了，水位降低，乱石露了出来。才相隔多少日子，上次游览所见的江景山色再也认不出来了！

我就撩起衣襟上岸，踏着险峻的山岩，拨开纷乱的野草；蹲在虎豹形状的怪石上，又不时拉住形如虬龙的树枝，攀上猛禽做窝的悬崖，下望水神冯夷的深宫。两位客人都不能跟着我到这个极高处。我大声地长啸，草木被震动，高山与我共鸣，深谷响起了回声，大风刮起，波浪汹涌。我也觉得忧愁悲哀，感到恐惧而静默屏息，觉得这里令人畏惧，不可久留。回到船上，把船划到江心，任凭它漂流到哪里就在那里停泊。这时快到半夜，望望四周，觉得冷清寂寞得很。正好有一只鹤，横穿江面从东边飞来，翅膀像车轮一样大小，尾部的黑羽如同黑裙子，身上的白羽如同洁白的衣衫，它嘎嘎地拉长声音叫着，擦过我们的船向西飞去。

过了会儿，客人离开了，我也回家睡觉。梦见一位道士，穿着羽毛编织成的衣裳，轻快地走来，走过临皋亭的下面，向我拱手作揖说："赤壁的游览快乐吗？"我问他的姓名，他低头不回答。"噢！哎呀！我知道你的底细了。昨天夜晚，边飞边叫经过我船上的，不就是你吗？"道士回头笑了起来，我也忽然惊醒。开门一看,却看不到他在什么地方。

丰乐亭记

[北宋] 欧阳修

修既治滁之明年①,夏,始饮滁水而甘。问诸滁人,得于州南百步之远。其上则丰山,耸然而特②立;下则幽谷,窈然③而深藏;中有清泉,滃然④而仰出。俯仰⑤左右,顾而乐之。于是疏泉凿石,辟地以为亭,而与滁人往游其间。

滁于五代干戈之际,用武之地也。昔太祖皇帝,尝以周师破李璟兵十五万于清流山下,生擒其皇甫辉、姚凤于滁东门之外,遂以平滁。修尝考其山川,按其图记,升高以望清流之关,欲求辉、凤就擒之所。而故老皆无在也,盖天下之平久矣。

自唐失其政,海内分裂,豪杰并起而争,所在为敌国者,何可胜⑥数?及宋受天命,圣人出而四海一。向之凭恃险阻,铲削消磨,百年之间,漠然⑦徒见山高而水清。欲问其事,而遗老⑧尽矣!今滁介江淮之间,舟车商贾、四方宾客之所不至,民生不见外事,而安于畎亩⑨衣食,以乐生送死。而孰知上⑩之功德,休养生息,涵煦⑪于百年之深也。

修之来此,乐其地僻而事简,又爱其俗之安闲。既得斯泉于山谷之间,乃日与滁人仰而望山,俯而听泉。掇幽芳⑫而荫乔木,风霜冰雪,刻露⑬清秀,四时之景,无不可爱。又幸其民乐其岁物之丰成,而喜与予游也。因为⑭本⑮其山川,道⑯其风俗之美,使民知所以安此丰年之乐者,幸生无事之时也。

夫宣⑰上恩德,以与民共乐,刺史之事也。遂书以名其亭焉。

【注释】

①明年:第二年。②特:独。③窈(yǎo)然:幽暗深远的样子。④滃(wěng)

然：水势盛大的样子。⑤俯仰：这里为环顾的意思。⑥胜：尽。⑦漠然：寂静无声的样子。⑧遗老：经历过那些事的人。⑨畎（quǎn）亩：田地。⑩上：指皇帝，天子。⑪涵煦：滋润化育。⑫掇幽芳：采摘幽香的花朵。这里意为欣赏清秀而芬芳的风景。掇（duō）：拾取，采取。⑬刻露：清晰地显露。⑭因为：于是就。⑮本：根据。⑯道：称道。⑰宣：宣扬。

醒心亭记

［北宋］ 曾　巩

滁州之西南，泉水之涯[①]，欧阳公作州[②]之二年，构亭曰“丰乐”，自为记，以见其名义。既又直[③]丰乐之东几百步，得[④]山之高，构[⑤]亭曰“醒心”，使巩记之。

凡公与州之宾客者游焉，则必即[⑥]丰乐以饮。或醉且劳矣，则必即醒心而望，以见夫群山之相环，云烟之相滋，旷野之无穷，草树众而泉石嘉，使目新乎其所睹，耳新乎其所闻，则其心洒然[⑦]而醒，更欲久而忘归也，故即[⑧]其事之所以然而为名，取韩子退之《北湖》之诗云[⑨]。噫！其可谓善取乐于山泉之间，而名之以见其实[⑩]，又善者矣。

虽然，公之作乐，吾能言之，吾君优游[⑪]而无为于上，吾民给足而无憾[⑫]于下。天下之学者，皆为才且良；夷狄鸟兽草木之生者，皆得其宜。公乐也，一山之隅，一泉之旁，岂公乐哉？乃公所以寄意于此也。

若公之贤，韩子殁数百年而始有之。今同游之宾客，尚未知公之难遇也。后百千年，有慕公之为人，而览公之迹，思欲见之，有不可及之叹，然后知公之难遇也。则凡同游于此者，其可不喜且幸欤！而巩也，又得以文词托名于公文之次，其又不喜且幸欤！

庆历七年八月十五日记。

【注释】

①涯:边际。②欧阳公:欧阳修。作州:指担任滁州太守。③直:笔直。此指“直走”。④得:寻到。⑤构:建筑。⑥即:到达。⑦洒然:吃惊的样子。⑧即:根据。⑨韩子退之《北湖》之诗云:韩愈《北湖》诗有“应留醒心处,准拟醉时来”的句子。⑩其实:它的实际。此指这个地方真实的情景。⑪优游:悠然自得的样子。⑫憾:怨恨。

【知识】

1. 关于“亭记”

历代记亭的文章很多,成为古代散文一道亮丽的风景线。除初高中教材中学过的记亭篇《岳阳楼记》《醉翁亭记》《黄州快哉亭记》之外,历代记亭的名篇还有唐白居易的《冷泉亭记》,宋苏舜钦和明归有光的同题文《沧浪亭记》,苏轼的《喜雨亭记》《放鹤亭记》,苏辙的《武昌九曲亭记》等。

2. 曾巩

曾巩(1019—1083),字子固,世称“南丰先生”。北宋建昌军南丰县(今江西南丰)人,政治家,散文家,“唐宋八大家”之一。曾巩勤学苦读,自幼就表现出良好的天赋,于宋嘉祐二年(1057 年)登进士第,其在政治舞台上的表现并不算是很出色,他的更大贡献在于学术思想和文学事业上,有《元丰类稿》传世。

【品读】

欧阳修之文,或写“醉”,或写“乐”,或写“醒”。当我们还原“醉”“乐”“醒”三者之关系时,更能了解欧公的精神世界。

先是因“乐”而“醉”,这是欧阳修作为一位文人的感性气质。

人在生活之中,欢畅时借酒助兴,苦闷时借酒消愁。欧阳修在滁州饮酒至醉,到底是前者还是后者呢?欧阳修被贬谪至滁,从常人的情感看,当有多番牢骚、不满、抑郁，可能借酒消愁。但从欧阳修之《醉翁亭记》《丰乐亭记》看，至滁州后，他的心境并没有一直消沉，而是慢慢“乐”起来了。

一是处地之“乐”。此地能饮到甘甜的泉水，赏到优美的景致，有上“耸然而特立”的“丰山”，下有“窈然而深藏”的“幽谷”，中有“滃然而仰出”的“清泉”，足引人乐。不过，江山无处无风景，关键在人心。欧阳修见滁州之美，也在于欧阳修有一种审美的、寄予山水的文人情怀，以及他内心没有一直以贬谪为念的旷达。二是处时之“乐”。滁州在五代时就是兵家必争之地，后宋太祖赵匡胤“尝以周师”平定此地。到了作者所处的时代，“天下之平久矣”，百姓“休养生息，涵煦于百年之深也”。这可说是碰到了好机遇。三是处人之“乐”。此地“地僻而事简”，“俗之安闲”，于是欧阳修为政宽简，多予少取，同时他也体察民情，关心百姓疾苦，将滁州治理得井然有序，与百姓相处和谐，关系融洽。于是在“乐”之余，欧阳修修建“丰乐亭”，闲暇之时与众宾客、百姓，在丰乐亭中饮酒作乐，这种“乐中之醉”，体现的是一位官员的清明政举、开阔胸襟、平等意识。

因此，欧阳修之“醉”，是沉醉于风景，更是沉醉于百姓丰衣足食、官民和谐共处的人文环境。

再是因“醉”而“醒”，这是欧阳修作为一位政治家的理性觉悟。

一日而至多日沉醉，可能渐成风气，甚至终至一发不可收拾，于是欧阳修又在“丰乐亭”百步之外修建了“醒心亭”。这一“醒”字，体现了欧阳修的个人自觉，更体现了欧阳修的担当。他以一种理性的清醒，警醒自己不因玩物而丧志，不因贬谪之地清闲而仅守个人闲适。他始终没有忘记朝廷、君王，因此在《丰乐亭》中履行“刺史之事”，“书上功德”。这是欧阳修身上浓厚的忧国忧民意识，与范仲淹所谓“居庙堂之高则忧其民，处江湖之远则忧其君”异曲同工。曾巩，是欧阳修的得意门生，他对恩师的内心世界是了解得最为清楚。于是他在《醒心亭记》中写道：“一山之隅，一泉之旁，岂公乐哉？”老师所以寄意于醒心亭者，乃是更远大宏阔的政治抱负：“吾君优游而无为于上，吾民给足而无憾于下，天下学者皆为材且良，夷狄鸟兽草木之生者皆得其宜。”在曾巩看来，这才是欧阳修“醒心”所在。

“醒心亭”一名，其含意就是为了使人“洒然而醒”，寄寓的正是欧阳修的儒家仁政理想，不要沉湎于些微的政绩之中。滁州一地虽然政事清明，然朝廷依然奸邪横行，全天下的百姓并非身处太平盛世。可见，他的乐并不在于“一山之隅，一泉之旁”的山水之乐，而在于国泰民安，是以天下为己任的贤人达士之乐。所以，每逢喝醉他都会到“醒心亭”醒酒，在醉过之后、乐过之余，提醒自身的士大夫之职。

正如韩愈诗所说，“应留醒心处，准拟醉时来”，可以看出欧阳修的“乐”是表现，“醉”是表象，“醒”方是实质。读这两篇散文，我们能更清晰地感知欧阳修丰富的精神世界，表层有山林之乐，次则是与民同乐，深则为欧公面对人生遭际从容、淡定的坦然以及积极有为、乐观旷达的士人精神。

【借鉴】

1. “诗言志”

“诗言志”，即是说“诗是言诗人之志的”。从广义可以认为，文学作品大都包含着作者的思想、抱负、志向。《丰乐亭记》《醒心亭记》虽记亭之由来、亭周围的风景，但是更重要的还在于欧阳修、曾巩的情怀，展现了他们对人生、社会、国家的关怀。文学家不可能纯粹的为文学而文学，或多或少地在文学作品中渗透着自己的人生、社会乃至宇宙思考，这些直接体现作品的优劣深浅。因此，我们在平时应多反思，写作中将自己对生命、社会乃至宇宙的思考融入作品之中，这样方能增加作品的内涵。

2. 由景生情、由情入理，景、情、理有机交融

“记”一类的文章，往往融叙事、写景、抒情、议论于一篇之中，寄情于景，托物言志。如《丰乐亭记》一文，欧阳修写自己贬于滁州的第二年，看到了滁州郊外优美的景致，有山，有谷，有清泉，环境幽美，可谓望之心旷神怡。这些既让他沉醉，也让他感今怀古。今昔对比，他忧深而思远，文章既歌颂赵宋王朝的功德，赞美丰衣足食、民享安乐的太平景象，也表达了欧阳修自己的政治理想和追求，在言语之间更是透出了要居安思危的忧患意识。我们平时在写“记”一类的文章时，也要思考如何做到景、情、理的有机结合，如何巧妙通过写事、绘景、状物来抒发真挚思想感情，道出深刻道理。

【思考】

1. 结合《丰乐亭记》内容，分析欧阳修以“丰乐亭”命名的原因。

2. 你认为曾巩的《醒心亭记》是否做到了“以见其(醒心亭)名之意”？请结合文章内容加以评析。

3. 结合这两篇文章以及《醉翁亭记》《秋声赋》等欧阳修的其他散文，谈谈你对欧阳修的认识。

4. 结合文章内容，赏析两文表达方式的相同之处。

【译文】

丰乐亭记

我担任滁州太守后的第二年夏天，才喝到滁州的泉水，味道觉得甘甜。向滁州人询问这事，在滁州城南面一百步的近处找到这种泉水。它的上面是丰山，高耸地独自矗立着；下面是深谷，幽暗地潜藏着；中间有一股清泉，水势汹涌向上涌出。我上下左右地看，很爱这里的风景。在那时，我就叫人疏通泉水，凿开石头，拓出空地造了一座亭子，于是我和滁州人到那里去游乐。

滁州在五代混战的时候，是个打仗的战场。过去，宋朝太祖皇帝曾经率领后周的军队在清流山下击溃南唐中主李璟的15万军队，在滁州东门的外面活捉了他的大将皇甫晖、姚凤，就此平定了滁州。我曾经考察过滁州地区的山水，查核过那些附有文字的图籍记载，登上高山来眺望清流关，想寻找皇甫晖、姚凤被捉的地方。但是，当时的人都已经不在了，大概是天下太平的时间长久了。

自从唐朝皇帝丧失了他的政权之后，天下四分五裂，英雄豪杰们全都起来争夺，到处都成为敌国，哪能数得清呢？到了大宋朝接受天命，太祖这位圣人一出现,全国就统一了。以前的凭靠险要的割据都被削平消灭。在100年之间,静静地只看到山高水清。要想问问那时的情形,可是留下来的老年人已经不在人世了。如今,滁州处在长江、淮河之间,是乘船坐车的商人和四面八方的旅游者不到的地方。百姓活着不知道外面的事情,安心耕田穿衣吃饭,欢乐地过日子,一直到死。有谁晓得这是皇帝的功德,让百姓休养生息,滋润化育到100年的长久呢!

我来到这里,喜欢这地方僻静,且政事简单,又爱它的风俗安恬闲适。在山谷间找到这样的甘泉之后,于是每天同滁州的人士来游玩,抬头望山,低首听泉。春天采摘幽香的鲜花,夏天在茂密的乔木乘凉,刮风落霜结冰飞雪之时,更鲜明地显露出它的清肃秀美,四时的风光,无一不令人喜爱。(那时)又庆幸遇到民众为那年谷物的丰收成熟而高兴,乐意与我同游。于是为此根据这里的山脉河流,叙述这里风俗的美好,让民众知道能够安享丰年欢乐的原因,是有幸生于这太平无事的时代。

宣扬皇上的恩德,和民众共享欢乐,这是刺史职责范围内的事。于是就写下(这篇文章)来为这座亭子命名。

醒心亭记

在滁州的西南方,一条泉水的旁边,欧阳公担任滁州太守的第二年,在那里修建了一座亭子叫"丰乐亭",他自己写了一篇《丰乐亭记》,来说明它的名称的由来。之后又在距离丰乐亭东面几百步的地方(直译:笔直朝丰乐亭的东面走几百步),找到一处山势高的地方,修建了一座凉亭叫"醒心亭",让我为它写一篇记。

只要欧阳公和州里的宾客一道游玩,就一定会到丰乐亭饮酒。有时喝醉或劳累了,就一定会到醒心亭眺望四周,只见到那群山环绕,白云、山岚、水气滋生、蔓延,一望无际的旷野,花草树木茂盛,山泉岩石秀丽,他们眼睛所看到的都是清新之景,耳朵所听到的都是清新之音,从而他们的心也因惊奇而醒来,甚至想久待在这里而忘了回去。所以欧阳公根据这些事为它取名"醒心亭","醒心"二字取自韩愈《北湖》一诗的句子。唉！他真可以说擅长从山泉之间获得乐趣，而且给它们取名来显示它们的实际情况，又是更擅长的了！

虽然如此，欧阳公这样做的快乐，我能用言语说出它。我们的国君在上能宽大化民，不用刑罚；我们的人民在下生活充裕，没有怨恨；天下的求学的人都贤德、有才能；边远地区鸟兽草木生长得都适当合宜，这才是欧阳修的快乐。不论边远地区的人，还是鸟兽草木的生长，都适当合宜，这才是欧阳修的快乐。而只是呆在一座山的角落、一池泉水的旁边，难道是欧阳公的快乐吗？这其实是欧阳公用来在这里寄寓他的理想呀。

像欧阳公的贤德，韩愈死后的数百年才有。现在与他同游的宾客，都还不知道欧阳公的难得。以后的百千年，有人仰慕欧阳公的为人，因而想看他的遗迹，想要见他一面，却有因没办法再见到的感叹(或"有比不上他的感叹")，这样之后才知道欧阳公的难得。所以凡是与他在这里同游的人，难道可以不感到欢喜、幸运吗？而我又可以借着这篇文章在他的文章之后使自己扬名，难道不更加感到欢喜、幸运吗？

宋仁宗庆历七年八月十五日记。

超然台记

［北宋］ 苏　轼

凡物皆有可观。苟有可观，皆有可乐，非必怪奇伟丽者也。餔糟啜醨[①]，皆可以醉；果蔬草木，皆可以饱。推此类也，吾安往而不乐？

夫所为求福而辞祸者，以福可喜而祸可悲也。人之所欲无穷，而物之可以足吾欲者有尽，美恶之辨战乎中，而去取之择交乎前。则可乐者常少，而可悲者常多，是谓求祸而辞福。夫求祸而辞福，岂人之情也哉？物有以盖[②]之矣。彼游于物之内，而不游于物之外。物非有大小，自其内而观之，未有不高且大者也。彼挟其高大以临我，则我常眩乱反覆，如隙中之观斗，又焉知胜负之所在？是以美恶横生，而忧乐出焉，可不大哀乎！

余自钱塘移守胶西，释舟楫之安而服车马之劳，去雕墙之美而庇采椽之居③，背湖山之观而行桑麻之野。始至之日，岁比不登④，盗贼满野，狱讼充斥，而斋厨索然，日食杞菊，人固疑余之不乐也。处之期年⑤，而貌加丰，发之白者日以反黑。余既乐其风俗之淳，而其吏民亦安余之拙也。于是治其园囿，洁其庭宇，伐安邱、高密⑥之木，以修补破败，为苟完之计。而园之北，因城以为台者旧矣，稍葺而新之，时相与登览，放意肆志焉。

南望马耳、常山⑦，出没隐见，若近若远，庶几⑧有隐君子乎？而其东则卢山⑨，秦人卢敖之所从遁也。西望穆陵⑩，隐然⑪如城郭，师尚父、齐桓公之遗烈⑫，犹有存者。北俯潍水⑬，慨然太息，思淮阴⑭之功，而吊其不终⑮。台高而安，深而明，夏凉而冬温。雨雪之朝，风月之夕，余未尝不在，客未尝不从。撷园蔬，取池鱼，酿秫酒，瀹脱粟⑯而食之，曰：乐哉游乎！

余弟子由适在济南，闻而赋之，且名其台曰“超然”⑰，以见余之无所往而不乐者，盖游于物之外也。

【注释】

①餔(bū)糟啜醨(lí)：餔，食；糟，酒糟、酒渣；啜，喝；醨，薄酒。②盖：蒙蔽。③庇采椽之居：住着粗疏简陋的房屋。采椽，栎木或柞木椽子。④岁比不登：连年收成不好。⑤期年：满一年。⑥安邱、高密：皆高密属县。⑦马耳、常山：皆山名。马耳在山东诸城县南五里，常山在山东诸城县南二十里。⑧庶几：表推测，大概。⑨卢山：在诸城县南三十里，因卢敖得名。⑩穆陵：关名，故址在今山东临朐东南大岘山上。⑪隐然：突起的样子。⑫师尚父、齐桓公之遗烈：师尚父，即姜尚，被封太师尚父，后人简称为师尚父或尚父；遗烈，流风余韵。⑬潍水：《水经·潍水》“又北过高密县西”郦道元注：“昔韩信与楚将龙且夹潍水而阵于此，信夜令为万余囊，盛沙以潍水，引军击且，伪退，且追北，信决水，水大至，且军半不得渡，

遂斩龙且于是水。”⑭淮阴：即汉代淮阴侯韩信。⑮不终：指韩信先以功封王，后贬淮阴侯，终被吕后所杀。⑯瀹(yuè)脱粟：煮粗糙的粟米。⑰“余弟”三句：苏轼弟辙(字子由)于熙宁六年至九年任齐州(治所在今山东济南)掌书记。有《超然台赋》，《序》云：“老子曰：‘虽有荣观，燕处超然。’尝试以‘超然’命之，可乎？因为之赋。”

放鹤亭记

[北宋] 苏　轼

熙宁十年秋，彭城大水。云龙山人张君①之草堂，水及其半扉。明年春，水落，迁于故居之东，东山之麓。升高而望，得异境焉，作亭于其上。

彭城之山，冈岭四合，隐然如大环，独缺其西一面，而山人之亭，适当其缺。春夏之交，草木际天；秋冬雪月，千里一色；风雨晦明之间，俯仰百变。山人有二鹤，甚驯而善飞，旦则望西山之缺而放焉，纵其所如，或立于陂田②，或翔于云表；暮则傃③东山而归。故名之曰“放鹤亭”。

郡守苏轼，时从宾佐僚吏往见山人，饮酒于斯亭而乐之。挹④山人而告之曰：“子知隐居之乐乎？虽南面之君，未可与易也。《易》曰：‘鸣鹤在阴，其子和之。’《诗》曰：‘鹤鸣于九皋，声闻于天。’盖其为物，清远闲放，超然于尘埃之外，故《易》《诗》人以比贤人君子。隐德之士，狎⑤而玩之，宜若有益而无损者；然卫懿公好鹤则亡其国⑥。周公作《酒诰》⑦，卫武公作《抑戒》⑧，以为荒惑败乱，无若酒者；而刘伶、阮籍⑨之徒，以此全其真而名后世。嗟夫！南面之君，虽清远闲放如鹤者，犹不得好，好之则亡其国；而山林遁世之士，虽荒惑败乱如酒者，犹不能为害，而况于鹤乎？由此观之，其为乐未可以同日而语也。”山人忻然⑩而笑曰：“有是哉！”

乃作《放鹤》、《招鹤》之歌曰：

“鹤飞去兮,西山之缺。高翔而下览兮,择所适。翻然敛翼,宛将集兮,忽何所见,矫然而复击。独终日于涧谷之间兮,啄苍苔而履白石。”

“鹤归来兮,东山之阴。其下有人兮,黄冠草屦,葛衣而鼓琴。躬耕而食兮,其馀以汝饱。归来归来兮,西山不可以久留。”

【注释】

①张君:张师厚,字天骥,一字圣涂,号云龙山人。苏轼有《跋张希甫墓志后》,叙其家庭情事。②陂(bēi)田:山田。③傃(sù):向,向着,沿着。④挹(yì):同“揖”,作揖。⑤狎:亲近而态度不庄重。⑥“卫懿公好鹤”句:《左传·闵公二年》:“冬十二月,狄人伐卫,卫懿公好鹤,鹤有乘轩者,将战,国人受甲者,皆曰‘使鹤,鹤实有禄位,余焉能战?’……及狄人战于荥泽,卫师败绩。遂灭卫。”⑦《酒诰》:孔安国传:“康叔受封监殷,殷民化纣嗜酒,周公以成王命,作《酒诰》以戒之。”⑧《抑戒》:指《抑》,《诗·大雅》篇名。《毛诗序》:“《抑》,卫武公刺厉王,亦以自警也。”⑨刘伶、阮籍:二人皆属于“竹林七贤”,皆嗜酒如命,借酒放浪形骸。⑩忻然:欣然。“忻”同“欣”。

【知识】

1.《周易》

《周易》也称《易》《易经》,被尊为“群经之首,诸子百家之源”。《周易》是占卜之书,其外层神秘,而内蕴的哲理至深至弘。作者应是筮官,经多人完成。内容广泛记录了西周社会各方面,包含史料价值、思想价值和文学价值。

2.《诗经》

《诗经》是我国第一部诗歌总集,共收入自西周初年至春秋中叶大约五百多年的诗歌三百零五篇。西汉时被尊为儒家经典,始称《诗经》。《诗经》共分“风”(160篇)、“雅”(105篇)、“颂”(40篇)三大部分。它们都得名于音乐。“风”是十五个地方的民歌;“雅”是正的意思,是宫廷乐歌,分为“大雅”和“小雅”;“颂”是用于宗庙祭祀的乐歌。《诗经》的主要表现手法为“赋”“比”“兴”。

【品读】

《超然台记》《放鹤亭记》两记创作于苏轼因与王安石政见不同而自求外放时期，两文相隔三年，其思想情感有一脉相承的特点。《超然台记》以超然物外命意，《放鹤亭记》以隐为乐命意，二者均展示了苏东坡“超然”的思想，即苏轼面对现实中的困顿时采用庄老思想来达到自我思想的暂时平和，但同时也无不潜藏作者内心之复杂矛盾。

《超然台记》以庄老齐物论开宗明义：“凡物皆有可观。苟有可观，皆有可乐，非必怪奇伟丽者也。餔糟啜醨，皆可以醉；果蔬草木，皆可以饱。推此类也，吾安往而不乐？”物无美丑、精粗之分，皆可适我心意，故而作者能够在“岁比不登，盗贼满野，狱讼充斥，而斋厨索然，日食杞菊”中自得其乐，怏然自足。然而，其登台四望，追慕隐者之余，又向往“师尚父、齐桓公之遗烈”；同时，又对“淮阴之功”思之且吊其不得善终。超然物外与积极入世的矛盾思想在有意无意间溢于言表。《放鹤亭记》以庄老超然出世的思想贯注全篇，由与放鹤亭主人云龙山人之问答阐述“隐居之乐”，暗寓一己之追求。但是，此种追求只是暗寓其中而已，“子知隐居之乐乎？虽南面之君，未可与易也”，虽然语出潇洒，实则很难安于隐居之乐。否则，便不会置身变法与否之争而自求外放，进而遭受“乌台诗案”了。

同为亭台楼阁之记，二者在写法上却均突破“记”之常规，凸显苏轼为文“如万斛泉源，不择地皆可出。在平地，滔滔汩汩，虽一日千里无难。及其与山石曲折，随物赋形，而不可知也。所可知者，常行于所当行，常止于不可不止”（苏轼《文说》）的独特魅力，同时，又各具特色。

《超然台记》可谓深谙为文开篇之道，明朝诗人谢榛说：“起句当如爆竹，骤响易彻。”“凡物皆有可观”突兀而来，使读者生无限遐思，此后汩汩滔滔，由此生发开去，呈出主旨：“推此类也，吾安往而不乐？”接着，不吝笔墨由此阐发论证，于“求福而辞祸”转化为“求祸而辞福”中推究出“物有以盖之矣”的原因，“游于物之外”则能无往而不乐的道理便水到渠成。未及读者生发此论何干之疑，笔锋一转，以舒缓之笔调叙自己“移守胶西”之事，于困顿之中“貌加丰，发之白者日以反黑”足见其“游于物外”之超然情怀，使读者大悟议论为此而发，“台”之命意亦不言而自明。《放鹤亭记》起笔常规，作亭之时、之地、之人，亭之四周景致一一交代，然而，第二段始，文章却一改常规，不言亭而言鹤，言鹤未了，转而引经据典议鹤及酒，阐述“隐居之乐”“虽南面之君，未可与易也”的道理。文至此，作者议论之不足，则又咏歌之，真可谓“常行于所当行”。放鹤、招鹤之歌，歌咏鹤之清远闲放，山人之自得率性，人鹤一体，于此作者之出世隐逸之情蕴于字里行间。

同时，两文也均体现了苏轼之“记”重议论之特点，这当然属于宋代文人的一般倾向，正如陈师道所言：“韩退之作记，记其事耳，今之记乃论也。”这一倾向在两文中还表现为景物描写的泛化，《超然亭记》泛写东西南北之所见，《放鹤亭记》泛写春夏秋冬之所观，可见着意不在景物，而在为议张本。

两篇文章在写作手法上则各具特色。《超然台记》以正反对照的手法有力地论证了超然物外，方能无往而不乐之观点。开篇“凡物皆有可观”的得出正是因为苏轼以“游于物外”的超然看待事物，暗写“超然”，并以“餔糟啜醨，皆可以醉，果蔬草木，皆可以饱”的例子论证物各有用，都可以满足欲求，给人快乐。第二段则从反面论述游于物内则“可不大哀”的观点。以人之所欲无穷、被物盖(蒙蔽)之，从而美恶难辨、取舍难择，从而目眩神迷，招致忧愁。如此两段一正一反，正反对照，论证观点，为下文记超然台张本。《放鹤亭记》则以连环衬托的手法运用较为突出。第一段以亭周之景“俯仰百变”衬托放鹤亭适得其所，与山缺相衔相依，浑然天成。第二段以鹤之飘逸自如，清远闲放衬托山人之超逸脱俗的隐居之乐。下文转入议论，尽管以隐居之乐与南面之君之乐相对比形成框架，但是，内在依然以酒衬鹤，“山林遁世之士，虽荒惑败乱如酒者，犹不能为害，而况于鹤乎”，从而推理言志，使观点论证更具论辩力。

【借鉴】

1. “超然物外”名言

在论述不为物役等观点时,《超然台记》中“苟有可观,皆有可乐,非必怪奇伟丽者也”“人之所欲无穷,而物之可以足吾欲者有尽,美恶之辨战乎中,而去取之择交乎前”“物有以盖之矣”“无所往而不乐者,盖游于物之外也”等句都可作为名言积累,用于论述人们该如何面对名利得失欲望而保持一颗真纯之心等话题的文章中。

2. “超然物外”论据

《超然台记》中苏轼于困顿中治郡而超然物外以致“乐其风俗之淳,而其吏民亦安余之拙也”,可用于论述人该如何直面困境之类的文章;《放鹤亭记》中刘伶、阮籍因酒全其真而名后世;卫懿公因好鹤亡其国;周公作《酒诰》,卫武公作《抑戒》,以为荒惑败乱,无若酒者等例,可用于论述如何处理事业与爱好关系的文章中,特别是论述不可玩物丧志的观点尤为贴切。

【思考】

1.《超然台记》第一段中“推此类也,吾安往而不乐?”的表达效果如何?

2.《放鹤亭记》第三段中作者引用《易》、《诗》语句的作用是什么?

3. 阅读《望江南·超然台作》比较与《超然台记》情感上的异同。

望江南·超然台作

苏　轼

春未老,风细柳斜斜。试上超然台上看,半壕春水一城花。烟雨暗千家。

寒食后,酒醒却咨嗟。休对故人思故国,且将新火试新茶。诗酒趁年华。

4. 宋代陈师道认为:“韩退之作记,记其事耳,今之记乃论也。”试结合两篇文章谈谈你对这种看法的理解。

【译文】

超然台记

所有的事物都有值得观赏的价值。如果有值得观赏的价值,那它们都可以使我们快乐,不一定只有怪异奇崛雄伟美丽的事物才能令我们高兴。吃点酒渣或喝点薄酒,都可使人醉;水果蔬菜植物,都可以填饱肚子。以此类推,我不论前往什么地方,又怎么会不快乐呢?

人们之所以要追求幸福,避开灾祸,因为幸福可使人欢喜,而灾祸却使人悲伤。人的欲望是无穷的,而能满足我们欲望的东西却是有限的。如果美好和丑恶的争辩在胸中激荡,选取和舍弃的选择在眼前交织,那么能使人快活的东西就很少了,而令人悲哀的事就很多,这叫做求祸避福。追求灾祸,不要幸福,难道是人们的心愿吗?这是外物蒙蔽人呀!他们这些人局限在事物之中,而不能自由驰骋在事物之外;事物本无大小之别,如果人拘于从它内部来看待它,那么没有一物不是高大的。它以高大的形象横在我们面前,那么我常常会眼花缭乱反复不定了,就像在缝隙中看人争斗,又哪里能知道谁胜谁负呢?因此,心中充满美好和丑恶的争辩,忧愁也就由此产生了;这不令人非常悲哀吗!

我从杭州改到山东密州做官。放下了坐船的安逸,而习惯于坐车乘马的劳顿;离开了华美的房子,而住着一般的木屋;不再有湖山美景可以观看,而是走在长满庄稼的田野。刚到的时候,连年收成不好,到处都有盗贼,案件和官司很多;并且厨房中没有可以吃的东西,每天只好吃些枸杞、菊花来充饥。大家都一定怀疑我会感到不快乐。可在那住了一年,形貌变得更加丰腴,本已变白的头发,反而一天天地又变成黑的了。我已经喜欢上了此地淳朴的民风,而当地官吏与百姓也习惯于我没有什么特别的作为。于是我开始整治园圃,把庭院打扫干净。砍伐安邱、高密两地的树木来修补房屋破败的地方,使它们暂时能得以保全。而园圃的北边,有一个依城而建的亭台破旧了,我稍加整理修葺就把它变得像新建的一样。时常与朋友一起登台观赏风景，在那里放松心绪敞开襟怀。

由这个台向南看去，马耳山与常山若隐若现，好像很近，又好像很远，也许有隐士住在那里吧！台的东面则是卢山，是秦人卢敖归隐的地方。向西看是穆陵关，高高突起像城郭一般，姜太公和齐桓公所留下的遗迹还有存在的。向北边低头看则是潍水，不禁令人慨然叹息，因为想起了韩信的功业，却又对他的不得善终感到悲伤。这个台高大而且安适，深广而且明亮，夏天感到凉爽而冬天则感到温暖，雨落雪飞的早晨，有轻风凉月的晚上，我没有不在台上的，而每次我的朋友也没有不跟随着我一起去。采摘园中的蔬菜，捞取池中的鱼虾，自己用秫米酿酒，把刚收成的稻米脱去外谷就拿来煮着吃，说："如此悠闲地游玩真开心！"

我弟弟苏辙(子由)刚好在济南，听到了我现在的情形，便为这个亭台写了一首诗，并把这座台取名叫"超然台"，由此可以看出我不论到什么地方，都不会不快乐，这是因为我超脱游历于物外呀！

放鹤亭记

熙宁十年的秋天，彭城发大水，云龙山人张君的草堂，水已没到他家门的一半。第二年春天，大水落下，(云龙山人)搬到故居的东面，在东山的脚下。登到高处远望去，看到一个奇特的境地。于是，他便在那座山上建亭子。

彭城山，山冈从四面合拢，隐约的像一个大环；只是在西面缺一个口，而云龙山人的亭子，恰好对着那个缺口。春夏两季交替的时候，草木茂盛，似乎接近天空；秋冬的瑞雪和皓月，千里一色。风雨阴晴，瞬息万变。山人养两只鹤，非常温驯而且善于飞翔。早晨就朝着西山的缺口放飞它们，任它们飞到哪里，有时立在低洼的山田中，有时飞翔在万里云海之外；到了晚上就向着东山飞回来，因此给这个亭子取名叫"放鹤亭"。

郡守苏轼，当时带着宾客随从，前往拜见山人，在这个亭子里喝酒并以此为乐。给山人作揖并告诉他说："您懂得隐居的快乐吗？即使是面南称尊的国君，也不能和他交换。《易经》上说：'鹤在北边鸣叫，它的小鹤也会应和它。'《诗经》

上说：'鹤在深泽中鸣叫，声音传到天空。'大概那种东西（指鹤）清净深远幽闲旷达，超脱世俗之外，因此《易经》《诗经》中把它比作圣人君子。不显露自己有德行的人，亲近把玩它，应该好像有益无害。但卫懿公喜欢鹤却使他的国家灭亡。周公作《酒诰》，卫武公作《抑戒》，认为造成荒唐的灾祸没有能比得上酒的；而刘伶、阮籍那类人，凭借这保全他们的真性，并闻名后世。唉，面南的君主，即使清净深远幽闲旷达，像鹤这样，还不能过分享受，过分喜好就会使他的国家灭亡。而超脱世俗隐居山林的贤士，即使荒唐迷惑颓败迷乱像饮酒的人，还不能成为祸害，更何况对鹤的喜爱呢？由此看来，君主之乐和隐士之乐是不可以同日而语的。"山人欣然笑着说："有这样的道理啊！"

于是，写了《放鹤》《招鹤》之歌：

"鹤飞翔到西山的缺口，凌空高飞向下看选择它去的地方，突然收起翅膀，好像将要落下；忽然看到了什么，矫健地又凌空翻飞。独自整天在山涧峡谷中，啄食青苔踩着白石头。"

"鹤飞回吧，到东山的北面。那下面有人，戴着黄色的帽子，穿着草鞋，披着葛麻衣服，弹奏着琴弦，亲自耕种自食其力，剩下的东西就能喂饱你。回来啊，西山不可以久留。"

沧浪亭记[①]

［北宋］ 苏舜钦

予以罪废，无所归。扁舟吴中，始僦[②]舍以处。时盛夏蒸燠[③]，土居皆褊狭[④]，不能出气，思得高爽虚辟之地，以舒所怀，不可得也。

一日过郡学，东顾草树郁然，崇阜[⑤]广水，不类乎城中。并[⑥]水得微径于杂花修竹之间。东趋数百步，有弃地，纵广合五六十寻，三向皆水也。杠[⑦]之南，其地益阔，旁无民居，左右皆林木相亏蔽。访诸旧老，云钱氏[⑧]有国，近戚孙承祐[⑨]

之池馆也。坳隆胜势，遗意尚存。予爱而徘徊，遂以钱四万得之，构亭北碕⑩，号“沧浪”焉。前竹后水，水之阳又竹，无穷极。澄川翠干，光影会合于轩户之间，尤与风月为相宜。

予时榜⑪小舟，幅巾以往，至则洒然忘其归。觞而浩歌，踞而仰啸，野老不至，鱼鸟共乐。形骸既适则神不烦，观听无邪则道以明；返思向之汩汩⑫荣辱之场，日与锱铢利害相磨戛⑬，隔此真趣，不亦鄙哉！

噫！人固动物耳。情横于内而性伏，必外寓于物而后遣。寓久则溺，以为当然；非胜是而易之，则悲而不开。惟仕宦溺人为至深。古之才哲君子，有一失而至于死者多矣，是未知所以自胜之道。予既废而获斯境，安于冲旷⑭，不与众驱，因之复能见乎内外失得之原，沃然有得，笑闵⑮万古。尚未能忘其所寓目，用是以为胜焉！

【注释】

①沧浪亭：在今江苏苏州城南三元坊附近，原为五代时吴越国广陵王钱元璙（吴越王钱镠第六子）的花园。五代末此处为吴军节度使孙承祐的别墅。北宋庆历年间为诗人苏舜钦购得，在园内建沧浪亭，后以亭名为园名。②僦（jiù）：租赁。③燠（yù）：暖，热。④褊狭：狭小的意思。⑤阜（fù）：土山，此处指高岸。⑥并（bàng）：同“傍”。⑦杠：独木桥。⑧钱氏：指吴越王钱镠。⑨孙承祐：吴越王钱俶的小舅子，任节度使，镇守苏州。⑩北碕（qí）：北边曲岸上。⑪榜（bàng）：摇船的用具。⑫汩汩（gǔ）：形容水或其他液体流动的声音。⑬磨戛（mó jiá）：摩擦敲打，此处引申为计较的意思。⑭冲旷：冲淡旷远，这里既指沧浪亭空旷辽阔的环境，也兼指淡泊旷适的心境。⑮闵：同“悯”，悲悯。

沧浪亭记

［明］ 归有光

浮图①文瑛居大云庵，环水，即苏子美②沧浪亭之地也。亟求余作《沧浪亭记》,曰:“昔子美之记,记亭之胜也。请子记吾所以为亭者。”

余曰:昔吴越有国时,广陵王镇吴中,治南园于子城之西南;其外戚孙承祐,亦治园于其偏。迨淮海纳土③,此园不废。苏子美始建沧浪亭,最后禅者居之:此沧浪亭为大云庵也。有庵以来二百年,文瑛寻古遗事,复子美之构于荒残灭没之馀:此大云庵为沧浪亭也。

夫古今之变,朝市改易。尝登姑苏之台④,望五湖⑤之渺茫,群山之苍翠,太伯、虞仲之所建⑥,阖闾、夫差之所争⑦,子胥、种、蠡之所经营⑧,今皆无有矣。庵与亭何为者哉?

虽然,钱镠因乱攘窃,保有吴越,国富兵强,垂及四世。诸子姻戚,乘时奢僭,宫馆苑囿,极一时之盛。而子美之亭,乃为释子所钦重如此。可以见士之欲垂名于千载之后,不与其澌然⑨而俱尽者,则有在矣。

文瑛读书喜诗,与吾徒游,呼之为沧浪僧云。

【注释】

①浮图:僧人。②苏子美:苏舜钦,字子美。③淮海纳士:指吴越国主钱俶献其地于宋。④姑苏之台:姑苏台,在今苏州城西南。据传是春秋末期由吴王阖闾、夫差两代君主所建,工程浩大。越灭吴,被焚毁。⑤五湖:这里指太湖。⑥太伯:亦作泰伯,周代吴国的始祖。虞仲:周太王次子,即仲雍,与兄太伯同往荆蛮。荆蛮立太伯为吴君,太伯卒,无子,虞仲立。⑦阖闾:春秋末年吴国君,与越王勾践战,负伤而死。夫差:阖闾之子,打败越兵,攻破越都,使越屈服。后却为越所灭,自缢而死。⑧子胥:伍员,字子胥。吴国大臣。种:文种,越国大夫。蠡:范蠡,越国大夫,他们都是春秋末吴越争霸的主要人物。⑨澌(sī)然:灭尽的样子。

【知识】

1. 记

古代散文的一种常见体裁,它可以记人和事,可以记山川名胜,可以记器物建筑，故又称“杂记”。在写法上大多以记述为主而兼有议论、抒情成分。即景抒情，托物言志，借事喻理是这类文体的常用手法。

2. 苏舜钦

苏舜钦(1008—1048)，北宋诗人，字子美，开封(今属河南)人，曾任县令、大理评事、集贤殿校理、监进奏院等职。因支持范仲淹的庆历革新，为守旧派所恨。他与梅尧臣齐名，人称“梅苏”。有《苏学士文集》，诗文集有《苏舜钦集》。

【品读】

“沧浪之水清兮，可以濯吾缨；沧浪之水浊兮，可以濯吾足。”《楚辞》中关于沧浪水的叙说为后世文人士大夫所倾心迷恋，其思想内蕴在文士的处世哲学中生根发芽，成为其进退之间如何平衡内心世界的向导与指南。沧浪亭对于苏舜钦和归有光人生意义的找寻，无疑起到了扩开污浊见真纯的意义。

和许多不善经营政治生涯的文人一样，诗人苏舜钦被贬为平民，在吴中以四万钱购得原五代孙承祐之废园，取《楚辞》中“沧浪之水”的旨趣，命名为“沧浪亭”，说的是文人士大夫治世则报效国家，乱世则独善其身的处事道理。此时的苏舜钦眼中，沧浪亭便成为其出世退隐，借以慰藉心灵的皈依之所。

在苏舜钦眼中，沧浪亭是美的，竹林与秀水环绕，可以踱步赏景，可以偃仰啸歌，作者内心闲适惬意，令人羡慕。可是沧浪亭给予苏舜钦的不仅于此。文章第三段开始反思自己抑或其他士人的生活：“日与锱铢利害相磨戛，隔此真趣，不亦鄙哉!”这是对世俗官场的告别和决裂，更是其重塑人生价值追求的起点。接下来一段作者以人类的视角反思不同人生相同的人生郁结，即人总是要借助外物来排解压抑的情感，人们总是沉溺于自己的求索中无法超越，因而“悲而不开”。接下来作者进一步说理，化虚为实，化大为小，指出面对官场失意，“才哲君子”无法实现自我超越，而自己却能做到“安于冲旷，不与众驱”，可见作者是以自己在沧浪亭中实现了精神世界对现实世界的超越来告诉来人：进退乃人生常态，退时找到投射志趣、寄托心灵的凭借，就能化开精神郁结，实现内心的超脱。

同写一个对象,归有光要有所超越是很有难度的。一则在于,沧浪亭本是苏舜钦的居所,他能耳濡目染,日久生情,而归有光没有这种真切体验。二则,苏文叙事、写景、抒情、议论融为一体,可谓情景理俱佳,文章即景抒情,托物而言志,已达到很高的艺术水准。如何写出新意,避免老生常谈,归有光找到了突破口,而且写得很简练很巧妙。

首先,作者把重建沧浪亭一事放到历史变迁中来写,由景的变化推及古今之变,进而联想到往昔登台遥望的感受:历史人物在这块土地上孜孜以求的东西都有如过眼云烟。这是作者对世界对历史的一种透视,有别于前人。其次,作者在议论部分还运用了设问、设答的手段,使转折处“急弯”变得流畅起来。“庵与亭何为者哉?”设问巧妙,自然引出后边的议论:五代吴越盛极一时的宫馆苑囿都不复存在,而苏子美的沧浪亭却为后世僧人所钦重,为什么?士人要名垂千古,就要超越现实世界中大多数人所看重的物质、名利等俗世追求,立言立德,即依靠傲岸的道德修养和卓越的文章成就,以此来超越俗世并启迪后人。文至于此,归有光是在向前辈苏舜钦致敬,不仅是对他的推崇,也完成了自我人生意义与价值的找寻。这里看出了千古文脉、文人精神的传承与开拓,也是对“沧浪”这一文学意象内蕴的继承与发扬。

【借鉴】

1. 文人“自胜之道”

自古以来,多少文人大夫因仕途失意而落寞感伤不已,都是因为没有悟出主宰自己、超越自我的方法。苏舜钦遭逢仕途末路、人生逆境,没有消沉,转而在山水亭台间览观胜境,让内心安于冲淡旷远,不与众人一道钻营,实现了人生观意义层面的自我超脱。在写作人生价值、生命意义、面对挫折等主题的议论文时,此例可作为论据。

2. 托物言志的写法

两位作者同写沧浪亭,都将自己的情感思想寄托于亭上。虽所托之情志不尽相同，但在写法上，却有类似处：即两文都从叙述对象（所托之物）、描写对象开始，穷尽所托之物的特点、情状，在此基础上引发人生感慨，思辨哲理。且叙与议相互照应，前文由亭上美景和闲适生活引发超越俗世的感慨，后文由亭子的历史变迁引发士人依靠什么来流传千古的思考。此文可作为状物、写景类散文写法的一种借鉴。

【思考】

1. 请分别概括两文是怎样先叙后议、叙议结合的？

2.《楚辞》中有语曰："沧浪之水清兮，可以濯吾缨；沧浪之水浊兮，可以濯吾足。"请结合第一篇文章，阐述"沧浪"这一文学意象的思想内涵。

3. 根据两篇文章的内容，请推断第二篇文章中文瑛要重建沧浪亭并请作者写记的目的。

【译文】

沧浪亭记

苏舜钦

我因获罪而被贬为庶人，没有地方可去。我乘船在吴地旅行，起初租房子住。当时正值盛夏非常炎热，土房子都很狭小，不能呼气，想到高爽空旷僻静的地方，来舒展心胸，却没有能找到。

一天我拜访学官，向东看到草树郁郁葱葱，高高的码头宽阔的水面，不像在城里。我循着水边杂花修竹掩映的小径，向东走数百步，有一块荒地，方圆约六十寻，三面临水。小桥的南面更加开阔，旁边没有民房，四周林木环绕遮蔽。我询问年老的人（这是什么地方），他们说："这是钱镠建立的国家，是吴越国王的贵戚孙承祐的废园。"从高高低低的地势上还约略可以看出当年的遗迹。我喜爱这地方，来回踱步，于是用四万钱购得这个地方。我在北面岸边构筑亭子，取名为

“沧浪”。亭子前面有竹林后面有水,水的北面又有竹林,没有穷尽。澄澈的小河翠绿的竹子,阳光和阴影在门窗之间交错相接,尤其是在有风有月的时候更宜人美丽。

我常常乘着小船,穿着轻便的衣服到亭上游玩,到了亭上就率性玩乐忘记回去。我或把酒赋诗,或仰天长啸,即使是隐士也不来这里,只与鱼、鸟同乐。我的形体已然安适,神思中就没有了烦恼;所听所闻都是至纯的,如此人生的道理就明了了。我回过头来反思以前的名利场,每天与细小的利害得失相计较,同这样的情趣相比较,不是太庸俗了吗!

唉!人本来会受外物影响而感动。情感充塞在内心因而性情压抑,一定要借外物来排遣,停留时间久了就沉溺其中,认为一切理所当然;不超越这种认识并且改换一种心境,那么悲愁就会化解不开。只有仕宦之途、名利之场最容易使人陷入其中。自古以来,不知有多少有才有德之士因政治上的失意忧闷致死,都是因为他们没有悟出主宰自己、超越自我的方法。我虽已经被贬却获得这样的胜境,安于冲淡旷远,不与众人一道钻营,因此又能够使我的内心和形体找到得失的根本,心有所得,笑悯万古。(即使这样),我还没有忘记内心的主宰,因为这一点我自认为已经超脱了。

沧浪亭记

归有光

文瑛和尚居住在大云庵,那里四面环水,从前是苏子美建造沧浪亭的地方。文瑛曾多次请我写篇《沧浪亭记》,说:“过去苏子美的《沧浪亭记》,是写亭子的美景,您就记述我修复这个亭子的缘由吧。”

我说:从前吴越建国时,广陵王镇守吴中,曾在内城的西南修建了一个园子;他的外戚孙承祐,也在它的旁边修了园子。等到吴越被宋国灭亡时,这个园子还没有荒废。最初苏子美在园中造了沧浪亭,后来人们又在沧浪亭的遗址上修建了大云庵,住进了和尚。这是从沧浪亭到大云庵的演变过程。大云庵至今已有二百年的历史了。文瑛寻访亭子的遗迹，又在废墟上按原来的样子修复了沧浪亭。这是从大云庵到沧浪亭的演变过程。

历史在变迁，朝代在改换。我曾经登上姑苏台，远眺浩渺的太湖一带，苍翠的群山，那太伯、虞仲建立的国家，阖闾、夫差争夺的对象，子胥、文种、范蠡筹划的事业，如今都已消失殆尽了。大云庵和沧浪亭的兴废，又算得了什么呢？

虽然如此，钱镠趁天下动乱，窃据权位，占有吴越，国富兵强，传了四代。他的子孙亲戚，也借着权势大肆挥霍，广建宫馆园囿，盛极一时。而子美的沧浪亭，却被文瑛和尚如此钦重。可见士人要想垂名千载，不与吴越一起迅速消失，是有原因的。

文瑛好读书，爱做诗，常与我们交游，我们称他为沧浪僧。

游黄山记[①]

［明］ 徐弘祖

初四日。十五里至汤口[②]。五里至汤寺，浴于汤池。扶杖望朱砂庵而登，十里上黄泥冈，向时云里诸峰，渐渐透出，亦渐渐落吾杖底。转入石门[③]，越天都之胁[④]而下，则天都、莲花[⑤]二顶，俱秀出天半。路旁一歧东上，乃昔所未至得，前趋直上，几达天都侧。复北上，行石罅[⑥]中，石峰片片夹起，路宛转石间，塞者凿之，陡者级之，断者架木通之，悬者植梯接之。下瞰峭壑阴森，枫松相间，五色纷披[⑦]，灿若图绣。因念黄山当生平奇览，而有奇若此，前未一探，兹游快且愧矣。时夫仆俱阻险行后，余亦停弗上；乃一路奇景，不觉引余独往。

既登峰头，一庵翼然，为文殊院，亦余昔年欲登未登者。左天都，右莲花，背倚玉屏风，两峰秀色，俱可手揽。四顾奇峰错列，众壑纵横，真黄山绝胜处。非再至，焉知其奇若此？遇游僧澄源至，兴甚勇。时已过午，奴辈[⑧]适至。立庵前指点两峰。庵僧谓天都虽近而无路，莲花可登而路遥，只宜近盼[⑨]天都，明日登莲顶。余不从，决意游天都。挟[10]澄源、奴子，仍下峡路。至天都侧，从流石蛇行而上，攀草牵棘，石块丛起则历[11]块，石崖侧削则援崖。每至手足无可着处，澄源必先登垂接。每念上既如此，下何以堪！终亦不顾，历险数次，遂达峰顶。惟一石顶，壁起犹数十丈，澄源寻视其侧得级，挟予以登。万峰无不下伏，独莲花与抗耳。

时浓雾半作半止，每一阵至，则对面不见，眺莲花诸峰，多在雾中。独上天都，予至其前，则雾徙于后；予越[12]其右，则雾出于左。其松犹有曲挺纵横者；柏虽大干如臂，无不平贴石上，如苔藓然。山高风巨，雾气去来无定。下盼诸峰，时出为碧峤[13]，时没为银海。再眺山下，则日光晶晶，别一区宇[14]也。日渐暮，遂前其足，手向后据地，坐而下至险绝处，澄源并肩手相接。度险下至山坳，暝色已合。复从峡度栈以上，止文殊院。

【注释】

①本文节选自徐弘祖《游黄山记》。②汤口：在黄山脚下，为登黄山必经之地。③石门：石门峰。④胁：旁边，侧面。⑤莲花：黄山最高峰。山形如初绽莲花，绝顶方圆丈馀，名石船。天都峰：黄山主峰之一。峰顶平如掌，有石洞。古人尊之为天帝神都，故名。⑥罅（xià）：山缝。⑦纷披：错杂。⑧奴辈：奴仆，随从。⑨盼：望。⑩挟：扶持。⑪历：经过，这里指踩或抓。⑫越：经过，到。⑬碧峤：喻满山松柏，青翠蔚然。⑭别一区宇：另一番景象。

游黄山记

［清］袁 枚

癸卯[1]四月二日，余游白岳[2]毕，遂浴黄山之汤泉。泉甘且洌，在悬崖[3]下。夕宿慈光寺。

次早，僧告曰："从此山径仄险，虽兜笼[4]不能容。公步行良苦，幸有土人惯负客者，号海马，可用也。"引五六壮佼者来，俱手数丈布。余自笑羸老乃复作襁褓儿耶！初犹自强，至惫甚，乃缚跨其背。于是且步且负各半。行至云巢[5]，路绝矣，蹑木梯而上，万峰刺天，慈光寺已落釜底。是夕至文殊院宿焉。

天雨寒甚，端午犹披重裘拥火。云走入夺舍，顷刻混沌，两人坐，辨声而已。散后，步至立雪台，有古松，根生于东，身仆于西，头向于南，穿入石中，裂出石外。石似活，似中空，故能伏匿其中，而与之相化。又似畏天不敢上长，大十围，高无二尺也。他松类是者多，不可胜记。晚，云气更清，诸峰如儿孙俯伏。黄山有前、后海[6]之名。左右视，两海并见。

次日，从台左折而下，过百步云梯，路又绝矣。忽见一石如大鳌鱼，张其口。不得已走入鱼口中，穿腹出背，别是一天。登丹台[7]，上光明顶[8]，与莲花、天都二峰为三鼎足，高相峙。天风撼人，不可立。幸松针铺地二尺厚，甚软，可坐。晚至狮林寺宿焉。趁日未落，登始信峰[9]。峰有三，远望两峰夹峙，逼视之尚有一峰隐身落后。峰高且险，下临无底之溪。余立其巅，垂趾二分在外。僧惧挽之。余笑谓"坠亦无妨"。问："何也？"曰："溪无底，则人坠当亦无底，飘飘然知泊何所？纵有底，亦须许久方到，尽可须臾求活。惜未挈长绳缒精铁量之，果若干尺耳。"僧大笑。

次日登大小清凉台[10]。台下峰如笔，如矢，如笋，如竹林，如刀戟，如船上桅，又如天帝戏将武库兵仗布散地上。食顷，有白练绕树。僧喜告曰："此云铺海也。"初蒙蒙然，镕银散绵，良久浑成一片。青山群露角尖，类大盘凝脂中有笋脯矗现状。俄而离散，则万峰簇簇，仍还原形。余坐松顶，苦日炙，忽有片云起为荫遮，方知云有高下，迥非一族。薄暮往西海门观落日。草高于人，路又绝矣。唤数十夫芟夷[11]之而后行。东峰屏列，西峰插地怒起，中间鹘突[12]数十峰，类天台琼台[13]。红日将坠，一峰以首承之，似吞似捧。余不能冠，被风掀落；不能袜，被水沃透；不敢杖，动陷软沙；不敢仰，虑石崩压。左顾右睨，前探后瞩，恨不能化千亿身，逐峰皆到。当海马负时，捷若猱猿，冲突急走，千万山亦学人奔，状如潮涌。

俯视深坑、怪峰,在脚底相待。倘一失足,不堪置想。然事已至此,惴栗无益。若禁缓之,自觉无勇。不得已,托孤寄命,凭渠所往,觉此身便已羽化。《淮南子》有“胆为云⑭”之说,信然。

初九日,从天柱峰后转下,过白沙矴,至云谷⑮。家人以肩舆相迎。计步行五十馀里,入山凡七日。

【注释】

①癸卯:此指清乾隆四十八年(1783)。②白岳:山名,在安徽省休宁县。位于黄山之南。奇峰四起,绝壁回环,险峻而清奇。乾隆帝誉为“天下无双胜景,江南第一名山。”③悬厓:即“悬崖”,此指紫云峰。④兜笼:供游客乘坐、由人抬着上山的竹制器具,类似小山轿。⑤云巢:即云巢洞。⑥前、后海:黄山多云海,因称南为前海,北为后海,中为天海,加上东、西海为五海。⑦丹台:炼丹台,在炼丹峰前,宽广可容万人。传为浮丘公为黄帝炼丹处。台上有炼丹灶,台下有炼丹源。⑧光明顶:黄山主峰之一。状如覆钵,无所依傍,山顶平坦。⑨始信峰:在黄山东部,峰凸起在绝壑上。峰上有接引崖,崖壁有裂隙,搭桥渡之。下有古松,名扰龙松。⑩清凉台:在狮子峰下,为观日出,铺海之地。⑪芟夷:割除杂草。⑫鹘突:模糊不清。⑬天台琼台:在浙江天台县。琼台形似马鞍,下临深潭,三面绝壁,孤峰卓立。⑭胆为云:语出《淮南子精神训》:“故胆为云。”注云:“胆,金也。金石,云之所出,故为云。”⑮云谷:寺名,在香炉峰下。寺周有灵锡泉、江丽田弹琴处等胜迹。

【知识】

1. 徐弘祖和《徐霞客游记》

徐霞客(1587—1641),名弘祖,字振之,号霞客,明南直隶江阴(今江苏江阴市)人。伟大的地理学家、旅行家和探险家。著有中国地理名作《徐霞客游记》。该著作主要记述作者1613～1639年间旅行观察所得,对地理、水文、地质、植物等现象，均作详细记录，在地理学和文学上卓有成就。

2. 袁枚

袁枚(1716—1797)，清代诗人、散文家。字子才，号简斋，晚年自号仓山居士、随园主人、随园老人。乾隆四年进士，历任溧水、江宁等县知县，有政绩，四十岁即告归。袁枚是乾嘉时期代表诗人之一，与赵翼、蒋士铨合称“乾隆三大家”。

【品读】

两篇同为《游黄山记》，同一题材，不同的作者，读来各有一番滋味。我们不妨从写法角度来品读两文。两文都符合一般游记散文的写法，即移步换景，情景交融。虽然徐文写作者一天内登山所见，袁文写几日登山所见，两文作者都着眼于黄山胜景，兼用简笔白描和工笔细描两种手法，力图客观呈现眼前美景。

两文写法上的不同也是显而易见的。徐文更侧重对游踪的叙述，在叙述游踪的基础上逐点描写景物；袁文侧重于描写景物，而以游踪串联各景点。

先说徐文。首先是写景力求精准，表现景物的动态之美。文末一段写作者游天都峰：“独上天都，予至其前，则雾徙于后；予越其右，则雾出于左”。云雾缭绕，犹如雾、人相携而行，雾随人来，人因雾往。文字间赋予雾以灵动之美，黄山云雾飘渺之态尽现眼前，恍如人间仙境。其次是词汇丰富，通过不断变换的词语展现游览的真实过程和景物的真实状态。例如，“塞者凿之，陡者级之，断者架木通之，悬者植梯接之”，写路一连用了“凿”“级”“通”“接”等词语，让人耳目一新。这些语汇一方面写出了自然造化真实原貌和奇妙诡异，另一方面又诚挚地向因形设路的人表达了敬意，在作者的笔下，人与自然和谐相处，各显其妙。最后是注意表现人的主观感觉，寄寓作者一颗热爱大自然的赤子之心。在看到“灿若图绣”的奇景之后，“因念黄山当生平奇览，而有奇若此，前未一探，兹游快且愧矣”。直接表达了作者对黄山的喜爱，同时也向读者展示了纯真的童心。又如“至天都侧，从流石蛇行而上，攀草牵棘，石块丛起则历块，石崖侧削则援崖”“终亦不顾”等，通过细腻的爬山动作和心理描写，我们可以感受到作者“以躯命游”的孩童式的天真和永不停歇、不畏艰险的探索精神。

再说袁文。首先是运用侧面描写手法。山僧之口道出“从此山径险仄，虽兜笼不能容”；写登光明顶、始信峰所见“峰高且险”的景观，并巧妙借助一“僧”来衬托作者自己，抒发了内心的豪气、旷达的个性。二是通过作者主观态度的变化来点染景色特点。文章第二段写到“初犹自强”，后来却走得疲惫不堪只能“缚跨其背”，不得不“作襁褓儿”；再者写蹑木梯登峰顶，回顾万峰刺天，“慈光寺已落釜底”，暗示来路险绝。三是抓住典型景物，综合运用各种方法进行正面刻画。在文殊院所见景物中，作者抓住典型景物——怪松、云海、奇峰，从正面调动人的视觉、听觉、感觉，全方位细致地进行描摹刻画，景象刻画逼真，人如身临其境。作者出色地运用了拟人手法，赋予云、松、石、峰等以人一样的生命力，显示出活泼的灵性，增添了景物的情趣。“云走入夺舍”，一“走”一“夺”，云雾生动活泼，动态十足；写松、写峰亦颇风趣，调皮可爱，在作者眼中，自然之景已有性灵，不再赘述。而后在清凉台观奇峰云海以及在西海观落日，是最为精彩壮丽景象，作者竭尽比喻、铺叙之能事，为全文的高潮。

据此我们会发现两文写黄山有同有异。两文在语言表达上有相同之处，比如文字都简洁有力，传神生动，善用动词，详略得当。在情感抒发方面，两文指向有别，各有千秋。徐文以简洁传神的文笔描绘了令人目眩神摇、叹为观止的大自然的风采神韵，雄辩地印证了他热爱祖国河山的思想感情，让我们不禁感悟到舍得“拼命”的旅游精神，奋发求索、攀登不已的人生哲理。袁文素净简洁，用拟人、比喻、白描等手法，以新鲜、灵活、风趣的语言抒发真情实感，体现了袁枚主性灵的美学思想。他笔下的自然是人化的自然，不再是客观的自然；作者的审美情趣、达观超俗的性格和酷爱自然的天性跃然纸上。

【借鉴】

1. 妙用动词

写作中我们不妨借鉴两文妙用动词的方法，使文章生动富有情趣。如“寒者凿之，陡者级之，断者架木通之，悬者植梯接之”“余不能冠，被风掀落；不能袜，被水沃透；不敢杖，动陷软沙；不敢仰，虑石崩压”“根生于东，身仆于西，头向于南，穿入石中，裂出石外”“天风撼人，不可立”等。

2. 赤子情怀

徐祖宏“因念黄山当生平奇览，而有奇若此，前未一探，兹游快且愧矣”“历险数次，遂达峰顶”，抒发只有不畏艰辛才有希望登上奇峰的感悟，精神可嘉，可用于阐述类似观点的议论文中；袁枚“然事已至此，惴栗无益”，体现出旷达、乐观的赤子之心，让人敬佩，用于表达旷达乐观观点的文章中比较合适。

【思考】

1. 徐文中作者游天都峰一路看到了哪些景色？这些景色有怎样的特点？

2. 袁文多用修辞手法来写景，请以文章倒数第二段为例分析。

3. 有人评价徐弘祖《游黄山记》描写细腻又简洁传神；袁枚《游黄山记》体现了作者“剪截浮词”的“熔裁”功夫。请分别举例简析。

4. 在神奇美好的大自然面前，中国古代文化人的心态是相当复杂的：庄子逍遥，屈子愤激，陶潜冲和，东坡超脱，等等，无一例外的是都抒发了自己的情怀，寄情于景。说说二文抒发的情感有何异同。

【译文】

游黄山记

徐弘祖

九月初四这天。动身行走15里到汤口。又走五里到汤寺，在汤池洗了澡。拄着拐杖望着朱砂庵攀登。走了10里，上到黄泥冈。这时先前云雾笼罩着的那些山峰，渐渐地露出来了，也渐渐地落到我的手杖底下。转身进入石门峰，经过天都峰的山腰下来，就望见天都、莲花两峰顶，都高高地耸出半天之外。路旁有一条岔路向东直上，是前次游山时没有到过的，于是向前直往上走，差不多到了天都峰侧面了。再往北上，走在峡谷中的小道上。石峰一片片地夹立高耸，路就在石峰间宛转延伸，石头堵塞的地方就把它凿开，陡峭的地方把它凿成石级，中断的地方就架上木头，使它畅通，高悬的地方就竖起梯子连接。向下看，只见陡峻的山谷气象阴森，枫树、松树杂然相间，五色缤纷，灿烂得像图画，像锦绣。因此想到黄山算得上是我生平所看到的奇景，而有这样的奇景，前次游山却未来探访，这次游山真是既痛快而又惭愧啊。这时仆人们都因路险阻隔，走在后面，我也停下来不向上攀登；可是一路上奇丽的景色，不觉又吸引着我一人走上去了。

已经登上山头，见一个小寺庙，檐角翘起，像小鸟张开翅膀似的立在那儿，这就是文殊院，也是我从前想登而没有登的地方。它左边是天都峰，右边是莲花峰，背后倚的是玉屏风，两峰秀丽的景色，好像都可以伸手揽取。四周环顾，奇峰错落地排列，众多的山谷纵横交错，实在是黄山风景最美的地方！如果不是重来，怎么知道它如此奇丽呢？遇见云游的和尚澄源来了，我们游兴很浓。时间已过正午，仆人们也刚刚赶到。我们站在寺庙前面，望着两峰指指点点。庵中和尚说："天都峰虽近，可是无路可通，莲花峰可登，路却又太远。看来只好就近处望望天都峰，明天再登莲花峰顶吧。"我不同意，决意游天都峰。便带着澄源和仆人仍从峡谷小路下来。到天都峰侧，从那被山溪冲下来的乱石上像蛇一样弯弯曲曲地爬上去，攀杂草，牵荆棘，石块丛起的地方就越过石块，石崖侧削的地方就攀缘石壁。每到手脚没有着落的地方，澄源总是先攀上去，再俯身接应我。常常想到上山既然这样困难，下山更不知怎么办了？最后还是不管那些。经过多次艰险，终于到达峰顶。只是它上面还有一座石峰，像一堵墙壁耸起好像有几十丈高，澄源在它的旁边寻找，发现有石级，就拉着我登上去。到那一看万千峰峦，无不躬身下伏，只有莲花峰能和它抗衡罢了。

这时浓雾忽起忽散，每来一阵，就对面不见人。远望莲花诸峰，多半隐在雾中。独自登上天都峰，我走到前面，雾就飘到我后面去了；我走到右边，雾就从左边出来了。那些松树还有盘曲挺拔纵横交错的;柏树虽然大枝干粗如手臂,可是都平贴在石上,好像苔藓似的。山高风大,雾气来去不定。下望群峰,有时露出来是碧绿的山尖,有时被雾淹没了像一片银海;再远眺山下,日光晶莹闪亮,别有一番天地啊。天色渐晚,于是就把双脚伸向前边,手向后按着地面,坐着往下滑到极危险的地方,澄源肩手并用,把我接下去。过了险处,下到山坳,已经夜色笼罩了。又从峡谷中经过栈道上山,回到文殊院留宿。

游黄山记

袁　枚

癸卯四月二日,我游览了白岳峰后,就沐浴了黄山的温泉。泉水甜美而清冽,在悬崖的下面。晚上在慈光寺住宿。

第二天早上,和尚告诉我说:“从这里开始,山路狭窄危险,连兜笼也容不下。你自己步行太辛苦,幸亏本地有背惯了游客的人,叫做‘海马’,可以雇佣。”便领了五六个健壮的人来,人人手里拿着几丈布。我自觉好笑,难道瘦弱的老人又重新做了襁褓中的婴儿了吗?开始时还想强撑着自己走,等到疲劳不堪时,就绑缚在“海马”的背上,这样一半自己走一半靠人背着攀登。走到云巢路断了,只有踩着木梯子上去。只见万座山峰直刺苍穹,慈光寺已经落在锅底了。当晚到达文殊院,住了下来。

天下着雨,非常冷,正午还要穿着厚皮衣烤火取暖。云气直扑进屋,像要把房子夺去,一会儿功夫,屋内一片云雾迷蒙,两人对面坐着仅能听到声音,云气散后,步行到立雪台,台上有棵古松,根生长在东面,树干倒向西面,树冠朝着南方,穿进山石中,又穿裂山石生长出来。山石像是活的,似乎中间是空的,所以树干能藏身其中,而和山石合为一体。又像是害怕天公而不敢向上生长,树干有十围粗,高度却不到二尺。其他松树像这样的很多,无法一一加以描述。晚上,云气更加稀薄,周围的山峰像儿孙拜见长辈一样俯伏着。黄山云海为前海和后海。向左右两边看,两片云海都能看见。

第二天，从立雪台左侧转弯走下来，经过百步云梯，路又断了，忽然见一块石头像大鳌鱼，张着巨口，不得已只好走进鱼口中，穿过鱼腹从鱼背上出来，看到的又是一番天地。登上丹台，爬上光明顶，它和莲花、天都两座山峰，像鼎的三条腿一样高高地相互对峙。天风吹得人站立不住。幸好有松针叶铺在地上，有两尺多厚，十分柔软，可以坐下。晚上到达狮林寺住宿。趁太阳未落，又登上始信峰。始信峰有三座山峰，远看好像只有两座山峰相对耸立，近前看才见另一座山峰躲在它们身后。始信峰既高又险，下面就是深不见底的溪谷。我站在山顶，脚趾都露出二分在悬崖外边。和尚担心，用手拉住我。我笑着说："掉下去也不要紧。"和尚问道："为什么？"我说："溪谷没有底，那么人掉下去也就没有底，飘飘荡荡谁知道飘到哪里去？即使有底，也要很久才能到，完全可以在一段时间内找到活的办法。可惜没有拿来长绳垂下精制铁块测量山谷，结果只是若干尺罢了。"和尚大笑了起来。

第二天，攀登大小清凉台，台下的峰峦像笔，像箭，像笋，像竹林，像刀枪剑戟，像船上的桅杆，又像天帝开玩笑把武器库中的武器仪仗全散落在地上。大约有吃一顿饭的功夫，像有一匹白绢飘过来缠绕着树木，僧人高兴地告诉我说："这就是云铺海。"开始时朦朦胧胧，像熔化的白银，散开的棉团，过了很久浑然成了一片。青山全都露出一点角尖，像一大盘白油脂中有很多笋尖竖立的样子，一会儿云气散去，只见万座山峰聚集耸立，又都恢复了原貌。我坐在松顶，苦于太阳晒得厉害，忽然起了一片云彩为我遮蔽，才知道云彩也有高下的区别，不全是一模一样的。傍晚时分，前往西海门观赏落日。路边草比人还要高，不一会儿，路又没有了。叫来几十人割除杂草后继续前进。东边的山峰像屏风一样排列，西面的山峰像插在地上愤怒而立起，中间有模糊不清的山峰数十座，像天台琼台。红日将从西面落下，像有一座山峰先用头顶住，接着又像吞下，又像用手捧住。我不能戴好帽子，帽子总是被风吹落；不能穿上袜子，总是被水浸湿；不敢拄杖，一动总是要陷进软沙；不敢抬头仰视，担心山石崩塌垮压。左顾右看，前后探视，遗憾不能拥有千亿个身子，每个山峰都能游到。当海马背着我的时候，轻捷如飞，像猱像猿，左冲右突，快速奔跑，身边的千万座山峰也学着人一样奔跑，情状就像潮水。俯视深坑、怪峰，都像在脚底等着我们。如果一失足，后果不堪设想。但是事情已经到了这样，恐惧也是没有用的。如果让海马走慢一些，自己又觉得没有胆量。不得已，以后代与生命相托任其飞奔，任凭他们去哪里，反而觉得自己就像羽化成仙。《淮南子》有“胆为云”说法，真是这样。

初九日，从天柱峰转道下来，过白沙矼，到达云谷。家里的佣人们用轿子迎接我，这次共计步行50多里路，进山一共7天。

西湖杂记①

［明］ 袁宏道

(一) 初至西湖记

从武林门②而西，望保叔塔③突兀层崖中，则已心飞湖上也。午刻入昭庆④，茶毕，即棹小舟入湖。山色如娥，花光如颊，温风如酒，波纹如绫，才一举头，已不觉目酣神醉。此时欲下一语描写不得，大约如东阿王梦中初遇洛神时也⑤。余游西湖始此，时万历丁酉⑥二月十四日也。

晚同子公渡净寺⑦，觅阿宾⑧旧住僧房。取道由六桥、岳坟、石径塘而归⑨。草草领略，未及遍赏。次早得陶石篑⑩帖子，至十九日，石篑兄弟同学佛人王静虚⑪至，湖山好友，一时凑集矣。

【注释】

①袁宏道的《西湖杂记》是由16篇叙写西湖山水风光的散文组成。本文节选了其中的两篇。②武林门：在杭州城北，宋代名余杭门，俗称北门关。③保叔塔：一名保俶塔，在西湖北宝石山上，始建于宋初。④昭庆：昭庆寺。吴越天福间

建。元末毁，明初重建。⑤东阿王：指三国魏曹植，他曾封为东阿王。洛神：洛水女神。其《洛神赋》有梦中与洛神事。⑥万历丁酉：万历二十五年(1597)。⑦子公：方文僎，字子公，自万历二十二年至三十五年一直为袁宏道料理笔墨。袁宏道出游亦陪同。净寺：即净慈寺，在南屏山慧日峰下，始建于五代周显德元年(954)。⑧阿宾：袁中道小名，系作者弟。⑨六桥：指苏堤上的映波、锁澜、望山、压堤、东浦、跨虹六桥。岳坟：在西湖北边栖霞岭下岳王庙内。石径塘：在西湖北。⑩陶石篑(kuì)：陶望龄，字周望，号石篑。系作者好友。⑪王静虚：王赞化，字静虚，为学佛居士。

(二)晚游六桥待月记

西湖最盛，为春为月。一日之盛，为朝烟，为夕岚。

今岁春雪甚盛，梅花为寒所勒，与杏桃相次开发，尤为奇观。石篑数为余言："傅金吾[①]园中梅，张功甫[②]玉照堂故物也，急往观之。"余时为桃花所恋，竟不忍去。湖上由断桥至苏堤一带[③]，绿烟红雾，弥漫二十余里。歌吹为风，粉汗为雨，罗纨之盛，多于堤畔之草，艳冶极矣。

然杭人游湖，止午、未、申[④]三时。其实湖光染翠之工，山岚设色之妙，皆在朝日始出，夕舂[⑤]未下，始极其浓媚。月景尤不可言，花态柳情，山容水意，别是一种趣味。此乐留与山僧游客受用，安可为俗士道哉！

【注释】

①傅金吾：未详。金吾：古官名，即执金吾。在明代为五城(中、东、南、西、北)兵马司指挥，是掌管京师治安的长官。②张功甫：名镃，南宋名将张俊之孙，其家园林中玉照堂有梅花四百株。见周密《武林旧事》。③断桥：本名宝祐桥，自唐时呼为断桥，在白堤东头。苏堤：一名苏公堤，南北横截西湖，为苏轼任杭州知州时浚湖而筑，故名。④午、未、申：均属十二时辰，指十一时至十七时。⑤夕舂：此指夕阳。

西湖七月半

［明］张　岱

西湖七月半①，一无可看，止可看看七月半之人。看七月半之人，以五类看之。其一，楼船箫鼓，峨冠②盛筵，灯火优傒③，声光相乱，名为看月而实不见月者，看之；其一，亦船亦楼，名娃④闺秀，携及童娈⑤，笑啼杂之，环坐露台，左右盼望，身在月下而实不看月者，看之；其一，亦船亦声歌，名妓闲僧，浅斟低唱，弱管轻丝⑥，竹肉相发⑦，亦在月下，亦看月而欲人看其看月者，看之；其一，不舟不车，不衫不帻⑧，酒醉饭饱，呼群三五，跻⑨入人丛，昭庆、断桥，嘄⑩呼嘈杂，装假醉，唱无腔曲，月亦看，看月者亦看，不看月者亦看，而实无一看者，看之；其一，小船轻幌⑪，净几暖炉，茶铛旋煮，素瓷静递⑫，好友佳人，邀月同坐，或匿影树下，或逃嚣里湖，看月而人不见其看月之态，亦不作意看月者，看之。

杭人游湖，巳出酉归⑬，避月如仇。是夕好名，逐队争出，多犒门军酒钱，轿夫擎燎，列俟岸上。一入舟，速舟子急放断桥，赶入胜会。以故二鼓⑭以前，人声鼓吹，如沸如撼，如魇如呓⑮，如聋如哑。大船小船，一齐凑岸，一无所见，止见篙击篙，舟触舟，肩摩肩，面看面而已。少刻兴尽，官府席散，皂隶喝道去。轿夫叫，船上人怖以关门，灯笼火把如列星，一一簇拥而去。岸上人亦逐队赶门，渐稀渐薄，顷刻散尽矣。

吾辈始舣舟⑯近岸，断桥石磴始凉，席其上，呼客纵饮。此时月如镜新磨，山复整妆，湖复颒面⑰。向之浅斟低唱者出，匿影树下者亦出。吾辈往通声气⑱，拉与同坐。韵友⑲来，名妓至，杯箸安，竹肉发。月色苍凉，东方将白，客方散去。吾辈纵舟酣睡于十里荷花之中，香气拍人，清梦甚惬。

【注释】

①七月半：农历七月十五，又称中元节。②峨冠：头戴高冠，指士大夫。

③优:优伶,戏曲演员。傒(xī):同“奚”,仆人。④娃:美女,指歌妓。⑤童娈(luán):俊美的男僮。⑥弱管轻丝:轻柔的管弦音乐。⑦竹:指乐器之声。肉:指口中发出的歌声。⑧帻(zé),古代男子包发的头巾。⑨跻:同“挤”。⑩嗥:同“叫”。⑪幌(huàng):窗幔。⑫素瓷静递:雅洁的瓷杯无声地传递。⑬巳(sì):约为上午九时至十一时。酉:约为下午五时至七时。⑭二鼓:二更,约为夜里十一点左右。⑮魇(yǎn):梦中惊叫。呓:说梦话。这句指在喧嚷中种种怪声。⑯舣(yǐ):附船着岸。⑰颒(huì)面:洗脸,指湖面恢复明净。⑱往通声气:过去打招呼。⑲韵友:风雅的朋友,诗友。

【知识】

1. 袁宏道和公安派

袁宏道(1568—1610),明代文学家,字中郎,号石公。他在文学上反对“文必秦汉,诗必盛唐”的风气,提出“独抒性灵,不拘格套”的性灵说。公安派,明代文学流派,代表人物为袁宗道、袁宏道、袁中道三兄弟,因其籍贯为湖广公安(今属湖北),故世称“公安派”。他们提出“世道既变,文亦因之”的文学发展观,作文能直抒胸臆,不事雕琢。

2. 张岱

张岱(1597—1679),又名维城,字宗子,号陶庵,别号蝶庵居士,山阴(今浙江绍兴)人。少为富贵公子,精于茶艺鉴赏,爱繁华,好山水,晓音乐、戏曲,明亡后不仕,入山著书以终。张岱为明末清初文学家、史学家,最擅长散文。

3. 古代计时法

① 时辰:十二地支将一昼夜二十四小时分为十二时辰,两小时为一时辰。子时从夜间十一点到次日凌晨一点,丑时从一点到三点,寅时从三点到五点,依此类推,分别为卯时、辰时、巳时、午时、未时、申时、酉时、戌时、亥时。

② 更鼓:夜里为报知时刻而定时敲打大鼓,一夜等分为五更,一更也等于现在的两个小时,从晚上七时开始起更,一更指七时至九时,二更指九时至十一时,

三更指十一时至次日凌晨一时，四更指一时至三时，五更指三时至五时。

【品读】

西湖胜景，天下共知；西湖美文，天下共赏。涉及西湖的诗文，可以说数不胜数，而袁宏道的《西湖杂记》与张岱的《西湖七月半》能够脱颖而出，自有其与众不同之处。

首先是独特的视角。卞之琳有句很有名的诗："你站在桥上看风景，看风景的人在楼上看你。"这句颇有辩证意味的诗用来说袁、张二人的西湖文，倒也是贴切的，因为他们正是"在楼上看你"的人。《晚游六桥待月记》与《西湖七月半》同为西湖赏月，但重点都不在月景，而是同时把西湖游人当作眼中一景，并指出杭人游湖好虚名、凑热闹的习气。袁宏道说"然杭人游湖，止午未申三时"，批评杭人只爱白天游湖，不会选择时间，白白错过西湖最美的时刻；张岱则表述得更为幽默："巳出酉归，避月如仇。"农历七月十五之夜，盂兰盆会，人们成群结队而出，名为游湖看月，实与西湖风月毫不相干。在两人的笔下，也有西湖之景，但他们似乎更愿意把关注的对象放在游人身上。

其次是独抒的性灵。袁宏道在《叙小修诗》中，对他的弟弟袁中道的诗作如此评价："大都独抒性灵，不拘格套，非从自己胸臆流出，不肯下笔。……其间有佳处，亦有疵处；佳处自不必言，即疵处亦多本色独造语。"这段话后来被当作以"三袁"为代表的"公安派"的文学宣言。也正是遵从这样的主张，公安派文章平易流畅，清新活泼，隽秀生动，颇能表现个性，能抒写自己真实的感情。从《西湖杂记》来看，作者"心飞湖上""目酣神醉"，领会到"别是一种趣味"的西湖之景，并且率性地认为"安可为俗士道哉"，真是快人快语，不受牵绊，真性情跃然纸上。而《西湖七月半》中又何尝没有这种真性情呢？待客散去，"纵舟酣睡于十里荷花之中，香气拍人，清梦甚惬"，真是任性的很，可是又任性得如此纯粹。独抒的性灵，让袁、张二人的西湖之文形成了共鸣音。

第三是独到的境界。中国现代新儒学大师冯友兰先生将人生分为四个境界，即自然境界、功利境界、道德境界、天地境界，这四种境界之人分别为生物的人、现实的人、道德的人、宇宙的人。与“天地境界”对应的“宇宙的人”是怎样的人呢？此境界之人的一切存在和作为，以大自然和宇宙为中心，人与天地寿，人与天地参，表现为自在自为自适，以天地为旨归，天人合一。我们不敢说袁、张二人达到了天地境界，但他们起码是接近了这种境界。袁宏道独赏西湖之春的“月景”与“朝烟”“夕岚”，这就和“午未申三时”游春的“俗士”迥异其趣。他颇以能探幽寻胜，受用此乐而得意，对“俗士”暗含嘲讽之意。张岱中年经历明朝的覆亡，家境也随之败落，他钟情于山水而无意于政治，七月半游湖，而且选择在人尽散去的二鼓以后，就表现了张岱不入世俗，对熙熙攘攘的社会和变化无常的士人的冷淡甚至厌恶，他追求的是一种冷寂的孤高，一份禅性的感悟，一种自然的亲和。“天下熙熙，皆为利来。天下攘攘，皆为利往。”司马迁的这句话固然有些偏激，但是世上之人，真正在天地自然中自得其乐，能够自在自为自适的，能有几人？像袁宏道、张岱这样于喧嚣中窥见自然真谛的，又有几人？

如此说来，《西湖杂记》与《西湖七月半》在众多西湖诗文中引人注目，也是不无道理的了。

【借鉴】

1. 抓住事物的特征进行描写

袁宏道的《初至西湖记》《晚游六桥待月记》和张岱的《西湖七月半》，写作的对象同为西湖，描写都扣住了西湖的特征。《初至西湖记》中“山色如娥，花光如颊，温风如酒，波纹如绫”，写出了初游西湖时美景扑面而来、应接不暇的真切感受，连续设喻突出西湖风光柔婉的特点。《晚游六桥待月记》写出对自己感受到的西湖之景的评价，认为春景、月景、朝景、夕景是脱离尘俗的，扣住了“最盛”这一特点。而张岱的《西湖七月半》则独辟蹊径，将写作的视角放在七月半西湖的游人身上，将游客分成五类，刻画出各自的行为特征。抓住事物特征，是描写的基本要求。要做到这一点，离不开细致观察，还要潜心感受、多思多悟。

2. 写出自己的真性情

袁宏道的《晚游六桥待月记》和张岱的《西湖七月半》将目光投向西湖游人，正是他们真性情的流露。袁宏道“为桃花所恋”而不与士大夫扎堆赏梅，又激赏西湖之春的“月景”与“朝烟”“夕岚”，这就和“午未申三时”游春的“俗士”迥异其趣。而张岱写西湖，不选八月中秋之时，偏偏选择七月半，而且选择在人尽散去的二鼓以后，就表现了张岱不同世俗的雅趣。这二人真可谓“独抒性灵，不拘格套”。这让人不禁想到苏轼的《记承天寺夜游》，夜晚乘兴赏月的两位“闲人”，不也是至情至性之人吗？由此可以得出这样的感悟：若要写出“真性情”，必要先做真性情之人。作文先做人，就是这个道理吧。

【思考】

1.《初至西湖记》中说：“此时欲下一语描写不得，大约如东阿王梦中初遇洛神时也。”曹植《洛神赋》中写初遇洛神时，发出“彼何人斯，若此之艳也”的感叹，并详细描写了洛神让人心醉神迷的形貌举动。袁宏道作此类比，反映出他初游西湖时怎样的心情？

2.《晚游六桥待月记》的行文思路有何特点？试加以简析。

3. 试用四字短语对《西湖七月半》中五类人进行概括。作者对“七月半之人”的观察和描写，显露出怎样的态度和情趣？

4.《晚游六桥待月记》与《西湖七月半》同为西湖赏月，但重点均不在月景。从写作视角的选择来看，你认为两位作者具有哪些共性？

【译文】

西湖杂记

（一）初至西湖记

从武林门往西走，就望见保叔塔高耸在重山叠岭之中，这时我的心已经飞到了西湖上面。午间进入昭庆寺,用茶过后,立即雇小船划向湖中。山是青黑色的,如同美女的秀眉;暖风拂面,使人如饮醇酒;桃花嫣红,好似少女的面颊;微波荡漾,像绫罗般轻软柔滑。我刚刚抬头一看,就已心醉神迷。这时我想用一个词来描绘眼前的光景,竟然想不出来,大约像东阿王曹植最初见到洛神时一样了。我游西湖就从这一次开始,时间是万历二十五年二月十四日。

晚上同子公一起坐船来到净慈寺,找到弟弟阿宾曾经住过的僧房。在归宿途中经过六桥、岳坟、石径塘等景点,大致地领略了一番,没来得及全部欣赏。第二天一早又收到了陶石篑的帖子,到十九日石篑兄弟和佛学居士王静虚来了,一同游山玩水的好友一时间都凑到一起了。

(二)晚游六桥待月记

西湖最美的时候,是春天,是月夜。白天最美时候,是烟雾弥漫的早晨,是山岚缭绕的傍晚。

今年春雪下得很大,梅花被寒雪抑制住,后来才和桃花、杏花次第开放,尤其是难得一见的奇观。我友陶望龄多次告诉我:"傅金吾花园中的梅花,是宋代张功甫玉照堂中遗留下来的老品种,应该要赶紧去欣赏欣赏啊!"我当时被桃花迷恋住了,竟然舍不得离开。湖上从断桥到苏堤这一带,绿草如烟、红花似雾,弥漫有二十多里呢!歌吹的声音恍若微风阵阵吹来,仕女的粉汗有似纷纷的细雨飘落,穿罗衫、着纨裤的游客之多,比堤畔的小草还多,真是艳丽极了!

然而杭州人游览西湖,却仅仅在午、未、申三个时辰(上午十一时至下午五时)。其实翠绿染着湖光的美,岚色添加山岭的妙,都在朝日初升、夕阳未下的时候才最浓丽妩媚!有月的夜景,那美更是难以形容。那花的姿态、柳的柔情,山的容颜、水的心意,更是别有一番情趣韵味。这种乐趣,只能留给山中的僧人和识趣的游客享用,哪能够和凡夫俗子去说呢!

西湖七月半

西湖七月半的时候,没有什么可看的,只可以看看七月半这天来游湖的人。

看七月十五的游人，可以分五类来看。其中一类，坐在有楼饰的游船上，吹箫击鼓，戴着高冠，穿着漂亮整齐的衣服，灯火明亮，优伶、仆从相随，乐声与灯光相错杂，名为看月而事实上并未看见月亮的人，可以看看他们。一类，也坐在游船上，船上也有楼饰，带着有名的美人和贤淑有才的女子，还带着美童，嬉笑中夹着打趣的叫喊声，环坐在大船前的露台上，左盼右顾，置身月下但其实并没有看月的人，可以看看他们。一类，也坐着船，也有音乐和歌声，跟著名歌妓、清闲僧人一起，慢慢喝酒，曼声歌唱，箫笛、琴瑟之乐轻柔细缓，箫管伴和着歌声齐发，也置身月下，也看月，而又希望别人看他们看月的人，可以看看他们。又一类，不坐船不乘车，不穿长衫也不戴头巾，喝足了酒吃饱了饭，叫上三五个人，成群结队地挤入人丛，在昭庆寺、断桥一带高声乱嚷喧闹，假装发酒疯，唱不成腔调的歌曲，月也看，看月的人也看，不看月的人也看，而实际上什么也没有看见的人，可以看看他们。还有一类，乘着小船，船上挂着细而薄的帏幔，茶几洁净，茶炉温热，茶铛很快地把水烧开，白色瓷碗轻轻地传递，约了好友美女，请月亮和他们同坐，有的隐藏在树阴之下，有的去里湖逃避喧闹，尽管在看月，而人们看不到他们看月的样子，他们自己也不刻意看月，这样的人，可以看看他们。

杭州人游西湖，上午十点左右出门，下午六点左右回来，如怨仇似地躲避月亮。七月十五这天晚上，讲究虚名，一群群人争相出城，多赏把守城门的士卒一些小费，轿夫高举火把，在岸上列队等候。一上船，就催促船家迅速把船划到断桥，赶去参加盛会。因此二鼓以前人声和鼓乐声恰似水波涌腾、大地震荡，又犹如梦魇和呓语，这时既听不到别人的说话声，像聋子一样，又无法让别人听到自己说话的声音，像哑巴一样；大船小舟一起靠岸，什么也看不见，只看到船篙与船篙相撞，船与船相碰，肩膀与肩膀相摩擦，脸和脸相对而已。一会儿兴致尽了，官府宴席已散，由衙役吆喝开道而去。岸上轿夫招呼船上的人，以城门将要关闭来警告游人，要他们早点回去，于是灯笼和火把像排成行列的星星，人们相互簇拥着离开。岸上的人也一批批急赴城门，人群慢慢稀少，不久就全部散去了。

这时，我们才把船靠近湖岸。断桥边的石磴也才凉下来，在上面摆设酒席，招呼客人开怀畅饮。此时月亮像刚刚磨过的铜镜,光洁明亮,山峦重新整理了容妆,湖水重新整洗面目。原来慢慢喝酒、曼声歌唱的人出来了,隐藏树阴下的人也出来了,我们这批人去和他们打招呼,拉来同席而坐。风雅的朋友来了,出名的歌妓也来了,杯筷安置停当,歌乐一起飞扬。直到月色灰白清凉,东方即将破晓,客人才散去。我们这些人放船漂流,畅快地安睡在十里荷花之间,花香飘绕于身边,清悠的梦境十分惬意。

(六) 状　　物

桂[1]

［南宋］ 周去非

南方号桂海[2]，秦取百粤，号曰桂林。桂之所产，古以名地。今桂产於钦、宾二州，於宾者，行商陆运致之北方；於钦者，舶商海运致之东方。蜀亦有桂，天其以为西方所资欤？桂之用於药，尚[3]矣，枝能发散，肉能补益，二用不同。桂性酷烈，易以发生[4]，古圣人其知之矣。桂枝者，发达之气[5]也，质薄而味稍轻，故伤寒汤饮，必用桂枝发散，救里最良。肉桂者，温厚之气也，质厚而味沉芳，故补益圆散，多用肉桂。今医家谓桂年深则皮愈薄，必以薄桂为良，是大不然，桂木年深愈厚耳，未见其薄也。以医家薄桂之谬，考於古方桂枝肉桂之分，斯大异矣。又有桂心者，峻补药所用也。始剥厚桂，以利竹棬[6]曲，刮取贴木多液之处，状如经带[7]，味最沉烈，於补益尤有功。桂开花如海棠，色淡而葩小，结子如小橡子，取未放之蘂[8]乾之，是为桂花，宛类茱萸，药物之所缓，而食品之所须也。种桂五年乃可剥，春二月、秋八月，木液所剥之时也。桂叶比木樨叶稍大，背有直脉三道，如古圭制然，因知古人制字为不苟云。

【注释】

①选自周去非《岭外代答》卷八《花木门 · 桂》。《岭外代答》只有钞本流传，收入《永乐大典》和《四库全书》。后有《知不足斋丛书》钞本。②桂海：古代

称南方边远地区。③尚:久远,古远。④发生:发作出来。⑤气:人或物的属性或一地的天然特点。⑥棬(quān):曲木。⑦绖(dié)带:麻布带子。⑧蘂(ruǐ):同“蕊”。

菊[①]

［清］ 李 渔

菊花者,秋季之牡丹、芍药也。种类之繁衍同,花色之全备同,而性能持久复过之。从来种植之花,是花皆略,而叙牡丹、芍药与菊者独详。人皆谓三种奇葩,可以齐观等视[②],而予独判为两截[③],谓有天工人力之分,何也?牡丹芍药之美,全仗天工,非由人力。植此二花者,不过冬溉以肥,夏浇为湿,如是焉止矣。其开也,烂漫芬芳,未尝以人力不勤,略减其姿而稍俭其色。菊花之美,则全仗人力,微假[④]天工。艺[⑤]菊之家,当其未入土也,则有治地酿土之劳。既入土也,则有插标记种之事。是萌芽未发之先,已费人力几许矣。迨分秧植定之后,劳瘁[⑥]万端,复从此始。防燥也,虑湿也,摘头也,掐叶也,芟[⑦]蕊也,接枝也,捕虫掘蚓以防害也,此皆花事未成之日,竭尽人力,以俟天工者也。即花之既开,亦有防雨避霜之患,缚枝系蕊之勤,置盏引水[⑧]之烦,染色变容之苦,又皆以人力之有余,补天工之不足者也。

为此一花,自春徂[⑨]秋,自朝迄暮,总无一刻之暇。必如是,其为花也,始能丰丽而美观,否则同于婆婆野菊,仅堪点缀疏篱而已。若是,则菊花之美,非天美之,人美之也。人美之而归功于天,使与不费辛勤之牡丹芍药齐观等视,不几恩怨不分,而公私少辨乎?吾知敛翠凝红而为沙中偶语者,必花神也。

自有菊以来,高人逸士无不尽吻揄扬[⑩],而予独反其说者,非与渊明作敌国。艺菊之人终岁勤动,而不以胜天之力予之,是但知花好,而昧[⑪]所从来。饮水忘源,并置汲者于不问,其心安乎?从前题咏诸公,皆若是也。予创是说,为秋花报本，乃深于爱菊，非薄之也。

予尝观老圃之种菊，而慨然于修士之立身与儒者之治业。使能以种菊之无逸者砺其身心，则焉往而不为圣贤？使能以种菊之有恒者攻吾举业，则何虑其不掇青紫⑫？乃士人爱身爱名之心，终不能如老圃之爱菊，奈何！

【注释】

①选自李渔的《闲情偶寄》。②齐观等视：等量齐观，平等视之。③两截：这里指看法截然相反。④假：借。⑤艺：种植。⑥瘁：过度劳累。⑦芟（shān）：除去。⑧置盏引水：这里指给花浇水。⑨徂（cú）：到，往。⑩揄扬：称赞。⑪昧：不明白。⑫青紫：指古代高官印绶、服饰的颜色。这里借指高官显爵。

【知识】

1. 周去非与《岭外代答》

周去非，南宋地理学家，字直夫，永嘉（今浙江温州）人，历任钦江教授、静江府通判，官终绍兴府通判，卒年 55 岁。《岭外代答》乃周去非唯一存世之作，共 10 卷，分地理、土风、物产、边帅、法制、财计等条，记载当时岭南（即今两广）的山川、古迹、物产资源，以及少数民族的社会经济、生活习俗等情况，兼及南海诸国和大秦、木兰皮国等，是研究当地史地的重要文献。

2. 李渔与《闲情偶寄》

李渔，清代著名的戏曲创作家和理论家，原名仙侣，字谪凡，号天徒，后改名渔，字笠鸿，又号笠翁，人称“东方莎士比亚”。代表作有《闲情偶寄》《笠翁十种曲》，均为我国戏曲宝库中的珍贵遗产。《闲情偶寄》为李渔重要著作之一，内容包含戏曲理论、饮食、营造、园艺、养生等，在中国传统雅文化中享有很高声誉，被誉为古代生活艺术大全。

【品读】

宇宙万物，小至虫鱼，大至星辰，皆可入笔。作家们通过对“物”这一客观对象的观察、描摹,或说明事物,或观物穷理,或咏物抒情,或托物言志……《桂》与《菊》,便是这样两篇风格迥异的写物之作。

《桂》属于地地道道的说明文,篇幅虽短,却依次介绍了桂的产地、药用及食用价值,层次井然,内容翔实。《菊》一文虽然在第一段按时间顺序叙述了养植菊花的过程,但结合全文看,其真正用意是为了说明菊花生长的每一阶段都倾注了种菊人的辛勤劳动,从而证明"菊花之美,则全仗人力"的看法,为下文赞颂种菊人的"无逸"和"有恒",批评世人"饮水忘源、并置汲者于不问",进而指出"修士""儒者"当以种菊人的"无逸"和"有恒"之心来自勉的主题张本。因此,《菊》更确乎是一篇借物说理的论说性文章。

文体的不同带来艺术特色上的差异。就写作手法而言,《桂》一文在介绍事物特征时综合运用多种说明方法:打比方、作比较、分类别,等等。如"桂叶比木樨叶稍大,背有直脉三道"一句,先以作比较言桂叶之大小,再以列数字说叶脉之数量,两相结合,使桂叶之形如在目前。多种说明方法的恰当运用让"桂"的介绍变得准确、明了、有条理。而《菊》则通篇对比:"全仗人力"之菊花与"全仗天工"之牡丹芍药、经艺菊之人"竭尽全力"而"始能丰丽而美观"之菊花与"仅堪点缀疏篱"之"婆娑野菊"、高人逸士之"饮水忘源"与"予"之"为秋花保本""士人爱身爱名之心"与"老圃之爱菊"之情等。多重对比由表及里,逐层推进,最后水到渠成,揭示写作目的。

就语言特点而言,《桂》一文语言畅达,是科学性与文学性兼具的佳作。例如,作者运用近似对称的句式强调桂枝、肉桂的特性及药用价值的不同,增加了语言的韵律感,体现了语言的文学性,同时又使用"必"和"多"等词语从程度上准确说明二者药用上的差异,体现了语言的准确性、科学性。《菊》一文的语言则更为严谨精妙:叙述详略有致、议论画龙点睛、抒情恰到好处,三者融为一体,相得益彰,显示了李渔的大家本色。

南朝刘勰在《文心雕龙·情采》中提出"为情造文"之说,《桂》与《菊》,文章的立意决定了形式的选择,而外在的形式又为内容的表达锦上添花,正如东汉王充在其《超奇》中所说：为文应“外内表里，自相副称”。当然，探究周去非《岭外代答》及李渔《闲情偶寄》的创作缘起或许可以帮助我们进一步理解两文在艺术特色上的差异。

《桂》一文选自周去非唯一存世之作《岭外代答》。南宋乾道八年（1172年），周去非赴广西任钦州教授，至此，他便处处留心，为日后写志书做准备。他在其《岭外代答·自序》中就说道：“仆试升桂林，分教宁越。……，耳目所治，与得诸士大夫之绪谈者，亦云广类。盖尝随事笔记，得四百余条。”而经历了“靖康之变”的北宋王朝定都临安，致使当时政治、经济中心南移，原先荒芜落后、不受重视的边陲之地广西吸引了大批士子官商的注意。曾在广西为官六年的周去非归乡后，因穷于酬答那些打听岭南情况的访客，故而写了《岭外代答》。这亦有《岭外代答·自序》为证：“亲故相劳苦，问以绝域事”，“应酬倦矣，有复问仆，用以代答”。由此可见，周去非著《岭外代答》，是将其作为世人了解广西的窗口，因此，以客观、科学为主要特点的说明文成了最佳选择。

李渔则不同。李渔在给礼部尚书龚芝麓的信中说：“庙堂智虑，百无一能；泉石经纶，则绰有余裕。……托之空言，稍舒蓄积”，可见，李渔著《闲情偶寄》乃展现自己的艺术修养和审美情趣。看李渔笔下之花卉，梅之刚正不阿、兰之雅致高洁、李之甘淡守素、桃之红颜薄命，李渔无不赋其以人之喜怒哀乐、品性格调。而写“菊”，作者更是另辟蹊径，写菊不为菊，而为艺菊人。由此可见，李渔写花木，正如他自己所说的，“予谈草木，辄以人喻”，故而，借物说理、咏物抒情之小品文最为恰当。

“一花一世界，一树一菩提”，写作对象的千差万别、创作目的的大相径庭、乃至艺术家天赋秉异、兴趣爱好的各不相同，都有可能造成艺术作品的霄壤之别。《桂》与《菊》，同为写物之作，前者以介绍事物为宗旨，而后者以借物说理为目的，可谓各具特色，各抱情怀。

【借鉴】

1. 说明文也可写出文学性

好的说明文语言应该兼具科学性与文学性。一般说来,说明文通过恰当运用表时间、空间、范围、性质、程度、频率等起修饰或限制作用的词语来说明事物特征,语言准确、严密;同时运用比喻、拟人、引用等修辞手法或记叙、描写、议论等表达方式来帮助说明,使得语言生动、形象。说明文的科学性与文学性既体现了文章对客观事实的尊重,又增强了可读性,我们在阅读乃至写作时须仔细推敲、体会。

2. 借题发挥方能别开生面

"借题发挥",顾名思义即借题之精髓、内涵,发己之见解、观点。运用这种方法作文可以开拓思路,升华议论,从而让文章别开生面。如《菊》一文,假菊之美褒人之勤,借艺菊人之"无逸"勉读书人之"有恒",由花及人,由种菊到治学,因势利导,一气呵成,充分体现了借题发挥的层次性和深刻性。须注意的是,运用借题发挥法行文,其所发之观点与所借之题目要一脉相承,一线相通,也就是说,阐述的观点须是从题目中引发出来,且合情合理。

【思考】

1. 联系《桂》全文,概括桂的功用。(不超过12字)

2.《菊》一文多运用对比手法,试结合具体内容加以赏析。

3. 以"桂枝者,发达之气也,质薄而味稍轻,故伤寒汤饮,必用桂枝发散,救里最良。肉桂者,温厚之气也,质厚而味沉芳,故补益圆散,多用肉桂"一句为例,简要说明本文科学性和文学性相结合的特点。

4.《菊》选自李渔《闲情偶记》,然有人说此文之"情"并不"闲",请结合文意谈谈你的理解。

【译文】

桂

南方古代称为桂海，秦朝攻取百粤后，(把它)称为桂林。(这里是)桂树所生长的地方，古人用(桂)来命名此地方。今天桂树生长在钦州和宾州两地，在宾州生长的桂树，外出经商的流动商人通过陆地运输到达北方；在钦州生产的桂树，船商通过海上运输到达东方。蜀地也生长有桂树，上天莫非把(它)作为西方所积蓄的东西吧？桂树用于入药，历史很久远了，桂枝有发汗散热的作用，肉桂能够裨补助益身体，二者的作用不同。桂树的药性很猛烈，容易发作出来，古代圣明的人应该了解它(的这个特性)了。桂枝有生发通达的属性，质性淡薄并且味道偏轻，所以治疗伤寒病在制作药汤饮用时，一定用桂枝来发汗散热，治疗内脏的病症最有效。肉桂有温和宽厚的属性，质性厚重并且味道浓香，所以滋补用的丸药或药粉，多半使用肉桂。现在的医生说桂树年龄越大那么树皮就越薄，一定把树皮薄的桂树看作最好的，这是很不正确的，桂树年龄越大树皮就越厚了，未曾见过那树皮薄的啊。按照医生们(有关)树皮薄的桂树的错误说法，推求古代药方中桂枝和肉桂的分量，这就太奇怪了。还有桂心，是猛烈的滋补药所使用的。先剥掉桂枝的厚皮，用锋利的竹片做成曲木，刮取靠近树木多汁液的地方，形状像丧服所用的麻布带子，药味最重烈，对滋补身体更有效力。桂树开花像海棠花一样，花色淡并且花朵小，所结的种子像小橡树子一样。取还没有开放的桂花蕊使它风干，这就是(药用的)桂花，它很像茱萸，是所和缓的药物，也是所必须的食品。种植桂树五年才可以剥制(药材)，春季的二月和秋季的八月，是树木的汁液(最多)适宜剥制药材的时机。桂树的叶片比木樨树的叶片稍大一些，叶片背面有三道直的叶脉，像古代圭玉的形制那样，因此我们知道古人造字是不马虎的啊。

菊

菊花是秋天里的牡丹、芍药。它们在品种繁多这一点上相同,在花色齐全这一点上也完全相同,但在花期持久这一点上,菊花还超过了牡丹和芍药。自古以来种植方面的书,讲述其他的花都很简略,唯独在讲述牡丹、芍药和菊这三种花时很详细。人们都说这三种花可以等量齐观、平等视之,我偏偏认为它们截然不同,区别就在前两者是大自然造出来的,后一个是人工造出来的,为什么这样说呢?牡丹、芍药的美,全都依靠自然,而不是人力创造的。种植这两种花,不过冬天施点肥,夏天浇点水,像这样就可以了,再也不用费什么劲了。当其开花的时候,色彩烂漫,气味芳香,不曾因为人对它投入的精力少而减弱它的娇美和色彩啊。菊花的美,却大部分依靠人力,较少借助自然。种菊花的人,在它还没有种到土里之前,就要承担选种和碎石治土的工作。菊花种到土里之后,还有一些插标记、做记录的事情(要做)。花还没有发芽破土之前,就已经耗费了相当的人力。等到分秧栽种之后,真正的辛苦劳累才开始。防旱啦,防涝啦,摘头啦,掐叶啦,去蕊啦,接枝啦,捉虫子、挖蚯蚓、防止病虫害啦,这都是在花还没开的时候,费尽人力,来期待老天爷让花开得尽如人意。到花有了骨朵而又没开之前,还要时刻惦记防止雨淋、霜打,勤勤恳恳地束枝系蕊给花造型,不嫌劳苦和麻烦,不分昼夜地给花浇水,辛辛苦苦地一朵一朵地给花上色,(这一切的辛苦劳累),都是为了用人力来弥补自然的不足。

为了菊花,(种花的人)从春天到秋天,从早上到晚上,没有一刻能休息。一定要这样,菊花才能长得丰满、艳丽,堪称美观,不然的话,就同枝叶纷披的野菊花没什么两样,只有装点篱笆的份儿。如此说来,菊花的美并不是大自然造就的,而是靠人力雕琢出来的。既然是人的力量,却要归功于自然,把菊花与牡丹、芍药这两种不用花费辛劳的花同样对待,这不近乎是是非不分、公私不明吗?我知道掌管花开花谢、暗中评判,从而决定哪种花好、哪种花坏的,一定是花神。

自从有菊花以来,高人雅士无不竭力赞美它,我却反其道而行,并不是我非要跟陶渊明作对。种菊花的人辛苦了一年才造就了菊花，不赞美他们巧夺天工的创造力，就是只知道花好，却不明白花的好从何而来。就像是喝了水却忘记水的来源，把取水的人丢置在一边，能心安理得吗？以前题诗咏菊的人都是这么做的。我提出这个想法，是为了替菊花报恩，是出于对菊花的深爱，并不是想贬低它。

我曾经细心地观察老园丁不辞辛劳种养菊花，感慨于那些修身治学的文人学者。如果他们都能像园丁种菊花那样勤勤恳恳，不图安闲，磨砺身心，哪有不成为圣贤的道理呢？如果他们能用园丁那样的恒心和耐性攻读诗书、求取功名，还愁做不了高官吗？只是文人学者们爱学问爱功名的心情，终究不如老园丁爱菊那么深切，（我）又有什么办法呢？

养竹记

［唐］ 白居易

竹似贤，何哉？竹本固，固以树德；君子见其本，则思善建不拔者。竹性直，直以立身；君子见其性，则思中立不倚者。竹心空，空以体道；君子见其心，则思应虚受者。竹节贞，贞以立志；君子见其节，则思砥砺名行，夷险一致者。夫如是，故君子人多树为庭实①焉。

贞元十九年春，居易以拔萃②选及第，授校书郎，始于长安求假居处，得常乐里故关相国私第之东亭而处之。明日，履及于亭之东南隅，见丛竹于斯，枝叶殄瘁③，无声无色。询于关氏之老，则曰：此相国之手植者。自相国捐馆，他人假居，由是筐篚④者斩焉，彗⑤帚者刈焉，刑余之材，长无寻焉，数无百焉。又有凡草木杂生其中，菶茸荟郁⑥，有无竹之心焉。居易惜其尝经长者之手，而见贱俗人之目，剪弃若是，本性犹存。乃芟蘙荟⑦，除粪壤，疏其间，封⑧其下，不终日而毕。于是日出有清阴，风来有清声。依依然，欣欣然，若有情于感遇也。

嗟乎！竹，植物也，于人何有哉？以其有似于贤而人爱惜之，封植之，况其真贤者乎？然则竹之于草木，犹贤之于众庶。呜呼！竹不能自异，唯人异之。贤不能自异，唯用贤者异之。故作《养竹记》，书于亭之壁，以贻其后之居斯者，亦欲以闻于今之用贤者云。

【注释】

①庭实：原指将贡品或礼物陈列于庭，让人观赏。这里是指将竹子种植在庭院中，随时观赏。②拔萃：唐代考中进士，还要经过吏部考试，才能授官。白居易32岁这年，以"拔萃"登科。③殄瘁：枯萎凋谢的样子。④筐篚（fěi）：竹器，方形的叫筐，圆形的叫篚。⑤彗：扫帚。这里作动词。⑥蓁（běng）茸荟郁：形容草木繁盛茂密。⑦芟（shān）翳（yì）荟：剪除茂盛的杂草。⑧封：培土。

古 樟 记

［清］ 戴名世

樟树滩违衢州二十里，岸有大樟树，故以名滩。余以二月初十晚泊滩上，欲登岸往观之，会天雨，道湿不可行。已而雨歇，月朦胧欲出，轻云蔽之，余与同舟六七人，呼从者秉炬上。居人燎[①]其干以垣，枝叶皆扶疏[②]垂垣外。余辈先入门视其干，高数丈，分数枝，四面横斜而下，余辈手相牵环抱之，凡六人乃周，更上一二尺则更大矣。其枝干披离[③]甚古，往往出人意外。顶甚平，可列坐十余人，非梯不能上也。秉炬照之，但见纠结轮囷[④]，蜿蜒攫拿，若群龙相斗。枝之出于垣外者皆成干，屈曲下属地。其北一枝尤奇，直入土中，大数十围，类自为一树，不属于干者。然其文理皆成龙形，腾挪宛转，若龙之升于天。自垣内视之，则系干之别枝，若虹之垂地，首尾无端不可测。居人以为神，祠而祀之。

呜呼！樟乃名材。而其托本也大，其植基也固，含日月之精，受雨露之润，多历年所，遂魁然[⑤]独出其奇于人间。而彼榆栎之属，拳曲臃肿，无故而离立[⑥]于其旁，何为也哉！

【注释】

①燎：通“缭”，围绕。②扶疏：枝叶繁茂分披貌。③披离：分散貌。④轮囷(qūn)：盘曲貌。⑤魁然：卓然突出貌。⑥离立：并立。

【知识】

1. 白居易与新乐府运动

白居易，唐代诗人，字乐天，号香山居士。在文学上，倡导新乐府运动，提出现实主义诗歌理论，认为诗歌要反映现实生活，尤其要反映民生疾苦，提出“文章合为时而著，歌诗合为事而作”。白诗以讽喻诗成就最高，如《卖炭翁》《新丰折臂翁》等，较深刻地揭露了社会矛盾，表达了对人民诚挚的同情。白诗语言通俗易懂，被称为“老妪能解”，与元稹并称“元白”。《琵琶行》和《长恨歌》是其著名的叙事长诗。

2. 戴名世与桐城派

戴名世，字田有，安徽桐城人。康熙四十八年榜眼，为“桐城派”的奠基人之一，因文字狱“南山案”被斩。桐城派是清代文坛最大散文流派，因其早期的重要作家戴名世、方苞、刘大櫆、姚鼐均系清代安徽桐城人，故名。桐城派的散文，内容多是宣传儒家思想，尤其是程朱理学；语言则力求简明达意，条理清晰，“清真雅正”。如方苞的《狱中杂记》《左忠毅公逸事》，姚鼐的《登泰山记》等，都是著名的代表作品。

3. 婉辞

婉辞乃恭顺而委婉的言辞。由于忌讳、避讳，而“曲屈其辞”，所以婉语、婉辞表达应直言的内容，多为不吉利的事情。如《养竹记》“自相国捐馆”中“捐馆”一词，“捐”指放弃，“馆”指官邸，字面上来说，就是放弃了自己的官邸，一般是指官员的去世。后遂以“捐馆”为死亡的婉辞。又如《陈情表》“慈父见背”中“见背”一词,字面义是背离我,离我而去。此处是死的婉辞,指弃我而死去。

【品读】

《荀子·法行篇》记载了孔子与弟子子贡关于君子贵玉贱珉的对话。子贡问孔子:“君子之所以贵玉而贱珉者何也?”孔子回答说:“夫玉者,君子比德焉。温润而泽,仁也;栗而理,知也;坚刚而不屈,义也;廉而不刿,行也;折而不挠,勇也;瑕适并见,情也;扣之,其声清扬而远闻,其止辍然,辞也;故虽有珉之雕雕,不若玉之章章。”君子为什么喜欢玉?孔子认为因为玉的自然特征可以拿来比附(类比)个人道德修养中的理想品格,佩玉于身可以时时提醒自己端正品行,做个有德之人。

这种借物喻人,将自然物的外在特征通过联想转化为社会美的“比德”法,在《养竹记》和《古樟记》两文中均得以运用。《养竹记》的第一段,将竹子的四种自然特性比拟成君子的四种美德:竹根稳固,象征为人应当建树善良品德,坚定不移;竹身笔直,象征为人应当正直无私,不倚附权势;竹心空虚,好比贤者心地空明,才能体察天地之道,为人应当以虚心去感化别人;竹节坚贞,为人应当修炼节操和品行,在平安和险恶的环境下,都能始终如一。白居易还强调,如能运用“比德说”来观竹,就能达到养性的目的,因此,很多人都在庭院中种上了竹子。《古樟记》则以古樟比附才德出众者:古樟高大魁伟,粗壮敦实,虬枝盘曲,堪称名材,而世间亦有人格伟岸、学养深厚的巨擘。那些鄙薄浅陋、浮躁功利的时人,犹如“头重脚轻根底浅”的榆栎之辈,“离立于其旁”则相形见绌。

而两文在思想内容上遥相呼应。《古樟记》侧重于谈贤才养成的内因。樟树因“其托本也大”,“其植基也固”,禀受日月之精华,汲取天地之雨露,历时多年方“魁然独出其奇于人间”,而才德出众者亦是经过务本求实、含英咀华的漫长修炼过程才获得学业的精进和道德的升华。《养竹记》侧重于谈贤才养成的外因。竹子不能自我显示优点,只有人能赏识它;贤才不能自我显示才干,只有掌权者才能充分发现进而重用他。视角的差异，源自于作者对于社会人事的个性化感悟和褒贬。戴名世为文主张真才实学，鄙弃时人因求功名而扭曲人格、追求时文的浮躁之风气，实则包含了鼓励后学、希冀文坛重振的热切之心。白居易作为一个有远见卓识的政治家诗人，提出统治者要爱惜和使用人才，使之发挥作用，代表了封建社会广大知识分子的利益。

就语言风格而言，戴名世为文主张"率其自然"。如《古樟记》"凡六人乃周"、"可列坐十余人，非梯不能上也"，调动读者的生活经验去感知古樟之大，运墨客观而传神。又如描绘古樟奇特的繁枝伟干，盘旋屈曲若群龙相斗；其旁枝从垣外与垣内而观，或如飞龙升天，或如长虹垂地，视角转换中一棵静态的古树幻化出动态之美，却又毫无夸饰之嫌。《养竹记》语言清隽，意境优美。在白居易的悉心照料下，原本"枝叶殄瘁，无声无色"的竹子终于出现了"日出有清阴，风来有清声，依依然，欣欣然，若有情于感遇也"的可喜局面，运用拟人手法，写竹子似乎也有依人之状，欣喜之色，仿佛遇上知自己，有感激的心情。两篇文章在自然雅洁的文字之中，皆具有经久耐读、仔细玩味的魅力。

【借鉴】

1. 借物喻人的写法

借物喻人，就是借某一事物的特点，来比喻人的一种品格。如《养竹记》中以竹本固、性直、心空、节贞的特点比喻君子坚定不移、中立不倚、虚心接受、夷险一致等美德。又如《古樟记》中以古樟赞美德才能出众者，以榆栎之属贬抑庸碌小人。正确运用借物喻人的写法，可以使文章立意更深远，表情达意更含蓄，增强文章的表现力和感染力。

2. 成才的内因和外因

个人的成才离不开内因和外因的共同作用。内因就是自身素质与自身努力。如《古樟记》中所言，"樟乃名材"，"其托本也大，其植基也固"，又加之坚持不懈地汲取日月之精和雨露之润，故能卓异于世。外因就是外部环境，如《养竹记》

中谈到，在作者改变了竹子的生长环境后，竹子再现绰约风姿。而统治者唯有创设良性的用人环境，才能令人才施展才能。“内因”和“外因”的辩证关系，是哲学思维在写作训练中运用频率较高的原理之一。

【思考】

1. 结合《养竹记》第二段内容，概括“竹”景的变化过程及原因。
2. 概括《古樟记》中樟树的特点。
3. 结合《养竹记》《古樟记》内容，赏析两文在写作手法上的相似之处。
4.《养竹记》和《古樟记》均涉及“人才”话题。那么，贤才的养成需要哪些要素？请结合两文观点分条陈述。

【译文】

养 竹 记

竹子像贤人，这是为什么呢？竹子的根稳固，稳固是为了确立竹子的本性，君子看见它的根，就想到要培植好坚定不移的品格（想到意志坚定不移的人）。竹子的秉性直，直是为了站住身体，君子看见它这种秉性，就想到要正直无私，不趋炎附势（想到正直、不偏不倚的人）。竹子的心空，空是为了虚心接受道，君子看见它的心，就想到要虚心接受一切有用的东西（想到虚心求道者）。竹子的节坚定，坚定是为了立志，君子看见它的节，就想到要磨炼自己的品行，不管一帆风顺还是遇到危险时，都始终如一（想到砥砺名节、无论穷通祸福，始终如一的人）。正因为如此，君子都喜欢种竹，把它作为庭院中存在价值的东西。

贞元十九年的春天，我在吏部以拔萃及第，被任命为校书郎。最初在长安求借住处，得到常乐里已故关相国私宅的东亭，在那里住了下来。第二天，散步走到亭子的东南角，见这里长着几丛竹子，枝叶凋敝，毫无生气。向关家的旧人询问是什么缘故，对方答道：“这些竹子是关相国亲手栽种的。自从相国死后，别人借住在这里,从那时起,做筐篓的人来砍,做扫帚的人也来砍,砍伐剩下的竹子,长的已不到八尺,数量也不到百竿了。还有平常的草木混杂生在竹丛中,长得繁盛茂密,简直都没有竹子的苗了。”我感到很惋惜,这些竹子,是由年迈德崇的关相国亲手种植,现在竟被庸俗之人看得如此卑贱。但即使被砍削、废弃到这种程度,其秉性却仍然不变。于是我把那些繁盛茂密的草木铲掉,给竹子施加肥料,又在下面疏通、培修土层,没用一天就干完了。从此以后,这些竹子日出有清阴,风来有清声,随风依依,生机盎然,好像在感激着我的知遇之情。

可叹啊!竹子,不过是一种植物,与人有什么关系呢?就由于它与贤人相似,人们就爱惜它,培植它,何况对于真正的贤人呢?然而,竹子与其他草木的关系,也就像贤人与一般人的关系一样。唉!竹子本身并不能把自己与其他草木区别开来,要靠人来加以区别。贤人本身并不能把自己与一般人区别开来,要靠使用贤人的人来加以区别。因此,写了这篇《养竹记》,书写在东亭的壁上,是为了留给以后居住这所房子的人,也是为了使现在使用贤人的人知晓罢了。

古 樟 记

樟树滩离衢州有二十里,因为岸边有很多粗大的樟树,所以用樟树来命名水滩。二月初十的晚上我们的船停泊在樟树滩,想要登上岸去看看,恰好天下大雨,道路泥泞不能行走。不久雨停了,月亮朦朦胧胧好像升起来了,淡淡的云遮蔽了月亮,我和同船的六七个人,喊来随从拿着火把一起前往。那里的居民围绕着树干砌墙,而樟树枝叶茂盛都纷纷垂到墙外。我们走进门先看大树主干,大樟树有几丈高,四面有很多树枝横斜长着,我们手牵着手环绕合抱这棵树,总共六人才能合抱,再上去一二尺树围就更大了,它的枝干披散着显得十分古朴,常常出人意外。树干的顶上很平坦,可以依次坐十多个人,没有梯子不能够上去。拿着火把照着大树,只见大树枝干缠绕,盘旋屈曲,蜿蜒爬行相争相夺,像群龙互相争斗。延伸到墙外的树枝都成了树干,弯弯曲曲地垂到地。树的北面一根枝干更加奇特,笔直地插进土里,有十围这么粗,好像是自成一树,不属于树干的旁枝。然而它的花纹和线条都形成龙的形状，腾云驾雾回旋，就好像龙飞升到天上。从墙内看，原来是树干的旁枝，好像彩虹垂到地面，首尾都看不见，深不可测。那里的居民认为是神，建造了祠堂来祭祀它。

唉，樟树是著名的木材，而那棵樟树依托树根长得那么高大，它种植的根基是那样的牢固，蕴含着日月的精华，接受雨露的滋润，经历了许多年，于是在人间长成与众不同、奇特高大的树。而那些榆树栎树之辈，盘旋屈曲粗大笨重，无缘无故地并立在它的旁边，为什么呢？

（七）杂　记

《世说新语》三则

［南宋］　刘义庆

荀　巨　伯[①]

荀巨伯远看友人疾，值胡贼攻郡[②]，友人语巨伯曰："吾今死矣，子可去。"巨伯曰："远来相视，子令吾去，败义[③]以求生，岂荀巨伯所行邪！"

贼既至，谓巨伯曰："大军至，一郡尽空，汝何男子，而敢独止？"巨伯曰："友人有疾，不忍委之，宁以我身代友人命。"贼相谓曰："我辈无义之人，而入有义之国[④]。"遂班军[⑤]而还，一郡并获全。

庾公乘的卢马[⑥]

庾公乘马有的卢，或语令卖去。庾云："卖之必有买者，即当害其主，宁可不安己[⑦]而移于他人哉？昔孙叔敖杀两头蛇以为后人[⑧]，古之美谈，效之不亦达[⑨]乎！"

陈太丘与友期[⑩]

陈太丘与友期行，期日中[⑪]，过中不至，太丘舍去，去后乃至。元方[⑫]时年七岁，门外戏。客问元方："尊君在不[⑬]？"答曰："待君久不至，已去。"友人便怒曰："非人哉！与人期行，相委[⑭]而去。"元方曰："君与家君期日中，日中不至，则是无信；对子骂父，则是无礼。"友人惭，下车引之[⑮]。元方入门不顾[⑯]。

【注释】

①选自《世说新语·德行》。荀巨伯:汉桓帝时人。②胡:古代指西北方的少数民族。贼:此指入侵的军队。郡:指郡城。③败义:舍去正义。败,毁坏。④国:这里指郡县城邑。⑤班军:班师。指出征的军队调回去。班:回,返。⑥选自《世说新语·德行》。庾公:庾亮,字元规,鄢陵人,东晋明帝皇后之兄。任中书令、征西大将军、荆州刺史等职。的卢:额有白斑的马。按迷信说法,这是凶马,它的主人会得祸。⑦宁可:岂可。不安己:对自己不平安,危害自己。⑧孙叔敖杀两头蛇:据贾谊《新书》载,孙叔敖幼时在路上看见一条两头蛇,就杀死它,并且埋起来。回家哭着对母亲说:听说看见两头蛇的人一定会死,我今天竟看见了。母亲问他蛇在哪里,孙叔敖说:我怕后面的人再见到它,就把它打死埋掉了。他母亲说:你心肠好,一定会好心得好报,不用担心。后来孙叔敖做楚国令尹,颇得百姓信赖。以为后人:为后面(可能看到两头蛇)的人打算。⑨达:通达,明白事理。⑩选自《世说新语·方正》。陈太丘,陈寔,字仲弓,汉代许县人。先为府吏,曾入太学就读,后为太丘长。期:相约,约会。⑪期日中:约定在中午。⑫元方:陈纪,字元方。陈寔的长子。⑬不:同"否"。⑭相委:离开我。委:弃,扔开。⑮引之:拉他(表示好感)。⑯顾:回头看。

《梦溪笔谈》二则

[北宋] 沈 括

采 草 药

古法采草药多用二月、八月①,此殊未当。但二月草已芽,八月苗未枯,采掇者易辨识耳,在药则未为良时。大率②用根者,若有宿根,须取无茎叶时采,则津泽皆归其根。欲验之,但取芦菔、地黄③辈观,无苗时采,则实而沉;有苗时采,则虚而浮。其无宿根者，即候苗成而未有花时采，则根生已足而又未衰。如今之紫草，未花时采，则根色鲜泽；花过而采，则根色黯恶，此其效[4]也。用叶者取叶初长足时，用芽者自从本说[5]，用花者取花初敷时，用实者成实时采。皆不可限以时月。缘土气有早晚[6]，天时有愆伏。如平地三月花者，深山中则四月花。白乐天游大林寺诗云："人间四月芳菲尽，山寺桃花始盛开。"盖常理也。此地势高下之不同也。如筀竹笋，有二月生者，有三四月生者，有五月方生者谓之晚筀；稻有七月熟者，有八九月熟者，有十月熟者谓之晚稻。一物同一畦之间[7]，自有早晚。此物性之不同也。岭峤微草[8]，凌冬不雕；并、汾[9]乔木，望秋先陨；诸越[10]则桃李冬实，朔漠[11]则桃李夏荣。此地气之不同也。一亩之稼，则粪溉者先芽；一丘之禾，则后种者晚实。此人力之不同也。岂可一切拘以定月[12]哉。

雁荡山

温州雁荡山，天下奇秀。然自古图牒[13]，未尝有言者。祥符中[14]，因造玉清宫，伐山取材，方有人见之，此时尚未有名。按西域书，阿罗汉诺矩罗居震旦东南大海际雁荡山芙蓉峰龙湫[15]。唐僧贯休为《诺矩罗赞》，有"雁荡经行云漠漠，龙湫宴坐雨蒙蒙"[16]之句。此山南有芙蓉峰，峰下有芙蓉驿，前瞰大海，然未知雁荡、龙湫所在。后因伐木，始见此山。山顶有大池，相传为雁荡，下有二潭水，以为龙湫。又有经行峡、宴坐峰，皆后人以贯休诗名之也。谢灵运为永嘉守[17]，凡永嘉山水游历殆遍，独不言此山，盖当时未有雁荡之名。

予观雁荡诸峰，皆峭拔险怪，上耸千尺，穹崖巨谷，不类他山，皆包在诸谷中。自岭外望之，都无所见，至谷中则森然干霄。原其理，当是为谷中大水冲激，沙土尽去，唯巨石岿然挺立耳。如大小龙湫、水帘、初月谷之类，皆是水凿之穴。自下望之，则高岩峭壁；从上观之，适与地平。以至诸峰之顶，亦低于山顶之地面。世间沟壑中水凿之处，皆有植土龛岩[18]，亦此类耳。今成皋、陕西大涧中，立土动及[19]百尺，迥然耸立，亦雁荡具体而微者[20]，但此土彼石耳。既非挺出地上，则为深谷林莽所蔽，故古人未见，灵运所不至，理不足怪也。

【注释】

①二月、八月：此指农历。下文提到的月份都指农历。②大率：大概，大致。③芦菔、地黄：芦菔指萝卜。地黄是多年生草本植物，根黄色，可做药用。下文提到的紫草也是可做药用的多年生草本植物，有宿根。沈括在文中把紫草作为“无宿根”药物的例子是错误的。④效：效验，验证。⑤自从本说：意思是说，自然应当遵从《本草经》的说法。(唐钞本《本草集注》的经文和注文都未说明采芽的时间，可能是同用叶那样，取它初长足时。)⑥土气有早晚：地温(的升降)(在不同情况下)有早有晚。土气：地气、地温。后一句“天时有愆伏”也是指天气冷暖失调，变异无常的意思。⑦一物同一畦之间：同一类作物在同一小块地里的。⑧岭峤：五岭的别称，这里泛指两广一带。微草：小草。⑨并、汾：并州和汾州，都在今山西省。⑩诸越：也叫“百越”，这里泛指南方地区。⑪朔漠：原指北方沙漠地带，这里泛指北方。⑫一切：一律，一概。拘以定月：用固定的时月来限制。拘：限制。⑬图牒：图书文件。牒，公文，文件。⑭祥符中：祥符年间。祥符，“大中祥符”的简称，宋真宗(赵恒)的年号之一(公元1008—1016)。⑮“按西域书，阿罗汉诺矩罗居震旦东南大海际雁荡山芙蓉峰龙湫”一句：意思是说，按佛经上讲，圣者诺矩罗居住在中国东南方靠海的雁荡山芙蓉峰的龙湫。西域书：指佛经。西域，汉代敦煌以西诸地的总称。阿罗汉，也称罗汉，梵语音译，是佛家对“圣者”的尊称。诺矩罗，唐代的一个和尚，据《乐清县志》记载，原名罗尧运，眉州青神(今四川青神县)人。震旦，古时印度对中国的称呼。震指东方，旦指日出，意即东方日出之地。芙蓉峰，在雁荡山南部，峰下有芙蓉驿(在今芙蓉镇)。龙湫，雁荡山的瀑布名，瀑布下有两个深潭，叫做大龙湫和小龙湫。湫，深水池。⑯雁荡经行云漠漠，龙湫宴坐雨蒙蒙：上句是说从雁荡山经过时看见白云漠漠。这是形容雁荡山极高，与云天相接。漠漠，密布的样子。下句是说在龙湫附近静坐观赏风景时对着细雨蒙蒙。宴坐，闲居静坐。雨蒙蒙，这里形容龙湫瀑布飞溅之水沫如细雨迷蒙。这两句出自贯休诗。贯休：唐代著名的和尚(公元832—913)，原名姜德隐，

善诗画。全唐诗编贯休诗 52 卷，第 12 卷中有“雁荡经行云漠漠，龙湫宴坐雨蒙蒙”两句。⑰谢灵运为永嘉守：南朝刘宋时代人，诗人，曾任永嘉太守。永嘉：即永嘉郡，今浙江省温州地区。守：太守，郡的最高行政官。⑱皆有植土龛岩：都有直立的土壁或上部突出下部凹陷的岩石。植土，指沟壑两旁高而直立的土层。龛岩，指底部向内凹陷的岩石。⑲立土：直立的土壁。动及：经常达到，往往达到。⑳亦雁荡具体而微者：意思是说，土壁的形态，也可以说是具备了雁荡山的各种形态，不过是规模较小的。具体而微，各体（部分）都具备，但规模较小。

【知识】

1. 笔记

中国古代记录史学的一种文体。意谓随笔记录之言，属野史类史学体裁。有随笔、笔谈、杂识、日记、札记等异名。笔记形式随便，又无确定格式，笔记依其所载内容，大体可分作鬼神仙怪、历史琐闻和考据辨证等类别。鬼神仙怪类有张华《博物志》和干宝《搜神记》；历史掌故类如宋司马光《涑水记闻》、欧阳修《归田录》，元王珲《玉堂嘉话》、陶宗仪《辍耕录》等；考据辨证类如宋沈括的《梦溪笔谈》和洪迈的《容斋随笔》。

2. 刘义庆和《世说新语》

刘义庆（403—444），南朝宋武帝刘裕的侄子。先后曾任尚书左仆射、丹阳尹等职。编有《世说新语》《幽明录》等，均为我国小说发轫期的重要作品。

《世说新语》是中国古代小说史上志人小说的代表著作。共分“德行”“言语”“政事”“文学”“方正”“雅量”等 36 类，是一部记述魏晋豪门贵族和官僚士大夫言谈轶事，反映士族的思想、生活以及务清谈的世风的笔记小说集，是“魏晋风度”的主要载体。全书语言精练，善于通过一言一行刻画人物肖像、精神面貌。

3. 沈括和《梦溪笔谈》

沈括（1031—1095），字存中，杭州钱塘（今浙江杭州）人，北宋著名科学家、政治家。曾积极参加王安石的变法革新运动。掌管和主持过天文研究、盐政改革、农田水利兴修和军器制造。晚年写成的科学论著《梦溪笔谈》被誉为“中国古代科学史上坐标”,因写于润州(今江苏镇江)梦溪园而得名。内容涉及天文、数学、物理、化学、生物、地质、地理、气象、医药、农业、工程技术、文学、史事、音乐和美术等。

【品读】

这里将《世说新语》和《梦溪笔谈》置于一组,缘于两文同为我国古代笔记中的经典。

先说说入选的《世说新语》三则。《世说新语》属笔记小说类。就其艺术价值而言,追求了“传神写照”的叙事技巧与“言约旨远”的语言风格。在叙事技巧上,三则小说一是崇尚写意,遗貌取神,强调小说的内在意蕴,侧重表现魏晋人物的精神风貌;二是精心选择富于特征性的细节刻画人物,通过荀巨伯、庾亮、元方等人的一言一动写出人物微妙心理,从细处点描,纤毫毕露,并善于在对比中凸显人物性格。而在语言风格上,则是言约旨远,语言非常精练,笔调含蓄隽永,描写人物事件不冗赘,传情达意亦不过分坦直,不直接评论人物的是非,作者的褒贬爱憎寄于叙述之中。如《庾公乘的卢马》中“古之美谈,效之不亦达乎”一句,表面上似还含蓄,实际上是非常尖锐、率直地批评了移祸他人的做法;至于《陈太丘与友期》中“日中不至,则是无信;对子骂父,则是无礼”一句,更是尽显了元方的年少聪慧、应对敏捷。作者描写人物,阐发事理,在待友、待人、待己方面都传达出“友情重于生命,爱人胜于爱己,与人交往须守信重礼”这些重要的为人处世的原则,它蕴涵了非常丰富的文化内涵和道德意识,在今天的我们看来,仍极有思想价值和认识意义。

再来看《梦溪笔谈》。《梦溪笔谈》是属于科学小品。这里所选的两则,一是说明在什么时间采草药才有效,一是探讨雁荡山得名的来历以及雁荡诸峰形成的原因,都有相当可靠的科学根据,读来文笔朴实简练,记事与说理有机结合,毫不刻意于文字雕琢,但带有文学性。我们说,阐释事理的说明文,其常使用的说明顺序是逻辑顺序，这不同于说明实物常用的空间顺序和说明事物发展变化过程常用的时间顺序。《采草药》的作者是从否定古代错误的做法入手，进而说明自己的观点。说明自己的观点时，先从使用草药的部位不同说明“不可限以时月”的道理，这是从草药的内在因素方面说的；再从草药生长的客观条件不同说明“岂可一切拘以定月哉”。《雁荡山》一文，第一段发现并提出问题：雁荡山长期不为人知，为什么呢？第二段分析解释问题：由大水冲击形成了雁荡山的地形特点，隐没在深谷密林之中，所以不易被人发现。最后是结论，正面回答开头一段提出的问题。全文是由“结果（不为人知）——分析原因（特殊地形及其成因）——结论（不为人知，理不足怪）”这样的逻辑顺序来写的。由此可知，两则虽然不是议论文，但是却有极严密的逻辑性，说服力很强，文章的层次条理也很清楚。

两篇文章给我诸多启发，在治学方面既要破除保守观念，勇于创新，又要有科学的态度，严谨、求实。如《采草药》中作者善于观察客观事物，不因循守旧，敢于大胆否定古人的错误做法，提出并阐明自己的独到见解，这就是治学上实事求是精神的体现。当然，在否定古法时，作者的态度也是十分谨慎的，如文章开头说：“古法采草药多用二月、八月，此殊未当”，“多用”，只是多数，绝非全部；“未当”，只是不恰当、不合适，绝非谬误。在写到用根作药时，说“无苗时采，则实而沉；有苗时采，则虚而浮”；又说“未花时采，则根色鲜泽；花过而采，则根色黯恶”。情况写得如此具体、真切，这不正是严谨求实治学态度的体现吗？《雁荡山》中写到雁荡山的地形特点时，作者说“予观雁荡诸峰……自岭外望之……至谷中……”，这也充分体现出作者注重实地考察而绝不妄下结论的严谨的科学态度。在实地考察基础上再“原其理”，以理服人，以事实为依据，读者自然易于接受。

【借鉴】

1. 关于“信义”

古人云，“人无信，则不立”，“人而无信，不知其可也”，也就是说，信义是个体道德、自身修养的基石，是为人处事的基本道德准则。《世说新语》中的三则故事，所蕴涵着的传统道德思想就是“信为本，义为先”，作者把笔墨直接触及待友、待人、待己等重要的社会交往层面，通过所写人物的言行，让我们学习、体悟到立身处世的正确态度，三则故事，也是很好的谈诚信、仁义、善良、宽厚类文章的写作材料。

2. “传神写照”的叙事技巧

《世说新语》中的故事都是非常短小精悍，字数不多。作者往往只截取一个生活片段，通过刻画人物的一言一动、一嗔一怒，写出人物微妙的内心活动，凸显其某种精神品质，给人留下深刻的印象。如《陈太丘与友期》中，客人由“问”而“怒”而“惭”而“引”，十分生动鲜明地描写了客人在一个7岁孩童面前的感情变化过程。而幼小的陈纪也有礼有节，对客人的指责毫不畏怯，义正词严地驳斥对方“无信”“无礼”，使得对方无言以对。品味、体会这种手法的妙处，有助于我们写人能力的提高。

【思考】

1. 分别概括《世说新语》三则故事体现了这样的处事原则。

2. 从《梦溪笔谈》中举其中一篇谈谈古人做学问时表现的科学态度。

3. 孔子曾说“己所不欲，勿施于人”，这是中国古代处理人我关系的一个重要准则，请结合《庾公乘的卢马》一文中庾亮的所言所行，联系当今社会实际，谈谈你对“己所不欲，勿施于人”这种思想的理解和认识。

【译文】

《世说新语》三则

荀 巨 伯

荀巨伯远道去探望生病的朋友，正好遇上胡兵进攻郡城。朋友对荀巨伯说：“我现在就要死了！您还是离开吧。”荀巨伯说：“我远道来看望你，你却让我离开，让我舍弃正义来保全性命，这哪里是我荀巨伯做的事！”

胡兵进城后，对荀巨伯说：“我们的大军一到，整个郡城的人都跑光了，你是什么人，竟敢独自一个人留下来？”荀巨伯说：“朋友有病，不忍心抛弃他，我宁愿用自己的性命来代替朋友的性命。”胡兵相互议论说：“我们这些不懂道义的人，却侵入了重道义的郡城！”于是撤回大军。整个郡城都得以保全。

庾公乘的卢马

庾亮驾车的马中有一匹的卢马，有人告诉他叫他把马卖掉。庾亮说：“卖它，必定有买主，那就还要害那个买主，怎么可以因为对自己不利了就转嫁给别人呢！从前孙叔敖打死两头蛇为后面（可能看到两头蛇）的人打算，古时候的这种美谈，我学习仿效他，不也是很通达的吗！”

陈太丘与友期

太丘长陈寔和朋友约好一同外出，约定中午出发，过了中午，朋友还没有来，陈寔不管他，自己走了，走了以后那位朋友才到。当时陈寔儿子元方才七岁，正在门外玩耍。来客问元方：“令尊在家吗？”元方回答说：“家父等了您很久，见您不来，已经走了。”那位朋友便发怒说道：“真不是人呀！和别人约好一起走，却扔下我不管自己走了！”元方说：“您是跟家父约定中午时间走的，到了中午还不来，这就是不守信用；对着人家的儿子骂他的父亲，这是没有礼貌。”那位朋友听了很惭愧，就下车来拉他招呼他。元方掉头回家门，再也不回头看一眼。

《梦溪笔谈》二则

采　草　药

古法采草药（时间）多数在二月、八月，这很不恰当。只是二月草已发芽，八月茎叶还没有枯死，采药的人容易辨认（草药）罢了，对药材来说，并不是最好的时间。大致说，用根的（草药），如果有隔年老根，必须选择没有茎叶时采摘，这时液汁都集中在根内。要验证这一点，只要拿萝卜、地黄这类来看，没有茎叶时候采摘的，就充实而沉重；有茎叶时候采摘的，就空虚而轻浮。那些没有隔年老根的，就要等到茎叶长成而还未开花的时候采摘，(这时)根生长已充足而又未衰老。像现在的紫草，没有花的时候采摘，根的颜色就明亮滋润；花开过后采摘，根的颜色就暗黑难看。这就是(采药时间适当与否的)验证。用叶的(草药要)选择叶子刚长足的时候(采摘)；用芽的(草药)自然应当遵从传统的说法；用花的(草药要)选取花刚开时(采)；用果实的(草药要在)果实成熟时采。(这些)都不可以用固定的时间去限制。因为地温(的升降，在不同情况下)有早有晚，天气也会不时变异无常。例如平原三月开花的，(在)深山中却四月(才)开花。白居易《大林寺桃花》诗中说："人间四月芳菲尽，山寺桃花始盛开。"(这是)普遍的道理。这是地势高低(造成)的不同。(又)如筀竹笋，有二月长出来的，有三、四月长出来的，有五月才长出来的，(五月才长出来的)叫作晚筀；水稻有七月熟的，有八、九月熟的，有十月熟的，(十月熟的)叫作晚稻。同一类作物(种植)在同一小块地里的，它本身(也还)有早晚(之分)。这(是)植物本身的性能不同(造成的)。岭峤一带的小草，越冬也不枯萎；并、汾地区的乔木，临近秋天(就先)坠落叶子了；诸越的桃李冬天结果，朔漠的桃李夏天(才)开花。这(是)各地气候不同(造成的)。(同)一亩地里的庄稼，用粪浇灌的(就)先发芽；(同)一丘地里的谷物，后种的就晚结实。这(是)人工栽培不一样(造成的)。怎么能一律用固定的时月来限制(采摘草药的时间)呢。

雁荡山

温州雁荡山，是天下一座奇特、秀丽(的山)。但是自古以来的地理图谱表籍上都没有提及过它。宋代祥符年间，因为要修建玉清宫，在开山伐木时，才有人发现这座山，这时它还没有名字。根据西域书记载，说有一个名叫诺矩罗的罗汉，曾住在中国东南大海边的雁荡山芙蓉峰的龙湫。唐朝一个叫贯休的和尚写的《诺矩罗赞》中，也有"雁荡经行云漠漠，龙湫宴坐雨蒙蒙"的诗句。这座山的南边有芙蓉峰，峰下有芙蓉驿，向前看可以俯视大海，然而当时的人依旧不知道雁荡、龙湫到底在什么地方。后来人们因为采伐木材，才开始见到这座山。山顶上有一个大水池，相传就(把它当作)是雁荡了；山下有两个水潭，就把它当作(大、小)龙湫。至于经行峡、宴坐峰,那都是后来人们根据贯休的诗句来命名的。南朝的宋代诗人谢灵运任永嘉太守时,凡是永嘉(一带)的山水,几乎都游历遍了,唯独没有谈到这个雁荡山,这是因为当时还没有雁荡山这个名称呢。

我观察雁荡山的这些山峰,都是陡峭、挺拔、险峻、怪异,向上耸立高约千尺,高高的山崖和巨大的沟谷,不像其他的山。(雁荡山许多山峰)都包容在周围的众多山谷里面。从外往里看这些山峰,什么也看不到;走到山谷里面,才能看到它们的峭拔林立,直冲云霄。推究它形成的原因,应当是被山谷里的大水冲刷的结果,沙土都被冲走了,唯独剩下了这些巍然挺立巨大的岩石。至于大小龙湫、水帘、初月谷之类,统统都是由水流冲刷而成的洞穴。从下面望这些山峰,都是高耸的岩石峭壁;从上面观察,山谷里的山峰峰顶恰好跟周围山地一样高,(甚至这)许多山峰的顶部还低于周围山地的地平面。世界上溪谷里水流冲刷的地方,都有高耸直立的土层和像神龛一般的岩石,也都是属于这一类情况罢了(即它们和雁荡山谷里的许多山峰的成因、原理是相同的。)现在的成皋、陕州以西的大山涧中,直立的土层往往可达百尺,高高地耸立着,也可算是形体齐备而规模较小的雁荡山的相似形,只是这里是黄土的,那里是石质的罢了。(雁荡山许多山峰)既然不挺立在平地之上,而是被深谷老林所掩蔽,所以古人没有看见,那么谢灵运没有到过(这里),从事理上说就不值得奇怪了。

九疑山图记

[唐] 元 结

九疑山[①]方二千余里,四州各近一隅。世称九峰相似,望而疑之,谓之九疑。

九峰殊极[②]高大,远望皆可见也。彼如嵩、华之峻崎,衡、岱之方广,在九峰之下,磊磊然[③]如布棋石者,可以百数。中峰之下,水无鱼鳖,林无鸟兽,时闻声如蝉蝇之类,听之亦无。往往见大谷长川,平田深渊,杉松百围[④],榕栝并茂,青莎白沙,洞穴丹崖,寒泉飞流,异竹杂华⑤,回映之处,似藏人家。实有九水,出于中山,四水流灌于南海,五水北注,合为洞庭。不知海内之山,如九疑者几焉?

或曰:"若然者,兹山何不列于五岳?"对曰:"五帝之前,封疆⑥尚隘,衡山作岳,已出荒服⑦。今九疑之南,万里臣妾⑧;国门东望,不见涯际;西行几万里,未尽边陲⑨,当合以九疑为南岳,以昆仑为西岳,衡、华之辈,听逸者⑩占为山居,封君⑪表⑫作园囿耳。但苦当世议者拘限常情,牵引古制⑬,不能有所改创也,如何?"

故图画九峰,并随方题记,传于好事,以旌异之⑭。

【注释】

①九疑山:又名苍梧山,位于湖南省南部永州市宁远县境内。②殊极:同义复词,表示程度很深,相当于"很"。③磊磊然:石头众多的样子。④围:量词,指两臂合抱的长度。⑤华:同"花"。⑥封疆:名词,边界,疆界。⑦荒服:古"五服"之一,称离京师二千到二千五百里的边远地方,亦泛指边远地区。⑧臣妾:名词活用为动词,称臣做妾,意为臣服归顺。⑨未尽边陲:无法走到边疆。⑩逸者:逸,隐遁,隐退。逸者,指隐逸出世的人。⑪封君:领受封邑的贵族。⑫表:标记。⑬牵引古制:被古时的法式制度牵制。⑭异之:异,形容词的意动用法,认为……与众不同,这里指对九疑山感兴趣。

吴山图记

[明] 归有光

吴、长洲二县①在郡治所,分境而治,而郡西诸山皆在吴县。其最高者:穹窿、阳山、邓尉、西脊、铜井;而灵岩②,吴之故宫③在焉,尚有西子之遗迹。若虎丘、剑池及天平、尚方、支硎④,皆胜地也。而太湖⑤汪洋三万六千顷,七十二峰⑥沉浸其间,则海内之奇观矣。

余同年⑦友魏君用晦为吴县,未及三年,以高第召入为给事中⑧。君之为县有惠爱⑨,百姓扳留⑩之不能得,而君亦不忍于其民。由是好事者绘《吴山图》以为赠。

夫令之于民诚重矣。令诚贤也,其地之山川草木,亦被其泽而有荣也⑪;令诚不贤也,其地之山川草木亦被其殃而有辱也。君于吴之山川,盖增重矣。异时吾民将择胜于岩峦之间,尸祝⑫于浮屠、老子之宫也固宜;而君则亦既去矣,何复惓惓⑬于此山哉?

昔苏子瞻称韩魏公⑭去黄州四十馀年,而思之不忘,至以为《思黄州诗》,子瞻为黄人刻之于石。然后知贤者于其所至,不独使其人之不忍忘而已,亦不能自忘于其人也。

君今去县已三年矣,一日,与余同在内庭⑮,出示此图,展玩太息,因命余记之。噫!君之于吾吴有情如此,如之何而使吾民能忘之也?

【注释】

①吴、长洲二县:吴县,在江苏东南部,明朝时是苏州府治。长洲,旧县名,治所与吴县同城,在今江苏苏州市,明朝时与吴县同为苏州府治。②灵岩:山名,在今苏州市木渎镇,又名石鼓山、砚石山、象山、石城山。③吴之故宫:春秋时吴国君主夫差曾在灵岩为西施建馆娃宫。据传今灵岩山寺一带即是馆娃宫的遗址。④虎丘:苏州市西北小丘,有虎丘塔,剑池,千人石等古迹。剑池:池名。在今江苏苏州市虎丘山。相传秦始皇东巡时在这里找寻过吴王阖庐的宝剑;一说阖庐葬在这里,曾用鱼阳扁诸等宝剑各三千殉葬,故名。天平:山名,在灵岩山北,因山顶方平,故名天平山。尚方:山名,又称上方山、楞枷山,在原吴县西南。支硎(xíng形):山名,在原吴县西南,相传晋代名僧支遁曾隐于此山。⑤太湖:在江苏南部,面积两千二百一十三平方公里,跨江浙二省,湖中小山甚多,东西二洞庭最著,水石风景,天然入画,世称洞天福地。⑥七十二峰:太湖中有大小岛屿四十

八个,加上沿湖的山峰和半岛,号称七十二峰。沉浸:浸入水中。⑦同年:封建时代同一年中举或同一年登进士第的互相称同年。⑧给事中:官名。明朝吏、户、礼、兵、刑、工六科,各设都给事中一人,左右给事中各一人,给事中若干人,抄发章疏,稽查违误,其权颇重。⑨惠爱:对老百姓施惠和爱护。⑩扳留:挽留。又作"攀留",即攀缘车驾挽留,表示对离任者功绩的肯定和对离去的眷念。⑪被:通"披",受。泽:恩惠。荣:兴旺。⑫尸祝:本指古代祭祀时担任尸和祝的人。尸,代表鬼神受享祭的人;祝,传告鬼神言辞的人。引申为崇敬。⑬惓惓(quán):恳切意。⑭苏子瞻:即苏轼。韩魏公:即韩琦,因封魏国公,故称。⑮内庭:即内廷,宫廷之内。隆庆四年(1570),归有光任南京太仆寺丞,留京执掌内阁制敕房,纂修《世宗实录》,因此有机会在内廷与时任给事中的魏用晦见面。

【知识】

1. 元结及其作品特色

元结(719—772),唐代文学家,字次山,河南鲁山(今河南省鲁山县)人。天宝十二年(753)进士及第。后任山南东道节度使史翙幕参谋,招募义兵,抗击史思明叛军,保全十五城。代宗时,加封容州都督充本管经略守捉使,政绩颇丰。

元结工于诗和散文,其诗多反映人民疾苦,情感真挚动人,所做多古体和绝句,力求摆脱声律束缚,不尚词华,朴素简淡,自成一格。欧阳修曾指出他具有"笔力雄健,意气超拔"的特色,翁方纲却曾说他"质朴处过甚"。

2. 五岳

《九疑山图记》一文中提到的嵩、华、衡、岱即中岳嵩山、西岳华山、南岳衡山和东岳泰山,再加上北岳恒山,称作"五岳"。泰山和嵩山曾经是封建帝王仰天功之巍巍而封禅祭祀的地方,更是封建帝王受命于天,定鼎中原的象征。五岳景色各有特点,受到许多游客的青睐,许多文人作家也留下了大量诗文作品。"东岳泰山之雄,西岳华山之险,中岳嵩山之峻,北岳恒山之幽,南岳衡山之秀"早已闻名于全世界。

【品读】

这两篇图记，都是因图为文。

先说归有光之文。作者不直接从《吴山图》说起，而是极写吴县的山川形胜，将吴地深广的历史文化内涵首先展露在读者面前。然后因地及人，交待自己与《吴山图》主人的同年关系，强调魏用晦因政绩卓著而受到百姓爱戴而不舍他离开吴县，好事者作《吴山图》以赠之。将一地的山川形胜与为官一任、造福一方的贤能之士联系起来，为下文的议论作了坚实的铺垫，顺理成章地引出第三段关于为政者的贤与不贤对山河草木的影响，实质是谈论官与民的关系。再用苏轼和韩琦的故事为例，说明贤能之官吏自然能得到当地百姓的深切怀念，再次强调官民关系。最后又上升到真正的贤者是“不独使其人之不忍忘而已，亦不能自忘于其人也”，将全文的思想主旨提到更高的层面。最后一段称赞魏用晦是属于“不能自忘于其人”的贤者，交代写作缘由，说明《吴山图》显示的不只是山水之美，更是魏君政绩的荣耀，使图与文字产生一种深刻的联系，解释了百姓作图的意义所在，收束全文。全文结构巧妙，层次井然，抒情含蓄。

《九疑山图记》也同样从写景起笔，通过多角度多层面展现九疑山的规模、得名的缘由，用整散结合的句式铺陈了一幅山石磊磊，松柏相映，寒泉飞瀑，奇花异草交织而成的多姿多彩、令人赏心悦目的九疑山图。在这般美景的铺垫下，自然引出读者的疑问：“兹山何不列于五岳？”作者借他人之口提问，实质是自问自答，从疆域划分的历史原因和处理人事的社会原因表达了对九疑山不能列入五岳的不满，既点出了写作的目的，也交代了作画的缘由。同时这篇文章在文字背后还为读者拓展了一个更加广阔的解读空间，作者对美景被埋没而抱不平还可以解读为对像九疑山这样才华横溢，才能卓越的人却遭遇生不逢时的惋惜不平，或者也可以看成是作者的自比，在感叹自己怀才不遇，以山自喻。

两篇文章在主题上不尽相同。《九疑山图记》侧重于为一座山、一个人、一群人鸣不平，画图作记“以旌异之”。而《吴山图记》目的在于揭示出“然后知贤者于其所至，不独使其人之不忍忘而已，亦不能自忘于其人也”的官民关系，以此来称颂魏用晦对吴县的缱绻深情。

在结构和写法上也有同存异。二者均由景起笔，按照由景及人的顺序为后文的议论作好铺垫，但写法各有千秋。归文毫无重彩敷色的描绘，通过对叙述方式的营构，一段简洁的文字写得摇曳生姿。这段写景句法错落有致，从句式上就让人产生群峦重叠、异峰突起的感觉，将人文地理和自然风景相结合，更突出吴地不仅群山并立，山水交映，而且历史悠久、文化丰厚，虽然没有正面介绍《吴山图》，但凭借生动的文字，已然激起读者对这幅图的想象。元结描写九疑山纯粹的自然风光，写作手法更加多元化。反复变换观察角度，由远及近，由高及低，从宏观的峻岭到微观处的异竹杂花，“时闻声如蝉蝇之类”，通过描写山中似有若无的声音，以声衬静，从听觉写出了山中清幽静谧的特色。

在抒情议论方面，两篇文章均流露出作者鲜明的情感。元结更显内敛，“兹山何不列于五岳”是作者借他人之口抒发的不满情绪，而归文更显直白，“噫！君之于吾吴有情如此，如之何而使吾民能忘之也”，对魏君的赞叹与感激表露无遗。在语言上，写景均不见绮丽华美之词，议论又侃侃而谈，言之成理，富有逻辑。

“记”这种体裁主要是山水游记，而因图为记的文字并不多，而为数不多的图记中，这两篇从思想内容到形式笔法，无疑都是上乘之作。

【借鉴】

1.“令之于民诚重矣”

在谈论为官治民、官民关系方面作文时，《吴山图记》给出了诸多精辟的观点可资我们积累借鉴，诸如“夫令之于民诚重矣。令诚贤也，其地之山川草木，亦被其泽而有荣也；令诚不贤也，其地之山川草木亦被其殃而有辱也”“贤者于其所至，不独使其人之不忍忘而已，亦不能自忘于其人也”。

2. 两则官民关系事例积累

《吴山图记》在谈论为官治民、官民关系方面给出了很多典型的事例，说明心系百姓的好官不但深受百姓爱戴留恋，自己也忘不了一方百姓，如魏用晦治理有方，百姓扳留之不能得，作图以为赠。再如韩魏公去黄州四十余年，思之不忘为《思黄州诗》，子瞻为黄人刻之于石。

【思考】

1. 简要分析作者为九疑山作记的原因。

2.《吴山图记》中阐述了怎样的官与民关系？

3. 请分析《吴山图记》第四段的写作目的。

4. 两篇文章均从写景开始，而文章写作目的又不在写景上，请结合其中一篇分析作者这样写的用意。

【译文】

九疑山图记

九疑山方圆二千多里，四州各靠近其一角。世人认为九座山峰非常相似，远远望去几乎分不清，所以称之为九疑山。

九座山峰非常高大，远远遥望都可以见到。它们像嵩山、华山的险峻崎岖，有衡山、岱山的幅员辽阔，在九座山峰之下，还有很多堆积在一起如同棋子排布的石头，可以用百来计算。中锋之下，水中没有鱼鳖，林中没有鸟兽，不时听到的如同蝉蝇之类的声音，仔细听又好像没有。这里往往可以见到幽深的山谷长长的河流，平整的农田和深深的水潭，杉树松树有百围粗，枝繁叶茂的榕树栝树，翠绿的莎草白色的沙滩，深邃的洞穴，红色的石崖，清凉的泉水从空中飞泻下来，种类各异的竹子混杂着各种花草，互相辉映之处，好像隐藏着山野人家。真的有九条水从中山之中倾泻而出，其中四条流淌注入到南海，另外五条水流合流注入洞庭湖。不知道像九疑山这样的海内之山能有几座呢?

有的人说:“如果真的这样,这座山为什么没有列于五岳之中?”我的回答是:“五帝之前,分封的疆域还比较狭隘,把衡山作为五岳之一,已经是很偏远的地方了。今天九疑山的南面,万里归服,站在都门向东望,看不到边际;向西行几万里,到不了边境。因此应该把九疑山作为南岳,把昆仑山作为西岳,像衡山、华山之类的山,还是听任出世者在此结庐隐居,让领受封邑的贵族作标记当做后花园吧。只是苦于当世议论之人常常被常情局限,被古代的规则所牵引,不能有所改动创新,这又能怎么办啊?”

所以我绘制了九疑山的图画,并且随画写下题记,传给那些有兴趣的人,来赞扬他们。

吴山图记

吴县、长洲这两个县都在苏州府境内,分领各自的地区进行管理。苏州府西边所有的山都在吴县范围内。其中最高的有穹窿山、阳山、邓尉山、西脊山和铜井山,而灵岩山,吴王夫差的故宫就在这里,那里至今还保存着西施的遗迹。至于说到虎丘、剑池,以及天平、尚方、支硎,都是风景优美的地方。而太湖宽广无边,有三万六千顷大,有七十二峰坐落其间,则更称得上天下奇观了。

我的同榜登科的好友魏用晦君任吴县知县不到三年,就因为政绩赫赫而被朝廷召入任给事中。魏君治理吴县时对百姓很仁慈,百姓挽留他不能达到目的,魏君也不忍离去,于是有热心人就画了一幅《吴山图》,来作为临别留念赠给他。

县令对于百姓确实是很重要的。如果县令贤能,那当地的山川草木也会受到他的恩泽显得荣耀;如果县令不贤能,就会祸及当地的山川草木,使其受到耻辱。魏君对吴县的山川草木,算是增加了光荣了。将来我们吴县百姓将在山间选择一处风景优美之地,在佛堂和道观里供他的长生禄位牌,经常上香祝祷,这本来也是应该的;可是魏君既然已经离开了吴县,为什么仍然会对这些山念念不忘呢?

过去苏东坡说，韩魏公离开黄州40多年，仍然想念它不曾忘记，甚至因此写了思念黄州的诗，东坡为黄州的人把这首诗刻在石碑上。看到这个故事，我才明白贤能的人对于他生活过的地方，不仅使那里的百姓不忍忘怀自己，而且连他自己也不会忘记那里的百姓。

如今魏君离开吴县已经三年了，有一天，他和我同在内廷，拿出这幅《吴山图》给我看，他摊开在桌上一边欣赏一边长吁短叹，很是怀念，于是吩咐我写一篇记文。唉！魏君对吴县的百姓有如此深厚的情谊，怎么能叫我们吴县的百姓忘记他呢？

二、说理性散文

(共 28 篇)

（一）立　　论

季氏将伐颛臾①

《论语》

季氏将伐颛臾②。冉有、季路见于孔子曰："季氏将有事③于颛臾。"孔子曰："求！无乃尔是过与④？夫颛臾，昔者先王以为东蒙主⑤，且在邦域之中矣，是社稷之臣也⑥。何以伐为？"

冉有曰："夫子欲之，吾二臣者皆不欲也。"孔子曰："求！周任有言曰：'陈力就列，不能者止。'危而不持⑦，颠而不扶，则将焉用彼相⑧矣？且尔言过矣，虎兕出于柙⑨，龟玉毁于椟中⑩，是谁之过与？"

冉有曰："今夫颛臾，固而近于费，今不取，后世必为子孙忧。"孔子曰："求！君子疾夫舍曰欲之而必为之辞⑪。丘也闻有国有家者⑫，不患寡而患不均，不患贫而患不安⑬。盖均无贫，和无寡，安无倾⑭。夫如是，故远人不服，则修文德以来之⑮。既来之，则安之。今由与求也，相夫子，远人不服，而不能来也；邦分崩离析⑯，而不能守也；而谋动干戈⑰于邦内。吾恐季孙之忧，不在颛臾，而在萧墙⑱之内也。"

【注释】

①本文节选自《论语·季氏篇》。②季氏：季康子，春秋鲁国大夫，鲁哀公时的权臣。颛臾（zhuān yú）：小国，是鲁国的属国。旧说季氏贪颛臾土地而攻之。③有事：这里指军事行动。古代把祭祀和战争称为国家大事。当时季氏专制国

政，与鲁哀公的矛盾很大。他担忧颛臾会帮助鲁哀公削弱自己的实力，所以抢先攻打颛臾。④无乃尔是过与：恐怕该责备你吧？“无乃……与”相当于现代汉语的“恐怕……吧”。尔是过，责备你，这里的意思是批评对方没尽到责任。是：结构助词，提宾标志。⑤东蒙主：主管祭祀蒙山的人。东蒙，山名，即蒙山，在今山东蒙阴南。主：主管祭祀的人。⑥是社稷之臣也：是：代词，这，指颛臾。社稷：社，指土神，稷，指谷神。社稷是祭祀谷神和土神的祭坛，这里指鲁国。社稷之臣意译为附属于大国的小国。⑦危：名词作动词，遇到危险。持：护持。⑧相(xiàng)：搀扶盲人走路的人，也可指辅助的人。⑨兕(sì)：独角犀。柙(xiá)：关猛兽的笼子。⑩龟玉：龟玉都是宝物。龟：龟版，用来占卜。玉：指玉瑞和玉器。玉瑞用来表示爵位，玉器用于祭祀。椟(dú)：匣子。⑪君子疾夫舍曰欲之而必为之辞：君子厌恶那些不肯说(自己)想要那样而偏要找借口的人。疾：痛恨。夫：代词，那种。舍：舍弃，撇开。辞：托辞，借口。⑫有国有家者：有国土的诸侯和有封地的大夫。国：诸侯统治的政治区域。家：卿大夫统治的政治区域。⑬不患寡而患不均，不患贫而患不安：意思是“不担忧贫困而担忧分配不均，不担忧人(东西)少而担忧社会不安定”。患：忧虑，担心。寡：少。⑭盖均无贫：财富分配公平合理，上下各得其分，就没有贫穷。和无寡：和平了，人口就不会少了。安无倾：国家安定，就没有倾覆的危险。⑮文：文教，指礼乐。来：使……来(归附)。⑯分崩离析：国家四分五裂，不能守全。⑰干：盾牌。戈：古代用来刺杀的一种长柄兵器。干戈：指军事。⑱萧墙：国君宫门内迎门的小墙，又叫做屏。因古时臣子朝见国君，走到此必肃然起敬，故称“萧墙”。萧：古同“肃”，这里借指宫廷。

寡人之于国也[①]

《孟子》

梁惠王曰：“寡人之于国也，尽心焉耳矣[②]。河内凶[③]，则移其民于河东，移其粟于河内;河东凶亦然。察邻国之政④,无如⑤寡人之用心者。邻国之民不加少⑥,寡人之民不加多,何也?"

孟子对曰:"王好战,请以战喻⑦。填然鼓之⑧,兵刃既接⑨,弃甲曳兵而走。或百步而后止,或五十步而后止。以五十步笑百步,则何如⑩?"

曰:"不可!直不百步耳,是亦走也。"

曰:"王如知此,则无望民之多于邻国也。不违农时⑪,谷不可胜食也;数罟不入洿池⑫,鱼鳖不可胜食也;斧斤以时入山林,材木不可胜用也。谷与鱼鳖不可胜食,材木不可胜用,是使民养生丧死无憾也⑬。养生丧死无憾,王道之始也。

"五亩⑭之宅,树之以桑,五十者可以衣帛矣。鸡豚狗彘之畜⑮,无失其时,七十者可以食肉矣。百亩之田,勿夺其时,数口之家可以无饥矣。谨庠序之教⑯,申之以孝悌之义⑰,颁白者不负戴于道路矣⑱。七十者衣帛食肉,黎民不饥不寒,然而不王者,未之有也。

"狗彘食人食而不知检,涂有饿莩而不知发⑲,人死,则曰:'非我也,岁也。'是何异于刺人而杀之,曰:'非我也,兵也。'王无罪岁,斯天下之民至焉⑳。"

【注释】

①本文选自《孟子·梁惠王上》,是表现孟子"仁政"思想的文章之一。②尽心焉耳矣:真是费尽心力了。尽心:费尽心思。焉耳矣:都是句末助词,重叠使用,增强语气。③河内:今河南境内黄河以北的地方。凶:谷物收成不好,荒年。④政:当权者。⑤无如:没有像……。⑥加少:更少。加:更。古代人口少,为了增加劳力和扩充兵员,希望人口增多,以人口增多为好事。⑦请:有"请允许我"的意思。喻:打比方,作说明。⑧填:拟声词,模拟鼓声。鼓之:敲起鼓来。鼓:动词,击鼓。之:没有实在意义的衬字。下文"树之"的"之"用法相同。⑨兵刃既接:两军的兵器已经接触,指战斗已开始。兵:兵器、武器。刃:刀、刀剑等。既:已经。接:接触、交锋。⑩何如:怎么样。⑪违:违反,耽误。这里指耽误。时:季

节。谷：粮食的统称。⑫数罟（cù gǔ）：密网。洿（wū）：不流动的浊水。洿池即为池塘。⑬养生：供养活着的人。丧死：为死了的人办丧事。憾：遗憾。⑭五亩：先秦时五亩约合现在一亩二分多。⑮豚：小猪。彘（zhì）：猪。畜：畜养。⑯谨：谨慎，这里指认真从事。庠（xiáng）序：都指学校。商（殷）代叫序，周代叫庠。教：教化。⑰申：反复陈述。孝悌：古代敬爱父母为“孝”，尊敬兄长为“悌”。义：道理。⑱颁白者不负戴于道路矣：头发花白的老人不会在路上背着或者顶着东西了。意思是，年轻人知道孝敬老人，都来代劳了。颁白，头发花白。颁：同“斑”。负：背着东西。戴：顶着东西。⑲检：约束。涂：同“途”，道路。饿莩（piǎo）：饿死的人。发：指打开粮仓，赈济百姓。⑳斯：则，那么。至：到，这里指归顺。

【知识】

1. 孔子与《论语》

《论语》是儒家学派的经典著作之一，由孔子的弟子及其再传弟子编撰而成。它以语录体为主，记录了孔子及其弟子言行，集中体现了孔子的政治主张、伦理思想、道德观念及教育原则等。《论语》语言简朴、生动、通俗、深刻，具有格言特色。

孔子，名丘，字仲尼，在政治上，孔子提倡“仁”，主张“仁者爱人”“克自己复礼”；在教育上，主张“有教无类”“因材施教”；在学习方法上，他认为应该“举一反三”“温故知新”“学而不厌”“不耻下问”等。

2. 孟子与《孟子》

孟子，名轲，字子舆，邹（现在山东邹城市）人，是孔子之孙孔伋的再传弟子。中国古代战国时期的思想家、教育家、散文家、政治家，是著名儒家代表人物之一。

《孟子》是战国时期孟子的言论汇编，记录了孟子与其他诸家思想的争辩，对弟子的言传身教、游说诸侯等内容，由孟子及其弟子共同编撰而成。《孟子》记录了孟子的治国思想、政治观点和政治行动，其学说出发点为性善论，主张德治。南宋时朱熹将《孟子》与《论语》《大学》《中庸》合在一起称“四书”。自从宋、元、明、清以来，都把它当作家传户诵的书。

3. “天下”“国”与“家”

夏商周三代的天子叫“王”，“王”统治天下。《诗经》上说：“普天之下，莫非王土。”“国”是王封给诸侯的土地，让他们在那里建国，据说周朝初建时分封八百诸侯国，以后他们之间互相兼并，最后到战国，只剩下“七雄”了。“家”是大夫的封地，即诸侯把土地再分封给自己的亲属。以上文说，鲁国属诸侯，所以称“国”，统治者为国君。季孙氏是大夫，封地为“家”，冉有、季路是季孙氏的管家。孔子说“有国有家者，不患寡而患不均，不患贫而患不安”，其中就把“国”和“家”严格分开。春秋战国后，国家成为一个概念了。

【品读】

《季氏将伐颛臾》和《寡人之于国也》分别选自《论语》和《孟子》，是儒家经典中非常有代表性的两篇文章，仔细品读，不仅可以从中了解孔子与孟子的政治主张和治国思想，更可以感受到两位儒家代表人物的语言论辩技巧。

《季氏将伐颛臾》一文，通过对话的形式就季氏将伐颛臾这件事展开批驳，体现了孔子治国以礼，为政以德，反对强权霸道，反对诉诸武力的政治主张。

文章第一段阐明了孔子反对季氏攻打颛臾的理由：一是颛臾在鲁国一向有名正言顺的政治地位；二是颛臾的地理位置本就在鲁国境内，对鲁国一向不构成威胁；三是颛臾素来谨守君臣关系，没有攻打的理由。第二段孔子针对冉有的辩解，引用周任的名言批评冉有、季路推卸责任的态度。第三段孔子在批驳冉有的看法后，正面提出自己的治国方略，并进而指出季氏征伐颛臾的目的是想夺取鲁国的大权。

在论据的使用上，本文运用了历史材料（“昔者先王以为东蒙主”）、现实事例（颛臾在“邦域之中”“是社稷之臣”）、名人名言（“周任有言曰：‘陈力就列，不能者止。’”）三种论据，立论坚实可靠，驳斥也有理有据。

孔子还用比喻句形象地表达了自己的观点。“危而不持，颠而不扶，则将焉用彼相矣”，用盲人搀扶者的失职来比喻，冉有、季路作为季氏家臣而没有尽到责任。“虎兕出于柙，龟玉毁于椟中”，用“老虎和犀牛从笼子里跑出，（占卜用的）龟甲和（祭祀用的）玉器在匣子里被毁坏”的比喻，来批评冉有、季路作为季氏家臣若不能劝谏季氏放弃武力，致使颛臾被灭，也是他们的失职。

文中的三处反诘句：“何以伐为”“则将焉用彼相矣”“是谁之过与”，使句子感情色彩强烈，批驳力较强；也使肯定的答案寓于反问当中，使肯定更为有力，语气亦更加含蓄，引人思索。

《寡人之于国也》一文写孟子同梁惠王的谈话。当时各国为了要增产粮食和扩充兵员，都苦于劳动力不足，所以梁惠王要同邻国争夺百姓，采取了自以为“尽心”的措施，可是目的并没有达到。孟子抓住了这个矛盾，指出梁惠王的“尽心”并不能使百姓归顺，同时提出自己的主张，只有“行王道，施仁政”，才是治国的根本办法。

文章先提出“民不加多”的疑问。梁惠王希望更多的民归附自己，孟子正是利用梁惠王的这种心理来宣传“仁政”思想并想引导他实行王道政治的。

接着，在第二、第三小节中孟子分析了“民不加多”的原因。作者用梁惠王熟悉的事例设喻，“王好战，请以战喻”总提一句，然后举出两个逃兵“弃甲曳兵而走”的两种情况，提出“以五十步笑百步，则如何”的反问，进一步启发、诱使对方在不知不觉中说出否定自己论点的话：“不可，直不百步耳，是亦走也。”这样既回答了“民不加多”的原因，又揭示了五十步笑百步的寓意：梁惠王的“移民移粟”跟邻国统治者的治国不尽心，实质上没有什么区别，只是形式上数量上不同而已。

文章接下来的三段文字，孟子阐述了“仁政”的具体内容——使民加多的根本措施。作者用一系列的排比句式，把自己的主张层层铺叙，渲染得有声有色，为梁惠王展现出一幅美好的前景，然后得出“然而不王者，未之有也”的结论。最后，作者又用比喻阐述了“使民加多”应有的态度：如果将“涂有饿莩”归罪于年成不好，就如同“刺人而杀之”归罪于武器一样荒唐，提醒梁惠王不应归罪于凶年饥岁，而应反省自己，革除虐政，施仁政，行王道，才能使百姓归服。

所以，从两篇文章来看，孔子主张“以礼治国，为政以德”，孟子主张“行王道，施仁政”，他们的政治主张有着一脉相承的关系。在论说中，孔子和孟子都善用比喻，反问等，体现了他们高度的语言论辩技巧。相对而言，孔子的语言简朴、生动、通俗、深刻，具有格言特色，言辞语气更为平缓一些，而孟子的文章则谈锋犀利，咄咄逼人，文章极富雄辩的气势。

【借鉴】

1. 成语积累

既来之，则安之——语出《季氏将伐颛臾》，本指招来远人，并加以安抚。后指已经来了，就应该安下心来，多用于劝慰别人，也可以用来自我安慰，表现一种良好的心态。例如：虽然这个地方和他原先预想的不太一样，但既来之，则安之，还是认真干好自己的分内之事吧。

祸起萧墙——语出《季氏将伐颛臾》，谓祸患起于内部。萧墙，古代宫室内当门的小墙，比喻祸乱产生于内部，也作“祸发萧墙”“萧墙祸起”。例如：他没想到祸起萧墙，在他们内部出现分裂。

分崩离析——语出《季氏将伐颛臾》。崩：倒塌；析：分开。崩塌解体，四分五裂。形容国家或集团分裂瓦解。例如：这个大家庭分崩离析，过往的繁华一去不返。

2. 学会喻证

喻证法，也叫比喻论证法，是议论文中用人们熟知的事物来作比喻，证明文章观点的一种论证方法。孟子散文善用设喻来论证观点，如《寡人之于国也》一文中，孟子不直接回答梁惠王提出的“为何民不加多”的问题，而是用梁惠王熟悉的事例设喻，启发对方，使对方容易接受。本意要讲实行仁政，却先以战设喻，使梁惠王不知不觉中跟着他的思路走，暗示要“使民加多”，必须施仁政、行王道。在议论文的写作中，不妨可以学学运用喻证法，用人们熟知的事物来作比喻，使自己的论述更加形象生动，观点的提出更具说服力。

【思考】

1.《季氏将伐颛臾》一文中“吾恐季氏之忧，不在颛臾，而在萧墙之内也”表明了什么？

2.《寡人之于国也》的第四段和第五段中，孟子分别提出了发展生产的哪三条措施？

3. 两篇文章的论说各有特色，试比较其异同。

【译文】

季氏将伐颛臾

季孙氏将要攻打颛臾。冉有、季路拜见孔子说：“季孙氏要对颛臾用兵。”孔子说：“冉有！恐怕应该责备你吧？那颛臾，先王让它主办东蒙山的祭祀，而且它地处鲁国境内，是鲁国的藩属国。为什么要讨伐它呢？”

冉有说：“季孙要这么干，我们两个做臣下的都不愿意。”孔子说：“冉有！周任有句话说：‘能施展才能就担任那职位，不能胜任就该辞去。’如果盲人摇晃着要倒下却不去扶持，将要跌倒却不去搀扶，那么何必要用那个搀扶的人呢？况且你的话错了，老虎和犀牛从笼子里跑出，(占卜用的)龟甲和(祭祀用的)玉器在匣子里被毁坏，这是谁的过错呢？”

冉有说：“如今颛臾城墙坚固而且靠近季孙氏的封地，现在不夺取，后世一定会成为子孙们的忧虑。”孔子说：“冉有！君子厌恶那些不肯说(自己)想要那样而偏要找借口掩饰的人。我听说拥有邦国封邑的诸侯和拥有家族封邑的大夫，他们不担忧东西少而担忧分配不均匀，不担忧贫困而担忧不安定。财物分配公平合理,就没有贫穷;上下和睦,就不必担心人少;社会安定,国家就没有倾覆的危险。像这样,远方的人仍然不归服,就修治文教德政来使他归服。已经使他们归附后,就要使他安定下来。如今由与求两人辅佐季孙氏,远方的人不归服,却不能使他们来归顺;国家四分五裂,却不能保持它的稳定统一;反而策划在境内兴起干戈。我恐怕季孙氏的忧虑,不在颛臾,而是在鲁国内部。”

寡人之于国也

梁惠王说:“我对于治理国家,(也算)是尽心啦!黄河以北遭遇荒年,就把那里的百姓迁移到黄河以东,把黄河以东的粮食运到黄河以北;黄河以东遭遇荒年也是这样。察看邻国的君主主办政事,没有像我这样用心的。但邻国的百姓并不更少,我的百姓并不更多,为什么呢?”

孟子回答说:“大王喜欢打仗,请允许我用打仗比喻。咚咚地击鼓进军,兵器刀锋已经相交撞击,(打了败仗的)就扔掉盔甲,拖着兵器逃跑。有的人跑了100步停下,有的人跑了50步停下。凭借自己只跑了50步,而嘲笑他人跑了100步,(您以为)怎么样呢?”

惠王说:“不可以。只不过没有逃跑到100步罢了,这也同样是逃跑呀!”

孟子说:“大王如果懂得这个道理,那不必去期望您的国家的民众比邻国增多啦。不违背农时,粮食就吃不完;密网不进池塘捕鱼,鱼鳖就不会吃完;按照季节砍伐树木,那木材便用不完。粮食和鱼鳖吃不完,木材用不完,这样就使百姓对供养活人埋葬死者没有什么不满。百姓对供养活人埋葬死者都没有不满,这就是王道的开端了。

“在五亩大的住宅田旁,种上桑树,上了50岁的人就可以凭此穿上丝织品的衣服了。畜养鸡、猪、狗等家禽、家畜,不要错过繁殖的时节,上了70岁的人就可以经常吃到肉了。百亩的耕地,不要耽误它的生产季节,数口人的家庭就不会有挨饿的情况了。认认真真地兴办学校教育,把孝敬父母、尊敬兄长的道理反复讲给百姓听,头发花白的老人就不会背着或者顶着东西出现在道路上了。上了70

岁的人都能穿衣吃肉，普通百姓饿不着、冻不着，能达到这样的地步，却不能统一天下而称王的，是不曾有过的事。

“猪狗吃人所吃的食物却不加制止，路上有饿死的人却不知道打开粮仓赈救灾民，老百姓死了，就说：‘这不是我的罪过，是年成不好造成的。’这种说法和拿着刀子刺人把人杀死后，却说‘杀死人的不是我，是兵器’有什么区别？王不要怪罪于年成，那么，天下的百姓（指别的诸侯国的人）都会前来归顺了。”

非　　攻[①]

《墨子》

今有一人，入人园圃，窃其桃李，众闻则非之，上为政者得则罚之。此何也？以亏人自利也。至攘人犬豕鸡豚者[②]，其不义又甚入人园圃窃桃李。是何故也？以亏人愈多，其不仁兹[③]甚，罪益厚。至入人栏厩，取人马牛者，其不仁又甚攘人犬豕鸡豚。此何故也？以其亏人愈多。苟亏人愈多，其不仁兹甚，罪益厚。至杀不辜[④]人也，扡[⑤]其衣裘，取戈剑者，其不义又甚入人栏厩，取人马牛。此何故也？以其亏人愈多。苟亏人愈多，其不仁兹甚矣，罪益厚。当此，天下之君子皆知而非之，谓之不义。今至大为攻国，则弗知非，从而誉之，谓之义。此可谓知义与不义之别乎？

杀一人，谓之不义，必有一死罪矣。若以此说往，杀十人，十重[⑥]不义，必有十死罪矣；杀百人，百重不义，必有百死罪矣。当此，天下之君子皆知而非之，谓之不义。今至大为不义，攻国，则弗知非，从而誉之，谓之义。情[⑦]不知其不义也，故书其言以遗后世；若知其不义也，夫奚说书其不义以遗后世哉？

今有人于此，少见黑曰黑，多见黑曰白，则以此人不知白黑之辩[⑧]矣；少尝苦曰苦，多尝苦曰甘，则必以此人为不知甘苦之辩矣。今小为非，则知而非之；大为非攻国，则不知非，从而誉之，谓之义，此可谓知义与不义之辩乎？是以知天下之君子也,辩义与不义之乱⑨也。

【注释】

①本文选自《墨子·非攻上》。②攘(rǎng)人犬豖(shǐ)鸡豚者:偷窃别人的狗猪鸡的人。攘:偷盗。豖:猪。豚:小猪。③"兹":同"滋",更加。④不辜:无罪。⑤"扡":同"拖",这里指剥下来。⑥重(chóng):倍。⑦情:诚,确实。⑧辩:同"辨",分辨。⑨乱:混乱,这里指是非颠倒。

谋　攻①

《孙子兵法》

孙子曰:凡用兵之法,全国为上,破国次之②;全军③为上,破军次之;全旅为上,破旅次之;全卒为上,破卒次之;全伍为上,破伍次之。是故百战百胜,非善之善者也;不战而屈人之兵,善之善者也。

故上兵伐谋,其次伐交,其次伐兵④,下政攻城,攻城之法,为不得已。修橹轒辒⑤,具器械,三月而后成;距闉⑥,又三月而后已。将不胜其忿,而蚁附之,杀士⑦三分之一,而城不拔者,此攻之灾也。故善用兵者,屈人之兵,而非战也;拔人之城,而非攻也;毁人之国,而非久也。必以全争于天下,故兵不顿而利可全。此谋攻之法也。

故用兵之法,十则围之,五则攻之,倍则分之,敌⑧则能战之,少则能逃之,不若则能避之。故小敌之坚,大敌之擒也⑨。

夫将者,国之辅也。辅周则国必强,辅隙则国必弱⑩。

故君之所以患于军⑪者三:不知军之不可以进,而谓之进,不知军之不可以退,而谓之退,是谓縻⑫军。不知三军⑬之事,而同⑭三军之政者,则军士惑矣。不知三军之权⑮,而同三军之任,则军士疑矣。三军既惑且疑,则诸侯之难⑯至矣。是谓乱军引胜[17]。

故知胜有五：知可以战与不可以战者胜；识众寡之用者胜；上下同欲者胜；以虞[18]待不虞者胜；将能而君不御[19]者胜。此五者，知胜之道也。

故曰：知彼知己，百战不殆[20]；不知彼而知己，一胜一负；不知彼，不知己，每战必殆。

【注释】

①本文选自《孙子》。②全国为上，破国次之：使敌国举国降服是上等策略，用兵击破敌国是次等策略。"全"和"破"是使动用法。③军：古代军队编制的单位，一"军"一万二千五百人。下文的"旅"，五百人；"卒"，百人以上；"伍"，五人。④上兵：上等的用兵策略。伐谋：在策略上攻破敌人。伐交：在外交上攻破敌人（阻止敌国与别国的联合）。伐兵：在武力上攻破敌人。⑤修：制造。橹：进攻时用来掩护身体的大盾牌。轒辒（fén wēn）：木制的战车，蒙着生牛皮，用四个轮子推进。⑥距闉（yīn）：用人工堆成高出城墙的土垒，以察看城中情况，居高临下射杀城中敌人。闉，同"堙"，积土为山。⑦杀士：使（自己的士卒）被杀。⑧敌：相等。⑨小敌：弱小的军队。大敌：是强大的军队。这两句是说，弱小的军队消极固守，就会成为强大的军队的俘虏。⑩辅：辅佐。周：周密。隙：有缺陷。⑪患于军：对军队有害。⑫縻（mí）：羁绊、束缚。⑬三军：周代的制度规定，天子建六军，诸侯大国建三军，分上、中、下，或左、中、右，后来"三军"成为诸侯国军队的通称。⑭同：参与，干预。⑮权：指挥三军的权谋、权变。⑯诸侯之难：邻国诸侯乘隙入侵造成的灾难。⑰乱军引胜：扰乱（自己的）军队，失去可能得到的胜利。引，失去。⑱虞：预料，事先谋划，做好准备。⑲御：驾御，牵制。⑳殆：危险。

【知识】

1. 墨子和《墨子》

墨子（约公元前 468—公元前 376），名翟，春秋战国之际鲁国人，我国古代思想家，墨家学派的创始者。《墨子》一书是其弟子或再传弟子对他的思想言论的记录，现存五十三篇。他的思想核心是“兼爱”“非攻”“尚贤”。

2. 孙子和《孙子兵法》

孙武(约公元前545—公元前470)，春秋末期著名军事家、政治家。后人尊称其为孙子、孙武子、兵圣、百世兵家之师、东方兵学的鼻祖。著有《孙子兵法》，又称《吴孙子兵法》。《孙子兵法》是中国传统兵学的奠基之作，开创了人类历史上第一个完备的军事理论体系，有着“世界古代第一兵书”的赞誉。

【品读】

初看题目，一个《非攻》，一个《谋攻》，让人不免心生疑惑：莫非两位作者一个是和平大使，一个是战争狂人？事实是否果真如此呢？

《非攻》之“非”乃“指责”之意，那么作者指责的对象是什么呢？孟子说：春秋无义战，到了战国时期，新兴地主统治阶级为了巩固并扩大自己的政权，进行了无休止的兼并战争，致使哀鸿遍野、白骨蔽原，给百姓带来深重灾难。固然，战争从客观上促进了国家的统一，然究其本质，这种“亏人自利”的兼并之战绝非义战，是比窃桃李、攘鸡豚、取牛马更甚的“不仁”“不义”。可见，作者主张“非攻”并非指责一切战争，而是反对这种进攻性、侵略性战争，相反，对于“兴天下之利，除天下之害”(语出《墨子·兼爱下》)的仁义之战，他不仅不反对，而且还竭力支持。如其《公输》一文，墨子一方面以“义利”之说止楚攻宋，同时又以高超的守备技术为宋守城，正是其反对不义、保护弱小的“非攻”思想的全面体现。王安石赞“墨子之道，摩顶放踵以利天下”，《非攻》一文正彰显了一位追求和平的知识分子的人文情怀。

《谋攻》之“谋”乃“计谋”之意，那么作者提出了哪些攻破敌人的谋略呢？作为兵家鼻祖，孙武认为不计后果的蛮攻并非上策，强调以最少的损耗实现利益的最大化，即“不战而屈人之兵”，这才是用兵的最高境界。而要实现战争的全胜，在政治上通过“伐谋”“伐交”的手段，军事上需根据敌我兵力不同灵活应战。除此之外，作者还提出：作为将领，辅佐君王需“周”而不“隙”，作为君主，任用将帅需信而不“御”，上下同欲，又能知彼知己，便可百战不殆。《谋攻》一文，从战略思想到战术原则，从将帅作用到君臣关系再到知胜之法，孙武一一作了精辟而智慧的总结，体现了一位极富政治远见之军事家的独到眼光。

当然，仔细剖析两文思想的本源，我们不难发现，“非攻”“谋攻”殊途同归。

墨翟的“非攻”主张源自其“兼爱”这一核心思想。“天下兼相爱则治，交相恶则乱”（语出《墨子·兼爱上》），在墨子看来，这种以大攻小、以强侮弱、以众贼寡的不义之战，归根结底源于人与人之间的“不相爱”，甚至，家族相篡、百姓相贼、君臣相疑，天下一切的纷乱皆源于此。故而，他认为，唯有提倡“兼相爱，交相利”，才能消除祸乱，改善关系，互惠互利，实现天下大治。可以说，主张“非攻”基于“兼爱”，实现“兼爱”则需“非攻”，“非攻”“兼爱”互为表里，相辅相依。

而孙武提倡“谋攻”，也绝非纵容、鼓励人们频开战端，相反，恰是为了教给人们回避战争、避免伤亡的智胜之法。这源自于孙武对战争残酷性的清醒认知。在《孙子兵法》开篇，作者明确指出：“兵者，国之大事，死生之地，存亡之道，不可不察也”。在作者看来，战争关乎社稷存亡，百姓生死，需重之慎之，亦如他在《火攻》中所告诫的，“明君慎之，良将警之，此安国全军之道也”。所以说，尽管《谋攻》重在论作战之策，一定程度上可能也包括不义之战，但其“谋攻”“全军”思想不仅保全自己，亦保全敌人，这种以“人”为本的战略思想和墨子主张的“非攻”“兼爱”可谓不谋而合。

认识到两人在思想上的共通处，并不意味着“非攻”与“谋攻”如出一辙。孙武提倡“谋攻”，固然在一定程度上将敌我双方的损失减少到最小，但最终目的是最大限度地使敌人屈服于“我”（国家），用其自己的话来说，即“屈人之兵”“拔人之城”“毁人之国”，以实现自己“争于天下”。所以说，孙武以“谋攻”之策实现“全胜”之目的，归根结底是站在自己国家的立场，实现的是自己君主利益的全胜。而平民出生的墨翟，则一生都在为下层人民的生活而忧虑，为深受侵扰之苦的小国而奔走呼号，他的“非攻”“兼爱”不分亲疏远近，消除贵贱尊卑，超越国别界限，维护的是人民的根本利益。如此说来，同是消弭杀戮，追求和平，孙子与墨子，前者比后者多了份军事外交的现实意义，后者比前者则多了份兼济天下的仁者大义。

综上所述，两文都是针对春秋战国时期兼并战争引发的社会混乱有感而发，《非攻》谈兼爱，《谋攻》论兵势，前者关注人民，后者立足国家，然两文共同闪耀着以人为本的思想光辉，体现了春秋战国之士的独特风采，对于今天的为人、治国亦有着超越时代的借鉴意义。

【借鉴】

1. 知己知彼，百战不殆

《孙子兵法》中的“知己知彼，百战不殆”强调了战争要有预见性，要有准备，必须全面了解并权衡敌我双方的利弊，这样才能获得战争的胜利。这是军事上的千古名言，被称为“科学的真理”。其实，不仅军事，生活中无处不包含着这个道理。学生的考试、商人的营销，乃至常人的处世，亦复如是。所以当我们写作关于“方法”“策略”为主题的文章时，这便是极好的一个引证。

2. 善用类比层层推进

《墨子》一文中，作者从偷窃桃李之事说起，渐至鸡鸣狗盗、杀人越货，而随着他罪孽的加重，人们的谴责声也越发强烈，由浅入深点明“亏人愈多，其不仁兹甚，罪益厚”的观点，以此类推，侵人之国乃“大为不义”，理应备受指责，而实际却是天下君子“弗知非，从而誉之，谓之义”，何等荒谬可笑。通过层层类比，彻底暴露了侵国者比偷窃抢劫有增无已的不仁不义之本质，“非攻”之观点不言自喻。这种写法既形象生动又体现了极强的逻辑性，说理效果远甚于开门见山亮明自己的观点。所以在写作时，如果能运用类比的手法经推论引出全文观点，或者运用类比推论的手法得出与观点相同或者截然相反的结论从而论证文章观点，无疑是一种很好的写作策略。当然，类比推论的过程一定要注意相类比事物之间的相似性和推论时逻辑的科学性。

【思考】

1.《谋攻》一文,作者围绕题目主要阐述了哪些内容?请分别加以概括。

2.《非攻》在说理上层层推进,对照鲜明,请结合具体内容分析。

3.《非攻》和《谋攻》两文的观点是否对立?请简述理由。

【译文】

非　攻

现在有一个人,进人家果园,偷人家桃李,大家听到就谴责他,上面执政的人捉获就惩罚他。这是为什么呢?因为他损人利己。至于偷人家鸡犬大猪小猪的,比进人家果园偷桃李更不义。这是什么缘故呢?因为他损人更多,他越是不仁,罪越重。至于进人家牲口棚,牵走人家马牛的,这比偷人家鸡犬大猪小猪更不仁。这是什么缘故呢?因为他损人更多。如果损人越多,他越是不仁,罪越重。至于杀无辜的人,剥下人家的衣服皮袄,拿走戈剑,这比进人家牲口棚牵走马牛又更不义。这是什么缘故呢?因为他损人更严重。如果损人越严重,他就越不仁,罪越大。对此,现今天下君子都知道并且谴责它们,说它们不义。今天大行进攻别国之事,却不知道谴责,反而跟着别人去称赞它,说它是义。这能说知道义与不义的分别吗?

杀一个人,说它不义,一定构成一个死罪了。如果照这个说法类推下去,杀十个人,十倍不义,必定构成十个死罪了;杀一百个人,一百倍不义,必定构成一百个死罪了。对于这,天下君子都知道并且谴责它们,说它们不义。今天最不义的事,是进攻别国,却不知道反对,反而跟着别人称赞它,说它义。这是确实不知道进攻别国是不义的,所以把称赞的话记载下来传给后世;如果知道它是不义的,那还有什么理由记载不义的事传给后世呢?

现在有人在这里,见一点黑说是黑,见一片黑却说是白,那么一定以为这人是不知辨别黑白的了;尝一点苦说苦,尝多了苦却说是甜,那么一定以为这个人是不知辨别苦甜的了。今天干小的坏事,能够知道而且谴责它;干大的坏事,攻打别国,却不知道谴责,反而跟着别人称赞它,说它义,这能说知道辨别义与不义吗?由此可知世上的君子,分辨义与不义是多么混乱啊。

谋　攻

孙子说:大凡用兵打仗,迫使敌人举国完整地降服的为上策,通过交兵接仗使敌国残破的次之;能使敌人举军降服的为上策,使敌军残破的次之;使敌人全旅降服是上策,击破敌旅就次一等;能使敌人整卒降服的为上策,击破敌卒就次一等;使敌人全伍降服是上策,使敌伍残破的次之。所以,百战百胜,还算不上最高明的;不经交战就能使敌人屈服,才是高明中最高明的。

所以,用兵打仗,上等的用兵策略是用谋略攻破敌人,其次是在外交上挫败它,再次就是在武装力量上打败它,最下策就是攻打敌人的城池了,攻城的办法,是不得已而为之的。修造用以攻城的盾牌和车子,准备好攻城器械,需要数月的时间才能完成;构筑攻城的土山,又要花费数月的时间才能竣工。将帅控制不住自己的忿怒情绪,就下令像蚂蚁一样爬墙进攻,结果,士卒伤亡三分之一,但城邑仍未攻破,这就是强攻城池所招致的灾难。所以,善于用兵打仗的人,能使敌人屈服而不依靠对垒交兵;夺取敌人的城邑而不依靠强攻;毁灭敌人的国家而不必旷日持久。一定要用使敌人举国完整地降服的策略争胜于天下。所以(只有这样),才能既使兵力不受顿挫而又可使胜利圆满取得。这就是以谋略攻敌的法则。

所以,用兵打仗的一般法则是:我若十倍于敌人,就包围并消灭他们;五倍于敌人,就攻取他们;两倍于敌人,就分为二军,使其腹背受攻;若与对方势均力敌,就攻打他们;若兵力少于敌人,就坚壁固守;若实力弱于敌人,就避免与之决战。

所以,弱小的军队消极固守就必然成为强大敌人的俘虏。

将帅是国家的辅佐。辅佐得周密,国家就必然会强盛;辅佐得有缺陷,国家就必然会衰弱。

所以,国君对军队有害的情况大体有三种:不了解军队不可以前进就强行命令军队前进;不了解军队不可以退却就强行命令军队退却,这就叫做"束缚军队"。不了解军队的事务却干涉军队的管理,将士就会感到迷惑而无所适从。不懂军队的权变之道却干预军队的人才任用,将士就会产生疑虑。三军将士既惑且疑,他国诸侯乘机入侵的灾难就会降临。这就叫做自乱其军,失去可能得到的胜利。

所以,预知胜利,可有如下五条:知道自己可以打和不可以打的胜利;懂得根据兵力多寡而恰当配备使用的胜利;全军上下同心同德的胜利;以有备之师对待无备之敌的胜利;将帅有指挥才能而君主不加干预的胜利。这五条就是预知胜利的方法途径。

所以说,既了解敌人,又了解自己,那就常胜不败;不了解敌人,而只了解自己,那就胜负各半;既不了解敌人,又不了解自己,那就每战必危了。

学　　记①

《礼记》

玉不琢,不成器;人不学,不知道②。是故古之王者,建国君民③,教学为先。虽有佳肴,弗食,不知其旨④也;虽有至道,弗学,不知其善也。是故学然后知不足,教然后知困⑤。知不足,然后能自反⑥也;知困,然后能自强也。故曰:教学相长也。

大学⑦之法,禁于未发之谓豫⑧,当其可之谓时,不陵节而施之谓孙⑨,相观而善之谓摩[10]。此四者,教之所由兴[11]也。发然后禁,则扞格而不胜[12];时过然后学,则勤苦而难成;杂施而不孙,则坏乱而不修;独学而无友,则孤陋而寡闻;燕朋[13]逆其师;燕辟废[14]其学。此六者,教之所由废[15]也。君子既知教之所由兴,又知教之所由废,然后可以为人师也。故君子之教喻[16]也,道而弗牵[17],强而弗抑[18],开而弗达[19]。道而弗牵则和,强而弗抑则易,开而弗达则思,和易以思,可谓善喻矣。

学者有四失,教者必知之。人之学也,或失则多,或失则寡,或失则易,或失则止。此四者,心之莫同[20]也。知其心,然后能救其失也。教也者,长善[21]而救其失者也。

凡学之道,严[22]师为难。师严然后道尊[23],道尊然后民知敬学。是故君之所不臣于其臣[24]者二:当其为尸[25],则弗臣也;当其为师,则弗臣也。大学之礼,虽诏于天子,无北面,所以尊师也。

善学者,师逸而功倍,又从而庸[26]之;不善学者,师勤而功半,又从而怨之。善问者,如攻坚木,先其易者,后其节目[27],及其久也,相说[28]以解;不善问者,反此。善待问者,如撞钟,叩之以小者则小鸣,叩之以大者则大鸣,待其从容,然后尽其声;不善答问者,反此。此皆进学之道也。

【注释】

①本文节选自《礼记·学记》。《学记》是我国最早一篇专门论述教育与教学问题的论著。②道:指封建社会的政治制度和道德规范。③君民:统治人民。君,主宰,统治。④旨:美味。⑤知困:知道自己有迷惑不解之处。⑥自反:反回来求之于自己。⑦大学:亦名太学,古代的最高学府。⑧未发:邪恶念头未发生以前。豫:同“预”,预防。⑨陵:同“凌”,超越。节:学习深浅的次第。施:施行教育。孙:同“逊”,顺。⑩摩:观摩,互相切磋。⑪兴:犹言成功。⑫扞(hàn)格而不胜:谓教育已发生不了作用。扞格,抵触抗拒。胜,克服(各种杂念)。⑬燕朋:安于朋比为奸。或指轻慢朋友。燕,同“宴”,安逸,或说轻慢。⑭燕辟:安于邪恶

的行为。或说轻慢老师为讲解深义而作的浅近比喻。废：荒废。⑮废：犹言失败。⑯喻：晓谕，启发诱导。⑰道（dǎo）：引导，开导。牵：强迫。⑱强：激勉。抑：阻止。⑲开：开端。达：和盘托出。⑳心之莫同：心理各有不同。㉑长（zhǎng）善：发扬优点。长，滋长，增长。㉒严：尊敬。㉓道尊：真理受到尊重。㉔不臣于其臣：不以对待臣下的态度来对待臣子。㉕尸：祭主，扮作死者受祭的活人。㉖庸：归功。㉗节目：坚硬树木的关节处。㉘说：同“脱”，脱落。或谓同“悦”，指心中喜悦。

进学解

［唐］韩　愈

国子先生①晨入太学，招诸生立馆下，诲之曰：“业精于勤，荒于嬉；行成于思，毁于随。方今圣贤相逢，治具毕张②，拔去凶邪，登崇畯良③。占小善者率以录，名一艺者无不庸④，爬罗剔抉，刮垢磨光⑤。盖有幸而获选，孰云多而不扬？诸生业患不能精，无患有司之不明；行患不能成，无患有司之不公。”

言未既，有笑于列者曰：“先生欺余哉！弟子事先生，于兹有年矣。先生口不绝吟于六艺之文，手不停披于百家之编。记事者必提其要，纂言者必钩其玄⑥。贪多务得，细大不捐。焚膏油以继晷，恒兀兀以穷年⑦。先生之业，可谓勤矣。抵排异端，攘斥佛老；补苴罅漏，张皇幽眇⑧。寻坠绪⑨之茫茫，独旁搜而远绍。障百川而东之⑩，回狂澜于既倒。先生之于儒，可谓有劳矣。沉浸醲郁，含英咀华；作为文章，其书满家。上规姚姒，浑浑无涯⑪；周诰殷盘，佶屈聱牙⑫，《春秋》谨严，《左氏》浮夸，《易》奇而法，《诗》正而葩，下逮《庄》《骚》，太史所录，子云、相如⑬，同工异曲。先生之于文，可谓闳其中而肆其外矣。少始知学，勇于敢为；长通于方，左右具宜。先生之于为人，可谓成矣。然而公不见信于人，私不见助于友，跋前踬后⑭，动辄得咎。暂为御史，遂窜南夷⑮。三为博士，冗不见治⑯。命与仇谋,取败几时。冬暖而儿号寒,年丰而妻啼饥。头童齿豁,竟死何裨?不知虑此,而反教人为?”

先生曰:“吁!子来前!夫大木为杗,细木为桷,欂栌侏儒,椳闑居楔[17],各得其宜,施以成室者,匠氏之工也。玉札丹砂,赤箭青芝,牛溲马勃,败鼓之皮[18],俱收并蓄,待用无遗者,医师之良也。登明选公,杂进巧拙,纡馀为妍,卓荦为杰[19],校短量长,惟器是适者[20],宰相之方也。昔者孟轲好辩,孔道以明,辙环天下[21],卒老于行。荀卿守正,大论是弘,逃谗于楚,废死兰陵。是二儒者,吐辞为经,举足为法,绝类离伦[22],优入圣域,其遇于世何如也?今先生学虽勤而不繇[23]其统,言虽多而不要其中,文虽奇而不济于用,行虽修而不显于众。犹且月费俸钱,岁靡廪粟,子不知耕,妇不知织,乘马从徒[24],安坐而食。踵常途之促促,窥陈编以盗窃[25]。然而圣主不加诛,宰臣不见斥,兹非其幸欤?动而得谤,名亦随之。投闲置散,乃分之宜。若夫商财贿之有亡,计班资之崇庳[26],忘己量之所称,指前人之瑕疵,是所谓诘匠氏之不以杙为楹[27],而訾医师以昌阳引年,欲进其豨苓也[28]。”

【注释】

①国子先生:韩愈自称。唐代的国子监是设在京城的最高学府,内设国子、太学、广文、四门、律、书、算七学,各学都有博士。②治具:指法令。张:指建立、确立。③登崇:提拔推崇。畯:同“俊”,才智出众的人。④庸:用。⑤爬罗剔抉:搜罗选拔人才。刮垢磨光:刮去污垢,磨出光亮,意指精心造就人才。⑥纂言者:指学术论著。钩其玄:探寻其玄妙之理。⑦膏油:指油灯蜡烛。晷(guǐ):日影。兀兀:勤勉不懈貌。穷年:终年,一年到头。⑧“补苴罅漏”二句:补充缺漏,阐扬精微。苴,鞋里垫的草,这里作动词用,意为填补。罅,裂缝。张皇,张大,使动用法。幽眇,这里指儒术中精深微妙的道理。⑨坠:失落。绪:事业。坠绪,指断绝了的儒家道统。⑩障:防堵。百川:比喻百家之说。东之:使之向东流,比喻归入儒家。⑪“上规姚姒”二句:向上取法虞夏之书,深远无穷。虞舜姓姚,夏禹姓姒,

因以“姚姒”指《尚书》里的《虞书》《夏书》。⑫周诰:《尚书·周书》中的《大诰》《康诰》《酒诰》《召诰》《洛诰》等篇。诰是古代一种训诫勉励的文告。殷盘:指《尚书》中殷代的《盘庚》等篇。佶屈:屈曲。聱(áo)牙:不顺口。⑬子云:汉代文学家扬雄,字子云。相如:汉代辞赋家司马相如。⑭“跋前踬后”二句:谓进退两难,一动就得罪。语出《诗经·豳风·狼跋》:“狼跋其胡,载疐其尾。”意思说,狼向前走就踩着颔下的悬肉(胡),后退就绊倒在尾巴上。形容进退都有困难。跋(bá),践踏。踬(zhì),绊。⑮窜:窜逐,指贬谪。南夷:南方边远之地。韩愈于唐德宗贞元十九年(公元803年)授四门博士,次年转监察御史,冬,上书论宫市之弊,触怒德宗,被贬为连州阳山令。阳山在今广东,故称南夷。⑯三为博士:韩愈在宪宗元和元年(公元806年)六月至四年六月任国子博士。一说当作“三年”。冗(rǒng):闲散。指博士为闲职,没有多少公事可办。见:同“现”,表现,显露。治:治绩。⑰杗(máng):房屋的大梁。桷(jué):方椽子。欂栌(bó lú):斗栱,柱顶上承托栋梁的方木。侏儒:梁上短木。椳(wēi):门枢。闑(niè):门中央所竖的短木,在两扇门相交处。扂(diàn):门闩之类。楔(xiē):门两旁长木柱。以上都是比喻各种不同的人材。⑱玉札:地榆。丹砂:朱砂。赤箭:天麻。青芝:灵芝的一种。以上四种都是名贵药材。牛溲:牛尿,一说为车前草。马勃:马屁菌。以上两种及“败鼓之皮”都是贱价药材。⑲纡(yū)馀:委婉从容的样子。妍:美。卓荦(luò):突出,超群出众。⑳惟器是适:按照人的才器做出合理的安排。㉑辙环天下:车辙绕遍天下。这里指孟子周游列国。㉒绝类、离伦:两组同义词组,都指超越同类儒者。㉓繇:同“由”。㉔从(zòng)徒:有人跟随。㉕踵:跟随。促促:同“娖娖(chuò)”,拘谨的样子。一说当作“役役”,指劳苦。窥:偷看。陈编:旧书。㉖班资:等级、资格,指官品。崇庳:指高低。庳,同“卑”。㉗杙(yì):小木桩。楹(yíng):柱子。韩愈以杙自喻,谓才不堪大用。㉘訾(zǐ):讥评。昌阳:昌蒲,药材名,相传久服可以长寿。豨(xī)苓:又名猪苓,对延年无用。

【知识】

1.《礼记》

《礼记》是战国至秦汉年间儒家学者解释说明经书《仪礼》的文章选集。全书内容浩博，门类繁杂：或言哲理伦理，或论政治法律，或记礼乐器物，或述天文历法，是一部儒家思想的资料汇编。

2. 韩愈“不平则鸣”

语出韩愈《送孟东野序》：“大凡物不得其平则鸣，草木之无声，风挠之鸣；水之无声，风荡之鸣。”现泛指受到委屈和压迫就要发出不满和反抗的呼声，也指对不公平的事表示愤慨。“不平则鸣”亦是一种文论观点，指文章著作皆因心中有感而有所发。

【品读】

《学记》是中国古代也是世界上最早的教育教学论著，《进学解》是国子博士希望学生学业德行齐进步的勉励之作，初看题目，两篇文章都关乎“学习”。

《学记》六个段落紧扣“教”与“学”两方面立论：教学的重要性、教与学之关系、教学原则、学生易出现的偏向以及师道尊严、善学善教的问题。《进学解》侧重论“学”。一论怎样学：“业精于勤，荒于嬉；行成于思，毁于随”，在作者看来，唯有发奋图强、深思熟虑，才能提升修养、实现进步；二论学什么：六艺之文、百家之编，《春秋》《左氏》《易》《诗》《庄》《骚》，韩愈以自身之践行指导学生学习古典典籍，尤其是儒家经典，以博古通今，业精行成。

然同样论“学”，《学记》是高举“教育治国”之大旗，《进学解》则“自怜幽独，伤心人别有怀抱”。

《学记》中的许多教育思想，如教学相长、尊师重道、善学善问以及“豫、时、孙、摩”的教育原则等，符合教学的基本原理，对今天的教育教学有着巨大的指导作用。不过，作为儒家经典《礼记》中的一篇，《学记》中关于“教与学”的论述都本着儒家的德治精神。如选文第一段论教、学的重要性，“人不学，不知道”“建国君民，教学为先”：学习于个人，可以知封建社会的政治制度和道德规范，于君主，可以立国安民，维护统治。《学记》把“教育”作为统治阶级实施教化的政治手段，“化民成俗”（语出《学记》原文第一段），以实现天下大治。

《进学解》同样浸润着作者浓厚的儒家思想。如第一段，追求“业精行成”是为了“有幸而获选”，这是儒家积极入世思想的体现；第二段，韩愈更是以卫道士自居，攻击佛道，致力钻研和宣扬正在衰落的儒家正统学说。我们知道，韩愈一生提倡古文运动，其目的正是复兴儒学，恢复政治伦理秩序，最终使唐王朝政权得以巩固，王朝得以复兴，可见，韩愈提倡勤学也是为了经世致用。然而，细细品读我们不难发现，本文更是一篇作者的牢骚之作。文章第二段作者借学生之口浓墨重彩叙写自己的德行才能，按第一段的说法，本应“幸而获选”，前途光明，然事实上，“公不见信于人，私不见助于友……冬暖而儿号寒，年丰而妻啼饥”，强烈的反差让人愤懑之余不免心生困惑：是什么造成作者的才高不遇？文章第三段给出了答案：宰相用人犹如“匠氏以杙为楹”“医师以豨苓代昌阳”，正是“有司之不明不公”导致小材大用、俊贤埋没。可见，作者论“学”的真正目的在于批朝廷用人之不当，表怀才不遇之苦闷，按《新唐书》本传的说法，即“才高数黜，官又不迁，乃作《进学解》以自喻”。

两篇文章写作内容小同大异，写作手法更是大相径庭。

先说《学记》。作为一篇教育学论文，《学记》比较强调论述的严密性和逻辑性。就论证结构而言，六个自然段全部围绕“教与学”展开，论证集中，结构谨严；就论证方法而言，运用对比论证，正反两两对举，辩证统一，全面周详；就论证语言而言，多用“是故”“故”等字眼进行推论，用判断句式进行小结，层层相扣，环环相生。

再说《进学解》。“解”，我国古代文体的一种，通常是对疑难问题的辩解剖析，如扬雄的《解嘲》。然本文，少了论文的雄辩，多了赋体的韵致。全文采用主客问答的形式，以“师勉——生疑——师辩”构成全文：第一段先生勉励学生勤学苦思而“无患有司之不明”，为后文师生辩驳蓄势；第二段学生借先生怀才不遇之事实进行反驳，不平之气呼之欲出；第三段先生试图通过自嘲才学不济、安于闲散来辩解，实则正话反说，与第二段在情感上形成暗合。就在这一问一答间，作者内心的不满、愤懑、讽刺、心酸、无奈，诸般情感被曲折含蓄地传达出来。在语言特点上，本文也是尽显赋文铺陈之特点，丰富凝练的辞藻、生动形象的比喻、长短错落的句式，进一步增强了文章的艺术感染力。

《学记》与《进学解》，前者是先秦汉民族教育经验的系统呈现，后者是一代大儒胸中不平之气的一吐为快，前者展现的是论说文逻辑严密、客观冷静之美，后者展现的是文赋浓墨重彩、尽情挥洒之致。

【借鉴】

1. “人不学，不知道”

《学记》和《进学解》两文有不少我们耳熟能详的名句，如：“玉不琢，不成器；人不学，不知道”“学然后知不足，教然后知困”“教学相长”“业精于勤，荒于嬉；行成于思，毁于随”“记事者必提其要，纂言者必钩其玄”……所涉内容从学习态度到方法、意义乃至教学关系，可以作为我们论述“教”与“学”一类话题的典型素材。

2. 综合运用多种论证方法

事实胜于雄辩，举例论证能增强论述的力量和说服力，如《进学解》第二段，韩愈借学生之口扬自己德行才能，不是空洞褒奖、大唱赞歌，而是列举具体实例，令人信服。喻巧而理至，比喻论证能使论述的道理通俗易懂，如《进学解》第三段，作者借工匠量材建屋、医师对症用药比喻有司选拔人才应公正贤明、各尽其能，深入浅出，平易生动。有比较才有鉴别，对比论证使论证更有力，观点更鲜明，如《学记》将教之“兴”与“废”、学之“善问”与“不善问”、师之“善待问”与“不善答问”两两对举，旗帜鲜明地道出了教、学应有的态度和方法。在议论文写作中，也要能综合运用多种论证方法，使议论文说理更加透彻。

【思考】

1.《进学解》第二段作者借学生之口表现自己哪几个方面的成就(分别用一或两个字概括)?作者认为造成自己不能见知于世、一展怀抱的根本原因是什么?

2.《古文观止》评《进学解》是“以怨怼无聊之词托之人,自咎自责之词托之己”,试结合文章第二、三段谈谈你对此评价的理解。

3.《学记》全文六段分别提出了哪些观点?这些观点在今天还有没有继承、借鉴的价值?

【译文】

学　记

玉石不经雕琢,不能成为器材;人不学习,就不懂得道理。所以古代的君王,建立国家和统治人民,把教学作为首要的事情。

尽管有味美可口的肉食,不吃,不知道它的甘美;尽管有极好的道理,不学,不知道它的好处。所以学习之后才知道自己有所不足,教人之后才知道自己也有迷惑不解之处。知道自己有所不足,然后才能严格要求自己;知道自己有迷惑不解之处,然后才能勉励自己奋发上进。所以说教人与学习是互相促进的。

大学教育的方法是:在不合正道、有碍学习的事未发生之前加以禁止,这叫作预防;在适当的时候施教,这叫作及时;不超越学生接受能力的限度而施教,这叫作顺应;让学生互相观察学习而得到益处,这叫作观摩。这四点是教育成功的原因。事情发生以后才加以禁止,就会遇到抵触,难以克服;错过时机以后才去学习,虽然勤苦,也难有成就;杂乱无章地施教而不顺应事理,就会使教学受到破坏,混乱无绪而无法整顿;单独学习而没有朋友互相切磋,就会孤陋寡闻;轻慢而不庄重的朋友会使学生违背师长的教诲;轻慢邪僻的言行会使学生荒废学业。这六点是教育失败的原因。君子既知道教育所以成功的原因,又知道教育所以失败的原因,然后才可以做人的老师。所以君子教育和诱导学生,引导他而不强拉他前进,激励他而不强迫命令,启发他而不讲解无余。引导他而不强拉他前进,就能使师生关系和谐;勉励他而不强迫命令,学业就容易成功;启发他而不讲解无余,学生就能独立思索。能做到使师生关系和谐,使学业容易成功,并使学生能独立思索,这就可以说是善于诱导了。

学生有四种过失,做教师的一定要知道。他们在学习中,有的错在所学贪多,有的错在所学务少,有的错在态度轻率,有的错在不求进取。这四种过失产生的原因,是由于学生们个性不同。只有了解他们的个性,然后才能纠正他们的过失。教育的作用,就在于发扬学生的长处而纠正他们的过失。

在教育工作中,尊敬教师是最难的。教师得到尊敬,然后才能重道;重道,然后才能使人们知道恭敬地学习。因此国君不以对待臣下的礼节来对待其臣下的情况有两种:当臣子在祭祀中担任祭主时,就不以待臣下之礼对待他;当臣下作为师傅向自己传授知识时,就不以待臣下之礼对待他。大学的礼节,作为师傅的臣即使被天子召见时也不按臣见君之礼面向北方而立,就是以此表示尊师的道理。

善于学习的人,老师费力虽小而自己获益很大,并感激老师,从而归功于他。不善于学习的人,老师用力虽勤而自己获益很少,又从而埋怨老师。善于提问题的学生,就像解剖加工坚硬的木材,先从容易砍削的地方入手,然后砍削枝干交接和纹理不顺之处,久而久之,就愉快地解决了问题。而不善于提问题的学生与此相反。善于回答学生问题的教师,就像撞钟那样,用小的力量来撞击,钟的响声就小,用大的力量来撞击,钟的响声就大,待学生提出问题之后,再根据实际从容不迫地加以启发诱导。不善于回答学生问题的教师与此相反。这些都是进益学问的方法。

进 学 解

国子先生早上走进太学，召集学生们站立在学舍下面，教导他们说："学业精进是由于勤勉，而荒废则是由于玩乐；德行有成是由于善于思考，而败坏则由于因循随俗。当今圣君与贤臣相遇合，各种法律全部实施，除去凶恶奸邪之人，提拔优秀人才。具备一点优点的人全部被录取，拥有一技之长的人无不被任用的。选拔优秀人才，培养造就人才。大概只有才行不高的侥幸被选拔，绝无才行优秀者不被举荐。诸位学生只要担心学业不能精进，不要担心主管长官不够英明；只要担心德行没有成就，不要担心主管长官不公正。"

先生的话没有说完，有人在行列里笑道："先生在欺骗我们吧！我侍奉先生，到现在已经很多年了。先生嘴里不断地诵读六经的文章，两手不停地翻阅着诸子百家的书籍。对史书类典籍必定提炼其要点，对论说类典籍必定探寻其妙理。广泛学习，务求有所收获，不论是无关紧要的，还是意义重大的都不舍弃。夜以继日地学习，常常终年勤勉。先生从事于学业，可以说勤奋了。抵制、批驳异端邪说，排斥佛教与道家的学说，弥补儒学的缺漏，阐发精深微妙的义理。探寻那些久已失传的古代儒家学说；独自广泛地钻研和继承它们。防堵异端学说就像防堵纵横奔流的各条川河，引导它们东注大海；挽救儒家学说就像挽回已经倒下的狂涛怒澜。先生您对于儒家，可以说是有功劳了。心神沉浸在古代典籍的书香里，仔细地品尝咀嚼其中精华；写起文章来，书卷堆满了家屋。向上效法虞、夏时代的典章，深远博大得无边无际，周代的《诰书》和殷代的《盘庚》，多么艰涩拗口难读，《春秋》的语言精练准确，《左传》的文辞铺张夸饰，《易经》变化奇妙而有法则，《诗经》思想端正而辞采华美，往下一直到《庄子》《离骚》《史记》，扬雄、司马相如的创作，同样巧妙但曲调各异。先生的文章可以说是内容宏大而外表气势奔放，波澜壮阔。先生少年时代就开始懂得学习，敢于实践；长大之后精通礼法，举止行为都合适得体。先生的做人，可以说是完美的了。可是在朝廷上不能被人们信任，在私下里得不到朋友的帮助，进退两难，一举一动都受到指责。刚当上御史就被贬到南方边远地区。做了三年博士,职务闲散表现不出治理的成绩。您的命运与仇敌相合,不时遭受失败。冬天气候还算暖和的日子里,您的儿女们哭着喊冷;年成丰收而您的夫人却仍为食粮不足而啼说饥饿。您自己的头顶秃了,牙齿缺了,这样一直到死,有什么好处呢?不知道想想这些,倒反而来教导别人干什么呢?"

国子先生说:"唉!你到前面来!要知道那些大的木材做屋梁,小的木材做椽子,做斗栱,梁上短木,做门臼、门橛、门闩、门柱,都量材使用,各适其宜而建成房屋,这是工匠的技巧啊。贵重的地榆、朱砂,天麻、龙芝,车前草、马屁菌,坏鼓的皮,全都收集,储藏齐备,等到需用的时候就没有遗缺的,这是医师的高明之处啊。提拔人材,公正贤明,灵巧的和拙笨的人都得引进,处世周备委婉而成为美好,才具超越群众而成为杰出,比较各人的短处与长处,按照他们的才能品格分配适当的职务,这是宰相的方法啊!从前孟轲爱好辩论,孔子之道得以阐明,他游历的车迹周遍天下,最后在奔走中老去。荀况恪守正道,发扬光大宏伟的理论,因为逃避谗言到了楚国,被废黜而死在兰陵。这两位大儒,说出话来成为经典,一举一动成为法则,远远超越同类儒者,德行功业足以载入圣人之行列,可是他们在世上的遭遇是怎样呢?现在你们的先生学习虽然勤勉却不能遵守道统,言论虽然不少却不切合要旨,文章虽然写得出奇却无益于实用,行为虽然有修养却并没有明显出众,尚且每月浪费国家的俸钱,每年消耗仓库里的粮食,儿子不懂得耕地,妻子不懂得织布,出门乘着车马,后面跟着仆人,安安稳稳地坐着吃饭。拘谨地按常规行事,眼光狭窄地在旧书里盗窃陈言,东抄西袭。然而圣明的君主不加处罚,也没有为宰相大臣所斥逐,这难道不幸运么?有所举动就遭到毁谤,名誉也跟着大了起来。被放置在闲散的位置上,实在是恰如其分的。至于度量财物的有无,计较品级的高低,忘记了自己有多大才能、多少分量和什么相称,指摘官长上司的缺点,这就是人们所说的责问工匠为什么不用小木桩做柱子,批评医师用菖蒲延年益寿,却想引进他的猪苓啊!"

封 建 论[1]

［唐］ 柳宗元

天地果无初[2]乎？吾不得而知之也；生人果有初乎？吾不得而知之也。然则孰为近？曰：有初为近。孰明之？由封建而明之也。彼封建者，更古圣王尧、舜、禹、汤、文、武而莫能去之。盖非不欲去之也，势不可也。势之来，其生人之初乎！不初，无以有封建。封建，非圣人意也。

彼其初与万物皆生，草木榛榛[3]，鹿豕狉狉[4]，人不能搏噬，而且无羽毛，莫克自奉自卫。荀卿有言："必将假物以为用者也。"夫假物者必争，争而不已，必就其能断曲直者而听命焉。其智而明者，所伏必众；告之以直而不改，必痛之而后畏[5]；由是君长刑政生焉。故近者聚而为群；群之分，其争必大，大而后有兵有德。又有大者，众群之长又就而听命焉，以安其属，于是有诸侯之列，则其争又有大者焉。德又有大者，诸侯之列，又就而听命焉，以安其封，于是有方伯、连帅[6]之类，则其争又有大者焉。德又大者，方伯、连帅之类又就而听命焉，以安其人，然后天下会于一。是故有里胥[7]而后有县大夫，有县大夫而后有诸侯，有诸侯而后有方伯、连帅，有方伯、连帅而后有天子。自天子至于里胥，其德在人者死，必求其嗣而奉之。故封建非圣人意也，势也。

夫尧、舜、禹、汤之事远矣，及有周[8]而甚详。周有天下，裂土田而瓜分之，设五等，邦群后。布履星罗，四周于天下，轮运而辐集；合为朝觐会同，离为守臣、扞城[9]。然而降于夷王，害礼伤尊，下堂而迎觐者。历于宣王，挟中兴复古之德，雄南征北伐之威，卒不能定鲁侯之嗣[10]。陵夷迄于幽、平，王室东徙，而自列为诸侯矣。厥后，问鼎之轻重者有之，射王中肩者有之，伐凡伯、诛苌弘者有之，天下乖戾，无君君之心[11]。余以为周之丧久矣，徒建空名于公侯之上耳！得非诸侯之盛强，末大不掉之咎欤？遂判为十二，合为七国，威分于陪臣之邦，国殄于后封之秦。则周之败端,其在乎此矣。

秦有天下,裂都会而为之郡邑,废侯卫而为之守宰⑫,据天下之雄图,都六合之上游,摄制四海,运于掌握之内,此其所以为得也。不数载而天下大坏,其有由矣。亟⑬役万人,暴其威刑,竭其货贿。负锄梃谪戍之徒,圜视而合从,大呼而成群。时则有叛人而无叛吏,人怨于下而吏畏于上。天下相合,杀守劫令而并起。咎在人怨,非郡邑之制失也。

汉有天下,矫秦之枉,徇周之制,剖海内而立宗子、封功臣。数年之间,奔命扶伤之不暇,困平城,病流矢,陵迟不救者三代⑭。后乃谋臣献画,而离削自守矣。然而封建之始,郡邑居半,时则有叛国而无叛郡,秦制之得亦以明矣。继汉而帝者,虽百代可知也。

唐兴,制州邑,立守宰,此其所以为宜也。然犹桀猾时起,虐害方域者,失不在于州而在于兵⑮,时则有叛将而无叛州。州县之设,固不可革也。

夫天下之道,理安斯得人者也。使贤者居上,不肖者居下,而后可以理安。今夫封建者,继世而理⑯。继世而理者,上果贤乎?下果不肖乎?则生人之理乱未可知也。将欲利其社稷,以一其人之视听,则又有世大夫世食禄邑,以尽其封略⑰。圣贤生于其时,亦无以立于天下,封建者为之也。岂圣人之制使至于是乎?吾固曰:"非圣人之意也,势也。"

【注释】

①本文选自《柳宗元集》,有删节。②初:初始状态。③榛榛(zhēn):草木丛杂的样子。④鹿豕狉狉:豕(shǐ):猪。狉狉(pī):野兽成群奔跑的样子。⑤告之以直而不改,必痛之而后畏:告:告诫。痛:责罚,痛打。后畏:从此感到敬畏。⑥方伯、连帅:据古代传说,二百一十国叫州,州有方伯;十国叫连,连有连帅。⑦里:相当于现在的乡或村。里胥(xū):管一个里的小吏。⑧有周:即周朝。有,词头,古人常把它加在朝代名称上,没有意义。⑨扞(hàn)城:保卫疆土的将帅。⑩不能定鲁侯之嗣:西周第十一代君主宣王,立戏为鲁太子是为懿公,懿公兄括

之子伯御与鲁人攻杀戏而自立。⑪问鼎之轻重者有之:《左传·宣公三年》载:春秋时,楚国在周天子的疆土上阅兵,周天子派人慰劳楚军。楚王问鼎的大小轻重。鼎为传国之宝。楚王问鼎,有觊觎周王室之意。后因以“问鼎”称图谋王位。射王中肩者有之:周桓王十三年(公元前707年),周桓王率兵讨伐郑国,郑庄公出兵反击,周军大败,郑人祝聃用箭射中周桓王肩部。伐凡伯:前716年(鲁隐公七年)周桓王派凡伯为使聘于鲁,戎人袭击凡伯于楚丘,其地相当今山东成武县西南,正当从洛邑经戎州去鲁途中。凡伯做了戎人的俘虏,而自鲁惠公以来与戎人友好相处的鲁国,竟没有对戎人劫虏“天王”使臣作出反应。诛苌弘者有之:苌弘为周景王、敬王的大臣刘文公所属大夫。刘氏与晋范氏世为婚姻,在晋卿内讧中帮助范氏,晋卿赵鞅为此来声讨,苌弘被周王杀死。⑫守宰:郡的长官叫守,县的长官叫令,宰就是令。⑬亟(qì):屡次,多次。⑭陵迟:衰落。三代:三世,唐人避李世民讳,指惠帝、文帝、景帝。⑮兵:指兵制,唐初实行府兵制,中唐以后采用雇佣兵制,成为军阀割据叛乱之由。⑯继世:一代一代地世袭。理:同“治”。避谈高宗李治讳。⑰封略:疆界。

明 良 论[①]

［清］ 龚自珍

士皆知有耻,则国家永无耻矣;士不知耻,为国之大耻。历览近代之士,自其敷奏[②]之日,始进[③]之年,而耻已存者寡矣!官益久,则气愈偷;望愈崇,则谄愈固;地益近,则媚亦益工[④]。至身为三公,为六卿[⑤],非不崇高也,而其于古者大臣巍然岸然师傅自处之风,匪但目未睹,耳未闻,梦寐亦未之及。臣节之盛,扫地尽矣。非由他,由于无以作朝廷之气故也。

何以作之气?曰:以教之耻为先。《礼·中庸》篇曰:“敬大臣则不眩。”郭隗说燕王[⑥]曰:“帝者与师处,王者与友处,伯者与臣处,亡者与役处[⑦]。凭几其杖,顾盼指使，则徒隶之人至。恣睢奋击，呴籍叱咄[8]，则厮役之人至。”贾谊谏汉文帝曰：“主上之遇大臣如遇犬马，彼将犬马自为也，如遇官徒，彼将官徒自为也。”凡兹三训，炳若日星，皆圣哲之危言[9]，古今至诫也。

尝见明初逸史，明太祖训臣之语曰：“汝曹辄称尧、舜主，主苟非圣，何敢谀为圣？主已圣矣，臣愿已遂矣，当加之以吁咈[10]，自居皋、契之义。朝见而尧舜之，夕见而尧舜之，为尧舜者，岂不亦厌于听闻乎？”又曰：“幸而朕非尧舜耳。朕为尧舜，乌有汝曹之皋、夔、稷哉？其不为共工、驩兜，为尧、舜之所流放者几希！”[11]此真英主之言也。坐而论道，谓之三公。唐、宋盛时，大臣讲官，不辍赐坐、赐茶之举，从容乎便殿之下，因得讲论古道，儒硕兴起。及其季[12]也，朝见长跪、夕见长跪之余，无此事矣。不知此制何为而辍，而殿陛之仪，渐悬以相绝也。

农工之人、肩荷背负之子则无耻，则辱其身而已；富而无耻者，辱其家而已；士无耻，则名之曰辱国；卿大夫无耻，名之曰辱社稷。由庶人贵而为士，由士贵而为小官，为大官，则由始辱其身家，以延及于辱社稷也。厥灾下达上，象似火！大臣无耻，凡百士大夫法则之，以及士庶人法则之，则是有三数辱社稷者，而令合天下之人，举辱国以辱其家，辱其身，混混沄沄而无所底[13]。厥咎上达下，象似水！上若下胥水火之中也[14]，则何以国？

窃窥今政要之官，知车马、服饰、言词捷给[15]而已，外此非所知也。清暇之官，知作书法、赓诗[16]而已，外此非所问也。堂陛下之言，控喜怒以为之节，蒙色笑，获燕闲之赏，则扬扬然以喜，出夸其门生、妻子。小不霁，则头抢地而出，别求夫可以受眷[17]之法，彼其心岂真敬畏哉？问以大臣应如是乎？则其可耻之言曰：我辈只能如是而已。至其居心又可得而言。务车马、捷给者，不甚读书，曰：我早晚值公所，已贤矣，已劳矣。作书、赋诗者，稍读书，莫知大义，以为苟安其位一日，则一日荣；疾病归田里，又以科名长其子孙，志愿毕矣。且愿其子孙世世以退缩为老成，国事我家何知焉？嗟乎哉！如是而封疆万万之一有缓急，则纷纷鸠燕逝而已，伏栋下求俱压焉者鲜矣[18]。

昨者，上谕至，引卧薪尝胆事自况比，其闻之而肃然动于中欤？抑弗敢知！其竟憺然无所动于中欤？抑更弗敢知！然尝遍览人臣之家，有缓急之举，主人忧之，至戚忧之，仆妾之不可去者忧之；至其家求寄食焉之寓公，旅进而旅豢焉之仆从，伺主人喜怒之狎客[19]，试召而诘之，则岂有为主人分一夕之愁苦者哉？故曰：厉之以礼出乎上，报之以节出乎下。非礼无以劝节，非礼非节无以全耻。古名世才[20]起，不易吾言矣。

【注释】

①《明良论》：龚自珍曾作《明良论》四篇，这里选的为第二篇。明良：原意是"明君""良臣"，语出《尚书·益稷》："元首明哉，股肱良哉。"这里代指君臣。②敷(fū)奏：指臣下向皇帝陈述政治主张。③始进：开始作官。④"官益久"六句：作者在这里猛烈地抨击了封建末世的官场积习。气：指知耻的精神。偷：薄，引申为差劲。望：名望。谄：巴结。固：顽固。地益近：越是接近皇帝。媚：逢迎讨好。工：巧妙。⑤三公、六卿：泛指封建朝廷的高级官僚。三公：从周朝起有三公官。清朝官制以太师、太傅、太保为三公。六卿：清朝称吏、户、礼、刑、兵、工六部尚书为六卿。⑥郭隗(kuí)说(shuì)燕王：见《战国策·燕策》。燕王，即燕昭王，战国时期燕国国君，在位二十三年，曾实行新兴地主阶级的革新路线，使燕国由弱变强。郭隗是他的大臣，曾向他提出敬大臣、招贤士的主张。说：劝说。⑦帝者：成帝业的君主。与师处：把与自己相处的人看作师长。王者：成王业的君主。伯者：成霸业的君主。亡者：即亡国之君。役：奴才。⑧恣睢(zì suī)：怒目而视。奋击：动手打人。呴(hǒu)籍：暴怒。叱咄(chì duō)：大声呵斥。⑨危言：警语。⑩吁咈(xú fú)：表示否定的意思。这里指敢于提不同的意见。⑪夔(kuí)、稷(jì)：夔，尧舜时掌管音乐的大臣；稷，尧舜时主管农事的大臣。相传都是尧舜时的良臣。共工、驩兜(huān dōu)：相传尧时的大臣，被舜流放。⑫季：末，这里指衰世。⑬混混沄沄：水流汹涌、泛滥。底：尽。⑭若：和。胥(xū)：全部。⑮言词捷给：花言巧语，夸夸其谈。⑯赓(gēng)诗：即和诗。赓：续的意思。⑰受眷

(juàn):被宠爱。⑱“如是而封疆万万之一有缓急”三句:龚自珍在上文揭露了窃居朝廷要职的大官僚,平时只求高官厚禄,巴结逢迎,苟且偷安,无知无能,不恤国事,专为子孙打算的丑恶嘴脸。在这里他又进一步把这些大官僚比作贪生怕死的鸠燕,指出他们一遇国事危急必然纷纷飞逃。他这种社会批判精神在当时是可贵的。封疆:边疆。鸠燕:即斑鸠、燕子。栋:栋梁,这里比喻朝廷。俱压:一齐被压,这里引申为共患难。⑲“至其家求寄食焉之寓公”三句:寓公:在别人家里求衣食的人。旅进而旅豢(huàn):指暂时豢养雇用,随时可以解雇的一般仆人。伺:窥察。狎(xiá)客:王公大臣身边的帮闲人物。⑳名世才:亦作“命世才”,指有品德才能,闻名于当世的人。

【知识】

1. 封建与封建社会

封建:指分封国土,建立诸侯国的分封制度。周武王灭商以后,以爵土分封诸侯,而使之建国于封建的区域,其统治者被周天子分封为君主,以“国”自居,但这个时期的社会形态被奇怪地称为“奴隶社会”。

封建社会(宗法制社会):秦统一天下,建立郡县制的中央集权制国家,其后中国社会便废除了封土建国的分封制,没有王侯可以受封而自行建国。因此,自秦始皇开始至辛亥革命的这段中国历史时期,应被称为(中央集权的)宗法专制社会。

2. 龚自珍

龚自珍(1792—1841),晚清思想家,史学家。一名巩祚,字璱人。浙江仁和(今杭州)人。27岁为举人。道光元年(1821)官内阁中书,任国史馆校对官。九年,始成进士。官至礼部主事。十九年,弃官南归。二十一年,于江苏云阳书院猝然去世。龚自珍一生追求“更法”,虽至死未得实现,但在许多方面产生了有益的影响。他生平诗文甚富,后人辑为《龚自珍全集》。

【品读】

《昭明文选》中说:“政论,则学士大夫议论古今时世人物或评经史之言,正其谬误。”这两篇文章可谓是典型的政论文章,均是针对当下时事而生发议论,阐明观点。

柳宗元生在安史乱后,又亲见朱泚、李希烈、王武俊、吴元济、王承宗等诸人作乱,正如《封建论》中所言“桀猾时起,虐害方域”,这些都是“藩镇”割据。《封建论》中所谓“叛将”,便指的这些人。他们委任官吏,截留税款,全不把朝廷放在眼里。这很像“春秋时代”强大的诸侯。柳宗元反对封建,正是这一种背景。他是因为对于当时政治的关心才引起了对于封建制历史的思考;所以引证的事实一直到唐代,而且对于当时的局面还建议了一个简要的原则,供执政者参考。

清王朝统治者嘉庆皇帝面对天理教农民起义颁发“谕旨”,大骂官吏们“寡廉鲜耻”,把发生危机的责任推到他们身上;一面又变本加厉地推行“孝悌忠信礼义廉耻”等一套“治民之术”,妄图维持其摇摇欲坠的统治。龚自珍针对这种现实情况,疾呼改革。《明良论》中作者从君臣关系、用人政策等方面揭露封建官僚制度的腐朽,“政要之官”只知巴结逢迎,追求高官厚禄;“清暇之官”只想苟且偷安,但愿保职安荣。这些大官僚都是贪生怕死之徒,一旦国难临头,就会像鸠、燕一样各自飞逃。他强调指出这正是君主对待臣下如狗马、奴仆一样的必然结果。龚自珍还用历代君主敬重大臣,同臣下“坐而论道”的故事,说明有明君才有良臣,论证君待臣以礼、臣报君以节的道理。

两篇文章真可谓“文章合为时而著”,可见作者很强的现实感和责任感,展示了我国古代知识分子以天下为己任的品质。同时,两人均深谙为文之道,行文均笔锋犀利、逻辑严密,有不可撼动之势。两文观点鲜明,深入人心。《封建论》开篇设问,且叙且议,自然引出观点:“封建者,更古圣王尧、舜、禹、汤、文、武而莫能去之。盖非不欲去之也,势不可也。……封建,非圣人意也。”此后论述中又两次重申观点“故封建非圣人意也,势也”、“吾固曰:‘非圣人之意也,势也。’”这样不但让自己的论点深入人心，而且在结构上将整篇文章串了起来，章节之间就有了有机的呼应。《明良论》开篇凌厉，一句“士皆知有耻，则国家永无耻矣；士不知耻，为国之大耻”突兀而来，直有振聋发聩之势，之后历数官僚寡廉鲜耻之行，直接点出要害所在“非由他，由于无以作朝廷之气故也”，这样自己的观点便水到渠成：“何以作之气？曰：以教之耻为先。”此后引述古先贤言论探求“教耻之道”，并且申述当下无耻盛行如水火，贻害无穷。最后，直接呼出“厉之以礼出乎上，报之以节出乎下。非礼无以劝节，非礼非节无以全耻”的结论。不过，在具体论证过程中两文又各臻其妙，别具一格。

《封建论》在论述过程中旁征博引，论据充分，而且在运用材料时开合有度。柳宗元上溯唐尧虞舜之政，下援近代有唐之例，所用材料无不信手拈来，无不切中肯綮。同时，本文论证方法灵活多样交错运用，例证、引证信手拈来。对比论证尤为突出，如周朝行封建“威分于陪臣之邦，国殄于后封之秦”，与秦行郡县“摄制四海，运于掌握之内，有叛人而无叛吏”对比；汉行封建“数年之间，奔命扶伤之不暇，困平城，病流矢，陵迟不救者三代”，与汉行郡县“时则有叛国而无叛郡”对比等，在准确而全面的对比当中，作者的观点就鲜明地展现在读者面前了。尤为突出的是，本文在立论过程中，以驳论来增加文章的论证力度和针对性，开篇以“天地有无初”设问，宕开一笔，以封建明其有初，点明先圣“莫能去之”在于形势所致，顺势以“封建，非圣人意也”驳斥当时为“藩镇割据”立言的群小。开篇提出与自己观点相悖的看法，实际上是树立靶子，之后，集中精力反驳，在对方观点被驳得体无完肤之时，则己方观点自然更臻完善，更加严谨。

《明良论》在论证过程中亦善于综合运用多种论证方法。先是善用引证法，《礼·中庸》、郭隗、贾谊、明太祖等人观点皆为己用，兼顾古往今来，以古圣先贤增强自己观点的可信度与论辩力度。此后以唐、宋盛时，君臣坐而论道，儒硕兴起的盛况与末世君臣“殿陛之仪”繁琐相对比，突出自己的观点：有圣主贤君方有知耻有节之臣。在论述“无耻”之患时，作者更是以巧妙喻证处之，“厥灾下达上，象似火”，“厥咎上达下，象似水”，水火之喻形象生动地点明官僚制度的腐朽之至。末段，更是以“人臣之家”遭受“缓急之举”之时，主人、至戚、仆妾与“求寄食焉之寓公”、“旅进而旅豢焉之仆从”、“伺主人喜怒之狎客”的不同举动，与君主下诏与群臣表现做类比，更是形象而尖锐地点明观点，有震撼人心之效。

【借鉴】

1. 多种论证方法的综合运用

《封建论》一文在论证自己的观点的过程中，论证方法灵活多样交错运用，整体上以上至唐尧虞舜下至唐代为例论证观点，其中又以引证让观点更具说服力，以对比论证让观点更加鲜明突出。同时，开篇又以驳论来增加文章的论证力度和针对性，使立论更显严谨深刻。多种论证方法综合运用，使得文章论证摇曳多姿，观点更臻完善，值得我们写作过程中借鉴。

2. “帝者与师处”

《明良论》中，郭隗“帝者与师处，王者与友处，伯者与臣处，亡者与役处。凭几其杖，顾盼指使，则徒隶之人至。恣睢奋击，呴籍叱咄，则厮役之人至”，贾谊“主上之遇大臣如遇犬马，彼将犬马自为也，如遇官徒，彼将官徒自为也”等语句，表明事物之间是相互联系的，可谓“近朱者赤，近墨者黑”，在阐述相关观点的时候，这些语句是不错的论据。

【思考】

1.《封建论》第三段中使用周朝的事例与《明良论》第二段中引用《礼·中庸》、郭隗、贾谊的话等内容分别有什么作用？

2. 分别概括《封建论》中周、秦、汉、唐各朝的过失。

3.《文心雕龙·论说》中说：“原夫论之为体，所以辨正然否，穷于有数，究于无形，钻坚求通，钩深取极。”即“考究论问这种体制，是用来明辨是非的；它深入穷极地研究具体的事物，追根寻底地探讨无形的、抽象的问题”。结合两篇文章内容谈谈你对这句话的理解。

【译文】

封建论

自然界果真没有原始阶段吗？我没法知道。人类果真有原始阶段吗？我也没法知道。那么，(有或没有原始阶段)哪种说法比较接近事实呢？我认为：有原始阶段这种说法比较接近事实。怎么明白这一点呢？从“封国土、建诸侯”的封建制就可以明白。那种封建制，经历了古代贤明的帝王唐尧、虞舜、夏禹、商汤、周文王和周武王，没有谁能把它废除掉。不是不想把它废除掉，而是事物发展的趋势不允许。这种形势的产生，大概是在人类的原始阶段吧！不是原始阶段的那种形势，就没有可能产生封建制。实行封建制，并不是古代圣人的本意。

人类在他的原始阶段跟万物一起生存，那时野草树木杂乱丛生，野兽成群四处奔走，人不能像禽兽那样抓扑啃咬，而且身上也没有毛羽来抵御严寒，不能够光靠自身来供养自己、保卫自己。荀卿说过：“人类一定要借用外物作为自己求生的工具。”借用外物来求生的必然会相争，争个不停，一定会去找那能判断是非的人而听从他的命令。那又有智慧又明白事理的人，服从他的人一定很多；他把正确的道理告诉那些相争的人，不肯改悔的，必然要惩罚他，使他受痛苦之后感到惧怕；于是君长、刑法、政令就产生了。这样附近的人就聚结成群；分成许多群以后，相互间争斗的规模一定会大，相争的规模大了就会产生军队和威望。这样，又出现了更有威德的人，各个群的首领又去听从他的命令，来安定自己的部属，于是产生了一大批诸侯，他们相争的规模就更大了。又有比诸侯威德更大的人，许多诸侯又去听从他的命令，来安定自己的封国，于是又产生了方伯、连帅一类诸侯领袖，他们相争的规模还要大。这就又出现了比方伯，连帅威德更大的人，方伯、连帅们又去听从他的命令，来安定自己的老百姓，这以后天下便统一于天子一人了。因此先有乡里的长官而后有县的长官，有了县的长官而后有诸侯，有了诸侯而后有方伯、连帅，有了方伯、连帅而后才有天子。从最高的天子到乡里的长官，那些对人民有恩德的人死了，人们一定会尊奉他们的子孙为首领。所以说封建制的产生不是圣人的本意，而是形势发展的必然结果。

尧、舜、禹、汤的事离我们很远了，到了周代记载就很详备了。周朝占有天下，把土地像剖瓜一样分割开来，设立了公、侯、伯、子、男五等爵位，分封了许多诸侯。诸侯国像繁星似地罗列，四面遍布在大地上，集结在周天子的周围，就像车轮围绕着中心运转，就像辐条集中于车毂；诸侯聚合起来就去朝见天子，分散开来就是守卫疆土的臣子、朝廷的捍卫者。但是往下传到周夷王的时候，破坏了礼法，损害了尊严，天子只得亲自下堂去迎接朝见的诸侯。传到周宣王的时候，他虽然倚仗着复兴周王朝的功德，显示出南征北伐的威风，终究还是无力决定鲁君的继承人。这样日渐衰败下去，直到周幽王、周厉王，后来周平王把国都向东迁移到洛邑，把自己排列在诸侯同等地位上去了。从那以后，问周天子传国九鼎的轻重的事情出现了，用箭射伤天子肩膀的事情出现了，讨伐天子大臣凡伯、逼迫天子杀死大夫苌弘这样的事情也出现了，天下大乱，再没有把天子看作天子的了。我认为周王朝丧失统治力量已经很久了，只不过还在公侯之上保存着一个空名罢了！这岂不是诸侯势力太强大而指挥不动，就像尾巴太大以至摇摆不动所造成的过失吗？于是周王朝的统治权分散到 12 个诸侯国，后来又合并为 7 个强国，王朝的权力分散到陪臣掌政的国家，最后被很晚才封为诸侯的秦国灭掉。周朝败亡的原因，大概就在这里了。

秦朝统一了全国后，剖分诸侯国而设置郡县，废除诸侯而委派郡县长官，秦占据了天下的险要地势，建都于全国的上游，控制着全国，把局势掌握在手里，这是它做得对的地方。但没过几年便天下大乱，那是有原因的。它多次征发数以万计的百姓服役，使刑法越来越残酷，耗尽了财力。于是那些扛着锄木棍被责罚防守边境的人们，彼此递个眼色就联合起来，怒吼着汇合成群，(奋起反秦)。那时有造反的老百姓而没有反叛的官吏，老百姓在下怨恨秦王朝；官吏在上惧怕朝廷。全国四面八方互相配合，杀郡守劫县令的事情在各地同时发生。错误在于激起了人民的怨恨,并不是郡县制的过失。

汉朝统一了全国之后,纠正秦朝的错误,沿袭周朝的封建制,分割天下,分封自己的子弟和功臣为诸侯王。但没有几年,为了平息诸侯国的叛乱便闻命奔赴镇压,以至连救死扶伤都来不及,汉高祖刘邦被围困在平城,被飞箭射伤,如此衰落不振达三代之久。后来由于谋臣献策,才分散削弱诸侯王的势力并由朝廷命官管理诸侯国。但是汉朝开始恢复封建制的时候,诸侯国和郡县各占一半疆域,那时只有反叛的诸侯国而没有反叛的郡县,秦朝郡县制的正确性也已经明白清楚了。继汉朝而称帝的,就是再过一百代,(郡县制比封建制优越,)也是可以知道的。

唐朝建立以后,设置州县,任命州县的长官,这是它做得正确的地方。但还是有凶暴狡猾的人不时起来叛乱、侵州夺县的情况出现,过失不在于设置州县而在于藩镇拥有重兵,那时有反叛的藩镇将领而没有反叛的州县长官。郡县制的建立,确实是不能改变的。

至于天下的常理,是治理得好、政局安定,这才能得到人民的拥护。使贤明的人居上位,不肖的人居下位,然后才会清明安定。封建制的君长,是一代继承一代地统治下去的。这种世袭的统治者,居上位的果真贤明吗?居下位的真的不肖吗?这样,人民究竟是得到太平还是遭遇祸乱,就无法知道了。如果想要对国家有利而统一人民的思想,而同时又有世袭大夫世世代代统治他们的封地,占尽了诸侯国的全部国土,即使有圣人贤人生在那个时代,也会没有立足之地,这种后果就是封建制造成的。难道是圣人的制度要使事情坏到这种地步吗?所以我说:“这不是圣人的本意,而是形势发展的结果。”

明良论

读书人都懂得廉耻,国家就永远不会有耻辱了;读书人不懂得廉耻,这就是国家的最大耻辱。我观察现代的读书人,从他们向皇帝陈述政治主张、开始做官时起,具有廉耻心的已经很少了!当官越久,知耻的精神就越差劲;名望越高,巴结的恶习就越顽固;职位越接近皇帝,逢迎的手段就越巧妙。到做了三公、六卿,官位并非不高,然而,在他们身上,像古时候大臣那种高尚的、为人表率的风格,不仅没有看到,没有听到,就连睡梦也没有梦到。大臣讲究节操的盛况,已完全没有了。这不是由于别的原因,而是由于没有使朝廷官员知耻的精神振作起来的缘故。

怎样才能振作朝廷官员的知耻精神呢?首先是教育朝廷官员懂得廉耻。《礼记·中庸》篇说:“皇帝能够敬重大臣,就不会昏庸迷乱。”郭隗曾经对燕昭王说过:“成帝业的君主,总是把和自己相处的人看作师长;成王业的君主,总是把和自己相处的人看作良友;成霸业的君主,总是把和自己相处的人看作听从他指挥的臣子;而亡国的君主则把和自己相处的人看作奴才。如果靠着桌子,拄着拐杖,指手画脚,要别人看自己的眼色行事,那么,只会有被判刑当奴仆、地位最低下的人来到跟前。如果怒目而视,随意动手打人,暴躁如雷,大声呵斥,那么,就只会有专供役使的奴仆来到。”贾谊在规劝汉文帝时说:“主上如果像对待犬马一样对待大臣,大臣就会像犬马那样光供役使,像对待小官吏一样对待他们,他们就会按小官吏的标准要求自己。”以上这三条教训,像日月星辰一样光辉,都是圣人贤士的警语,从古到今最好的告诫。

我曾经看过明朝初年民间流传的史书,记载明太祖教训大臣们的话:“你们总是称主上为尧舜。假如主上不是圣君,你们何必要吹捧他是圣君呢?即使主上是圣君,大臣们的愿望已经实现了,也应该敢对主上提出不同意见和建议,做皋、契一样的贤臣。早上见面称主上是尧舜,晚上见面也称主上是尧舜,作为像尧舜一样的君主,难道不是也听得厌烦了吗?”又说:“幸好我不是尧舜,我假如是尧舜,哪里会有像你们这样的皋、夔、稷大臣呢?你们不像共工、驩兜那样被尧舜流放才奇怪呢!”这真是英明君主的话啊。经常坐在皇帝身边谈论治国方法的大臣,古代称为三公。唐、宋兴盛时期,皇帝对大臣和讲经史的官员经常赐坐赐茶,使大臣们可以随便在皇帝休息宴饮的地方,谈论古时的治国方法,这样,学问渊博的人就不断多起来了。到了衰世,大臣与皇帝之间,除了大臣向皇帝早晚跪拜以外，就没有上面所说的事情了。不知道这种制度为什么中止，而皇帝和大臣之间的礼制差别越来越大，以至完全废止了。

务农做工和肩挑背负的人不懂得廉耻，只是使他自身受到耻辱；有钱的人不懂得廉耻，只是使他们的家庭受到耻辱；读书人不懂得廉耻，可以说是耻辱了邦国；如果卿大夫不懂得廉耻，就可说是耻辱了天下。（不懂得廉耻的人）由一般的老百姓上升为读书人，由读书人上升为小官、大官，这就从他们自身自家受耻辱，扩大到整个天下受耻辱。这种灾害就像火灾一样，从下到上逐渐蔓延。大臣不懂得廉耻，许多官吏都效法他，读书人和老百姓也效法他，有这样三几个使国家受耻辱的人，就会使得整个天下的人，从国家受耻辱到他们家庭受耻辱，到自身受耻辱，它到处泛滥，没有止境。这种祸害就像洪水一样，从上到下到处流淌。上上下下都在水火之中，那还成什么国家呢？

我私下观察现在身居要职的官员，他们只知道追求车马，讲究服饰，卖弄花言巧语，此外就一无所知了。清闲的官员，只知道写字和吟诗作对，此外就什么都不过问了。大臣们在朝廷里发表政论，都是察言观色根据皇帝的喜怒行事，当他们得到皇帝赏脸、赐坐赐茶的时候，他们便洋洋得意地出来，在自己的门生、妻子面前夸耀一番。皇帝稍有不高兴，他们就赶快磕头而出，重新寻求可以得到皇帝宠爱的办法。难道他们的心真的敬畏皇帝吗？如果问他们作为大臣难道应该这么做吗？他们却可耻地说：我们这些人只能这样罢了。至于他们的居心，也就可想而知了。那些追求车马、耍弄花言巧语的人，不太读书，却说：我从早到晚在衙门值班，已经是很好了，已经够劳累了。会作文章和写诗的人，虽然读过一点书，但不懂得其中的道理，认为在职位上苟且偷安，多活一天就多得一天的荣耀；当他们因病辞官回家的时候，又用应举成名的思想来教育栽培他们的子孙，志愿也就算达到了。他们还希望子孙后代都把保守退缩当作老成稳重，至于国家的事情，我家何必关心呢？唉！像这样下去，边疆万一有紧急情况发生，他们就会像斑鸠、燕子一样纷纷飞走了，能甘心情愿同朝廷共患难的很少啊！

前几天，皇上的谕旨传下来，用卧薪尝胆的故事来自比，那些听了谕旨的人能严肃认真对待吗？我可不敢说！是若无其事、无动于衷吗？我更不敢说了！但我曾广泛地观察在朝廷当官的人家，当发生紧急情况的时候，主人担忧，亲戚担忧，不能离开主人的贴身仆妾也担忧；至于在他家中求食寄宿的客人，暂受主人雇用豢养的仆从，看主人喜怒行事的狎客，试把他们召集起来问一问，有哪一个能为主人分担一点愁苦的呢？所以说：在上的君主用礼来勉励大臣，在下的大臣就会尽忠节来报答君主。君主不用礼就无法使大臣尽忠节，君臣之间没有礼和节，就不能保全廉耻。即使是古时以德才闻名于世的人再出来，也不会不同意我的主张的。

朋　党　论[①]

［北宋］　欧阳修

臣闻朋党之说，自古有之，惟幸人君辨其君子小人而已。大凡君子与君子以同道[②]为朋，小人与小人以同利为朋，此自然之理也。

然臣谓小人无朋，惟君子则有之。其故何哉？小人所好者禄利也，所贪者财货也。当其同利之时，暂相党引以为朋者，伪也；及其见利而争先，或利尽而交疏，则反相贼害，虽其兄弟亲戚，不能自保。故臣谓小人无朋，其暂为朋者，伪也。君子则不然。所守者道义，所行者忠信，所惜者名节。以之修身，则同道而相益；以之事国，则同心而共济；终始如一，此君子之朋也。故为人君者，但当退小人之伪朋，用君子之真朋，则天下治矣。

尧之时，小人共工、驩兜[③]等四人为一朋，君子八元、八恺[④]十六人为一朋。舜佐尧，退四凶小人之朋，而进元、恺君子之朋，尧之天下大治。及舜自为天子，而皋、夔、稷、契[⑤]等二十二人并列于朝，更相称美，更相推让，凡二十二人为一朋，而舜皆用之，天下亦大治。《书》曰："纣有臣亿万[⑥]，惟亿万心；周有臣三千，惟一心。"纣之时,亿万人各异心,可谓不为朋矣,然纣以亡国。周武王之臣,三千人为一大朋,而周用以兴。后汉献帝⑦时,尽取天下名士囚禁之⑧,目为党人。及黄巾贼起,汉室大乱,后方悔悟,尽解党人而释之,然已无救矣。唐之晚年,渐起朋党之论⑨。及昭宗⑩时,尽杀朝之名士,或投之黄河,曰:"此辈清流,可投浊流。"而唐遂亡矣。

夫前世之主,能使人人异心不为朋,莫如纣;能禁绝善人为朋,莫如汉献帝;能诛戮清流之朋,莫如唐昭宗之世;然皆乱亡其国。更相称美推让而不自疑,莫如舜之二十二臣,舜亦不疑而皆用之;然而后世不诮⑪舜为二十二人朋党所欺,而称舜为聪明之圣者,以能辨君子与小人也。周武之世,举其国之臣三千人共为一朋,自古为朋之多且大,莫如周;然周用此以兴者,善人虽多而不厌⑫也。

嗟呼!兴亡治乱之迹,为人君者,可以鉴矣。

【注释】

①《朋党论》是北宋著名文学家欧阳修在1044年(庆历四年)向宋仁宗上的一篇奏章。②同道:志同道合。③共(gōng)工、驩(huān)兜:古代传说中的"四凶",有四个恶人,共工、驩兜是其中的两个,另外两个是三苗和鲧(gǔn)。④八元、八恺:分别指上古帝喾的八位贤臣和颛顼的八位贤臣。元、恺:均为和善义。⑤皋(gāo)、夔(kuí)、稷(jì)、契(xiè):传说都是舜时的贤臣,分别被舜委任为管理刑法、音乐、农事和教育的长官。⑥亿万:极言其多。⑦汉献帝:名刘协,公元189年至220年在位。东汉最后一个皇帝。⑧尽取天下名士囚禁之:本文说是汉献帝时事,系作者误记,囚禁党人应是桓帝、灵帝时的宦官所为。⑨朋党之论:唐宪宗时,代表士族地主的李吉甫与代表庶族地主的牛僧儒、李宗闵,各树党朋,互相斗争,历时四十余年,史称"牛李党争"。⑩昭宗:唐昭宗名李晔,公元889年至904年在位。⑪诮(qiào):责备。⑫厌:通"餍",满足。

朋 党 论

［北宋］ 司马光

黄介夫①作《坏唐论》五篇，以为坏唐者非巢、温②与阉竖③，乃李宗闵、李德裕朋党之弊也，是诚得其本矣。虽然介夫知其一未知其二：彼盗贼之兴由阉竖，阉竖之横由辅相，则信然矣。噫！辅相树立私党，更相排压而不能正，又谁咎哉？

夫朋党之患不专在唐，自古有之。以尧之明，共工、驩兜相荐于朝。舜臣尧，既流共工，又放驩兜，除其邪党，然后四门穆穆④，百工咸熙。仲虺⑤数夏之恶曰"简贤附势，实繁有徒"；武王数商之恶曰"朋家作仇，胁权相灭"。是则治乱之世，未尝无朋党。尧舜聪明，故能别白善恶而德业昌明；桀纣昏乱，故不能区处是非而邦家覆亡。由是言之，兴亡不在朋党，而在昏明矣！

《洪范》皇极⑥曰："无偏无诐⑦，遵王之义；无有作好，遵王之道，无有作恶，遵王之路。无偏无党，王道荡荡；无党无偏，王道平平；无反无侧，王道正直。"周公戒成王曰："孺子其朋，孺子其朋，其往。无若火始焰焰，厥攸灼叙，弗其绝。"⑧是以舜诛禹父而禹为舜佐，伊尹放太甲而相之，周公放蔡叔而封蔡仲，公之至也。夫宗闵、德裕虽为朋党，由文宗实使之。文宗尝曰："去河北贼易，去朝中朋党难。"殊不知为朋党，谁之过也？由是观之，坏唐者文宗之不明，宗闵、德裕不足专罪也。

【注释】

①黄介夫：即黄通，字介夫，俗名黄德通，嘉祐二年（1057 年）进士，与范仲淹、欧阳修有交往。②巢、温：即黄巢和朱温。黄巢（公元 820—884），唐末农民起义的领袖人物。朱温（公元 852—912），最初曾参加黄巢起义军，后来降唐，被唐僖宗赐名全忠，开平元年（907 年）废唐哀帝，自行称帝，改名为晃，建都开封，

国号为“大梁”，史称“后梁”，后人称为梁太祖。③阉竖：对宦官的蔑称。④四门穆穆：四门，指京城东西南北四个城门。穆穆，形容仪容齐整，端庄恭敬。⑤仲虺(huǐ)：又叫莱朱，是商汤时期的著名大臣。他与伊尹并为商汤左、右相，辅佐商汤完成大业。⑥《洪范》皇极：《洪范》，《尚书》篇名。皇极，帝王统治天下的准则，即所谓大中至正之道。⑦诐：同“颇”，偏颇，不正。⑧此句意为：王啊！您要振奋，您要振奋，要到洛邑去！不要像火刚开始燃烧时那样气势很弱，那燃烧的余火，决不可让它熄灭。孺子，指成王。朋，古“凤”字，引申有奋起、振奋义。焰焰，微小的样子。攸，所。灼，烧。叙，绪，残余。

【知识】

1. 朋党

指同类的人以恶相济而结成的集团，后指因政见不同而形成的相互倾轧的宗派。如《战国策·赵策二》：“臣闻明王绝疑去谗，屏流言之迹，塞朋党之门。”朋党也可作动词，谓结为朋党。《韩非子·有度》：“交众与多，外内朋党，虽有大过，其蔽多矣。”

2.《尚书》

原称《书》，相传为孔子编定，到汉代改称《尚书》。“尚”意为“(把卷着的、包着的、摞着的东西)摊开、展平”，“书”即文字、文字记录、文档，“尚书”意为“公之于众的(古代)皇室文献”。《尚书》在作为历史典籍的同时，向来被文学史家称为中国最早的散文总集。

【品读】

北宋仁宗年间，一前一后出现了两篇《朋党论》，皆一反成说，提出不同流俗的见解和主张。一篇作者是当时庆历新政的积极襄助者欧阳修，另一篇的作者是著名的史家司马光。如果把这两篇新论细加比较，就可以发现：作为一种新见，两文有一些相同的思考，写法也有类似之处；但观点却不尽相同。而造成这种对同一问题的不同结论，又与他们不同的创作目的和所处的时代有极大的关系。

作为反传统的新论，两文有着相同的思考和论证方式。

首先，两文都认为国家亡乱的最根本原因在君主而不在朋党。欧阳修的观点十分鲜明，文章主要阐述了两个观点：一是朋党有君子之朋和小人之朋的区别，人君要善于辨别；二是君王要黜退小人之朋，进用君子之朋，这样才能国家兴盛，天下大治。司马光的论点是由黄介夫的《坏唐论》所引发的。黄介夫认为，唐亡的原因不在于黄巢起义、朱温篡唐，也不在于宦官专权，而是由牛李党争所造成的。但司马光却认为坏唐之根由在于君主的不明。其理由是朋党乃历朝历代皆有，关键在于君主是否能对此明察决断。这与欧阳修所持“朋党之说，自古有之，惟幸人君辨其君子小人而已”之论是一致的。

其次，两文皆以史料和圣贤之言来证明自己的论点。欧阳修先以舜除共工、驩兜朋党为例，来说明君主应该明察，应黜退小人结成的朋党；又举汉末的党锢之祸和唐末朱全忠诛杀清流为例，从反面证明朋党不但不是亡国之因，相反却是君主不明、黜退诛杀君子之朋，才导致了亡国。欧阳修在文章中引用了《尚书》“泰誓”中的一段话，来说明能不能用君子之朋，正是纣亡周兴的分野所在。司马光举舜果断处置共工、驩兜等朝中朋党，以及仲虺对夏桀和武王对商纣朝中朋党的批判来证明：无论治世还是乱世，朝廷皆有朋党，区别在于“尧舜聪明，故能别白善恶”而“桀纣昏乱，故不能区处是非”。所以国家的兴亡不在朋党，而在于君主的昏明。文章也引用了《尚书》中的话，但目的是为了论述朋党的危害，进而证明为君之道应该无偏无党，才能王道昌明。

最后，两文都采取了正反对比的论证方式。不过，司马光的《朋党论》是一种对比的单线结构。文章只选择小人之朋这一种材料，通过对比论述明君能逐朋党使王道正直，昏君用朋党使国亡乱——“兴亡不在朋党，而在昏明矣！”而欧阳修的《朋党论》是双线结构。他有两种对比。一是君子之朋和小人之朋：君子与君子，以同道为朋；小人与小人，以同利为朋。二是明君与昏君对君子之朋和小人之朋的不同态度及其导致的不同结果：纣、汉献帝、唐昭宗诛戮君子之朋，“皆乱亡其国”；舜、周武王用君子之真朋，则天下大治。为了替朋党正名，欧阳修还在文章的前部加了一段专论：只有君子才有朋，小人是无朋的，采取的也是对比的方式。小人以利暂相党引，“及见其利而争先，或利尽而交疏，则反相贼害”，所以小人无朋；君子则以道义、忠信、名节为追求目标，“同道而相益”、“同心而共济”，这才是真朋。除此之外，两文均在结构上首尾呼应，行文紧凑。

但是，欧阳修和司马光在观点上也存在着明显的差异。

司马光之文虽认为国家亡乱的最根本原因在君主而不在朋党，这是他的新意所在，但他在对朋党的具体看法上则延续了传统之见，是全盘否定的。他也认为“盗贼之兴由阉竖，阉竖之横由辅相”，朋党是导致国家政治生活败乱的主要祸根。正是基于此，他虽也承认黄介夫的结论“坏唐者非巢、温与阉竖，乃李宗闵、李德裕朋党之弊也，是诚得其本矣”，但只是“只知其一不知其二”的偏颇之论。欧阳修之文在对朋党的看法上与司马光有很大的不同。他认为对朋党不可一概而论，应分清君子之朋和小人之朋。为君者，“当退小人之伪朋，用君子之真朋”，这样则可以天下大治；相反，如果排斥、杀戮君子之朋则会乱亡其国。文章的重点不是放在朋党之害而是在不用君子之朋的危害上。

二人观点之差异，究其个中原因，大概在于两文的创作目的有别。欧阳修的《朋党论》主要是为现实政治斗争服务的。仁宗景祐年间至庆历初(公元1034—1044)的十年，是北宋党争最为激烈的一个时期。当时辽和西夏步步进逼，宋军的屡战屡败和继之的输银输绢，使积贫积弱的北宋王朝内外矛盾进一步加剧。朝廷中，渐渐形成了以欧阳修、范仲淹、富弼、韩琦等人为核心的君子执政集团，成为守旧派的攻击对象，庆历三年(1043)七月，被徙往亳州任知府的夏竦刚出国门就上章指责欧阳修、范仲淹、杜衍等结党，并上疏说他们“布满要路，则迷朝误国，谁敢有言”，尽管“帝不信”，但作为首当其冲的欧阳修必须为自己，也是为整个革新集团辩解。所以，他的《朋党论》不是全盘否定朋党，而是强调要区别君子之朋和小人之朋，这是人君的主要责任。同时，他又提出历代朋党之说都不曾有的一个新见：人君只有任用君子之朋，国家才能兴旺；如诛戮君子之朋，国家就会衰亡。由此可见，欧阳修在他的《朋党论》中的观点，是完全从革新集团的政治前途出发，为现实斗争服务的。司马光作为一个杰出的历史学家，在观察一种社会现象时，往往会出于纵向的史学考察；对“自古有之”的朝廷朋党，他更擅长从历代朋党之争的得失和国家长治久安这个更为久远和纵深的角度加以评估，给予涵盖面更加宽泛的总体结论。

【借鉴】

1. 朋党新论

在论述同一个问题上，欧阳修文章“朋党之说，自古有之，惟幸人君辨其君子小人而已”的观点和司马光文章“兴亡不在朋党，而在昏明矣”的观点都是新论，值得借鉴。但欧阳修在阐述中有推进，“为人君者，但当退小人之伪朋，用君子之真朋，则天下治矣”的结论振聋发聩。写作中，对已持观点不妨再作辨析，以加强深度。

2. 素材积累

两篇文章都用了大量史料来证明自己的观点，如舜果断处置共工、驩兜等朝中朋党，以及仲虺对夏桀和武王对商纣朝中朋党的批判，如汉末的党锢之祸和唐末朱全忠诛杀清流等，并进行正反对比，在阅读时不妨作圈划和积累。

【思考】

1. 两篇文章的写法与选材有何异同，请简要说明。

2. 两篇文章都引用了《尚书》中的话(均在第三段)，其用意有何不同?

3. 简要赏析欧阳修文章语言运用上的特点。

4. 在谈论“朋党”的问题上，两篇文章观点有相似之处，但不尽相同，试加以分析比较。

【译文】

朋党论

欧阳修

臣听说关于"朋党"的说法是自古就有的,只希望吾君能辨识他们是君子还是小人罢了。大体说来,君子与君子,是以理想目标相同结成朋党;小人与小人,以暂时利益一致结成朋党。这是很自然的道理呵。

然而臣又认为小人没有朋党,只有君子才有。这是什么缘故呢?(因为)小人所喜的是利禄,所贪的是货财。当他们利益一致的时候,暂时互相勾结而为朋党,这种朋党是虚伪的。等到他们见利而各自争先,或者到了无利可图而交情日益疏远的时候,就会反过来互相残害,即使对其兄弟亲戚也顾不得。所以臣认为小人无朋党,他们暂时为朋党,是虚伪的。君子就不是这样。他们所依据的是道义,所奉行的是忠信,所爱惜的是名誉和节操。用它们来修养品德,则彼此目标相同又能够互相取长补短;用它们来效力国家,则能够和衷共济,始终如一,这就是君子的朋党。所以做君王的,只应该废退小人虚伪的朋党,而任用君子真正的朋党,(只有这样),天下就太平了。

尧的时候,小人共工、驩兜等四人为一朋党,君子则有八元和八恺共十六人为一朋党。舜辅佐尧,废退四凶小人的朋党,进用八元八恺君子的朋党,尧的天下得以大治。等到舜自己做了天子,皋陶、夔、后稷、契等二十二人同时列位于朝廷,彼此递相称美,互相推举谦让,共二十二人为一朋党,舜一一任用他们,天下也得以大治。《尚书》上说:"纣有臣亿万,便有亿万条心;周有臣三千,却只是一条心。"纣的时候,亿万人心各不相同,可说是不成其为朋党了,然而纣却因此而亡国。周武王的臣子三千人结成一个大朋党,但周却因此而振兴。东汉献帝时候,把天下所有名士都看成党人而予以囚禁,直到黄巾军起来,汉室大乱,这才悔悟,把党人都予释放,可是局面已经无法挽救了。唐朝晚年,又逐渐兴起朋党的说法，到昭宗时，把在朝名士都杀了，有的还被投到黄河里，说是“这些人自称清流，可以投他们到浊流里去(让他们变成浊流)”。然而唐朝也即随之灭亡了。

那些前代的君主，能让人人各怀异心不结朋党的，谁也不及纣；能禁止、断绝好人结为朋党的，谁也不及汉献帝；能诛杀清流朋党的，谁也不及唐昭宗时代。然而都因此致乱而使他们亡国。而彼此称道赞美、推举谦让而自信不疑的，谁也不及舜的二十二臣，舜也并不怀疑他们且都予以任用。然而后代的人并不讥讽舜被二十二人结成的朋党所欺骗，反倒称赞舜是聪明的圣人，因为他能辨识君子和小人呵。周武王时代，全国所有的臣子三千人结成一个朋党，自古以来结为朋党的，从人数之多与规模之大都莫过于周，可是周却因此而振兴，那是好人虽多他们却不感到满足的缘故呵。

唉，这些前代治乱兴亡的史迹，做君王的很可以引为鉴戒呢！

朋党论

司马光

黄介夫写了五篇《坏唐论》，认为毁灭唐朝的不是黄巢、朱温和宦官，而是李宗闵、李德裕等朋党的祸患，这的确是看到了问题的根本。即使如此，黄介夫却只知其一不知其二：那叛乱的兴起缘于宦官，宦官的祸患又缘于大臣，这是很明确的事实。哎！大臣们树立自己的宗派，相互排挤而不能端正(朝廷风气)，又能责怪谁呢？

朋党的祸患不单单在唐代，自古就有这种现象。尧很英明，但共工、驩兜等恶人相继被推荐到朝廷中(做官)。(到)舜辅佐尧时，既流放了共工，又放逐了驩兜，除掉了奸邪之党，此后京城四方之门井然有序，仪容齐整，规定百官的事务就都会兴盛起来。仲虺列举夏桀的恶行说：“(当时朝廷)轻视贤良，依附权势，实在有不少这样的人。”周武王列举商纣王的恶行说：“关系友好的家族最终成为仇人，假用君上权命胁迫别人互相残杀。”这样看来，无论是太平或者动乱的朝代，未曾没有过朋党的。尧舜是聪明的君主，所以能辨别分清善人恶人，因而功业卓著显明;桀纣昏庸无能,所以不能区别是非因而国家最后灭亡。由此来说,国家兴盛或灭亡不在于有没有朋党,而在于君王昏庸还是英明!

《尚书·洪范》中谈到帝王统治天下的准则时说:“不偏向,不邪曲,一切按照君王的旨意;没有私人爱好,遵守君王的法度;不做坏事,按照君王指的路走。不偏私,不结私党,君王之道平坦宽广;不结私党,不偏私,国家的治理就会井然有序、安详娴熟;处事没有反复无常,君王之道就会正直通达不偏斜。”周公告诫周成王说:“王啊!您要振奋,您要振奋,要到(洛邑去)。不要像火刚开始燃烧时那样气势很弱,那燃烧的余火,决不可让它熄灭。”因此舜诛杀了禹的父亲而禹却辅佐舜,伊尹把太甲放逐而(太甲回来后)依然立(伊尹)为相,周公放逐蔡叔并改封蔡叔的儿子蔡仲,(这是)周公极高明的地方。李宗闵、李德裕虽然结为朋党,实际上要归罪于唐文宗。唐文宗曾经说:“去除河北三镇的叛贼容易,去除朝廷的朋党实在困难!”竟不知道(原因)是朋党,这又是谁的过错呢?由此观之,毁坏唐朝的原因在于文宗的不明智,不能把全部罪过归于李宗闵、李德裕。

六 国 论①

[北宋] 苏 洵

六国破灭,非兵不利,战不善,弊在赂秦②。赂秦而力亏,破灭之道也。或曰:“六国互丧,率③赂秦耶?”曰:“不赂者以赂者丧。盖失强援,不能独完。故曰‘弊在赂秦’也!”

秦以攻取之外,小则获邑,大则得城。较秦之所得,与战胜而得者,其实百倍;诸侯之所亡,与战败而亡者,其实亦百倍。则秦之所大欲,诸侯之所大患,固不在战矣。思厥先祖父④,暴霜露,斩荆棘,以有尺寸之地。子孙视之不甚惜,举以予人,如弃草芥。今日割五城,明日割十城,然后得一夕安寝,起视四境,而秦兵又至矣。然则诸侯之地有限,暴秦之欲无厌⑤,奉之弥繁,侵之愈急⑥,故不战而强弱胜负已判矣。至于[7]颠覆，理固宜然。古人云："以地事秦，犹抱薪救火，薪不尽，火不灭。[8]"此言得之[9]。

齐人未尝赂秦，终继五国迁灭[10]，何哉？与嬴[11]而不助五国也。五国既丧，齐亦不免矣。燕赵之君，始有远略，能守其土，义不赂秦。是故燕虽小国而后亡，斯用兵之效也。至丹以荆卿为计[12]，始速[13]祸焉。赵尝五战于秦，二败而三胜。后秦击赵者再，李牧[14]连却之。洎[15]牧以谗诛，邯郸为郡，惜其用武而不终也。且燕赵处秦革灭殆尽之际，可谓智力孤危，战败而亡，诚不得已。向使三国各爱其地，齐人勿附于秦，刺客不行，良将犹在，则胜负之数，存亡之理[16]，当与秦相较，或未易量。

呜呼！以赂秦之地封天下之谋臣，以事秦之心礼天下之奇才，并力西向，则吾恐秦人食之不得下咽也。悲夫！有如此之势，而为秦人积威之所劫[17]，日削月割，以趋于亡。为国者[18]无使为积威之所劫哉！

夫六国与秦皆诸侯，其势弱于秦，而犹有可以不赂而胜之之势。苟以天下之大，而从六国破亡之故事[19]，是又在六国下矣！

【注释】

①选自《嘉祐集·权书》。作者苏洵(公元1009—1066)，字明允，号老泉，北宋眉山人，散文家，与其子苏轼、苏辙并称"三苏"。②赂秦：贿赂秦国。这里指割地求和。③率：一律，一概。④思厥先祖父：厥，这里相当于"其"。先，对已去世的尊长的敬称。祖父，泛指祖辈父辈。⑤厌：同"餍"，满足。⑥奉之弥繁，侵之愈急：奉，送给。前一个"之"指秦，后一个"之"指赂秦各国。弥、愈，都是"更加"的意思。⑦至于：终究，到……的结局。⑧"以地事秦"句：语见《史记·魏世家》和《战国策·魏策》。⑨此言得之：这话对了。之，指上面说的道理。⑩迁灭：灭亡。与下文的"革灭"相同。⑪与嬴：结交秦国。与，交好。嬴，秦王的姓，借代秦国。⑫至丹以荆卿为计：丹，指燕国太子丹。荆卿，即太子丹派去刺杀秦王的荆轲。⑬速：招致。⑭李牧：赵国良将，曾多次打退秦军。⑮洎(jì)：

及,等到。⑯胜负之数,存亡之理:胜负存亡的命运。数,天数。理,命运。⑰劫:胁迫,挟制。⑱为国者:治理国家的人。⑲从六国破亡之故事:从,跟随。故事,旧事,前例。

六 国 论[1]

［北宋］ 苏 辙

尝读六国世家[2],窃怪天下之诸侯,以五倍之地,十倍之众,发愤西向,以攻山西[3]千里之秦,而不免于灭亡。常为之深思远虑,以为必有可以自安之计。盖未尝不咎[4]其当时之士,虑患之疏,而见利之浅,且不知天下之势也。

夫秦之所与诸侯争天下者,不在齐、楚、燕、赵也,而在韩、魏之郊[5];诸侯之所与秦争天下者,不在齐、楚、燕、赵也,而在韩、魏之野。秦之有韩、魏,譬如人之有腹心之疾也。韩、魏塞秦之冲[6],而蔽山东之诸侯,故夫天下之所重者,莫如韩、魏也。

昔者范雎[7]用于秦而收韩,商鞅用于秦而收魏。昭王未得韩、魏之心,而出兵以攻齐之刚、寿,而范雎以为忧,然则秦之所忌者可见矣!秦之用兵于燕、赵,秦之危事也。越韩过魏,而攻人之国都,燕、赵拒之于前,而韩、魏乘[8]之于后,此危道也。而秦之攻燕、赵,未尝有韩、魏之忧,则韩、魏之附秦故也。夫韩、魏,诸侯之障[9],而使秦人得出入于其间,此岂知天下之势耶?委[10]区区之韩、魏,以当虎狼之秦,彼安得不折[11]而入于秦哉?韩、魏折而入于秦,然后秦人得通其兵于东诸侯,而使天下遍受其祸。

夫韩、魏不能独当秦,而天下之诸侯藉之以蔽其西,故莫如厚韩亲魏以摈秦。秦人不敢逾韩、魏以窥齐、楚、燕、赵之国,而齐、楚、燕、赵之国因得以自安于其间矣。以四无事之国佐当寇[12]之韩、魏,使韩、魏无东顾之忧,而为天下出身[13]以当秦兵。以二国委秦,而四国休息于内以阴助其急。若此可以应夫无穷,彼秦者将何为哉？不知出此，而乃贪疆埸⑭尺寸之利，背盟败约，以自相屠灭。秦兵未出，而天下诸侯已自困矣。至于秦人得伺其隙，以取其国，可不悲哉！

【注释】

①选自《栾城集》。②六国世家：六国，指韩、魏、楚、齐、燕、赵，在《史记》中都有“世家”。“世家”，是记诸侯世系的文章。③山西：战国时，称崤山或华山以西为“山西”，此指崤山以西。下文的“山东”，指崤山以东。④咎：怪罪。⑤郊：田野、国土。下文的“韩、魏之野”中的“野”与“郊”同义。⑥冲：要冲，军事要道。⑦范雎：战国时魏国人，受诬陷更名改姓为张禄，离魏入秦国为宰相，说服秦昭王采用“远交近攻”的策略，使秦国强大起来，征服了韩国。⑧乘：乘势攻击。⑨障：屏障。⑩委：委弃，听任。⑪折：挫折，服从。⑫寇：敌寇，这里指秦国。⑬出身：挺身而出。⑭疆埸（yì）：边界。

【知识】

1. 战国、战国七雄、六国

“战国”，即我国的战国时代（公元前475—公元前221）。这期间，诸侯们各自为政，各国混战不休，故被后世称为“战国”。

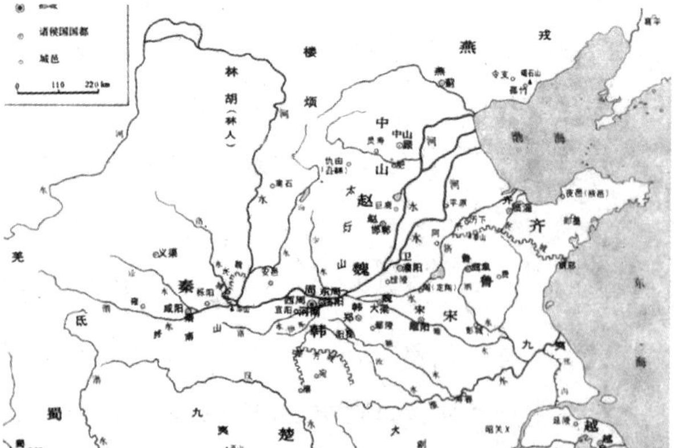

“战国七雄”，指战国时期最有实力的齐、燕、楚、韩、魏、赵、秦等七个诸侯国。“六国”，即“战国七雄”中除“秦”之外的六个诸侯国。“六国”之间，南北联合，采取“合纵”策略，结成“统一战线”抗秦，秦国则采取“连横”策略破坏六国的“合纵”，逐一灭掉了其他六国，完成了统一大业。

2. 宋朝的软肋

北宋是一个统一的中央集权强国，力量远远超过六国诸侯，但“重文轻武”一直是它的软肋。后来的南宋政权，同样继承了这一“重文轻武”的国策。这些措施不但大大减低了宋朝军队的战斗作用，而且严重削弱了抵御外来侵略的国防力量。于是面对外部侵略势力，宋朝总是采取妥协求和的政策：以每年送给敌国银、绢、茶等财物为条件，求得暂时的和平。宋王朝的这种方针路线和战国时代六国对待秦国的方针路线很相像。

【品读】

六国被秦国灭亡的教训，是许多文史家关注的话题。仅“三苏”就每人写了一篇《六国论》，直至清朝，还有李桢所作的《六国论》流传于世。当然，在这系列文章中，还是苏洵、苏辙父子的《六国论》最有名。这两篇同题文章，可比之处很多。

首先是立意选材。两文均是史论，分析论述六国灭亡的原因，但本意不在悲叹六国灭亡，而在讽谏统治者要以六国为鉴。所以他们不像历史学家那样对历史进行客观全面的分析论述，而是剖开一个历史层面，选择一个问题，分析论述，表明自己的看法，以古鉴今。苏洵之文着眼于当时宋朝统治者屈服妥协的对外政策，围绕“赂”选材，批评统治者屈辱苟安的国策；苏辙之文着眼于战略形势，围绕“势”选材，批评统治者缺乏战略眼光，见利忘义，不识形势而相互攻杀的错误。

其次是布局结构。两文都是开篇即提出中心论点，然后分析论证，最后指明解决问题的方法，是典型的议论文结构。苏洵之文开门见山，第一句就提出“弊在赂秦”这个中心论点，紧接着将这个论点分解为“赂秦而力亏，破灭之道也”和“不赂者以赂者丧”两个分论点。中间部分以史实为依据，先从正面论述，韩、魏、楚因"赂"而亡，齐、燕、赵因力量"孤危"而亡；再从反面假设申述，若"不赂"秦，则"胜负之数，存亡之理，当与秦相较"。最后讽喻现实，点明作文目的。全文紧扣"弊在赂秦"这个中心，逻辑严密，脉络清晰，一气呵成。苏辙之文从读六国世家入手，以"窃怪""深思"巧妙引出中心论点——"虑患之疏，见利之浅，且不知天下之势也"。中间用两段论述韩、魏在各诸侯国抗秦图存中举足轻重的地位：得韩、魏，秦可"通其兵于东诸侯"，窥视天下；失韩、魏，山东诸侯国便失去了"当虎狼之强秦"的屏障。最后一段指出山东诸侯国的自安之计，不识"天下之势"，"厚韩亲魏以摈秦"。文章议论精辟，一波三折，层层深入，令人信服！

三是论证方法。无论是整体，还是局部，正反对比是这两篇文章的一个共同特色。从全文看，苏洵之文是"赂者"与"不赂者"的对比。苏辙之文是秦"识势"与诸侯"不识势"的对比。从局部看，几乎处处都在对比。苏洵之文，秦"攻取所得"与"受贿所得"对比，诸侯"赂秦所亡"与"战败而亡"对比，"诸侯之地有限"与"暴秦之欲无厌"对比……苏辙之文，范雎、商鞅"重韩魏"与昭王"轻韩魏"的对比，"厚韩亲魏""应夫无穷"与"贪疆埸尺寸之利""自相屠灭"的对比……大量的对比，鲜明地表达了作者的爱憎，增强了文章论辩的力量。

当然，除了上述三点，我们还是可以感觉到两篇文章本质上的差异。可以说苏洵的《六国论》是一篇谈治国方略的战略文章，他是以深远的目光回顾历史，总结历史的教训，对国事怀有深刻的关注和忧虑。苏辙的《六国论》则更像一篇就事论事的战术文章，基本上是就史论史，其范围和意义相对比较狭窄，不及其父文章深远宏博。

有人认为，苏辙的《六国论》是学父亲苏洵的。当然，从结构布局、论证方法、句式表达和推理方式等角度看，儿子确实是很像父亲的。

【借鉴】

1. 借古讽今

"以史为镜，可以知兴替"。历来的有识之士，从来没有停止过对历史进行反思。秦国速亡这一历史事件，一直是有识之士关注的话题。西汉贾谊，聚焦“秦国暴政”，因时而作《过秦论》，目的是规劝汉朝统治者要施行仁政，以仁义治天下，莫蹈暴秦覆辙。唐朝杜牧，聚焦“秦国淫奢”，因时而作《阿房宫赋》，目的是规劝当时的统治者不要昏庸荒淫，劳民伤财，自取灭亡。苏洵反思六国，聚焦“赂秦”，目的是批评北宋统治者屈服妥协的对外政策；苏辙反思六国，聚焦“知势”，目的是叹息当时的统治者不识形势、缺乏战略眼光。

丰富的历史事件、历史人物，是一棵棵千年老树，但老树不朽，始终在发新芽，开新花。我们所处的当今社会，同样面临着这样那样的问题。六国破灭、秦国速亡等历史事件，今天依然有反思的必要和反思的价值。作文之时，我们完全可以向苏洵、苏辙、贾谊、杜牧等名家学习，大胆借古喻今，让历史事件、历史人物，这一棵棵千年老树不断发出新芽，开出新花。

2. 对比论证

“不怕不识货，只怕货比货”。对比论证，是一种极具“杀伤力”的论证方法。正反对比论证，也是苏氏父子共同成功运用的论证方法。宏观上，苏洵将“赂者”与“不赂者”进行对比，苏辙把“识势”与“不识势”进行对比。微观上，两篇文章几乎处处都在对比。大量的对比，饱含着作者强烈的感情色彩，使得文章气势充沛，富有力度。通过不断的借鉴和反复的实践，我们同样可以把对比论证法运用得很纯熟。

【思考】

1. 下面两段文字分别寄寓了作者怎样的思想感情？

（1）夫六国与秦皆诸侯，其势弱于秦，而犹有可以不赂而胜之之势。苟以天下之大，而从六国破亡之故事，是又在六国下矣！

（2）而乃贪疆埸尺寸之利，背盟败约，以自相屠灭；秦兵未出，而天下诸侯已自困矣。至于秦人得伺其隙，以取其国，可不悲哉！

2. 苏洵与苏辙对六国破灭的情况分别是怎样论述的？你认为哪一种方式

更具说服力？

3. 史论文章常常具有“借古讽(喻)今”的意思，请联系两位作者所处的时代特点，说说两篇文章的社会意义。

【译文】

六国论

苏洵

六国灭亡，不是因为武器不锋利，仗打不好，弊病在于割地贿赂秦国。割地贿赂秦国，自己的实力就亏损了，这就是六国灭亡的原因。有人说：“六国相继灭亡，全都是因为割地贿赂秦国吗？”回答说：“不割地贿赂秦国的国家因为割地贿赂秦国的国家而灭亡。因为他们失去了强有力的外援，就不能单独保全。所以说‘弊病在于割地贿赂秦国’啊！”

秦国除了以攻战的方法获取土地之外(还通过诸侯的割地贿赂获取土地)，小的获得邑镇，大的获得城市。把秦国由受贿赂所得到的土地与战胜而得到的土地比较，实际上多一百倍；把六国诸侯贿赂秦国所丧失的土地与战败所丧失的土地比较，实际上也多一百倍。那么，秦国最大的欲望，六国诸侯最大的祸患，当然就不在于战争了。回想他们的祖辈父辈，冒着霜露，披荆斩棘，因而才有了一点点土地。可是子孙们对待土地却不很珍惜，拿它来送人，就像丢弃小草一样。今天割让五座城，明天割让十座城，然后才能得到一夜的安睡。第二天起来一看四周边境，秦国军队又打来了。既然如此，那么诸侯的土地有限，暴秦的欲望没有满足，谁送给秦国土地越多，它侵略谁就越急迫。所以，不用作战，谁强谁弱，谁胜谁负就已经分得清清楚楚了。六国落到灭亡的地步，按理本来应当这样。古人说：“用土地侍奉秦国，就像抱着柴草去救火，柴草没烧完，火就不会熄灭。”这话说得在理啊。

齐国不曾割地贿赂秦国，最后也随着五国灭亡了，为什么呢？这是因为它亲附秦国而不帮助五国啊。五国已经灭亡之后，齐国也就不能幸免了。燕国与赵国的君主，起初有远大的谋略，能够守住自己的国土，坚持正义而不贿赂秦国。因此燕国虽然是个小国，却灭亡在后，这就是用兵抵抗的效果啊。等到燕太子丹用派遣荆轲刺杀秦王作为对付秦国的策略，才招致灭亡的祸患。赵国曾经与秦国交战五次，败了两次，却胜了三次。后来秦国又两次攻打赵国，李牧接连打退了它。等到李牧因受谗言诬陷而被杀害，赵国都城邯郸便成了秦国的一个郡，可惜赵国用武力抵抗却没能坚持到底啊。况且，燕赵两国正处在秦国把其他国家几乎消灭干净的时候，可以说是智谋已尽，国势孤立危急，战败而灭亡，实在是没有办法的事。假使当初韩、魏、楚三国都各自珍惜自己的国土，齐国不依附秦国，燕国的刺客不动身赴秦，赵国的良将李牧还活着，那么胜败存亡的命运，如果与秦国相较量，或许还不能轻易判定。

唉！如果六国把贿赂秦国的土地封赏给天下的谋臣，用侍奉秦国的心意礼遇天下非凡的人才，齐心协力向西对付秦国，那么，我担心秦国人连吃饭也咽不下喉咙呢。可悲啊！有这样的形势，却被秦国积久的威势所胁迫，土地天天削减，月月割让，以至于走向灭亡。治理国家的人切不要让自己被敌人积久的威势所胁迫啊！

六国与秦国都是诸侯，他们的势力比秦国弱，可是却还有可以凭不割地贿赂而战胜秦国的形势。如果凭着偌大的天下，反而重蹈六国灭亡的覆辙，这就又在六国之下了。

六　国　论

苏　辙

我曾经阅读过《史记》中有关六国的“世家”故事，个人感到奇怪的是：天下的诸侯各国，凭着比秦国大五倍的土地，多十倍的人口，全力向西，以抗击崤山以西面积千里的秦国，却免不了灭亡。我经常对这个问题作深远的思考，认为一定有能够用来自求安定的计策。因此我未尝不怪罪那时候的谋臣，他们在考虑忧患时是这般的粗略，谋求利益时又是那样的目光短浅，并且不能正确了解天下的情势啊！

秦国要和诸侯争夺天下的地方，并不在齐、楚、燕、赵等地区，而是在韩、魏两国的城郊；诸侯各国要和秦国争夺天下的区域，也不是齐、楚、燕、赵等地区，而是在韩、魏两国的田野。对秦国来说，韩、魏的存在，就好比一个人有了心腹的疾病一样。韩、魏两国阻塞了秦国出入的要道，却掩护着崤山东边的诸侯各国，所以天下特别看重的地区，再也没有比得上韩、魏两国的了。

从前范雎被秦国重用，就收服了韩国，商鞅被秦国重用，就收服了魏国；秦昭王在还没获得韩、魏的归心以前，却出兵去攻打齐国的刚、寿一带，范雎就认为是可忧的。既然这样，那么秦国忌惮的事情，就可以看得出来了！秦国对燕、赵两国动用兵力，这对秦国是危险的事情，越过韩、魏两国，去攻打人家的国都，燕、赵在前面抵挡它，韩、魏就从后面偷袭它，这是危险的途径啊。可是当秦国去攻打燕、赵时，却不曾有韩、魏的顾虑，就是因为韩、魏归附了秦国的缘故啊。韩、魏是诸侯各国的屏障，却让秦国人能够在他们的国境内进出自如，这难道是了解天下的情势吗！任由小小的韩、魏两国，去抵挡像虎狼一般强横的秦国，他们怎能不屈服而归向秦国呢？韩、魏一屈服而归向秦国，从此以后秦国就可以出动军队直达东边各国，进而让全天下都遭受到它的祸害。

韩、魏是不能单独抵挡秦国的，可是全天下的诸侯各国，却必须靠它们去挡住西边的秦国，所以不如亲近韩、魏来抵御秦国，秦国人就不敢跨越韩、魏来图谋齐、楚、燕、赵四国，齐、楚、燕、赵四国也就因此可以在他们的领域内保全自己了。凭着四个没有战事的国家，协助面临敌寇威胁的韩、魏两国，让韩、魏没有防备东边各国的忧虑，从而替全天下挺身而出来抵挡秦国军队；用韩、魏两国对付秦国，其余四国在后方休生养息，暗中援助他们的急难，如果这样，就可以应付不断变化的情势了，那秦国还能有什么作为呢？诸侯们不知道采取这种策略，却只贪图边境上些微土地的利益，违背盟誓，毁弃约定，来互相残杀同阵营的人，秦国的军队还没出动，天下的诸侯各国就已经困住了自己。直到让秦国人能够趁虚而入，并吞了这些国家，怎不令人悲哀啊！

稼说送张琥[①]

［北宋］苏　轼

曷[②]尝观于富人之稼乎？其田美而多，其食足而有余。其田美而多，则可以更休，而地力得完；其食足而有余，则种之常不后时，而敛[③]之常及其熟。故富人之稼常美，少秕而多实，久藏而不腐。今吾十口之家，而共百亩之田，寸寸而取之，日夜以望之，锄铚耰艾[④]，相继于其上者如鱼鳞，而地力竭矣。种之常不及时，而敛之常不待其熟。此岂能复有美稼哉？

古之人，其才非有以大过今之人也。平居所以自养而不敢轻用，以待其成者，闵闵[⑤]焉如婴儿之望之长也。弱者养之以至于刚，虚者养之以至于充。三十而后仕，五十而后爵。信[⑥]于久屈之中，而用于至足之后；流于既溢之余，而发于持满之末。此古之人所以大过人，而今之君子所以不及也。

吾少也有志于学，不幸而早得[⑦]，与吾子同年，吾子之得，亦不可谓不早也。吾今虽欲自以为不足，而众且妄推之矣。呜呼！吾子其去此而务学也哉！博观而约取，厚积而薄发，吾告子止于此矣。

子归，过京师而问焉，有曰辙子由者，吾弟也，其亦以是语之。

【注释】

①本文是苏轼赠与同僚张琥的一篇杂说。②曷：古同“盍”，何不。③敛：收拾，此处意为收割。④铚（zhì）：镰刀。耰（yōu）：捣土块的农具。艾：同“刈”，收割。⑤闵：勉，勉力。⑥信：同“伸”，伸展。⑦得：此指考中进士。

原　　才①

［清］　曾国藩

风俗之厚薄② 奚自乎？自乎一二人之心之所向而已。民之生，庸弱者，戢戢③ 皆是也，有一二贤且智者，则众人君之④ 而受命焉；尤智者，所君尤众焉。此一二人者之心向义，则众人与之赴义；一二人者之心向利，则众人与之赴利。众人所趋，势之所归，虽有大力，莫之敢逆。故曰：“挠⑤ 万物者，莫疾乎风。”风俗之于人心，始乎微，而终乎不可御者也。

先王之治天下，使贤者皆当路在势，其风民⑥ 也皆以义，故道一而俗同。世教既衰，所谓一二人者，不尽在位，彼其心之所向，势不能不腾为口说，而播为声气⑦。而众人者，势不能不听命，而蒸⑧ 为习尚，于是乎徒党蔚⑨ 起，而一时之人才出焉。有以仁义倡者，其徒党亦死仁义而不顾；有以功利倡者，其徒党亦死功利而不返。“水流湿，火就燥⑩。”无感不雠⑪，所从来久矣。

今之君子之在势者，辄曰：“天下无才。”彼自尸⑫ 于高明⑬ 之地，不克以己之所向，转移习俗，而陶铸⑭ 一世之人，而翻⑮ 谢曰：“无才。”谓之不诬，可乎？否也！十室之邑，有好义之士，其智足以移⑯ 十人者，必能拔十人中之尤者而材之；其智足以移百人者，必能拔百人中之尤者而材之。然则转移习俗而陶铸一世之人，非特处高明之地者然也，凡一命⑰ 以上，皆与有责焉者也。

有国家者，得吾说而存之，则将慎择与共天位之人；士大夫得吾说而存之，则将惴惴乎谨其心之所向，恐一不当，以坏风俗而贼人才。循是为之，数十年之后，万一有收其效者乎？非所逆睹⑱ 已。

【注释】

①原：推究、探讨。②厚薄：淳厚朴实与浮薄衰弱。③戢戢（jí）：聚集、众多

貌。④君之:以之为君,尊敬他。⑤挠:搅动,动摇。⑥风民:教育感化人民。⑦声气:声势,风气。⑧蒸:兴起,含渐成之意。⑨蔚:聚集。⑩水流湿,火就燥:水向低洼湿润之处流动,火跟随干燥之物燃烧。二句出自《易经·乾卦》。⑪雠(chóu):应答,响应。⑫尸:主持,居于。⑬高明:地位尊贵。⑭陶铸:培养造就。⑮翻:反。⑯移:改变,影响。⑰一命:命,官阶。周代时官阶从一命到九命,一命为最低级别。后泛指官职低微。⑱逆睹:预见。

【知识】

1. 曾国藩

曾国藩(1811—1872),字涤生,湖南湘乡人,道光进士。1853年初,为对抗太平天国革命,以吏部侍郎身份在湖南办团练,后扩编为湘军,率兵出省与太平军作战十一年,是镇压太平军的魁首,被清廷视为"同治中兴"的功臣,并因此任两江总督、直隶总督等职。死谥文正。他在宣扬封建文化方面颇为卖力。为文推崇姚鼐,早年在京师从师梅曾亮等桐城派人物,后以桐城派理论相号召,网罗人才。有《曾文正公诗文集》。

2. 陆贽论人才

唐代政治家陆贽曾有一段论人才的言论,兹录于下:

人之才行,自昔罕全,苟有所长,必有所短。若录长补短,则天下无不用之人;责短舍长,则天下无不弃之士。加以情有爱憎,趣有异同,假使圣如伊、周,贤如墨、杨,求诸物议,孰免讥嫌?昔子贡问于孔子曰:"乡人皆好之,何如?"子曰:"未可也。""乡人皆恶之,何如?"子曰:"未可也。不如乡人之善者好之,其不善者恶之。"盖以君子小人意必相反,其在小人之恶君子,亦如君子之恶小人。将察其情,在审其听,听君子则小人道废,听小人则君子道消。

【品读】

苏轼给后世人留下不少书札、杂记、杂说、小赋,这些精致典雅、小巧玲珑之作，大都夹叙夹议，挥笔轻盈自如，抒发了作者坦诚的胸怀，表达了对人生、对文艺的见解和喜爱之情，成就甚至大大超过他的政治论文。《稼说送张琥》就是其中典型代表。

从行文思路来说，本文拥有苏轼一贯的文风：自然流畅，如风行水上。起笔一问，紧扣题目中的“稼说”，开门见山，但又给人留有疑问：为何要谈及富人稼穑？带着疑问，顺着文字向下赏读，原来是要和穷人稼穑作对比。在对比过程中，作者妙用整句如“少秕而多实，久藏而不腐”。同时句式富有变化，鲜明而有韵味。接下来以反问句结束对比，让读者明白穷人没有“美稼”的原因：地少力竭。为何要将穷人与富人的稼穑作对比呢？这个疑问还是没有在第一段得出结论。第二段告诉读者，写富人与穷人的稼穑之别主要是为了与古人和今人入仕的不同相类比，从而说明古人能够“信于久屈之中，而用于至足之后；流于既溢之余，而发于持满之末”，古人真正做到了“厚积薄发”，今人却有所不及。于此，作为同僚的张琥，苏轼想要告诉自己的话已经心知肚明了。但苏子还是含蓄委婉地说是自己有感而发，进而想到你我同年，你此去正好可以远离名利之地，养德治学，推心置腹之情，尽显无遗。与其说是劝慰，不如说在此文中又尽显苏子的智慧与达观，利弊祸福相依的人生至理，不知不觉中已在笔端。最后还不忘提及自己的胞弟苏辙，将张琥与胞弟相提并论，读者至此已充分体会到文短情长、语朴理深。

艺术手法上，《稼说送张琥》最值得一提的就是对比与类比的综合运用。将穷人与富人、古人与今人相对比，同时又将稼穑与入仕作类比，形象生动又鲜明深刻。其次就是文中的语言，整散结合，灵动多变，情理并茂，读来自知。

身为晚清政要的曾国藩写下的名篇《原才》与《稼说送张琥》一样关心人才的培养与成长，但又有不同，苏文重在关注人才自身的修养，而曾文重在谈朝政应该怎样识才、养才；苏文含蓄形象，曾文大气凌厉。

原，论说文体之一，盖推究事物本原之义以示人。《原才》讨论人才培养问题，从强调人才的重要，讲到培养人才的方法，再论述陶铸人才政府责无旁贷，而以收效将来作结,可谓曲尽其义。《原才》开宗明义即揭示论点大纲,道破一篇要旨。在开篇提纲挈领,则下文论述理之是非、人之贤否、势之成败、事之祸福,总如破竹,可使观者井然;既无散漫之失,又有提醒之效。同时,对比映衬法在本文中广泛使用。如第一段,以庸弱与贤智相对照,以突显人才之难能可贵;又以“赴义”与“赴利”相映衬,以见人才思想的两极影响。第二段,赞扬先王之治,而感叹“世教既衰”,欲抑先扬,“治”“衰”两两相对,前后映衬;只不过,此处侧重反面详说,以对应人才应“当路在势”的主题旨趣。反衬烘托中,再用铺叙排偶句式详写乱世英雄的影响;其间“仁义”与“功利”映衬,也达到相映成趣之效果。第三段,前面反驳在势君子言天下“无才”的谬说,后文提出“一命以上”皆当以“拔才”为使命的建言,也是以“无才”、“拔才”对举映衬表现主旨。《原才》一文的遣词造句注重层递,如由移十人、拔十人,渐进到移百人,拔百人,逐层递进。转移社会风气责任,由期勉“高明”“在势”之君子,而推广到“一命以上”,也是逐层递进。行文轻重有序,条理层次井然。最后一段,论选拔人才,转移风气,是君臣上下的当务之急,同样层层递进。先君王后臣下,由上而下。并且文字又有详略之分,君略臣详,君王只略叙一句,臣下却详写四句,详略之道跟轻重有关,陶铸人才,移风易俗,“有国家者”只要“存吾说”就可以了;至于执行成效,或扩大影响层面,则非“一命以上”全体动员不可,强调臣下的动员和配合,故当多写。文末写到士大夫,亦从自己践行及为国选材两面论述。通篇文气,遒劲有力;句式变化,顿挫有致,而且全篇甚少“僻字涩句”,结构谨严。

二文都以“人才”为话题,均用到了对比映照,但文风大有不同,互为参照,方见其妙:苏文自然流畅,曾文大气谨严。

【借鉴】

1. 对比、类比说理

对比,例如《原才》中首段以庸弱与贤智相对比,以突显人才之难能可贵;又以“赴义”与“赴利”相对比,以见人才思想的两极影响。第二段,赞扬先王之治,而感叹“世教既衰”，欲抑先扬，“治”“衰”两两相对，前后映衬，鲜明深刻。

类比，苏轼在《稼说送张琥》中将人才成长类比为田地稼穑，生动形象地说明了“厚积薄发，博观约取”的道理。

在议论文写作过程中运用对比能让文章的观点鲜明、深刻，运用类比能使文章的观点浅显易于感知、生动形象、富有韵味。

2. 层进论证法的运用

《原才》论述过程中，层层递进，使论述严谨而富有气势。如第三段遣词造句都依次层递：由移十人、拔十人，渐层到移百人，拔百人，逐层递进。转移社会风气责任，由期勉“高明”“在势”之君子，而推广到作者着重突出的“一命以上”，先君王后臣下，也是逐层递进。层进论证法的运用能让行文轻重有序，条理层次井然，我们写议论文不妨学用此法。

【思考】

1. 古人一般认为早中功名是一件幸运的事，苏轼在《稼说送张琥》中却认为是“不幸”的，为什么？

2.《原才》一文中“今之君子之在势者，辄曰：‘天下无才’”的依据是什么？

3.《稼说送张琥》与柳宗元的《种树郭橐驼传》在写作手法上有明显的相似之处，请对此加以分析。

4.《稼说送张琥》与《原才》的说理方法有何异同？试联系文章内容加以分析。

【译文】

稼说送张琥

你可曾观察过富人是怎么种庄稼的吗？他们的田又好又多，他们的粮食充足而有余。他们的田又好又多，就可以实行休耕轮作，土地的肥力便能够保全；他们的粮食充足而有余，那么耕种就能够常常不误季节，并且收割也常常等到庄稼完全成熟之后进行。所以富人的庄稼往往很好，秕子少，产量高，长时间存放也不会腐烂。如今我这个十口之家，却总共只有百亩土地。每一寸土地都拿来利用，日日夜夜期盼着收获，辛勤耕作、收获，充分利用土地，把庄稼种得像鱼鳞一般密集，因此土地养分就被用尽了。耕种常常抢不上季节，收割又往往来不及等到庄稼成熟。这样怎么还会有好收成呢？

古代的人，他们的才干并没有超过现代人的地方。他们平日里注意自身修养并且不敢贸然行事，等候着思想才华完全成熟，那种勉力的样子，就好像盼望婴儿快快长大。对孱弱者精心哺育，使他坚强健壮起来；对才智缺乏者注意教养，使他逐渐充实起来。30岁以后才出来做官，50岁以后再求加官封爵。在长时期的屈身之中伸展，在准备充足之后再发挥作用；就像水流淌于充溢之后，箭发射于满弓之极一样。这就是古代的人能够远远超过现代人、如今的君子不如古人的原因啊！

我从小就有用功学习的志向，不料能早早地与您同科考中，不过您的成功，也不能说不早啊！我现在虽然想到自己认为还很不够，但众人却已经胡乱地推举我了。唉，您要摆脱这种状况而致力于学习啊！广博读书而简约审慎地取用，深厚积累之后有限地释放出来，我能告诫您的也就到此为止了。

您回去时，路过京城打听一下，有名叫苏辙、字子由的人，是我弟弟，请您也将这些话转告他。

原　才

社会风尚的淳厚和浮薄是从哪里产生的呢？产生于一两个人的思想倾向罢了。百姓们中间，平庸懦弱的人比比皆是，如果有一两位贤能有智能的人，大家就会拥戴他们并听从他们的教导；特别贤能有智能的人，拥戴他的人就特别多。这一两个人的心倾向仁义，众人便和他一起追求仁义；这一二个人的心倾向名利，众人便和他一起追逐名利。众人所奔赴的，就是大势所趋向的，即使有巨大的力量，也没有谁敢违背它。所以说："摇撼天下万物的，没有比风来得迅速强劲了。”社会风尚对于个人的思想影响来说，起初很微弱，最后将是不可抗拒的。

古代的帝王治理天下，使贤能智慧的人都居要职、掌权势，他们教化人民也都用仁义道德，所以那时社会规范统一而风尚相同。世道教化衰微后，前面所说的那一两个人并不全在重要的职位上，因此他们的志向主张，势必不能不从口中极力宣扬出来、广为传播而造成声势。那么众人也势必不能不听从他们的号召而渐渐形成习俗风尚。这样，他们志同道合的跟随者就聚集增多，一时的人才就从这里产生出来了。倡导仁义的人，他的追随者会为仁义而死，义无反顾；号召功利的人，他的追随者也会为功利而牺牲，决不回头。“水向潮湿的地方流，火接近干燥的东西烧。”没有什么感召是得不到回应的，这种情况已经由来很久了。

现在掌握权势的君子，往往说：“天下没有人才。”他们身居高位显贵，不能用自己的理想去转变风尚、造就当代人才，却反而推辞说“没有人才”，认为这不是自欺欺人的话，行吗？不行的！十户人家的小城，其中如果有崇尚仁义的君子，他的智能足以改变十个人，就一定能选拔十人中的优异者栽培成材；如果他的智能能够改变一百个人，就一定能选拔一百人之中的优异者栽培成材。然而移风易俗和栽培造就一代人才，并非仅仅是身居显贵之人的事，凡是有一官半职的人，都有责任参与此事。

主宰国家行政的人如果采取我的主张并且身体力行，就会谨慎选择能共同维护帝位的人才；士大夫如果采取我的主张并且身体力行，就会认真小心谨慎自己的志向，担心稍有闪失，就会败坏风尚摧残人才。照这方法去做，几十年以后，可能有收到成效的一天吧？这就不是我所能预见的了。

刑赏忠厚之至论

［北宋］ 苏 轼

尧、舜、禹、汤、文、武、成、康之际，何其爱民之深，忧民之切，而待天下以君子长者之道也。有一善,从而赏之,又从而咏歌嗟叹之,所以乐其始而勉其终。有一不善,从而罚之,又从而哀矜惩创之,所以弃其旧而开其新。故其吁俞①之声,欢休惨戚②,见于虞、夏、商、周之书③。成、康既没,穆王立,而周道始衰,然犹命其臣吕侯④,而告之以祥刑⑤。其言忧而不伤,威而不怒,慈爱而能断,恻然有哀怜无辜之心,故孔子犹有取焉。

《传》曰:"赏疑从与⑥,所以广恩也;罚疑从去⑦,所以慎刑也。"当尧之时,皋陶为士,将杀人,皋陶曰"杀之"三,尧曰"宥之"三。故天下畏皋陶执法之坚,而乐尧用刑之宽。四岳⑧曰"鲧⑨可用"。尧曰:"不可。鲧方命圮族⑩。"既而曰"试之"。何尧之不听皋陶之杀人,而从四岳之用鲧也?然则圣人之意,盖亦可见矣。《书》曰:"罪疑惟轻,功疑惟重。与其杀不辜,宁失不经⑪。"呜呼!尽之矣!

可以赏,可以无赏,赏之过乎仁;可以罚,可以无罚,罚之过乎义。过乎仁,不失为君子;过乎义,则流而入于忍人⑫。故仁可过也,义不可过也。

古者赏不以爵禄,刑不以刀锯。赏之以爵禄,是赏之道行于爵禄之所加,而不行于爵禄之所不加也。刑之以刀锯,是刑之威施于刀锯之所及,而不施于刀锯之所不及也。先王知天下之善不胜赏,而爵禄不足以劝也;知天下之恶不胜刑,而刀锯不足以裁也。是故疑则举而归之于仁,以君子长者之道待天下,使天下相率而归于君子长者之道。故曰:忠厚之至也。

《诗》曰:"君子如祉⑬,乱庶遄⑭已。君子如怒,乱庶遄沮⑮。"夫君子之已乱⑯,岂有异术哉?时其喜怒,而无失乎仁而已矣。《春秋》之义,立法贵严,而责人贵宽。因其褒贬之义,以制赏罚,亦忠厚之至也。

【注释】

①吁俞(xū yú):惊叹应答。吁:感叹声。俞:叹词,表示允许。②欢休:和善。惨戚:悲哀。③虞、夏、商、周之书:指《尚书》,分《虞书》《夏书》《商书》《周书》四部分。④吕侯:人名,一作甫侯,周穆王之臣,为司寇。周穆王用其言论作刑法。⑤祥刑:刑而谓之祥者,即刑期无刑之意,故其祥莫大焉。⑥赏疑从与:言与

赏而疑，则宁可与之。⑦罚疑从去：言当罚而疑，则宁可去之。⑧四岳：唐尧之臣，羲和之四子也，分掌四方之诸侯。一说为一人名。⑨鲧(gǔn)：传说大禹之父，四凶之一。⑩方命圮(pǐ)族：违抗命令，毁害族类。圮族：犹言败类。⑪宁失不经：宁可犯不守成法办事的错误。经：成法。⑫忍人：谓性情狠戾之人也。⑬祉(zhǐ)：福，引申为喜欢。⑭遄(chuán)：快，迅速。⑮沮(jǔ)：停止。⑯已乱：制止祸乱。

刑 赏 论

[北宋] 曾 巩

《书》[1]记皋陶之说曰："罪疑惟轻，功疑惟重。"释者曰：刑疑付轻，赏疑从重，忠厚之至也！夫有大罪者，其刑薄则不必当罪；有细功[2]者，其赏厚则不必当功。然所以为忠厚之至者，何以论之？

圣人治理天下，从闺门、乡党到朝廷皆有教，以率天下之善，则有罪者易以寡也；自小者、近者至于远大皆有法，以成天下之务，则有功者易以众也。以圣神渊懿[3]之德而为君于上，以道德修明之士而为其公卿百官于下，以上下交修而尽天下之谋虑，以公听并观而尽天下之情伪。当是之时，人之有罪与功也，为有司者推其本末以考其迹，核其虚实以审其情，然后告之于朝而加其罚、出其赏焉，则其于得失岂有不尽也哉？然及其罪丽[4]于罚、功丽于赏之可以疑也，以其君臣之材非不足于天下之智，以其谋虑非不通于天下之理，以其观听非不周[5]于天下之故，以其有司非不尽于天下之明也。然有其智而不敢以为果有其通，与周与明而不敢以为察也。必曰罪疑矣而过刑，则无罪者不必免也；功疑矣而失赏，则有功者不必酬也。于是其刑之也，宁薄而不敢使之过；其赏之也，宁厚而不敢使之失。

夫先之以成教以率之矣，及其有罪也，而加恕如此焉；先之以成法以导之矣，及其不功也，而加隆如此焉。可谓尽其心以爱人，尽其道以待物矣，非忠厚之至则能然乎？皋陶以是称舜，舜以是治其天下。故刑不必察当其罪；赏不必予当其功，而天下化其忠，服其厚焉。故曰："与其杀不辜，宁失不经，好生之德洽⑥于民心。"言圣人之德至于民者，不在乎其他也。

及周之治，亦为三宥三赦之法⑦，不敢果其疑，而至其政之成也，则忠厚之教行于牛羊而及于草木。汉文⑧亦推是意以薄刑，而其流也，风俗亦归厚焉。盖其行之有深浅，而其见效有小大也，如此，《书》之意岂虚云乎哉？

【注释】

①《书》：《尚书》。下文引自《尚书·大禹谟》。②细功：很小的功劳。③渊：深。懿(yì)：美，好。④丽：施加。⑤周：周知。⑥洽：和谐，融洽。⑦三宥三赦之法：《礼记》云："狱成，有司告于王，王曰：'宥之。'有司曰'在辟。'王又曰：'宥之。'有司又曰：'在辟。'三宥不对，走出，致刑于甸人。"⑧汉文：汉文帝，刘邦第三子，前180—前157年在位。曾下令废除严刑苛法。

【知识】

1. 策论

宋代王安石执政后，对取士制度进行改革，废止了考诗赋，而改用经义，以发表政治见解的时务策作为考试的主要内容，以便选拔一些通经致用的人才，为变法服务。这种政论性文体称为策论。策论大多要求考生就一些问题展开论述，即论证某项国家政策或对策的可行性与合理性，侧重于考查考生解决问题的能力。"刑赏忠厚之至论"就是宋嘉祐二年礼部进士考试策论的题目。

2. 唐宋八大家

"唐宋八大家"是唐宋时期八大散文代表作家的合称，即唐代的韩愈、柳宗元和宋代的欧阳修、三苏(苏洵、苏轼、苏辙)、王安石、曾巩。唐宋文坛以他们的文学成就最高，流传最广，故称"唐宋八大家"。明朝中叶古文家茅坤在前人基础上整理和编选八大家作品，取名《八大家文钞》，"唐宋八大家"从此得名。

【品读】

“刑赏忠厚之至论”是宋嘉祐二年(1057)礼部进士考试策论的题目,那年苏轼、曾巩还有苏轼的弟弟苏辙一起参加考试。本次科考的题目出自《尚书·大禹谟》孔安国的注文:“刑疑付轻,赏疑从重,忠厚之至。”可见命题原出孔传,要求考生就经典的大旨有所阐发,说明怎样从刑赏的施行中表现忠厚之至的仁爱情怀,申论治国之道。

苏轼应考时21岁,他把握住了题意的关键,论述可赏可不赏、可罚可不罚的情况,怎样做才算“刑赏忠厚”。他的答卷《刑赏忠厚之至论》大获主考官欧阳修赏识。欧阳修认为苏轼的文章脱尽五代宋初以来的浮靡艰涩之风,称赞说:“读轼书不觉汗出,快哉!老夫当避此人,放出一头地。”文章以忠厚立论,援引古仁者施行刑赏以忠厚为本的范例,阐发了儒家的仁政思想。文章分五个部分来阐述:(一)说明古代圣王(周穆王以上)赏而咏歌,罚而哀矜的“爱民之深,忧民之切”。(二)举史例说明圣人(尧)“罚疑从去”“罪疑惟轻”的忠厚之至处。(三)说明赏(仁)可以过,罚(义)不可以过之理。(四)说明先王“疑则举而归之于仁”(在未确定可以罚之前全部归之于可以赏之列),故曰忠厚之至也。(五)说明君子时其喜怒,无失乎仁,亦忠厚之至也。文章说理透彻,结构严谨,文辞简练而平易晓畅。

曾巩应考时已经39岁了,且迭经落第,教学经验、考场经验都十分丰富。曾巩《刑赏论》宣扬治道,解释君德与士德的互补作用,相互配合,教化民众,表现谦卑的精神,便于施政。所谓忠厚,最终一定要落实到爱心与仁政之中,才能具见成效。曾巩精于文章的布置,条理清晰,全文分四段:首段引录《尚书》经传,说明题目的出处,肯定孔传“刑疑付轻,赏疑从重,忠厚之至”的论点;同时又明确指出有大罪者不能刑薄,细功者不能赏厚,处事要公平,绝对不得含糊。第二段讲圣人之治,教化先行,主张立教以化善,立法以成务,让百姓知所遵行。其后的功罪则交由有司者负责审核情伪,执行公平的赏罚。万一遇到对功罪的看法有疑点时,则有司者更应提高警觉,谦卑自持,不能妄下判断,秉行“其刑之也,宁薄而不敢使之过。其赏之也,宁厚而不敢使之失”的忠厚原则。第三段重申教育先行的意义,然后在执行上则注意宽待百姓,有罪则加恕之,有功则加隆之,尽量表现出忠厚之道,这些都是明君贤臣舜与皋陶治理天下时的准则,不必察察、予予的计较得失,显出风度。同时指出“圣人之德至于民者,不在乎其他也”的大道理,即治国当以民为本。末段补充说明周代三宥三赦之法,落实忠厚之教,汉文帝推行薄刑,而风俗归厚,十分成功,由此亦足以证明皋陶的论点切实可行,功效可期,从而赞成“刑赏忠厚之至”之说,显出教化的力量。曾巩行文自然简朴,冷静客观。字句前后照应,思路缜密,论点清晰,表现出儒者醇厚朴质稳重之美。

两文比较,曾巩宣扬治道,深具儒者气象,以教育为先务,最为切实可行。苏轼“待天下之以君子长者之道”,乃仁道的最高境界。其实文章之道,各有会心,苏轼灵巧善变,点出至理,自然更是高出曾巩之上了。这也是苏轼《刑赏忠厚之至论》入选《古文观止》的重要原因。

【借鉴】

1. 自由思想的魅力

皋陶为士的典故为苏轼自己杜撰,在《刑赏忠厚之至论》中用来表达苏轼对刑罚的不同见解,反映了苏轼不拘泥于陈规的性格特点。这个事例闪烁着苏轼自由思想的魅力,可以作为年轻人灵活机变不迷信权威敢于发表自己见解的典型论据。

2. 议论文贵在以理服人

苏文以“仁”“义”二字论刑、赏,得出了“故仁可过也,义不可过也”的结论。接下来作者不惜运用大量的篇幅展开论述(即原文倒数第二段):先指出“古者赏不以爵禄,刑不以刀锯”,接着分别指出先王“赏之以爵禄”“刑之以刀锯”的局限性,在此基础上得出先王“疑则举而归之于仁,以君子长者之道待天下,使天下相率而归于君子长者之道”的结论。论证环环相扣,文笔酣畅淋漓,说理精辟透彻。

我们写作议论文要想做到这一点，关键在于论证的过程中，理据必须严密，符合逻辑，让人无懈可击。

【思考】

1. 两篇文章均为策论。作为科场作文，苏文和曾文是如何切入题目准确把握题旨的？

2. 苏轼、曾巩在谈论“刑赏”问题时所持的观点均体现了儒家思想的精神内核，试结合二文简要分析。

3. 两篇文章在论据使用上有何特色？

【译文】

刑赏忠厚之至论

唐尧、虞舜、夏禹、商汤、周文王、周武王、周成王、周康王的时候，他们是多么地深爱着百姓、深切地替百姓担忧，而且用君子长者的态度来对待天下人。有人做了一件好事，奖赏他之余，又用歌曲赞美他，为他有一个好开始而高兴，并勉励他坚持到底。有人做了一件不好的事，处罚他之余，又哀怜同情他，希望他抛弃错误而开始新生。所以欢喜和忧伤的感情，同意和不同意的声音，见于虞、夏、商、周的历史书籍里。成王、康王死后，穆王继承王位，周朝的王道便开始衰落。然而穆王还作《吕刑》吩咐大臣吕侯，告诫他使用“祥刑”。他说的话忧愁却不悲伤，威严却不愤怒，慈爱而能决断，有哀怜无罪者的好心肠。因此，孔子还给了一定程度的肯定。

古书上说，“奖赏时如有可疑处应该照样留在应赏之列，为的是推广恩泽；处罚时遇有可疑处则从应罚之列除去，为的是谨慎地使用刑法。”尧当政时，皋陶是掌管刑法的官。要处死一个人，皋陶三次说当杀，尧帝却一连三次说应当宽恕。所以天下人都害怕皋陶执法坚决，而赞美帝尧用刑宽大。四岳建议：“鲧可以任用。”尧说：“不可！鲧违抗命令，毁谤同族。”过后，他还是说“试用一下吧”。为什么尧不听从皋陶处死犯人的主张，却听从四岳任用鲧的建议呢？那么圣人的心意，从这里可以看出来了。《尚书》说：“罪行轻重有可疑时，宁可从轻处置；功劳大小有疑处，宁可从重奖赏。与其错杀无辜的人，宁可犯执法失误的过失。”唉！这句话完全表现出忠厚之意。

可以赏也可以不赏时，赏就过于仁慈了；可以罚也可以不罚时，罚就超出义法了。过于仁慈，还不失为一个君子；超出义法，就流为残忍了。所以，仁慈可以超过，义法是不可超过的。

古人奖赏不用爵位和俸禄，刑罚不用刀锯。用爵位、俸禄行赏，只对能得到爵位、俸禄的人起作用，不能影响不能得到爵位和俸禄的人。用刀锯作刑具，只对受这种刑的人起作用，对不受这种刑的人不起作用。古代君主知道天下的善行是赏不完的，不能都用爵位俸禄来奖赏；也知道天下的罪恶是罚不完的，不能都用刀锯来制裁。所以当赏罚有疑问时，就以仁爱之心对待，用君子长者的宽厚仁慈对待天下人，使天下人都相继回到君子长者的忠厚仁爱之道上来。所以说这就是赏罚忠厚到了极点啊！

《诗经》说：“君子如果高兴纳谏，祸乱就会快速止息；君子如果怒斥谗言，祸乱也会快速止息。”君子止息祸乱，难道有异术吗？他不过是适时地控制自己的喜怒，不偏离仁慈宽大的原则罢了。《春秋》的大义是，立法贵严，责人贵宽。根据它的褒贬原则来制定赏罚制度，这也是忠厚之至啊！

刑赏论

《尚书》记载皋陶的话：“罪行轻重有可疑时，宁可从轻处置；功劳大小有可疑处，宁可从重奖赏。”后人解释说：刑罚有可疑时从轻，奖赏有可疑时从重，这样的赏罚忠厚到了极点啊！但是有很大罪过的人，处罚轻微就不一定抵消罪过；有很小功劳的人，奖赏厚重就不一定与功劳相称。那么却又如此宣扬“忠厚之至”的赏罚，又如何解释呢？

圣人治理国家，从家庭、乡里乃至于朝廷都有教化，来作为天下善行的表率，那么有罪行的人就变得少了；圣人治理国家，从细小处、浅近处乃至于远大处都有法则，来成就天下的事业，那么有功业的人就变得多了。在上凭借圣明深美的德行来做君王，在下用道德美好贤明的人来充当公卿百官，凭君王臣下互相匡助而穷尽治国之策略，凭公正听取并观察事物而明辨世间的真假。在这个时候，百姓是否有罪行和功劳，都由官吏推究事情的来龙去脉并考察踪迹，核查真假来审核其实情，然后上报朝廷来加以惩罚、给予赏赐，那么在得失上难道还有考虑不周到的吗？但到了犯罪施刑、立功行赏有可疑之处时，凭君臣的才能不是不够天下的智慧，凭他们的计谋不是不能通晓天下的道理，凭他们的观听不是不周知天下的变故，凭他们的明察不是不能穷尽天下的事理，而是在于君臣虽有才智却不敢认为已经通晓实情结果，内心虽考虑周全明白却不敢认为已明察。一定会说罪行有可疑，用刑过量那么无罪的人就不能免除；功劳有可疑而失去奖赏，那么有功的人就不能得到酬谢了。于是官吏用刑，宁愿轻薄而不敢使刑罚过重，官吏赏赐，宁愿厚重而不敢使赏赐失去。

先以现成的教条来使百姓遵循，等到他们犯罪，却如此加以宽恕；先用现成的法制来教导百姓，虽然他们没有建功立业，但仍然如此施加隆恩。这样可以说竭尽心力来爱护百姓，竭尽道义来对待万物，不是极其忠厚能这样刑赏吗？皋陶以此来称赞舜，舜以此来治理他的天下。所以刑罚不一定苛求与罪行相抵，赏赐授予不一定与其功相当，天下百姓感化于君王的忠厚，臣服于君王的仁慈。所以说："与其杀害无罪的人，宁愿不按法规，爱惜生灵、不事杀戮的品德融洽于百姓的心意"。说圣人的仁德泽被于百姓，在于以民为本，不在于其他地方。

等到周公治理国家，采用三宥三赦的方法，不果敢定论刑赏有可疑的地方，达到他政治成就的理想程度，忠厚的教化不仅施行于牛羊而且波及于草木。汉文帝也用这种策略来减轻刑罚，推广起来，风俗也归于淳厚。大概刑罚执行有深浅，而其见效也有大小不同，如此说来，《尚书》中记载的皋陶的说法难道是虚假的吗？

留侯论[1]

[北宋] 苏　轼

古之所谓豪杰之士者,必有过人之节。人情有所不能忍者[2],匹夫见[3]辱,拔剑而起,挺身而斗,此不足为勇也。天下有大勇者,卒然临之而不惊[4],无故加[5]之而不怒。此其所挟持者[6]甚大,而其志甚远也。

夫子房受书于圯[7]上之老人也,其事甚怪[8]。然亦安知其非秦之世有隐君子者[9],出而试之?观其所以微见其意者,皆圣贤相与警戒之义。而世不察,以为鬼物[10],亦已过矣。且其意不在书。当韩之亡[11],秦之方盛也,以刀锯鼎镬[12]待天下之士。其平居无罪夷灭者,不可胜数。虽有贲、育[13],无所复施。夫持法太急者,其锋不可犯,而其势未可乘[14]。子房不忍忿忿之心,以匹夫之力,而逞于一击之间[15]。当此之时,子房之不死者,其间不能容发,盖亦已危矣。千金之子,不死于盗贼,何者?其身之可爱,而盗贼之不足以死也。子房以盖世之才,不为伊尹、太公[16]之谋,而特出于荆轲、聂政[17]之计,以侥幸于不死,此圯上老人所为深惜者也。是故倨傲鲜腆[18]而深折之,彼其能有所忍也,然后可以就大事,故曰:"孺子可教也。"

楚庄王伐郑,郑伯肉袒牵羊以迎。庄王曰:"其君能下人,必能信用其民矣。"遂舍之。勾践之困于会稽,而归臣妾于吴者,三年而不倦。且夫有报人之志,而不能下人者,是匹夫之刚也。夫老人者,以为子房才有馀而忧其度量之不足,故深折其少年刚锐之气,使之忍小忿而就大谋。何则?非有生平之素,卒然相遇于草野之间,而命以仆妾之役,油然而不怪者,此固秦皇之所不能惊,而项籍之所不能怒也[19]。

观夫高祖之所以胜,而项籍之所以败者,在能忍与不能忍之间而已矣。项籍唯不能忍,是以百战百胜而轻用其锋;高祖忍之,养其全锋而待其弊[20],此子房教之也。当淮阴破齐而欲自王，高祖发怒，见于词色。由此观之，犹有刚强不忍之气，非子房其谁全之？

太史公疑子房以为魁梧奇伟，而其状貌乃是妇人女子，不称其志气。呜呼！此其所以为子房欤！

【注释】

①本文为嘉祐六年(1061)苏轼应“制科”时所上《进论》之一。留侯即张良，字子房，他是“汉初三杰”之一，辅刘邦定天下，封为留侯。②这句话的意思是：常人在情感上总有不能忍耐的时候。③见：被。④卒：同“猝”，突然，仓猝。临：逼近。⑤加：侵凌。⑥挟持者：指怀抱的理想。⑦圯(yí)：桥。⑧其事甚怪：圯上老人曾对张良说：“谷城黄石即我矣。”意为老人是黄石化身。“怪”即指此。⑨隐君子者：隐居逃避尘世的人。⑩以为鬼物：王充《论衡·自然》引人之说云：“或曰：张良游泗水之上，遇黄石公授太公书，盖天在佐汉诛秦，故命令神石为鬼书授人。”⑪张良为韩国人，祖、父为韩相。秦蚕食六国，最先灭韩。⑫刀锯鼎镬：四者皆古代刑具。借指酷刑。⑬贲(bēn)、育：战国时勇士。周代时著名勇士，卫人，传说能力举千钧。⑭其势未可乘：谓待其力量衰微到极点时始有机会可乘。⑮而逞于一击之间：《史记·留侯世家》载“秦灭韩”，张良“悉以家财求客刺秦王，为韩报仇……得力士，为铁椎重百二十斤。秦皇帝东游，良与客狙击秦皇帝博浪沙中，误中副车。秦皇帝大怒，大索天下，求贼甚急，为张良故也。良乃更名姓，亡匿下邳。”此语即说张良暗杀秦始皇的事。⑯伊尹、太公之谋：用智慧化解危机的谋略。伊尹，商之贤相，名挚。太公，太公望吕尚，姓姜，名尚，字子牙，周文王时太师。⑰荆轲、聂政：战国时刺客。荆轲曾为燕太子丹刺杀秦王(始皇)，未成被杀。聂政曾为严仲子刺杀韩相侠累，事成后毁容自杀。⑱鲜腆：无礼。⑲此固秦皇之所不能惊，而项籍之所不能怒也：谓这样秦始皇当然不能使他惊怕，而项羽也不能使他暴怒了。⑳弊：疲困，衰败。

留侯论

[明] 魏禧

客问魏子曰："或曰：'子房弟死不葬①，以求报韩。'既击始皇博浪沙中②，终辅汉灭秦，似矣。韩王成③既杀，郦生④说汉立六国后，而子房沮⑤之，何也？故以为子房忠韩者，非也。"

魏子曰："噫，是乌⑥足知子房哉！人有力能为人报父仇者，其子父事之，而助之以灭其仇，岂得为非孝子哉？子房知韩不能以必兴也，则报韩之仇而已矣。天下之能报韩仇者，莫如汉，汉既灭秦，而羽杀韩王，是子房之仇，昔在秦而今又在楚也。六国立则汉不兴，汉不兴则楚不灭，楚不灭则六国终灭于楚。夫立六国，损于汉，无益于韩。不立六国，则汉可兴，楚可灭，而韩之仇以报。故子房之志决矣。子房之说项梁立横阳君也，意固亦欲得韩之主而事之，然韩卒以夷灭⑦。韩之为国与汉之为天下，子房辨之明矣。范增以沛公有天子气⑧，劝羽急击之，非不忠于所事，而人或笑以为愚。且夫天下公器⑨非一人一姓之私也，天为民而立君，故能救生民于水火⑩，则天以为子，而天下戴之以为父。子房欲遂其报韩之志，而得能定天下祸乱之君，故汉必不可以不辅。夫孟子，学孔子者也，孔子尊周，而孟子游说列国，惓惓⑪于齐梁之君，教之以王⑫。夫孟子岂不欲周之子孙王天下而朝诸侯？周卒不能。而天下之生民，不可以不救。天生子房以为天下也，顾欲责子房以匹夫之谅⑬，为范增之所为乎？亦已过矣！"

【注释】

①子房弟死不葬：《史记·留侯世家》载，韩国被秦吞灭后，张良连弟弟死了都不办丧事，用全部家财来求客刺秦始皇，为韩报仇。②既击始皇博浪沙中：见上文注释⑮。③韩王成：韩国的诸公子，名成，人称横阳君。张良曾经游说项梁

立横阳君为韩王，项梁依从，后为项羽所杀。④郦生：郦食其（yì jī），刘邦的策士。他曾经向刘邦献策，要刘邦分封土地给六国后代，并授予他们王印，这样天下就会臣服，楚国也会来朝拜，恰好张良有事来谒见刘邦，知道刘邦已同意郦生的建议，当即劝阻刘邦，说："诚用客之谋，陛下事去矣！"刘邦大骂郦生，急忙派人销毁已刻好的封印。⑤沮（jǔ）：阻止。⑥乌：何。⑦夷灭：消灭。夷，平，诛锄。⑧范增：项羽的谋臣，被尊为亚父，他屡次劝项羽杀刘邦，项羽不听，后郁愤病死。沛公：刘邦。⑨公器：指名位、爵禄等。⑩水火：喻困苦患难。⑪惓惓：同"拳拳"，诚恳深切之意。⑫王（wàng）：成就王业。⑬顾：却，反而。匹夫：庶人，平民。谅：忠诚守信。

【知识】

1. 汉初三杰

汉初三杰（也称为兴汉三杰）是指辅佐汉高祖刘邦得天下，建立汉室江山的三位杰出的政治、军事人才和功臣——张良、韩信、萧何。其中张良被称为汉初三杰之首，封为留侯，萧何封为酂（cuó）侯，韩信封为淮阴侯。

2. 魏禧

魏禧（1624—1681），字叔子，一字冰叔，号裕斋，江西宁都人，明末诸生，入清朝后不做官，举家隐居在故乡翠微峰。在清初文坛上很有地位，与兄魏际端、弟魏礼，均有文名，时称"宁都三魏"；又和侯方域、汪琬齐名，号"国初三家"。散文长于见识议论，各体风格不同，都能纵横变化，文随意尽。

【品读】

古代散文的历史长河中，北宋苏轼和明末魏禧的同题文《留侯论》是论说历史人物的佳篇。二文同为史论，论述对象同为汉代的张良，但所持观点和行文的写法风格各具特色。

苏文重在阐发"忍小忿而就大谋"。苏轼认为张良成功的关键在于"忍"，所谓“忍”,是指人的一种道德和修养,为实现大志而善于控制个人的情绪,善于等待和驾驭完成大业的机缘。作者说“忍”,又是从“勇”字来说,提出匹夫之勇不算勇,只有“人情有所不能忍者”,“卒然临之而不惊,无故加之而不怒”,也就是说,能忍,才是大勇;而其所以能忍,又是因为抱负甚大,志向甚远的缘故。表面看来,“勇”和“忍”似乎是对立的,作者却指出了它们的统一性,充满辩证法,非常精警深刻。这是作者的基本论点,也是全篇的主意。

对于《史记》中“圯上老人赠书”一事,苏轼在文中独辟蹊径,化腐朽为神奇。他撇开司马迁在《留侯世家》感慨圯上老人见张良之事太奇怪,不提司马迁说张良后来随高祖刘邦到济北,果然见到了谷城山下的黄石(圯上老人因此也被人称为“黄石公”),并批评世人以之为鬼物的荒谬。在他看来,圯上老人理应是秦始皇时代的隐士,因为“观其所以微见其意者,皆圣贤相与警戒之义”。这正是苏轼与世俗之见根本不同的地方,让这事回归于人,褪去了神秘的色彩。苏轼说圯上老人“其意不在书”,他从中看到的是张良“忍”与“不忍”,这一“独见”很受后人称道,清初吴楚材评说:“人皆以受书为奇事,此文得意在‘且其意不在书’,一句撇开,挈定‘忍’字发议。滔滔如长江大河,而浑浩流转,变化曲折之妙,则纯以神行乎其间。”(《古文观止》)

诗有诗眼,文也有文眼,尤其是立论文章。这篇文章开宗明义即亮出了“文眼”:“天下有大勇者,卒然临之而不惊,无故加之而不怒,此其所挟持者甚大,而其志甚远也。”这句话凝结了青年苏轼的人生体验,他当年屡遭贬谪,正是以忍为大德,才造就一个词、文、诗、书、画多方面的全才;也正由于此,才为宋代文坛上开创了独具一格的豪放派。因此,作者明写留侯之忍,实际上是以古喻今,告诫自己不能锋芒太露,面对复杂人生只有以忍才能成就大业。

魏文的论说表面上是张良仕汉是否忠韩,实际上推倒了所谓忠韩的匹夫之见。文章共分两层论述:一是张良仕汉以报韩仇。魏禧认为张良实际上是忠于韩的,但他的忠不是愚忠,而是更有眼光,更有气魄。张良是为了寻找有能力为韩报仇的力量,因此仕汉。二是张良仕汉以救天下之民。张良仕汉不仅是为忠于韩国采取“曲线报仇”的策略，更是为救天下之民，最后得出“天下公器非一人一姓之私”、“天下之生民不可以不救”等观点。第二层是第一层意思的推进与深化。

两文写法与风格各有特色。苏轼采用了立论的方式进行论证。为使论点具有说服力，他广征史实，不仅引用了郑伯肉袒迎楚，勾践卧薪尝胆等善于隐忍的正面典型，而且引项羽、刘邦等不善于隐忍的反面典型，从正反两方面加以论证发挥。作者引证史实层层递进，抓住“留侯能忍”这一主线，进一步阐明张良能忍的效果是助高祖成就帝王大业。文章能开能合，气势俊逸奔放，虽只有短短七百字，但言简意赅，分析透彻，鞭辟入里。文笔纵横捭阖，极尽曲折变化之妙，行文雄辩而富有气势，体现了苏轼史论汪洋恣肆的风格。

魏禧的文章则采取驳论的论证方式，先提出他人“子房忠韩”之见，针对此展开论证，通过层层推论，最后得出结论：“夫立六国，损于汉，无益于韩。不立六国，则汉可兴，楚可灭，而韩之仇以报。”这篇文章气势踔厉风发，表现了他长于见识和议论的写作特色。

【积累】

1. 立论和驳论

立论就是针对客观事物或问题，直接提出自己的见解和主张，运用充分有力的证据从正面直接证明自己论点正确性的论证形式。驳论就是通过揭露和驳斥错误的论点来确立自己的论点。驳论的作用在于“破”，即辨别是非，驳斥错误的观点，同时树立正确的观点。

驳论与立论一样，是一种议论和说理的方式。在进行驳论时，应区分不同性质的矛盾，坚持以理服人的原则。在一篇文章里，立论和驳论往往是相辅相成的。以上两文分别采用了立论和驳论的论证方式。不论哪种论证方式，都要观点明确并准确，论据典型有力，内在逻辑严密。这两篇文章可以作为我们学习写作议论文的一个范本。

2. “一字立骨”法

苏轼《留侯论》第一段认为古代的“豪杰之士”一定有过人的节操，可分为两种，一种是“不能忍者”，貌似英勇而非勇；另一种是“能忍者”，遇事不惊、不怒而胸怀大志，才是“大勇者”。其关键在一个“忍”字，作者以“忍”字立论，并贯穿全篇，全文围绕“忍”字议论，“忍”是全文的骨架，这种笔法，叫做“一字立骨”法。教材课文也有这种例子，如《黄州快哉亭记》之“快”，《阿房宫赋》之“奢”等。平时写作记叙文或议论文，均可学用此法，可把零散材料组织成一个有机的整体，把纷繁复杂的内容归拢集中到焦点上，从而使文章线索明确、结构缜密、主旨凝聚。

【思考】

1. 苏轼《留侯论》的主旨句是什么？请圈划出。魏禧《留侯论》开篇驳斥的观点是什么？请归纳出来。

2. 魏禧认为张良仕汉的原因是什么？举孟子之例的目的是什么？

3. 请分析“六国立则汉不兴，汉不兴则楚不灭，楚不灭则六国终灭于楚”的说理效果。

4. 比较两文在写法上的区别。

【译文】

留侯论

苏轼

古时候被人称作豪杰的志士，一定具有超越一般人的节操，(有)一般人的常情所无法忍受的度量。有勇无谋的人被侮辱，一定会拔起剑，挺身上前搏斗，这不足够被称为勇士。天下真正具有豪杰气概的人，遇到突发的情形毫不惊慌，当无原因受到别人侮辱时，也不愤怒。这是因为他们胸怀极大的抱负，志向非常高远。

张良被桥上老人授给兵书这件事，确实很古怪。但是，又怎么知道那不是秦代的一位隐居君子出来考验张良呢？看那老人用以微微显露出自己用意的方式，都具有圣贤相互提醒告诫的意义。一般人不明白，把那老人当作神仙，也太荒谬了。再说，桥上老人的真正用意并不在于授给张良兵书(而在于使张良能有所忍，以就大事)。在韩国已灭亡时，秦国正很强盛，秦王嬴政用刀锯、油锅对付天下的志士，那种住在家里平白无故被抓去杀头灭族的人，数也数不清。就是有孟贲、夏育那样的勇士，也没有再施展本领的机会了。凡是执法过分严厉的君王，他的刀锋是不好硬碰的，而他的末余之势可以驾驭(连上句意思是：在锋芒之势上，是没有可乘之机的)。张良压不住他对秦王愤怒的情感，以他个人的力量，在一次狙击中求得一时的痛快，在那时他没有被捕被杀，那间隙连一根头发也容纳不下，也太危险了！富贵人家的子弟，是不肯死在盗贼手里的。为什么呢？因为他们的生命宝贵，死在盗贼手里太不值得。张良有超过世上一切人的才能，不去作伊尹、姜尚那样深谋远虑之事，反而只学荆轲、聂政行刺的下策，侥幸所以没有死掉，这必定是桥上老人为他深深感到惋惜的地方。所以那老人故意态度傲慢无理、言语粗恶深深地羞辱他，他如果能忍受得住，方才可以凭借这点而成就大功业，所以到最后，老人说："这个小子可以教育了。"

楚庄王攻打郑国，郑襄公脱去上衣裸露身体、牵了羊来迎接。庄王说："国君能够对人谦让，委屈自己，一定能得到自己老百姓的信任和效力。"就此放弃对郑国的进攻。越王勾践在会稽陷于困境，他到吴国去做奴仆，好几年都不懈怠。再说，有向人报仇的心愿，却不能做人下人的，是普通人的刚强而已。那老人，认为张良才智有余，而担心他的度量不够，因此深深挫折他年轻人刚强锐利的脾气，使他能忍得住小怨愤去成就远大的谋略。为什么这样说呢？老人和张良并没有平生的老交情，突然在郊野之间相遇，却拿奴仆的低贱之事来让张良做，张良很自然而不觉得怪异，这本是秦始皇所不能惊惧他和项羽所不能激怒他的原因。

看那汉高祖之所以成功，项羽之所以失败，原因就在于一个能忍耐、一个不能忍耐罢了。项羽不能忍耐，因此战争中是百战百胜，但是随随便便使用他的刀锋(不懂得珍惜和保存自己的实力)。汉高祖能忍耐,保持自己完整的锋锐的战斗力,等到对方疲敝。这是张良教他的。当淮阴侯韩信攻破齐国要自立为王,高祖为此发怒了,语气脸色都显露出来。从此可看出,他还有刚强不能忍耐的气度,不是张良,谁能成全他?

司马迁本来猜想张良的形貌一定是魁梧奇伟的,谁料到他的长相竟然像妇人女子,与他的志气和度量不相称。啊!(外柔内刚,)这就是张良之所以成为张良吧(言外之意:正因为张良有能忍之大度,所以,尽管他状貌如妇人,却能成就大业,远比外表魁梧的人奇伟万倍)!

留侯论

魏禧

有位朋友问我说:"有人说'张良弟弟死了不安葬,为的是替韩国报仇。'张良后来在博浪沙袭击秦始皇,最终辅佐汉朝灭掉了秦朝,这些举动都像是为韩国报仇。但是韩王成被杀后,郦食其劝说汉天子立六国的后代为王,张良却阻止他这样做,为什么呢?所以我认为张良忠于韩国的说法是不对的。"

我回答说:"唉,这哪里是充分了解张良啊!别人有能力替人报父仇,他的儿子像对待父亲一样侍奉那人,而帮助他来消灭父亲的仇人,难道能够说这个人不是孝子吗?张良知道韩国没有能力必然兴盛,那么只能替韩国报仇罢了。天下能够替韩国报仇的,没有谁比得上汉,汉消灭了秦朝,然而项羽又杀了韩王,这也是张良的仇人,只是当年张良的仇人是秦朝,现在却是楚国了。六国重新立国那么汉就不能兴盛,汉不能兴盛那么楚国就不会灭亡,楚国不灭亡那么六国终究要被楚国消灭。那么,立了六国的后代,有损于汉王,又无益于韩国。不立六国的后代,那么汉可以兴盛,楚国可以消灭,而韩国也因此报了仇。所以张良下定决心这样做了。张良劝说项梁立韩国的公子韩成,心中本来就是想得到韩国的君主而侍奉他,然而韩国最终被灭亡。韩国的立国和汉朝的得到天下,张良分辨得十分明白。范增认为刘邦有天子气象,劝项羽赶紧攻打他,这不是不忠于他所做的事，然而有的人却讥笑范增是愚蠢的。况且天下是天下人共有的，不是一人一姓的私人产业，上天为百姓择立君王，所以能够从水深火热中拯救百姓的人，上天就把他作为儿子，天下人把他当作父亲一样拥戴他。张良想要成就自己为韩国报仇的心愿，而得到能够平定天下祸乱的国君，所以汉一定是不能不辅佐的。孟子是学习孔子的，孔子尊崇周王朝，然而孟子却到各个诸侯国游说，态度诚恳而深切地对待齐国、梁国的君王，教他们成就王道的基业。孟子难道不想要周天子的子孙称王天下而使诸侯们朝拜他们吗？但周朝的子孙最终做不到。然而天下的百姓，不能够不拯救。上天生下子房来拯救天下百姓，人们却反而想用匹夫的忠诚守信来责备他，难道要让他做范增想做的事情吗？这也太错误了！”

慕　贤[1]

［南北朝］ 颜之推

古人云："千载一圣，犹旦暮也；五百年一贤，犹比膊[2]也。"言圣贤之难得，疏阔如此。傥遭不世明达君子[3]，安可不攀附景仰之乎？吾生于乱世，长于戎马，流离播越，闻见已多，所值名贤，未尝不心醉魂迷[4]向慕之也。人在年少，神情未定，所与款狎[5]，熏渍陶染[6]，言笑举动，无心于学，潜移暗化，自然似之；何况操履艺能[7]，较明易习者也？是以与善人居，如入芝兰[8]之室，久而自芳也；与恶人居，如入鲍鱼之肆，久而自臭也。墨子悲于染丝，是之谓矣，君子必慎交游焉。孔子曰："无友不如己者。"颜、闵[9]之徒，何可世得，但优于我，便足贵之。

世人多蔽[10]，贵耳贱目，重遥轻近。少长周旋[11]，如有贤哲，每相狎侮，不加礼敬；他乡异县，微藉风声[12]，延颈企踵[13]，甚于饥渴。校其长短，核其精粗，或彼不能如此矣。所以鲁人谓孔子为"东家丘"[14]。昔虞国宫之奇[15]，少长于君，君狎之，不纳其谏，以至亡国，不可不留心也。

用其言，弃其身，古人所耻。凡有一言一行，取于人者，皆显称[16]之，不可窃人之美，以为己力；虽轻虽贱者，必归功焉。窃人之财，刑辟之所处；窃人之美，鬼神之所责。

【注释】

①本文节选自《颜氏家训·慕贤》。②比痛(xián)：肩膀挨着肩膀。言其多。比，紧靠。痛，肩膀。③傥：同"倘"，倘或。不世：世上所少有。④心醉魂迷：形容仰慕之深。⑤款狎：关系亲密。⑥熏渍陶染：熏炙、渐渍、陶冶、濡染。⑦操履：操守德行。艺能：技艺才能。⑧芝兰：本应作"芷兰"，"芷"和"兰"都是有香味的草本植物。⑨颜、闵：指颜回和闵损。他们都是孔子学生中的杰出人物。⑩蔽：蒙蔽。此处引申为不通达的识见，即偏见。⑪少长：从小长到大。周旋：本指旧时行礼时进退揖让的动作，此处引申为交往。⑫藉：凭借，依靠。风声：名声。⑬延：引申。企踵：踮起脚后跟。⑭东家丘：丘是孔子的名，孔子是鲁国人，因为住在东边，所以当地人随便叫他"东家丘"，并无敬意。⑮虞国：周文王时建立的诸侯国。宫之奇：春秋时虞国大夫。晋向虞国借道攻虢，宫之奇以"辅车相依，唇亡齿寒"劝谏，见虞君仍不听，遂率族奔曹国。三个月后，晋灭虢，虞亦被灭。⑯称：声言，表明。

廉　耻

[清]　顾炎武

《五代史·冯道传·论》①曰：礼义廉耻，国之四维，四维不张，国乃灭亡②。善乎，管生之能言也！礼义，治人之大法；廉耻，立人之大节；盖不廉则无所不取，不耻则无所不为。人而如此，则祸败乱亡，亦无所不至；况为大臣而无所不取，无所不为，则天下其有不乱，国家其有不亡者乎？然而四者之中，耻尤为要。故夫子之论士，曰："行己有耻。"孟子曰："人不可以无耻。无耻之耻，无耻矣③。"又曰:“耻之于人大矣,为机变之巧者,无所用耻焉。”所以然者,人之不廉,而至于悖礼犯义,其原皆生于无耻也。故士大夫之无耻,是谓国耻。

吾观三代以下,世衰道微,弃礼义,捐廉耻,非一朝一夕之故。然而松柏后凋④于岁寒,鸡鸣不已于风雨,彼昏之日,固未尝无独醒之人也!顷读《颜氏家训》有云:“齐朝一士夫尝谓吾曰:‘我有一儿,年已十七,颇晓书疏,教其鲜卑语,及弹琵琶,稍欲通解,以此伏事公卿,无不宠爱。’吾时俯而不答。异哉,此人之教子也!若由此业自致卿相,亦不愿汝曹为之。”嗟乎!之推不得已而仕于乱世,犹为此言,尚有《小宛》诗人之意⑤,彼阉然⑥媚于世者,能无愧哉!

罗仲素⑦曰:教化者朝廷之先务,廉耻者士人之美节,风俗者天下之大事。朝廷有教化,则士人有廉耻;士人有廉耻,则天下有风俗。

古人治军之道,未有不本于廉耻者。《吴子》⑧曰:“凡制国治军,必教之以礼,励之以义,使有耻也。夫人有耻,在大足以战,在小足以守矣。”《尉缭子》言:“国必有慈孝廉耻之俗,则可以死易生。”而太公对武王:“将有三胜,一曰礼将,二曰力将,三约止欲将。故礼者,所以班朝治军而兔罝之武夫,皆本于文王后妃之化;岂有淫刍荛,窃牛马,而为暴于百姓者哉!”⑨《后汉书》:张奂为安定属国都尉,“羌豪帅感奂恩德,上马二十匹,先零酋长又遗金镰八枚,奂并受之,而召主簿于诸羌前,以酒酹地曰:‘使马如羊,不以入厩;使金如粟,不以入怀。’悉以金马还之。羌性贪而贵吏清,前有八都尉率好财货,为所患苦,及奂正身洁己,威化大行”。呜呼!自古以来,边事之败,有不始于贪求者哉?吾于辽东之事⑩有感。

杜子美诗:安得廉颇将,三军同晏眠⑪!一本作“廉耻将”。诗人之意,未必及此,然吾观《唐书》,言王佖为武灵节度使,先是,土蕃欲成乌兰桥,每于河壖先贮材木,皆为节帅遣人潜载之,委于河流,终莫能成。蕃人知佖贪而无谋,先厚遗之,然后并役成桥,仍筑月城守之。自是朔方御寇不暇,至今为患,由佖之黩货也。故贪夫为帅而边城晚开。得此意者,郢书燕说⑫,或可以治国乎!

【注释】

①《五代史》:宋初薛居正等所修的史书,后欧阳修所撰的《五代史》出,此书渐废,明代以后就亡佚了。②四维:指礼义廉耻。维,本指结物的大绳,此指维系人们言行的规范。此四句,见《管子·牧民》篇。下文管生,即管仲,春秋齐桓公时贤相。③引文出于《孟子·尽心》。无耻之耻,意即对可耻的事不感到耻辱。下文机变之巧指以不正当方法取胜者。④松柏后凋:语出《论语·子罕》,比喻君子能经受环境的考验。⑤小宛:《诗·小雅》中篇名。诗意是诗人自勉要保持操守,无愧于先人。⑥阉然:昏乱、无耻的样子。⑦罗仲素:名从彦,北宋时曾师事理学家程颐和杨时,为当时名儒。南宋卒。⑧《吴子》:战国时著名军事家吴起所做兵书。下文《尉缭子》是战国时著名军事家尉缭所做兵书。⑨太公:指周初开国功臣太公望,即吕尚。武王,指周武王姬发。引文出于题作吕尚著的兵书《六韬》,实为后人伪托。兔苴(jū):捕兔的网,引申为粗野的猎人。淫刍荛(chú ráo):欺凌平民。淫,侵扰的意思。刍荛,指刈草伐薪的贱人。⑩辽东之事:指明末辽东守军连续溃败之事。其时满族侵扰,明朝各任辽蓟总督及麾下将领大多贪污枉法,克扣军饷,以致士气衰落,或溃或降,终于使明王朝覆亡。⑪晏眠:高枕无忧的意思。⑫郢书燕说:即穿凿附会。典出《韩非子·外储说》:楚国郢都人写信给燕国宰相,夜间烛光不明,命令执烛的侍者举烛,一时将"举烛"两字误写入信内。燕相读了猜测"举烛"当是必须明察的意思,要明察就要举荐贤人而任用之。于是报告燕王,燕王大喜从计,燕国果然大治。其实并非写信人的原意。这里作者用以比喻,杜甫的诗一本将"廉颇"误作"廉耻",如照"郢书燕说"的穿凿方法,也不无可取。

【知识】

1. 颜之推和《颜氏家训》

颜之推(公元531—约595),字介,汉族,琅琊临沂(今山东临沂)人,传世著作有《颜氏家训》和《还冤志》等。《颜氏家训》是我国历史上第一部内容丰富，体系宏大的家训，也是一部学术著作。《颜氏家训》是颜之推为了用儒家思想教训子孙，以保持自己家庭的传统与地位而写出的一部系统完整的家庭教育教科书，后世称此书为“家教规范”。

2. 顾炎武

顾炎武(1613—1682)，著名思想家、史学家、语言学家，与黄宗羲、王夫之并称为明末清初三大儒。本名绛，字宁人，昆山(今属江苏)亭林镇人，学者称之“亭林先生”。少年时曾参加明末知识分子的进步社团“复社”，反对朝廷权宦；明亡后清兵南下时，参加昆山、嘉定一带人民抗清起义。晚年居于华阴，死于曲沃。著有《日知录》《音学五书》《亭林诗文集》等。

【品读】

颜之推和顾炎武，两人所处的时代不同，社会背景也各不相同；《慕贤》和《廉耻》，内容也不尽相同，把这两篇文章编为一组，当是别有深意。

先来看一看两位作者和两篇文章的内容。

颜之推生于南北朝至隋朝期间。他出生士族，深受儒家名教理法影响。在他年逾六十的一生中，历仕四朝，“三为亡国之人”，饱尝离乱之苦。入隋以后，他本着“务先王之道，绍家业之业”的宗旨，结合自己的人生经历、处世哲学，写成《颜氏家训》一书训诫子孙。全书二十篇，涉及的范围相当广泛，但主要是以传统儒家思想教育子弟，讲如何修身、治家、处世、为学等，其中不少见解至今仍有借鉴意义。

《慕贤》是《颜氏家训》的第七篇，是阐述作者仰慕贤才的篇章。作者认为一个人在年少的时候，应该多接触有德行的君子，在潜移默化之中，自己的性情会得到很好的陶冶，自己也会变得有德行。对于那些有德有才的人，平时一定要对他们尊敬，并且努力向他们学习。对古代的贤人如此，对身边德才兼备的人也要如此。颜之推继承孔子、孟子等儒家学者关于“慎择友”的教育思想，十分重视让儿童置身于比较良好的社会交往的环境之中。他认为家庭教育要注意选邻择友,因为儿童的心理处于发展阶段,尚未定型,而儿童的好奇心和模仿性都很强,总在观看模仿别人的一举一动,无形之中,周围人的为人处世给儿童以“熏渍陶”“潜移暗化”。因此,邻友对于儿童的影响,有时甚至可能比父母的作用还大。这就是“必慎交游”的道理。孔子说:“无友不如己者”,择友确实不是一件易事,贤人是难以找到的,但有优于我者,便很可贵的了。对他就应景仰向慕,与之交游,向他学习。

我们熟知的“天下兴亡,匹夫有责”是顾炎武的名言,出自于他那本著名的《日知录》。他是明朝末年人,曾参加明末知识分子的进步社团“复社”,反对朝廷权宦,也参加过昆山抗清义军。其学以“博学于文、行己有耻”为主。而所谓“行己有耻”,即是要用羞恶廉耻之心来约束自己的言行。这两者,既是顾炎武的为学宗旨和为人之道,也是他崇尚致用学风的出发点。

《廉耻》一文很好地诠释了顾炎武的“行己有耻”,并且把廉耻和国运兴衰联系起来,强调“知耻”对于国家命运的重要意义。顾炎武认为,这里说的“礼义廉耻”是治国的大纲,它关系着国家的存亡。在“礼义廉耻”这四者之中,“耻”是至为重要的。一个人之所以不清廉,乃至于违犯礼义,做出种种不合乎道德的事,原因就在于不知羞耻。可见,知耻是为人的根本之大德。顾炎武接着提出,自从夏、商、周三代以后,世道衰微,不顾礼义,抛弃廉耻。尽管如此,仍然有不随波逐流的志士,他们不顾环境的险恶,不同流合污,众人皆醉我独醒。顾炎武还以《颜氏家训》中的故事为例,说明加强自我修养的重要性。那么如何培养人的廉耻观呢?顾炎武认为必须以“教化”为前提,培养当官为吏者的廉耻观,他们讲廉耻,就会规规矩矩地做官,正正当当地做事,就会不阿上、不欺下,不枉法、不贪赃,促使整个社会风气的净化。文章举张焕和王佖的事例一正一反论证边官知耻对于国家稳固长治久安意义非凡。

两篇文章编为一组,一为“慕贤”,一为“知耻”,探讨的均是伦理道德的核心问题。慕贤,要发现生活中的贤人,给自己营造良好的人文环境,使自己耳濡目染,天天向上;知耻,要加强自身修养,要能不顾险恶环境,独善其身,如岁寒知松柏、风雨有鸡鸣那样，不随波逐流。若推广开，就更有其现实意义——面对各种破格提拔，裙带关系，如何营造良好风气来治世为民？面对官场贪污腐败，如何倡廉知耻，如何培养人的廉耻观？深读二文，应该会有更深的感悟。

【借鉴】

1. 慕贤和知耻

慕贤，即仰慕贤才的意思。颜之推主张倾慕贤德君子，追求人格高远、道德完善，才是真正彻悟人生的追求，这是作者遭逢丧乱、阅历兴亡之后沉淀于心底的思想结晶。顾炎武认为羞耻之心是唤醒良知、战胜自己从恶之心的力量本源，是社会是否具有良风美俗的重要标志。两篇文章均探讨的是伦理道德之核心问题，极富现实意义。现代社会中，在金钱至上思想的冲击之下，人们的核心价值观有所偏移。在议论文写作中，我们要针对社会现状，呼唤、提倡这样的价值判断。

2. 比喻论证

《廉耻》第二段用“松柏后凋”“鸡鸣风雨”两个比喻来表明“彼众昏之日，固未尝无独醒之人也”。第四册课本《劝学》中，用“积土成山，风雨兴焉；积水成渊，蛟龙生焉”连续的两个比喻强调积累的重要性，证明“积善成德”则会有“神明自得，圣心备焉”的结果。比喻论证可以使道理阐述得十分形象透彻，也使语言精练有味。我们在写议论性文章的时候不妨可以借鉴。

【思考】

1.《颜氏家训・慕贤》中提到的“墨翟”是春秋时期墨家学派的代表人物。鲁迅哪篇历史小说中的主人公是以他为原型创造的？

2.《慕贤》第一段提到“君子必慎交游焉”，试概括“慎交游”的原因。文章第二段举孔子和宫之奇的事例是为了说明什么？

3. 颜之推谈论“慕贤”和顾炎武谈论“廉耻”有没有相通之处？联系两篇文章内容谈谈你的看法。

【译文】

慕贤

古人说:“一千年出一位圣人,已经近得像从早到晚那么快了;五百年出一位贤人,已经密得像肩碰肩一样了。”这是说圣人贤人稀少难得,已经到这种地步了。假如遇上世间少有的明达君子,怎能不攀附景仰呢?我出生在乱世,在兵荒马乱中长大,颠沛流离,所见所闻已经很多。遇上名流贤士,总是心醉魂迷地向往仰慕人家。人在年轻时候,精神性情都还没有定型,和那些情投意合的朋友朝夕相处,受到他们的熏渍陶染,人家的一言一笑,一举一动,即使没有存心去学,但是潜移默化之中,自然跟他们相似,何况操守德行和本领技能都是比较容易学到的东西呢?因此,与善人相处,就像进入满是芝草兰花的屋子中一样,时间一长自然会变得芬芳起来;与恶人相处,就像进入满是鲍鱼的店铺一样,时间一长自然也会变得腥臭起来。墨子因看见人们染丝而感叹,说的也就是这个意思。君子与人交往一定要慎重。孔子说:“不要和不如自己的人交朋友。”像颜回、闵损那样的贤人,哪能常有,只要比我强的人,也就足以让我敬重了。

常人多有一种偏见,对传闻的东西很感兴趣,对亲眼所见的东西则很轻视;对远处的事物很感兴趣,对近处的事物却不放在心上。从小一起长大的人,如有谁是贤能之士,人们也往往对他轻慢侮弄,而不是以礼相待;而对处在远方异土的人,凭着那么点名声,就能令大家伸长脖子、踮起脚跟去朝思暮盼,那种心情好像比饥渴还难以忍受。其实比较二者的短长,审察二者的精粗,很可能远处的人还不如身边的。因此,鲁国的人称孔子为“东家丘”。先前,虞国的宫之奇从小生长在虞君身边,国君就很轻视他,不能采纳他的意见,最终落了个亡国的结局,这个教训不能不牢记在心啊!

采用了某人的意见却又抛弃了这个人,这种行为被古人认为是可耻的。凡采纳一个建议、办理一件事情,这就是得到别人的帮助,应该表明,不该窃取他人成果当成自己的功劳。即使是地位低下的人,也必须要肯定他的功劳。窃取别人的钱财,会遭到刑罚的处置;窃取别人的成果,会遭到鬼神的谴责。

廉　耻

《五代史·冯道传·论》道:"礼义廉耻,是国家的四个纲纪,四维不申张,国家就会灭亡。"妙啊,管子的善于立论!礼义是治理人民的大法;廉耻,是为人立身的大节。大凡不廉便什么都可以拿;不耻便什么都可以做。人到了这种地步,那么灾祸、失败、逆乱、死亡,也就都随之而来了;何况身为大臣而什么都拿,什么都做,那么天下哪有不乱、国家哪有不亡的呢?然而在这四者之间,耻尤其重要。因此孔子论及怎么才可以称为士,说道:"个人处世必须有耻。"孟子说:"人不可以没有耻,对可耻的事不感到羞耻,便是无耻了。"又说:"耻对于人关系大极了,那些搞阴谋诡计要花样的人,是根本谈不上耻的。"其所以如此,因为一个人的不廉洁,乃至于违犯礼义,推究其原因都产生在无耻上。因此士大夫的无耻,可谓国耻。

我考察自三代以下,社会和道德日益衰微,礼义被抛弃,廉耻被扔在一边,不是一朝一夕的事了。但是凛冽的冬寒中有不凋的松柏,风雨如晦中有警世的鸡鸣,那些昏暗的日子中,实在未尝没有独具卓识的清醒者啊!最近读到《颜氏家训》上有一段话说:"齐朝一个士大夫曾对我说:'我有一个儿子,年已17岁,颇能写点文件书牍什么的,教他讲鲜卑话,也学弹琵琶,使之稍为通晓一点,用这些技能侍候公卿大人,到处受到宠爱。'我当时低首不答。怪哉,此人竟是这样教育儿子的!倘若通过这些本领能使自己做到卿相的地位,我也不愿你们这样干。"唉!颜之推不得已而出仕于乱世,尚且能说这样的话,还有《小宛》诗人的精神,那些卑劣地献媚于世俗的人,能不感到惭愧么?

罗仲素说:教化是朝廷急要的工作,廉耻是士人优良的节操,风俗是天下的大事。朝廷有教化,士人便有廉耻;士人有廉耻,天下才有良风美俗。

古人治军的原则,没有不以廉耻为本的。《吴子》说:"凡是统治国家和管理军队,必须教军民知道守礼,勉励他们守义,这是为了使之有耻。当人有了耻,从大处讲就能战攻,从小处讲就能退守了。"《尉缭子》说:"一个国家必须有慈孝廉耻的习尚,那就可以用牺牲去换得生存。"而太公望对答武王则说:"有三种将士能打胜仗,一是知礼的将士,二是有勇力的将士,三是能克制贪欲的将士。因为有礼,所以列朝治军者和粗野的武夫,都能遵循文王后妃的教化行事;难道还有欺凌平民、抢劫牛马,而对百姓实行残暴手段的么?"《后汉书》上记载:张奂任安定属国都尉,"羌族的首领感激他的恩德,送上马二十匹,先零族的酋长又赠送他金环八枚,张奂一起收了下来,随即召唤属下的主簿到羌族众人的面前,把酒倒在地上道:'即使送我的马多得像羊群那样,我也不让它们进马厩;即使送我的金子多得如粟米,我也不放进我的口袋。'把金和马全部退还。羌人的性格重视财物而尊重清廉的官吏,以前的八个都尉,大多贪财爱货,为羌人所怨恨,直到张奂正直廉洁,威望教化才得到了发扬。"唉! 自古以来,边疆局势的败坏,岂有不从贪求财货开始的么! 我对辽东的事件不能无感。

杜子美诗道:"安得廉颇将,三军同晏眠!"有一种刻本作"廉耻将"。诗人本来的意思,未必想到这点,但我读《唐书》,讲到王佖做武灵节度使时,以前吐蕃人想造乌兰桥,每次在河边岸上事先堆积木材,都被节度使派人暗暗地运走木材,投入河流,桥始终没有造成。吐蕃人了解到王佖贪而无谋,先重重地贿赂了他,然后加紧赶工造成了桥,并且筑了小城防守。从此以后朔方防御侵掠的战事就没完没了,至今还成为边患,都是由于王佖的贪财引起的。所以贪财的人作将帅使边关到夜间也洞开着无人防守。懂得这个道理,即使是"郢书燕说"式的穿凿附会,或许也可以治国吧!

王充论文与道①

[东汉] 王 充

王公子问于桓君山以扬子云②。君山对曰:"汉兴以来,未有此人。"君山差[3]才，可谓得高下之实[4]矣。采玉者心羡于玉，钻龟能知神于龟[5]。能差众儒之才，累[6]其高下，贤于所累。又作《新论》，论世间事，辩照然否[7]，虚妄之言，伪饰之辞，莫不证定。彼子长、子云说论之徒，君山为甲。自君山以来，皆为鸿眇[8]之才，故有嘉令之文。笔能著文，则心能谋论，文由胸中而出，心以文为表。观见其文，奇伟俶傥[9]，可谓得论也。由此言之，繁文[10]之人，人之杰也。

有根株于下，有荣[11]叶于上；有实[12]核于内，有皮壳于外。文墨辞说，士之荣叶、皮壳也。实诚在胸臆，文墨著竹帛，外内表里[13]，自相副称。意奋而笔纵，故文见而实露也。人之有文也，犹禽之有毛也。毛有五色，皆生于体。苟有文无实，是则五色之禽，毛妄生也。选士以射，心平体正，执弓矢审固，然后射中。论说之出，犹弓矢之发也。论之应理，犹矢之中的[14]。夫射以矢中效巧，论以文墨验奇。奇巧俱发于心，其实一也。

【注释】

①本文节选自王充《论衡·超奇》。②王公子：不详。一说“子”是衍文，“王公”即“王翁”，指王莽。一说“王公子”即王莽时的大司空王邑。桓君山：即桓谭，字君山，后汉时人。扬子云：扬雄，字子云，西汉文学家，司马相如之后西汉最著名的辞赋家。③差：区别。④实：实际情况。⑤能：根据文意，疑是“者”字之误。“采玉者心羡于玉”与“钻龟者知神于龟”对文，可证。钻龟者：指用龟甲占卜吉凶的人。知：同“智”。⑥累：排列。⑦辩照：辨别验证。辩，同“辨”。然否：是非。⑧鸿眇：博大精深。⑨俶傥：亦作“俶倘”，卓异不凡。⑩繁文：文章丰富多彩。⑪荣：花。⑫实：果。⑬外内表里：外表与内里。这里指文章所表达的与心里所想的。⑭的：箭靶的中心。

文心雕龙·情采

[南北朝] 刘 勰

圣贤书辞，总称文章，非采而何？夫水性虚而沦漪结，木体实而花萼振：文附质也。虎豹无文，则鞟同犬羊；犀兕有皮，而色资丹漆：质待文也①。若乃综述性灵，敷写器象，镂心鸟迹之中，织辞鱼网之上，其为彪炳，缛采名矣②。故立文之道③，其理有三：一曰形文，五色是也；二曰声文，五音是也；三曰情文，五性是也。五色杂而成黼黻，五音比而成《韶》《夏》，五性发而为辞章，神理之数也④。

《孝经》垂典，丧言不文⑤；故知君子常言，未尝质也。老子疾伪，故称"美言不信"；而五千精妙，则非弃美矣⑥。庄周云"辩雕万物"，谓藻饰也。韩非云"艳乎辩说"，谓绮丽也⑦。绮丽以艳说，藻饰以辩雕，文辞之变，于斯极矣。

研味《孝》、《老》，则知文质附乎性情；详览《庄》、《韩》，则见华实过乎淫侈⑧。若择源于泾渭之流，按辔于邪正之路，亦可以驭文采矣。夫铅黛所以饰容，而盼倩生于淑姿；文采所以饰言，而辩丽本于情性。故情者文之经，辞者理之纬；经正而后纬成，理定而后辞畅：此立文之本源也。

昔诗人什篇，为情而造文；辞人赋颂，为文而造情。何以明其然？盖风雅之兴，志思蓄愤，而吟咏情性，以讽其上，此为情而造文也；诸子之徒，心非郁陶，苟驰夸饰，鬻声钓世，此为文而造情也⑨。故为情者要约而写真，为文者淫丽而烦滥。而后之作者，采滥忽真，远弃风雅，近师辞赋，故体情之制日疏，逐文之篇愈盛。故有志深轩冕，而泛咏皋壤。心缠几务，而虚述人外⑩。真宰弗存，翩其反矣⑪。夫桃李不言而成蹊，有实存也；男子树兰而不芳，无其情也⑫。夫以草木之微，依情待实；况乎文章，述志为本。言与志反，文岂足征？

是以联辞结采，将欲明经，采滥辞诡，则心理愈翳。固知翠纶桂饵⑬，反所以失鱼。"言隐荣华"⑭，殆谓此也。是以"衣锦褧衣"，恶文太章；《贲》象穷白，贵乎反本[15]。夫能设模以位理，拟地以置心，心定而后结音，理正而后摛藻[16]，使文不灭质，博不溺心，正采耀乎朱蓝，间色屏于红紫，乃可谓雕琢其章，彬彬君子矣[17]。

赞曰：言以文远，诚哉斯验[18]。心术既形，英华乃赡[19]。吴锦好渝，舜英徒艳[20]。繁采寡情，味之必厌。

【注释】

①鞹(kuò)：去毛的兽皮。犀兕：如牛一类的野兽，雄为犀，雌为兕，其皮坚韧，可制盔甲。《左传·宣公二年》记载，宋将华元与郑人战，大败被俘，损失甲车四百六十辆。后逃归，主持筑城工作，役人嘲笑他弃甲逃归。华元使其骖乘谓之曰："牛则有皮，犀兕尚多，弃甲则那(奈何)？"役人曰："从(纵)其有皮，丹漆若何(丹漆难给，将若之何)？两句用语本此。"②鸟迹：指文字。据说仓颉看了鸟迹兽蹄而制作文字。鱼网：指纸。东汉蔡伦用树皮、麻头及破布、鱼网造纸。③立文之道：形成文采的方法。④黼黻(fǔ fú)：古代礼服上织绣的花纹。《韶》《夏》古乐曲名，这里泛指音乐。神理之数：依据神妙道理而形成的规则。数，同"术"。⑤垂典：传下法度。丧言不文：居丧时说话不讲求修饰。⑥美言不信：出自《老子》第八十一章。信：真实。五千：指《老子》(又名《道德经》)。⑦辩雕万物：出自《庄子·天道》。辩：巧言。雕，雕绘。藻饰：文辞修饰。艳乎辩说：出自《韩非子·外储说左上》。绮丽：华丽有文采。⑧文质：偏义复词，指文。华实：偏义复词，指华。⑨诸子之徒：承上"辞人"而言，指汉以后的辞赋家。郁陶(yáo)：情思郁积。鬻声钓世：指沽名钓誉。⑩轩冕：古代大夫以上的官员所乘的车和所戴的礼冠，用以指代官爵。皋壤：水边的原野，此指隐居之所。几务：指政务，语出"日理万机"，几：细微。人外：人世以外。⑪真宰：出自《庄子·齐物论》，本指自然界的主宰，此指真实的情感。翩其反矣：一下子反了过来。⑫男子树兰而不芳：出自《淮南子·缪称训》，意为男子没有爱花的真情，所以种出来的兰花也不香。⑬翠纶：用翡翠鸟毛装饰钓丝。桂饵：用肉桂作鱼饵。⑭言隐荣华：出自《庄子·齐物论》，意为话里的含义被华丽的辞藻所掩盖。⑮衣锦褧衣：出自《诗经·卫

风·硕人》意为在锦服外加上麻布罩衫。恶文太章:嫌花色过于鲜明。章,同“彰”。《贲》象穷白:贲卦的最后一爻是白贲,白色是装饰之本。⑯“设模”两句:意为树立正确的规范来安置作品的内容,拟定适当的基础来表达作家的心情。“心定”两句:意为感情明确了然后遣词造句,思想确定了然后铺陈辞藻。⑰文不灭质,博不溺心:意为使文章的华美和征引的渊博不掩盖文章的内容。正采:正色,古人以青黄赤白黑为正色。间色:杂色。雕琢其章:典出《诗·大雅·棫樸》,意思是外观是经过雕琢而成的,含有“金玉其相”的意思,句中意为既有文采,又有美质。彬彬君子:典出《论语·雍也》。彬彬:形容文质兼备。⑱言以文远:《左传·襄公二十五年》引孔子曰:“言之无文,行而不远”,原文意思是言语如果没有文采,不会走得很远,这里把这句话变成肯定的句式,还是采用原文的意思,强调文采的重要性。⑲心术:内心活动。形:表现出来。英华:指文章的辞藻。赡:富足。⑳吴锦:吴地织的锦。好渝:容易改变。舜英,木槿花,朝开暮落,有花无实。

【知识】

1. 王充与《论衡》

王充(公元27—约公元97),字仲任,会稽上虞(今浙江上虞)人,出身“细族孤门”。曾做州、县官吏。嫉恨俗恶的社会风气,和权贵发生矛盾自动去职,终身“仕路隔绝”不得通显。他与“天人感应”神学论和谶纬迷信进行了针锋相对的斗争,建立了一个反正统的思想体系。代表作《论衡》,现存文章有85篇,是中国历史上一部无神论著作。所谓论衡,是说他所论述的是铨衡真伪的道理。在这部书里,他全面地批判了以神秘主义为特征的汉儒思想体系,系统地阐述了朴素唯物主义思想。

2. 刘勰与《文心雕龙》

刘勰(约公元465—520),字彦和,生活于南北朝时期,中国历史上著名的文学理论家。据《梁书·刘勰传》记载,刘勰早年家境贫寒,笃志好学,终生未娶;曾寄居江苏镇江,在钟山的南定林寺里,跟随僧佑研读佛书及儒家经典,32岁时开始写《文心雕龙》，历时五年，终于书成我国最早的文学评论巨著。书计 3.7 万余字，分十卷 50 篇，包括总论、文体论、创作论、批评论四个主要部分。书超前人，体大而虑周，风格迥异，独树一帜，对后世影响颇大。

【品读】

一个时代有一个时代的文风特质，而在时代之中能够看清文风流弊并能提出更高的文学主张，需要的是深厚的学识与独到的眼光。这一点在王充与刘勰身上都有充分体现。

东汉一代经学和谶纬之学特盛，占据当时文坛的仍旧是西汉以来那种歌功颂德的辞赋，整个学术文化领域充满着愚妄和迷信。能够首先冲破这个沉闷的时代，并给以深刻有力的批判的就是王充。王充的《论衡》是我国思想史上一部重要著作，在这里，王充以唯物主义观点批判了当时统治者所提倡的对于天道神权命运的迷信，他自言《论衡》是一部“疾虚妄”之书，这种鲜明的态度表现了他反正统思想的战斗精神。从这种精神出发，王充对当时以辞赋为主的正统文学的“华而不实，伪而不真”文风也进行了尖锐地批判，对魏晋以后的文艺思想产生了很大的影响。王充重视文章的实用价值，由此他要求文章内容与形式的统一。上述选文第二段中他就以荣叶、皮壳为喻，提出“实诚在胸臆，文墨著竹帛，外内表里，自相副称”的观点。“文”是形式，“实”是内容，二者是“外内表里，自相副称”，彼此是统一的观点。但二者的关系他认为是这样的：“人之有文也，犹禽之有毛也。毛有五色，皆生于体。苟有文无实，是则五色之禽，毛妄生也。”也就是说内容才是主要的，起决定作用的。

从东汉到魏晋，文学创作又经历了多次较大的变革，创作经验和教训也更加丰富了，所以在文学批评方面也增加了不少著作，都为刘勰《文心雕龙》这部总结性的文学批评巨著打下了坚实的基础。可以说《文心雕龙》是我国古代文学典籍里罕见的“体大虑周”的理论专著，而《情采》则是其中带有关键性的一篇。“情采”的“情”，指情理、情性，亦即文章的思想感情；“采”指文采、词采，即文章的语言修饰。“情”和“采”的关系也就是通常所谓的作品的内容与形式的关系。选文第一段中刘勰就从“文章”二字的正名入手，引出了文质并重，不可偏废的主张。“文附质”和“质待文”确切地说明了事物内质与外形间的辩证统一关系。在文质并重的前提下，刘勰进一步说明了两者之间的主次关系。他把文章中的情意和辞采，比作一经一纬，认为“经正而后纬成，理定而后辞畅”。因而文章之美，起决定作用的是“情”而不是“采”，是内容而不是形式本身。这一点与王充的观点不谋而合。正是基于这样的观点，在选文第四段刘勰提出了文学中“伪”与“真”、“要约”与“烦滥”的问题，从而转入实际创作现象的考察。他就情采关系上将历来的文学传统区别为两大倾向：一种是胸中怀有忧思，再通过语言文辞吟唱出来，以期达到讽喻的效果，如《诗经》里的什篇，这就叫作“为情而造文”；另一种是内心本无郁积，徒然虚饰着一大堆藻采，便于沽名钓誉，如辞赋家的作品，这叫作“为文而造情”。两种倾向哪一种符合“立文之本源”是不言而自明的。不同的倾向便又形成了不同的风格：前者“写真”，而后者“烦滥”；前者“要约”，而后者“淫丽”，两两相较，取舍就很明显了。而在第五段中刘勰更用了一连串比喻和典故加以申说，文章是“述志为本。言与志反，文岂足征?”若辞采滥诡，华过于实，就会掩蔽真实的思想感情。“文不灭质”才能称得上“雕琢其章，彬彬君子”。这一点与王充的选文第一段中的观点亦有相同。王充推崇桓君山，评价其《新论》为“论世间事，辩照然否，虚妄之言，伪饰之辞，莫不证定”。虚编胡说的话语，虚假矫饰的文辞都被君山证明确定。由此王充认为只有“鸿眇之才”才能写出“嘉令之文”，因为“文由胸中而出，心以文为表”。这里所说的“心”其实也就是思想感情。

无论王充还是刘勰，都关注到了诗歌和散文的内容和形式问题，当然，这里所说的内容和形式问题和后来西方所说的叙事文学的内容和形式问题有别。

【借鉴】

1. 为情造文，文质彬彬

正确的文学创作道路，应是先有纯正充沛的思想感情，然后遣词造句，使情采交融，也即内容与形式密切配合，从而写出文质兼美的理想作品，这样才能说服读者，打动人心。中学生学写作，也应写自己内心的独特感受，表达个人观点，而不能无病呻吟，这就需要在生活经历中多留心观察，阅读时多思考积累。

2. 类比说理和借物喻理

文艺理论总给人以高深玄妙的感觉，而运用类比说理和借物喻理能将理论表达得更为鲜活生动。例如王充以根与花叶、实与皮壳来类比文墨辞说与文人的真情实意；又以鸟兽之毛来喻人之有文，生动地强调了文章内容重于形式。刘勰以经纬交织来比喻质本文末的关系，都给人鲜明生动的印象。这种直观而质朴的推理方式使人们更易于接受新的观点，因此在写论说类文章时值得大家借鉴。

【思考】

1. 请分析《文心雕龙·情采》一文中“情者文之经，辞者理之纬；经正而后纬成，理定而后辞畅”一句在文中的作用及效果。

2.《王充论文与道》一文篇首提到桓君山等人目的是什么？《文心雕龙》一文说“为文造情”的作品毛病在于何处？

3. 两篇选文都对文学的内容与形式两者关系做了论述，试从语言特色角度鉴赏两文的异同。

4. 王充与刘勰都认为好的文章应是内容与形式兼顾，请联系高中教材中任一篇目加以阐释。

【译文】

王充论文与道

王公子向桓君山打听扬子云。桓君山回答说：“汉朝建立以来，没有谁能超过此人。”桓君山区别人才，可以说是符合人才高下的实际情况。采玉的人心比玉还美,钻龟的人智比神灵。君山能区别儒生的才能,排列出他们的名次,可见比所排列的人贤能。他又作《新论》,评论社会上的问题,辩明是非,虚假的话语,虚伪的文词,没有不被证明确定的。在那阳成子长、扬子云等兴论立说的人当中,桓君山算是头一个了。从桓君山以来的那些文人、鸿儒都具有博大精深的才能,所以有美好的文章。他们动笔能写文章,用心能谋划,文章从心中出,思想用文章来表明。观看他们的文章,非同一般卓越超群,真称得上精辟的论述。这样说来,文章写得多的人,是人中最杰出的了。

植物下面有根和茎,上面才有花和叶;果实里面有果核,外面才会有皮和壳。文章言辞是读书人的花叶与皮壳。真情实意在心中,文章写在竹简和帛上,表达与内心,自然要互相符合相称。感情激动才能下笔流畅,所以文章写真情而且能流露出来。人会写文章,就像鸟兽有毛一样。毛有五颜六色,都长在身体上。如果写文章没有内容,这就是像五颜六色鸟兽的毛无故长了出来。选拔武士来射箭,武士要心气平和身体站直,把弓和箭握牢固,然后才能射中。兴论立说一出口,就像弓箭射出一样。论说应当有道理,就像箭要射中靶子一样。射箭是用箭射中靶子来验证其技巧,论说是用文章来证明是否超群。文章超群与射箭技巧都是从心里产生的,它们实际上是相同的。

文心雕龙·情采

古代圣贤的著作,总的来说都称得上文采显著,不是因为有文采,那是因为什么呢? 由于水性虚柔,才有波纹荡漾;由于树体坚实,才有花朵开放,这说明外在的表现形式依附于内在的实质。虎皮豹皮如果没有斑纹,那就跟狗皮羊皮一样了;犀兕虽然有皮,但制成铠甲还要靠涂上丹漆才有色彩,可见内在的实质需要外在的表现形式。至于抒发思想感情,铺陈描写万事万物,用文字刻画内心活动,在纸上组织文辞,文章应当光彩焕发、文采繁复是很明白的了。所以构成文采的途径有三条:第一种叫形中之文,是靠青、黄、赤、白、黑五色构成的;第二种叫声中之文,是靠宫、商、角、徵、羽五音构成的;第三种叫情中之文,是靠喜、怒、哀、乐、怨五情构成的。五色相调，便会呈现漂亮的花纹；五音相配，就会形成美妙的乐曲；五情抒发，便会产生优美的辞章，这是天然的规律啊。

《孝经》传下训则，说祭祀死丧的文辞不应当有文采，因此知道君子平时说话不曾质朴无文。老子痛恨虚伪，所以他说“漂亮话不真实”，但他的《道德经》一书却词句精妙，这就表明他并不是一概厌弃华美的文采。庄周说“用巧妙的言辞刻画描写万物”，指的是用辞藻来修饰；韩非子说“以华丽漂亮的言辞为美”，说的是有文采。用艳丽的言辞使文章达到绮丽，用巧言的雕饰使文章达到藻饰，文学语言的变化，至此已达到极端了。

研究体味《孝经》和《老子》的意思，便可知文章华美或质朴都应依附于人的思想感情。细看庄周和韩非的话，就知道华丽和朴质的关系处理不当，错在追求过分的艳丽。如果能在清浊之流上选择清流，能在邪正之路上选取正道，就可以在写文章时驾驭文采了。那铅粉和青黛是用来修饰容貌的，但女子的美目巧笑却来自天生的美丽姿质；文采是用来修饰语言的，但文章的美妙动人却本于思想感情的自然。所以思想感情是文采的经线，言辞是思想内容的纬线。只有经线正了，用纬线才能织成布帛；只有思想内容确立了，语言才能通达流畅：这是作文章的根本法则。

从前《诗经》的作者写的诗歌，是为了抒发感情而创作作品；后来的辞赋家写作辞赋，是为了创作而故意造作感情。凭什么知道他们是这样的呢？因为《诗经》的产生，是由于诗人心中蓄积了愤懑不平之气，因而吟唱出来，用以讽劝那些在上位的人，这就是为了抒发感情才创作文艺作品。后代辞赋家之流，胸中本来就没有感情郁结，却随意施展夸张文饰的手法，借此沽名钓誉，这就是为了创作才造作感情。所以为了抒发感情而写的作品，语言简练而真实；为作文而造作感情的作品，文辞繁杂且空泛失真。可是后来的作者却采用浮泛的语言，忽视真情实感，抛弃了古代《诗经》的传统，效法近世辞赋的弊病，因此表现真实感情的作品日渐稀少，片面追求词藻华丽的篇章却越来越多。所以有人热衷于高官厚禄，却空泛地吟咏田园的隐居生活；心里老是牵挂着繁忙庸俗的政务，却空洞地描述尘土之外的情趣。真情实感没有一点,写的跟想的恰好相反。桃李从不自夸,人们自然会在树下踩出一条条小路,那是由于枝头有果实存在。相传男子种出的兰花不能发出幽香,那是由于他们没有细腻的感情。像草木那样微小的事物,尚且要依赖感情依靠果实,何况文章,以抒情述志为本。写的作品与自己的心志完全相反,这样的作品难道值得效法?

因此连缀文辞运用文采,为的是要表达思想;要是文采浮滥、言辞虚伪,那么思想内容会被遮蔽得愈加模糊。要知道用翡翠鸟的羽毛来做钓丝,用肉桂来作钓饵,反而钓不到鱼。"言语的真义被文采所掩盖",大概指的就是这种现象吧。所以有人穿着锦衣,外面还要再罩上一件单衣,是因为讨厌文采过于显露;贲卦的最后一爻是白,这就说明事物贵在回复到朴质的本性。如果能够根据创作的规范把要表达的思想内容安排妥善,在拟定文章的要求时把要抒发的感情处理妥当,感情明确了然后遣词造句,思想确定了然后铺陈词藻,使华美的文采不致遮盖文章的内容,博泛的征引不致湮没真情,使蓝和朱红等正色鲜明夺目,紫和粉红等间色排除不要,这才可以称得上是既有文采又有美质的好文章。

赞曰:言辞凭借文采才能传播久远。确实呀,这是一个经得起验证的真理。内心活动真实地表现出来了,文采才能丰富多彩。吴地产的锦帛容易变色,朝开暮落的木槿花白白地娇艳,只有繁丽文采却缺乏真情实感的作品,品味起来,一定令人生厌。

鸟　说

[清]　戴名世

余读书之室,其旁有桂一株焉。桂之上,日有啁啾①者。即而视之,则二鸟巢于其枝干之间。去地不五六尺,人手能及之。巢大如盏②,精密完固,细草盘结而成。鸟雌一雄一,小不能盈掬③,色明洁,娟皎可爱,不知其何鸟也。雏且出矣，雌者覆翼之，雄者往取食。每得食，辄息于屋上，不即下。主人戏以手撼其巢，则下瞰而鸣，小撼之小鸣，大撼之即大鸣，手下，鸣乃已。他日，余从外来，见巢坠于地，觅二鸟及瞉④，无有。问之，则某氏僮奴取以去。

嗟乎！以此鸟之羽毛洁而音鸣好也，奚不深山之适而茂林之栖⑤？乃托身非所，见辱于人奴以死。彼其以世路为甚宽也哉？

【注释】

①啁啾：象声词，形容鸟叫的声音。②盏：小杯子。③掬：用手捧。盈掬：这里指用手满握。④瞉（kòu）：幼鸟。⑤奚：为什么。适：往，到。栖：住，歇息。

杂　说

［清］周　实

浅草不盈寸，微风荡成波，倚楼睨①之，不忍遽去，则吾之爱此草也为何如？东园桃与李，香色袭人魂，有时日坠游倦，便欲和衣宿其下，则吾之爱此花也为何如？

虽然，吾尝见世之爱草者，往往踏之以足；爱花者，往往折之以爪。夫至踏之折之，与桎梏之蹂躏之将毋同②？揆诸爱之初心，讵不大相背谬哉③！在踏之折之者之心，固以为吾之踏之折之，正吾所以爱之。而不意其踏之折之之时，已与爱之之心南辕北辙也。

无尽④于是得一解焉：方爱之之心之初萌，乃天性之流露于莫知其然而然者。及其踏之折之，则不免济以人欲之私矣。夫自私者，未有能爱物者也，虽间有貌似爱物之顷，亦非真能爱物，特以物足供一己之愉快耳。踏草折花者，非此类而何？噫，天下之真能爱物者，至不惜以身殉物。试问踏草折花者，能以身殉花草也否耶？不能以身殉花草，而徒桎梏花草，蹂躏花草，此其人早溢乎爱之分际，而流于纵欲矣。

是故善用其爱者，能保存天性而扩充之，而天下民物，无不在胞与之中；不善用其爱者，遂狭小其天性而戕贼之⑤。后世战争盗窃之纷纭，畴⑥非欲攫取天下之民物以快己私者乎？踏草折花，其小焉者也。呜呼噫嘻！

【注释】

①睨(nì)：斜视。这里是向下看的意思。②桎梏：古时拘束犯人手脚的刑具，这里意为用刑折磨。躏：同"蹦"。将毋同：又有什么不同。③揆(kuí)：测度。讵(jù)：同"岂"，难道。④无尽：作者号无尽。⑤"而天下民物"二句：宋张载《张横渠集西铭》："民吾同胞，物吾与也"。民为同胞，物为同辈。意思是泛爱一切人与物。戕(qiāng)贼：摧残。⑥畴(chóu)：谁。

【知识】

1. 戴名世

戴名世(1653—1713)，清代著名文学家，字田有，又字褐夫，世称南山先生，安徽桐城人。康熙年间进士，授编修。年少有文才，散文中尤长史传文学。所作传记，有不少记述抗清志士和遗民事迹，表现出他对明王朝的怀念，而对明末农民起义则持仇视态度。他的山水小品，也很清丽。后因所著《南山集》用了南明王朝永历的年号，判处谋反罪，被杀。其书也遭到禁毁。百余年后，才有人收辑他的遗稿流传于世。

2. 周实

周实(1885—1911)，字实丹，号无尽，江苏山阳(今淮安)人。1900年入南京两江师范学堂读书，接触新学和革命思想。1909年参加南社，并组织淮南社。1911年武昌起义后，回乡组织学生军，宣布光复，被当地县令杀害。他是南社中有成就的诗人，著有《无尽庵遗集》等。

3. 文字狱

文字狱是指封建社会统治者迫害知识分子的一种冤狱。皇帝和他周围的人故意从作者的诗文中摘取字句，罗织成罪，严重者会因此引来杀身之祸，甚至所有家人和亲戚都受到牵连，遭满门抄斩乃至株连九族的重罪。文字狱历朝皆有，但以清朝最多，从康熙年间到乾隆年间，就有 10 多起较大的文字狱，被杀人数之多可想而知。

【品读】

在追求生态平衡的今天，或许提倡人与自然和谐共处已不足为奇。然而在清朝，却已经出现有识之士大声疾呼：人类应当自觉保护自然生态环境，尊重生命，爱护生命。拥有这样一种前瞻性的眼光，无论在当时还是在今天都是让人刮目相看的。

戴名世的《鸟说》主要写了两只娟皎可爱、对人类毫无戒备的小鸟原本生活平静和美，却惨遭人类劫持，最终落得巢毁身亡的结局。周实的《杂说》则勾勒了一幅很多人借着喜爱之名肆意践踏和摧残花草、不尊重生命的社会画卷。在现代文明远没有侵袭的清朝，两位作者敏锐地洞察到了人类发展至今才意识到的社会问题，不禁令今人对自己肆无忌惮破坏地球生态环境的行为而汗颜。

但是当仔细阅读过后，联系戴名世和周实所处的特殊时代，我们不难发现，他们的文章都是另有寄托的。我们从《鸟说》文末的“以此鸟之羽毛洁而音鸣好也，奚不深山之适而茂林之栖？乃托身非所，见辱于人奴以死，彼其以世路为甚宽也哉”议论来看，这里除了有作者对小鸟的遭遇深表同情，更有对人类残酷杀害无辜生命的痛恨之情。这不禁让我们联想起戴名世的遭遇。清朝的统治者为了加强对人民思想的控制，就大兴文字狱迫害有识之士，戴名世就是其中的一位牺牲者。当时著名的“清初三大文字狱”之一的“《南山集》案”就是因为他在作品《南山集》中录有南明桂王史事，并多用南明三五年号，最终被御史赵申乔弹劾而惨遭杀害。尽管他在出世与入世的矛盾中选择了一条积极入世的态度，但最终还是没有逃脱统治者的屠刀，两只小鸟的命运竟成了他自身悲剧的写照。读完这篇《鸟说》，不是更加令人深思吗？再看周实，作为辛亥革命浪潮中的一名勇士,他忧国忧民,心中始终充满冲破封建罗网和革命救国的激情,在他的很多诗作中,都表现出对清朝统治者出卖国家主权行径的愤恨和希望自己献身革命、挽救众生的情怀。我们从他《杂说》文末的议论"后世战争盗窃之纷纭,畴非欲攫取天下之民物以快己私者乎"中一如既往地看到他对当时卖国求荣者和发动侵略战争者本性的无情揭示与批判。

由此看来,两篇文章的作者都采用了借事喻理的手法。前者没有曲折的构思,仿佛平铺直叙,信口道来,而在字里行间却蕴涵着作者充沛的情感,不事雕琢而意味深长,使读者在突兀之中顿生感伤之情。最后一段议论,给读者以掩卷深思的余地。而后者,作者以浅近的语言,写出了生活中很多人貌似喜爱一件事物却往往心口不一,甚至做出了与初衷截然相反的事情这一现象,并指出这些人所谓"爱"的背后是极度的自私,本质就是纵欲。而最后一段议论"后世战争盗窃之纷纭,畴非欲攫取天下之民物以快己私者乎?踏草折花,其小焉者也",又含蓄地点出了当时卖国贼与侵略者的本性,拳拳爱国之心可见一斑。含蓄的笔法,留给读者更多的遐思。

所以说,无论是选材还是写作手法方面,两文有着异曲同工之妙。只是,时代的差异,让两文皆有寄托,更是唱出了他们心中不同的心曲,令后人不断去琢磨体会。

【借鉴】

1. 适得其所乃最大的成功

《鸟说》一文中"以此鸟之羽毛洁而音鸣好也,奚不深山之适而茂林之栖"其实在告诉我们一个道理:适得其所才是人生最大的成功。在我们论述关于成功、活出自我等主题的作文时,这是一个恰切的材料。

2. 学会借事喻理

无论是鸟类,还是花草,他们都是生命,而生命都是值得我们去珍惜,去敬畏的。而上文中的作者都是通过写生活中肆意破坏鸟巢、借着喜爱为名肆意践踏摧残花草的社会现象来鞭挞当时的社会弊病,委婉表达自己的心曲。在议论文写作的时候,不妨可以运用这种借事喻理的写法,能产生生动的说理效果。

【思考】

1.《鸟说》一文作者借二鸟遭际表达什么观点?试加以概括。

2. 简析《杂说》一文的语言特点。

3. 试从选材与写作手法角度分析上述两文的异同点。

【译文】

鸟　说

我读书的房屋旁边有一棵桂树。桂树上每天有婉转的鸟叫声。靠近一看,原来是两只鸟在枝干之间筑了一个巢。巢离地不到五六尺,人的手可以碰到它。巢像小杯子一样大小,精密完整而牢固,用细草缠结而成。鸟是一雌一雄,小的不能满一捧,毛色明亮而洁净,美好洁白可爱,不知道它们是什么鸟。雏鸟将要出壳了,雌鸟用翅膀盖着它,雄鸟去捕食。每次得到食物,就栖息在屋上,不马上下来。房屋的主人开玩笑地用手摇它们的巢,它就向下看着鸣叫,轻摇它轻叫,重摇它就大叫,手拿下来,鸣叫就停止了。后来有一天,我从外面来,见鸟巢掉在地上,找两只鸟和雏鸟,却已经没有了。问它们的去向,是屋主的童仆抓走了。

唉!凭着这只鸟的羽毛洁白而且鸣叫声音好听,为什么不到深山里栖息在茂密的树林里呢,却把自身托付到不合适的地方,被奴仆屈辱而死。难道它认为世上的道路是很宽阔的吗?

杂　说

不满一寸高的小草,微风吹拂,就会漾起层层波浪,登楼凝望这些美景,我不忍心立即离开,那么,我为什么这么喜爱这些草呢?东园里的桃树与李树,它们所开之花的香味和颜色都摄人心魄,我有时候整日欣赏感到疲倦的时候,就想和衣睡在这些树的底下,那么,我为什么这么喜爱这些花呢?

虽然这样,然而我还是常常看到世上喜爱花草的人,常常用脚踩踏它们;喜爱花的人常常用手攀折它们。踩踏和攀折花草的行为与束缚与摧残花草的行为有什么不同呢?揣度各位喜爱花草人士的初衷,两者之间难道不是完全背道而驰的吗?在踩踏和攀折花草的人心中,他们一定会认为我踩踏和攀折它们,正是我喜爱它们的原因,却没有想到他踩踏和攀折花草的同时已经和当初喜爱之心是背道而驰的。

于是我得出了一个结论:当一个人喜爱花草的想法刚刚萌生的时候,是不知不觉间一种天性的自然流露。等到他踩踏和攀折的时候,就不免因为个人的欲望而为自己找一个借口。自私的人,不会真正喜爱一种事物,虽然偶尔有看似喜爱事物的瞬间,也不是真正喜爱事物,只是它能满足自己的愉悦之心罢了。踩踏和攀折花草的人,不是此类人物又是怎样的呢?唉!天下果然能真正喜爱一样事物的人,甚至会不惜自身来陪葬。试问踩踏和攀折花草的人,是否也能用自身来为花草做陪葬呢?不能用自身来为花草做陪葬,却只会束缚、摧残花草,那么这个人早已超出了爱的界限,进而堕落为纵欲。

所以,富有爱心的人,能保存善良的本性,而且一定会将仁爱之心推而广之,将天下之民众皆视为同胞,世间万物皆视为同类;缺乏爱心的人,压抑人天性的善良致使其泯灭殆尽。后代众多的战争行为,哪一个不是想夺取天下百姓的东西来满足自己的私欲呢?踩踏和攀折花草,还只是比较小的方面。唉!

（二）驳　　诘

读《孟尝君传》[①]

［北宋］　王安石

世皆称孟尝君[②]能得士，士以故归之，而卒赖其力以脱于虎豹之秦[③]。嗟乎！孟尝君特鸡鸣狗盗之雄耳[④]，岂足以言得士？不然，擅齐之强[⑤]，得一士焉，宜可以南面而制秦[⑥]，尚何取鸡鸣狗盗之力哉？夫鸡鸣狗盗之出其门，此士之所以不至也。

【注释】

①选自《临川先生文集》。《孟尝君传》指司马迁《史记·孟尝君列传》。②孟尝君，姓田名文，战国时齐国公子（贵族），以门客众多而著称。③卒赖其力以脱于虎豹之秦：卒，终于、最终。其，指门下士。虎豹之秦，像虎豹一样凶残的秦国。《史记·孟尝君列传》记秦昭王曾欲聘孟尝君为相，有人进谗，秦昭王又因而要杀他。孟尝君向昭王宠姬求救，宠姬提出要白狐裘为报。而孟尝君只有一白狐裘，已献给秦王。于是门客装狗进入秦宫，盗得白狐裘献给秦王宠姬，宠姬为孟尝君说情，昭王释放孟尝君，继而后悔，派兵追赶。孟尝君逃至函谷关，关法规定鸡鸣才能开关，门客有能为鸡鸣者，引动群鸡皆鸣，孟尝君才脱险逃出函谷关，回归齐国。④特鸡鸣狗盗之雄耳：只不过是一群鸡鸣狗盗之徒的首领罢了。特，只、仅仅。雄，长、首领。耳，罢了。⑤擅齐之强：拥有齐国的强大国力。

擅,拥有。⑥南面而制秦:南面称王制服秦国。古代君臣相见,帝王坐北面南,臣在对面朝见。制,制服。

蔺相如完璧归赵论

［明］ 王世贞

蔺相如之完璧,人皆称之,予未敢以为信也。

夫秦以十五城之空名,诈赵而胁其璧。是时言取璧者,情①也,非欲以窥赵也。赵得其情则弗予,不得其情则予;得其情而畏之则予,得其情而弗畏之则弗予:此两言决耳,奈之何既畏而复挑其怒也?

且夫秦欲璧,赵弗予璧,两无所曲②直也。入璧而秦弗予城,曲在秦;秦出城而璧归,曲在赵。欲使曲在秦,则莫如弃璧;畏弃璧,则莫如弗予。夫秦王既按图以予城,又设九宾③,斋而受璧,其势不得不予城。璧入而城弗予,相如则前请曰:"臣固知大王之弗予城也。夫璧,非赵宝也;而十五城,秦宝也。今使大王以璧故而亡其十五城,十五城之子弟,皆厚怨大王以弃我如草芥也。大王弗予城,而绐④赵璧,以一璧故而失信于天下;臣请就死于国,以明大王之失信。"秦王未必不返璧也。今奈何使舍人怀而逃之,而归直于秦?是时秦意未欲与赵绝耳。令秦王怒,而僇⑤相如于市,武安君⑥十万众压邯郸⑦,而责⑧璧与信,一胜而相如族,再胜而璧终入秦矣!

吾故曰:蔺相如之获全于璧也,天也。若其劲渑池⑨,柔廉颇⑩,则愈出而愈妙于用;所以能完赵者,天固曲全之哉!

【注释】

①情:真实意图。②曲:不公正,不合理。③九宾:九位迎接使者的傧相,皆立于朝廷上,是战国时期隆重的外交礼节。④绐(dài):欺骗,欺诈。⑤僇:同

“戮”，杀。⑥武安君：秦将白起的封号。⑦邯郸：赵国都城，在今河北邯郸市。⑧责：求，这里指索取。⑨劲渑池：指蔺相如在渑池（今河南林县）迫秦王为赵王击缶之事。⑩柔廉颇：指蔺相如对赵大将廉颇委曲容让，终使廉颇感悟并负荆请罪之事。

【知识】

1. 食客三千与鸡鸣狗盗

孟尝君是薛国国君田婴之子，田婴死后他继承封爵，称薛公，号孟尝君，以养士而闻名天下，各地人士慕名而来，门下食客竟达三千余众。但食客中鱼龙混杂，人品各异，亦有成大器谋大事者如苏代、冯谖等，他们运筹帷幄，决胜千里，匡扶国家，以丰功伟绩名载史册。然而仅凭一技之长传流于世者也不乏其人，“鸡鸣”、“狗盗”之徒便是其中之一。

2. 王世贞及“后七子”

王世贞，字元美，号凤洲、弇州山人，太仓（今属江苏）人。嘉靖二十六年（1547年）进士，初任刑部主事，屡迁员外郎、郎中。为官正直，不附权贵，官至南京刑部尚书。他与李攀龙、谢榛、宗臣、梁有誉、吴国伦、徐中行等相唱和，继承“前七子”复古理论，被称“后七子”。

【品读】

太史公在《孟尝君列传》里，记述了孟尝君食客数千、宾客盈门的故事，这个故事也一直被人们奉为美谈。同是太史公，他在《廉颇蔺相如列传》里，记述了蔺相如完璧归赵的故事，直到后来，人们仍然对蔺相如的英勇行为赞赏有加。

然而，这样家喻户晓的历史故事，在文学家那里却被反弹琵琶。经过王安石和王世贞逻辑分析，感喟针砭，令读者重又反思这些经典故事背后的合理性。王世贞有言：“文之事本一而其用三：曰析理，曰纪事，曰抒情，是三者，文之大用也。”像这两篇文章在散文类型里都属于析理类，具有驳论文的性质。仔细玩味，这两篇佳作有以下三个方面的共同之处。

一、反弹琵琶,识见高远

王安石指出孟尝君非将士之人,只不过是鸡鸣狗盗之雄而已,而贤明之士是指治国安邦的人,正因为孟尝君门下尽是一些雕虫小技之士,所以真正的贤明之士是不肯投靠他的。可谓识见高远,异于流俗。王世贞对世人所称誉的蔺相如完璧归赵这一史实,予以否定,先声夺人;并指出“蔺相如之获全于璧也,天也”。可谓振聋发聩,让人思量再三。

二、设立靶子,射击目标

《读〈孟尝君传〉》是中国历史上的第一篇驳论文,《蔺相如完璧归赵论》更是古代驳论文的典范。驳论文一般都是通过设立靶子、射击目标来论证自己的观点。前者开篇树立敌论点,“世皆称孟尝君能得士,士以故归之,而卒赖其力,以脱于虎豹之秦”。接着作者分析问题的实质,“嗟呼!孟尝君特鸡鸣狗盗之雄耳,岂足以言得士?”作者否定了“孟尝君能得士”的传统看法,提出了作者对孟尝君的评价,即孟尝君仅仅是个“鸡鸣狗盗之雄”。此为一驳。“不然,擅齐之强,得一士焉,宜可以南面而制秦,尚取鸡鸣狗盗之力哉!”此为二驳,驳孟尝君“卒赖其力,以脱于虎豹之秦”,紧扣主旨,用事实驳斥了“孟尝君能得士”的表面性、片面性的看法,有力地证明孟尝君是不能得士的。“鸡鸣狗盗之出其门,此士之所以不至也”,此为三驳,断然肯定真正的士是不会跟孟尝君走的,这一驳,如斩钉截铁,铿锵有力,字字警策,不容置辩。

后者也是开篇对世所称誉的蔺相如完璧归赵这一史实,予以否定,先声夺人。接着,文章从三个方面阐述予以批驳的理由。首先,文章分析秦以十五城之空名取璧的真实意图,指责蔺相如之所为是“既畏而复挑其怒”之举,是失于智。接着,文章重点分析了蔺相如的所谓曲直论,先明秦赵“两无所曲直”,后又代蔺相如策划,指出蔺相如“使舍人怀而逃之”是“归直于秦”,是失于信。最后,文章分析相如完璧的后果是族灭国破,是失于利。这样,文章层层递进,步步深入,纵横捭阖,令人信服。

三、语言简练,语意精辟

王安石的论说文《读〈孟尝君传〉》,全篇只有四句话、八十八字。它议论脱俗,结构严谨,用词简练,气势轩昂,被历代文论家誉为“文短气长”的典范。王世贞的《蔺相如完璧归赵论》全文不足五百字,言简意赅地表达了作者的论点。章法上散聚结合,定主宾之序,掌均变之衡,征节奏之美,懂疏密散聚,知大小曲直,驭圆缺参差,见开合呼应,求从顺自然。足见其“求简求精”之精神。

所有这些,都应该拿来作为自己写作之借鉴。

【借鉴】

1.“夫鸡鸣狗盗之出其门,此士之所以不至也”

鸡鸣狗盗,学雄鸡啼叫,装狗进行盗窃,比喻那些既无真才实学,也无堂皇风度,只不过略有低下本领的人。作为一个管理者,如果你的麾下都是鸡鸣狗盗之徒,那么真正有学识有本领的人就会离你远去。可用作交友、为人等话题的作文。

2.“蔺相如之获全于璧也,天也”

王世贞认为,蔺相如之所以能保全玉璧,那是天意。在天意、人事、机遇面前,如果没有在人事方面的精心准备,对机遇的精准把握,我相信,老天爷也不会眷顾你的。可用作成功、客观、主观等话题的作文。

【思考】

1. 对蔺相如完璧归赵一事,作者的观点和得出的结论分别是什么?(用原文语句回答)

2. 沈德潜评价《读〈孟尝君传〉》是“语语转,笔笔转,千秋绝调”。请结合文本作简要赏析。

3. 请结合《蔺相如完璧归赵论》,简析文章驳论的技巧。

【译文】

读《孟尝君传》

世人都称孟尝君能够招贤纳士,贤士因为这个缘故归附他,而孟尝君最终依靠他们的力量,从像虎豹一样凶残的秦国逃脱出来。唉!孟尝君只不过是一群鸡鸣狗盗之徒的首领罢了,哪里值得说得到了贤士!如果不是这样,(孟尝君)拥有齐国强大的国力,只要得到一个贤士,(齐国)就应当可以依靠国力面朝南方称王而制服秦国,还用得着鸡鸣狗盗之徒的力量吗?鸡鸣狗盗之徒出现在他的门庭上,这就是贤士不归附他的原因。

蔺相如完璧归赵论

蔺相如完璧归赵,人人都称赞他。但我不敢苟同这一看法。

秦国以十五座城池的空名,欺诈赵国以勒索和氏璧。这时说它要得到璧是实情,而不是借此以窥视赵国。赵国知此实情就不给,不知此实情就给;知此实情而惧怕秦国就给,知此实情而不惧怕秦国就不给。这只要两句话就能解决了,为何既惧怕它而又去激怒它呢?

况且秦国想要得到玉璧,赵国不给,双方都没有什么是非曲直可言。赵国送去玉璧而秦国不给城,其曲在秦。秦国给城而赵国收回了玉璧,其曲在赵。要想使秦国理屈,则不如放弃玉璧;害怕失去玉璧,则不如不给。

秦王既然按照地图划给了城池,又设九宾之仪典,斋戒之后才接受玉璧,其势已是不得不给城的了。如果秦王得到了璧而不给城,相如便可上前陈述:"我本来就知道大王是不会给城的。这璧不就是赵国的一块玉璧吗?而十五座城池是秦国的宝物。现在假如大王以一块璧的缘故,而抛弃了十五座城池,十五城的百姓,都会深深怨恨大王像草芥一样抛弃了他们。大王不给城,而骗去了赵国的璧,为了一块璧的缘故而失信于天下,我请求死在这里,以表明大王的失信。"这样，秦王未必不归还玉璧。而当时为什么要派手下的人藏璧逃离，从而使理直的一方归于秦国呢！当时秦国并不想与赵国关系破裂啊。假如秦王怒斩相如于市上，再派武安君率十万大军逼临邯郸，责问璧的去向以及赵国的失信，一次获胜可使相如灭族，第二次获胜玉璧终究还得属于秦国。

因此我说，蔺相如之所以能保全玉璧，那是天意。至于他在渑池对秦国的强硬较量，以柔韧使廉颇惭悟，就越来越显得高妙了。而他能完璧归赵的原因，的确是上天在偏袒他啊！

辨奸论[1]

［北宋］苏　洵

事有必至，理有固然。惟天下之静者，乃能见微而知著。月晕而风，础润而雨[2]，人人知之。人事之推移，理势之相因，其疏阔而难知、变化而不可测者，孰与天地阴阳之事，而贤者[3]有不知。其故何也？好恶乱其中，而利害夺其外也！

昔者山巨源见王衍，曰："误天下苍生者，必此人也！"[4]郭汾阳见卢杞，曰："此人得志，吾子孙无遗类矣！"[5]自今而言之，其理固有可见者。以吾观之，王衍之为人，容貌言语，固有以欺世而盗名者，然不忮[6]不求，与物浮沉。使晋无惠帝[7]，仅得中主[8]，虽衍千百，何从而乱天下乎？卢杞之奸，固足以败国，然而不学无文，容貌不足以动人，言语不足以眩世，非德宗之鄙暗[9]，亦何从而用之？由是言之，二公之料二子，亦容有未必然也。

今有人[10]口诵孔、老之言，身履夷、齐之行，收召好名之士、不得志之人，相与造作言语，私立名字，以为颜渊、孟轲复出，而阴贼险狠，与人异趣，是王衍、卢杞合为一人也，其祸岂可胜言哉！夫面垢不忘洗，衣垢不忘澣[11]，此人之至情也。今也不然，衣臣虏之衣，食犬彘之食，囚首丧面而谈诗书，此岂其情也哉？凡事之不近人情者，鲜不为大奸慝[12]，竖刁、易牙、开方是也。以盖世之名，而济其未形之患，虽有愿治之主、好贤之相，犹将举而用之；则其为天下患，必然而无疑者，非特二子之比也！

孙子曰："善用兵者，无赫赫之功。"⑬使斯人而不用也，则吾言为过，而斯人有不遇之叹，孰知祸之至于此哉？不然，天下将被其祸，而吾获知言之名，悲夫！

【注释】

①嘉祐初，王安石名始盛，党友倾一时，欧阳修亦善之，劝老泉与之游，而安石亦愿交老泉。老泉曰："吾知其人矣，是不近人情者，鲜不为天下患。"安石母死，士大夫皆往吊，老泉独不往，乃作此论以见志。及安石用事，人服其先见云。②月晕：指环绕月球的彩色光环或通过月球的白色光带。历来群众有"日晕三更雨，月晕午时风"的谚语。础：柱子下的石墩。润：潮湿。③贤者：指欧阳修、文彦博。《宋史·王安石传》：曾巩把王安石的文章送给欧阳修看，"修为之延誉，擢进士上第"。又曾荐他为谏官。"文彦博为相，荐安石恬退，乞不次进用，以激奔竞之风"。④山巨源见王衍：山巨源，山涛，字巨源，西晋河内怀县（今河南武陟西）人，喜老、庄学说，为"竹林七贤"之一。曾任吏部尚书、太子少傅、右仆射等职。王衍：字夷甫，琅玡临沂（今属山东）人。以谈老、庄为事，义理若有不安，随即更改，世号"口中雌黄"。晋惠帝时居宰辅之位，周旋诸王之间，唯求自全之计。东海王司马越死，众推其为元帅，全军为石勒所破，被杀。⑤郭汾阳：郭子仪，华州郑县（今陕西华县）人，唐肃宗时，因平定安禄山、史思明的叛乱，升中书令，后又进封汾阳郡王。唐德宗即位，尊为尚父。《新唐书·卢杞传》："初，尚父郭子仪病甚，百官造省（到郭府问安），不屏姬侍（不叫婢妾退避）。及杞至，则屏之，隐几（靠着几案）而待。家人怪问其故。子仪曰：'彼外陋（卢杞兰脸，容貌极丑）内险，左、右见必笑，使后得权，吾族无类矣！'"⑥忮（zhì）：忌恨，嫉妒。⑦惠帝：著名白痴皇帝司马衷，某年全国闹饥荒，官员上报灾情，称百姓"无粟米充饥"，饿死无数。他出千古经典语录："百姓无粟米充饥，何不食肉糜？"⑧中主：平庸的君主。⑨唐德宗信任卢杞，曾问左右："人皆言卢杞奸邪，朕独不觉，何也？"⑩今有人：影

射王安石。⑪澣(huàn):同"浣"。⑫鲜,少。慝(tè):邪恶。⑬作者引用孙武的这句话,意谓自己事先指出王安石的奸邪,皇帝能因此而不用他,那自己就立下了大功,尽管这种功劳并不为大众所知。

书苏明允《辨奸论》后①

[清] 管　同

苏明允《辨奸论》诋斥荆公②,宋方勺③《泊宅编》言其本末甚备。顷见周密《浩然斋雅谈》④,谓尝见陈振孙⑤说,此论亦间及二程⑥,此本臆说⑦无凭,而近世辟⑧宋儒者多喜道之,亦其谬矣。

明允之卒,张方平⑨为墓碣,特载此文为荆公而作,子瞻⑩有谢书可考也。当明允至京,盖在嘉祐⑪、治平⑫之世,其时欧公既为介甫延誉⑬,而潞公⑭为相,又请不次擢用,以激⑮奔竞之风。故论曰,盖世之名而贤者有不知⑯。若明道、伊川,则自神、哲两朝始出仕,其于是论无一可合焉。夫面垢不洗,衣垢不浣者,介甫之实事⑰,当其少年,尝见戒于韩魏公矣⑱。世岂有囚首丧面之二程也⑲?呜呼!道学之尊,犹天地日月也,纵使明允著论讥之,于二程亦何损?又况牵合臆决,绝不考其当时之事,彼振孙与密者,亦何心哉!

【注释】

①苏明允:苏洵(1009—1066),字明允,北宋散文家,苏轼之父。②荆公:王安石(1021—1086),字介甫,封荆国公。北实政治改革家、文学家。③方勺:宋代人,他的笔记《泊宅编》共三卷,主要记载宋哲宗到宋徽宗时的朝野旧事遗闻。④周密:南宋文学家。《浩然斋雅谈》是他的笔记著作。⑤陈振孙:南宋人,他的《直斋书录解题》是历代典籍的提要目录。⑥二程:北宋理学奠基者程颢、程颐兄弟。程颢人称明道先生,程颐人称伊川先生。⑦臆说:想当然的主观言论,无根

据之谈。⑧辟:排除,引申为驳斥。⑨张方平:字安道,号乐全居士,北宋人,反对王安石变法。⑩子瞻:苏轼,字子瞻,有《谢张方平书》。⑪嘉祐:宋仁宗年号(1056—1063)。⑫治平:宋英宗年号(1064—1067)。⑬欧公:欧阳修。延誉:荐引、称扬。王安石早年得欧阳修的赏识,擢进士上第,欧阳修还曾经荐他为谏官。⑭潞公:文彦搏,北宋名臣,曾任宰相,封潞国公。他"荐安石恬退,乞不次进用,以激奔竞之风"。后反对王安石变法。不次:不按一般的等级名次,即破格。⑮激:抨击。⑯盖世:超过、压倒一切。贤者:指欧阳修、文彦搏二公。⑰实事:即确实、确切发生过的事情。《宋史・王安石传》中记载有王安石不修边幅的事。⑱韩魏公:韩琦,北宋名臣,封魏国公。王安石曾在他手下任签判,每天夜里读书达旦,经常来不及洗漱就去办公。韩琦以为他夜里饮酒放逸,就告诫他:"君少年,无废书,不可自弃。"见《邵氏闻见录》。⑲囚首丧面:这是《辨奸论》中骂王安石的话。

【知识】

1.《辨奸论》的作者

这是一篇冒名的文章,它的作者不是苏洵,而是邵伯温。邵伯温,河南洛阳人,政治上属于保守派,竭力攻击王安石的新法。为了攻击、诬蔑王安石,他假冒苏洵之名炮制《辨奸论》,从性格、生活、行为等方面,对王安石肆行诋毁与丑化。朱熹十分欣赏、赞同这篇文章,深信它是苏洵所作,把苏洵附在《五朝名臣言行录》的末尾,并摘录此论。清初的李绂在《穆堂初稿》卷四十五有《书辨奸论后二则》驳斥这一伪作。

2. 管同

管同,近代散文家。字异之。他与同乡方东树、梅曾亮、刘开都是姚鼐高足弟子。长于议论,时有卓见;指陈弊端,颇中肯綮;逆料事态发展,亦时具远识。作品传诵一时。

《抱膝轩记》系作者的代表作。作品详细叙述了抱膝轩的地理环境和命名由来。作者既仰慕居隆中的诸葛亮，更愿效仿“结庐在人境”，能“心远地自偏”的陶渊明，在容膝小室之中、在四面喧闹的环境中，“抗声高诵”，读书自娱。全文表达了作者安贫乐道、不慕功名的生活志趣。

【品读】

这是一组关于“辨奸”论题的文章，又是相互之间存在因果联系的议论文佳作。

忠与奸，是一个永恒的话题。从古至今，历朝以来有忠即有奸。秦奸有赵高，忠有李斯；汉奸有董卓，忠有曹操；唐奸有李林甫，忠有薛仁贵；宋奸有秦桧，忠有岳飞；元奸有哈麻，忠有王保保；明奸有魏忠贤，忠有史可法；清奸有和珅，忠有纪晓岚。

后人对历史上的忠奸有不同的看法，可从不同的角度去看，总体来说，阻止和制约历史和国家的发展为奸，反之则为忠。孝忠国家元首为忠，反之为奸。

对于宋朝历史上那段轰轰烈烈的王安石变法，现在已有公论。对于变法的发起者王安石，也早有定评，他不仅是中国历史上杰出的政治家、思想家、改革家，还是中国文学史上著名的诗人、学者、文学家，唐宋八大家之一。但对于王安石同时代甚至封建时代的文人们来说，正确地分辨忠奸却是一个问题。

《辨奸论》一文中，作者旁征博引，设喻对比，就是想证明王安石“阴贼险狠，与人异趣”，是“王衍、卢杞合为一人也”，是天下之大奸。作者甚至不惜用漫画笔法，“衣臣虏之衣，食犬彘之食，囚首丧面而谈诗书”，极尽讽刺戏谑之能事。现在看来，本文作者的初衷不可谓不是效忠国家，但由于时代阶级的局限性，他的观点已经很难站稳脚跟。

《书苏明允〈辨奸论〉后》一文中，作者驳斥了周密、陈振孙等人所持的《辨奸论》系攻击宋儒理学二程的观点，揭示了周、陈的险恶用心。作为宋儒理学的骨灰级粉丝，誓死捍卫偶像，情有可原。但是，作者牵强附会《辨奸论》映射王安石，又表现了他的自私与渺小。

从论证方式上看,这两篇文章一立一破,相映成趣,颇值得玩味。这是远胜于文章思想内容,可以为我们借鉴的地方。

《辨奸论》系典范的立论文。作者首段拈出"事有必至,理有固然。惟天下之静者,乃能见微而知着"的论题。接着设喻对比,引出本文的中心论点,贤者不能"辨奸",因为"好恶乱其中,而利害夺其外也"。第二段,作者援引史实,来作为例证。西晋王衍和唐代卢杞是两个不同的典型,王衍眉清目秀,谈吐温雅;卢杞相貌丑陋,心怀叵测。二人在历史上却都贻害百姓,为败社稷,山涛与郭子仪虽有先见之明,可惜晋惠帝和唐德宗两位皇帝不能"辨奸",以至于贻害百姓。第三段,作者先用漫画手法,刻画"奸人"的"不近人情"之处。又用类比手法,把王安石比作竖刁、易牙、开方等,以引起人们的警觉。文章末段,引用孙子名言,一方面彰显自己的远见卓识,另一方面彰显自己的衷心。从立论的手法看,旁征博引,曲折辩驳,铺垫渲染,笔墨多变,不失为一篇立论文的佳作。

《书苏明允〈辨奸论〉后》则是一篇典范的驳论文。文章开篇先亮出自己的观点,"苏明允《辨奸论》诋斥荆公",并给出了自己判断的依据,"宋方勺《泊宅编》言其本末甚备"。接着树立敌人的靶子:周密、陈振孙认为《辨奸论》"亦间及二程"。这当然是太荒唐了。第二段是文章的主体部分,作者用各种方法,射"靶子"。其一,张方平为苏洵写的墓志铭,可以为证。其二,王安石具备"奸者"所谓的名声。其三,二程并不符合所谓的奸者名声。其四,王安石的衣食特征更符合《辨奸论》中的描写,而二程并无丝毫一致。最后作者揭露了周密与陈振孙的险恶用心。从驳论的手法来看,树靶子,射靶子,言之凿凿,令人信服。

【借鉴】

1. 驳论及其他

驳论是通过驳斥敌论点,证明它是错误的、荒谬的,从而证明自己观点正确性的一种论证方法。驳论可分为驳论点、驳论据和驳论证三种。

驳论文的写作,需做到"三要"。一要抓住错误观点的要害。只有抓住要害,才能击中要害。为此,必须在反驳之前对错误观点作认真的分析。二要处理好“破”与“立”的关系。在反驳错误观点的同时,要注意确立正确观点。这就是边破边立,先破后立,破立结合。不能只满足于“破”而忘了“立”。三要以理服人。反驳不是“吵架”,不能以“骂”代驳,不能搞压服;而要以事实为武器,以正确道理为武器,言之有据,言之成理。这样才能驳得有力,令人信服。在面对社会负面现象、不当言论和思潮时,我们可以运用此种论证方法进行批驳。

2.“事有必至,理有固然。惟天下之静者,乃能见微而知著”

某些事情无论怎样防止,还是要出现,这是按照事物固有的规律发生发展的,是无法改变的。而唯有天下心境静穆的人才能够见微知著,预测未来。可用作以认知、规律、治学、处事等话题的作文。

【思考】

1. 这两篇文章论证方式各异,请结合文本作简要分析。

2.《辨奸论》主体部分用大段篇幅列举山巨源辨识王衍和郭子仪辨识卢杞的史实。试分析这样写的好处。

3. 简要赏析《书苏明允〈辨奸论〉后》是怎样阐明自己的观点的。

4.《辨奸论》和《书苏明允〈辨奸论〉后》的作者都认为王安石是奸者,你赞同他们的观点吗?请搜集资料,简要论证自己的看法。

【译文】

辨　奸　论

事情有它必定要达到的结局,道理有它本该如此的规律。只有天下那些心境静穆的人,才能够从微小的迹象中预知日后显著的结果。月亮四周出现光环,预示天要刮风;柱石回潮湿润,表示天要下雨;这是人人都知道的。至于世间人事的变化,情理形势的因果关系,它的抽象渺茫而难以理解,千变万化而不可预测，又怎么能与天地阴阳的变化相比呢？而即使贤能的人对此也有不知道的，这是什么原因呢？就因为爱好和憎恶扰乱了他心中的主见，而利害得失又左右着他的行动啊。

从前山涛见到王衍，说："日后给天下百姓带来灾难的，一定是这个人！"汾阳王郭子仪见到卢杞，说："此人一旦得志，我的子孙就要被杀光了！"从今天来说，其中的道理固然可以预见一些。依我看来，王衍的为人，不论是容貌还是谈吐，固然有其利于欺世盗名的条件，然而他不妒忌、不贪污，追随大流。假如晋朝不是惠帝当政，只要有一个中等才能的君主，即使有成百上千个王衍，又怎么能扰乱天下呢？像卢杞那样的奸臣，固然足以使国家败亡，然而此人不学无术，容貌不足以打动别人，言谈不足以影响社会，如果不是唐德宗的鄙陋昏庸，又怎能受到重用呢？从这一点来说，山涛和郭子仪对王衍和卢杞的预料，也或许有不完全正确的地方。

现在有人嘴里吟诵着孔子和老子的话，身体力行伯夷、叔齐的清高行为，收罗了一批追求名声的读书人和郁郁不得志的人，相互勾结制造舆论，私下里互相标榜，自以为是颜回、孟子再世，但实际上阴险凶狠，与一般的人志趣不同。这真是把王衍、卢杞集合于一身了，他酿成的灾祸难道能够说得完吗？脸上脏了不忘洗脸，衣服脏了不忘洗衣，这是人之常情。现在却不是这样，他穿着罪犯的衣服，吃猪狗般的食物，头发蓬乱得像囚犯，表情哭丧着像家里有人去世，却大谈《诗》、《书》，这难道合乎情理吗？凡是做事不近人情的，很少有不是大奸大恶的，竖刁、易牙、开方就是这种人。这个人借助最崇高的名声，来掩盖还没有暴露的祸患，虽然有愿意治理好国家的皇帝，和敬重贤才的宰相，还是会推举、任用这个人的。这样，他是天下的祸患就必定无疑了，而决非仅仅王衍、卢杞等人可比。

孙子说："善于用兵的人，没有显赫的功勋。"假如这个人没有被重用，那么我的话说错了，而这个人就会发出不遇明主的慨叹，谁又能够知道灾祸会达到这种地步呢？不然的话，天下将蒙受他的祸害，而我也将获得有远见的名声，那可就太可悲了！

书苏明允《辨奸论》后

苏洵的《辨奸论》一文是辱骂斥责王安石的，宋代方勺的《泊宅编》叙述此事的头尾非常详细。最近看到宋代周密的《浩然斋雅谈》一书，说曾经见过陈振孙的观点，陈认为苏洵此文也间或抨击了理学二程，这本来是想当然的无稽之谈，但近代攻击宋儒的人大多喜欢提到它，这也太荒谬了。

苏洵死时，张方平为他写的墓志铭，特地记载了《辨奸论》是为王荆公写的，苏轼有向张方平道谢的信可以参考。苏洵到京城步入仕途，是在仁宗嘉祐、英宗治平时代，那时欧阳修已经称扬、推荐了王安石。文潞公任宰相，又上疏请求朝廷对王安石破格提拔，以惩治官场上为名利而奔走争竞的风气。所以《辨奸论》中，奸者具有压倒一世的名声，而贤者对此不太了解。像明道、伊川两位先生，却是从神宗、哲宗两朝才步入仕途的，他们的行事对这篇《辨奸论》来说，没有一处是符合的。那脸脏了不洗，衣服脏了不换的事，是王安石的实际情况。他在年轻时，曾经因此事被韩魏公告诫了。世上难道有发不梳如囚犯、面不洗如居丧的两位程先生吗？呜呼！程朱理学的尊严，犹如天地日月一样伟大永恒，纵然是苏洵写文章讥斥它，对二程又能有什么损害？更何况一些人牵强附会、主观判断，一点也不考证当时的实事，那个陈振孙和周密，又是什么用心呀！

三、实用性散文
(共22篇)

(一) 书　　牍

报任安书[1]

［西汉］ 司马迁

夫人情莫不贪生恶死，念父母，顾妻子；至激于义理者不然，乃有不得已也。今仆不幸，早失父母，无兄弟之亲，独身孤立，少卿视仆于妻子何如哉？且勇者不必死节，怯夫慕义，何处不勉焉！仆虽怯懦，欲苟活，亦颇识去就[2]之分矣，何至自沉溺累绁[3]之辱哉！且夫臧获[4]婢妾，犹能引决，况若仆之不得已乎？所以隐忍苟活，幽于粪土之中而不辞者，恨私心有所不尽，鄙陋没世而文采不表于后也。

古者富贵而名磨灭，不可胜记，唯倜傥[5]非常之人称焉。盖西伯拘而演《周易》；仲尼厄而作《春秋》；屈原放逐，乃赋《离骚》；左丘失明，厥有《国语》；孙子膑脚，《兵法》修列；不韦迁蜀，世传《吕览》；韩非囚秦，《说难》《孤愤》；《诗》三百篇，大抵圣贤发愤之所为作也[6]。此人皆意有所郁结，不得通其道[7]，故述往事，思来者[8]。乃如左丘无目，孙子断足，终不可用，退而论书策，以舒其愤，思垂空文以自见[9]。

仆窃不逊，近自托于无能之辞，网罗天下放失[10]旧闻，略考其行事，综其终始，稽其成败兴坏之纪。上计轩辕[11]，下至于兹，为十表、本纪十二、书八章、世家三十、列传七十，凡百三十篇。亦欲以究天人之际[12]，通古今之变，成一家之言。草创未就，会遭此祸，惜其不成，是以就极刑而无愠色。仆诚已著此书，藏之名山，传之其人，通[13]邑大都。则仆偿前辱之责[14]，虽万被戮，岂有悔哉！然此可为智者道，难为俗人言也。

且负下未易居，下流多谤议[15]。仆以口语遇遭此祸，重为乡党所戮笑，以污辱先人，亦何面目复上父母之丘墓乎？虽累百世，垢弥甚耳！是以肠一日而九回，居则忽忽若有所亡，出则不知其所往。每念斯耻，汗未尝不发背沾衣也！身直为闺阁之臣[16]，宁得自引深藏于岩穴邪！故且从俗浮沉，与时俯仰，以通[17]其狂惑。今少卿乃教之以推贤进士，无乃与仆私心剌谬[18]乎？今虽欲自雕琢，曼辞[19]以自饰，无益，于俗不信，适足取辱耳。要之，死日然后是非乃定。

书不能尽意，略陈固陋。谨再拜。

【注释】

①本文节选自《汉书·司马迁传》，是司马迁除《史记》之外的另一篇奇文大作。本篇是司马迁写给其友人任安的一封回信。司马迁因李陵之祸处以宫刑，出狱后任中书令，表面上是皇帝近臣，实则近于宦官，为士大夫所轻贱。任安此时曾写信给他，希望他能"推贤进士"。司马迁由于自己的遭遇和处境，感到很为难，所以一直未能复信。后任安因罪下狱，被判死刑，司马迁才给他写了这封回信。司马迁在此信中以无比激愤的心情，向朋友、也是向世人诉说了自己因李陵之祸所受的奇耻大辱，倾吐了内心郁积已久的痛苦与愤懑，大胆揭露了朝廷大臣的自私，甚至还不加掩饰地流露了对汉武帝是非不辨、刻薄寡恩的不满。任安：字少卿，西汉荥阳人，曾任郎中和益州刺史等职，后因事得罪，被腰斩。②去就：指舍生取义。③累绁(léi xiè)：捆绑犯人的绳索，引申为牢狱。④臧获：古代骂奴婢的贱称。⑤倜傥(tì tǎng)：卓越豪迈，才华不凡。⑥"盖西伯……为作也"几句：意思见前《太史公自序》篇注解⑱。⑦通其道：行其道，即实现其理想。⑧思来者：意思是想到以后的人会有理解自己的。⑨空文：即指文章著作。当时还不能以文章建立功业，故称空文。见，同"现"。⑩放失(yì)：散失。失：同"佚"。⑪轩辕：黄帝名。⑫天人之际：天道与人事的关系。⑬通：流传。⑭责：同"债"。⑮负下：负罪之下，背负罪名的情况下。下流：身处下流，指地位卑微，名声不好。⑯闺阁之

臣:指宦官。闺阁:宫中的小门,借指宫中深密之处。⑰通:抒发。⑱剌(là)谬:违异,相背。⑲曼辞:美饰之辞。

报孙会宗书[①]

［西汉］ 杨　恽

恽材朽行秽,文质无所底,幸赖先人余业,得备宿卫[②]。遭遇时变[③]以获爵位。终非其任,卒与祸会。足下哀其愚,蒙赐书教督以所不及,殷勤甚厚。然窃恨足下不深推其终始,而猥[④]随俗之毁誉也。言鄙陋之愚心,则若逆指而文过;默而息乎,恐违孔氏"各言尔志"之义。故敢略陈其愚,惟君子察焉。

恽家方隆盛时,乘朱轮者十人,位在列卿,爵为通侯,总领从官,与闻政事[⑤]。曾不能以此时有所建明,以宣德化,又不能与群僚同心并力,陪辅朝廷之遗忘,已负窃位素餐[⑥]之责久矣。怀禄贪势,不能自退,遭遇变故,横被口语,身幽北阙[⑦],妻子满狱。当此之时,自以夷灭不足以塞责,岂意得全首领,复奉先人之丘墓乎?伏惟圣主之恩不可胜量。君子游道,乐以忘忧;小人全躯,说[⑧]以忘罪。窃自私念:过已大矣,行已亏矣,长为农夫以没世矣!是故身率妻子,戮力耕桑,灌园治产,以给公上,不意当复用此为讥议也。

夫人情所不能止者,圣人弗禁。故君父至尊亲,送其终也,有时而既[⑨]。臣之得罪,已三年[⑩]矣。田家作苦,岁时伏腊,烹羊炰羔[⑪],斗酒自劳。家本秦也,能为秦声。妇赵女也,雅善鼓瑟。奴婢歌者数人。酒后耳热,仰天抚缶而呼乌乌[⑫]。其诗曰:"田彼南山,芜秽不治。种一顷豆,落而为萁[⑬]。人生行乐耳,须富贵何时!"是日也,拂袖低昂,顿足起舞;诚淫荒无度,不知其不可也。恽幸有余禄,方籴[⑭]贱贩贵,逐什一之利。此贾竖[⑮]之事,污辱之处,恽亲行之。下流之人,众毁所归,不寒而栗。虽雅知恽者,犹随风而靡,尚何称誉之有?董生[⑯]不云乎:"明明[⑰]求仁义,常恐不能化民者,卿大夫之意也。明明求财利,尚恐困乏者，庶人之事也。”故道不同，不相为谋，今子尚安得以卿大夫之制而责仆哉！

夫西河魏土，文侯所兴，有段干木、田子方之遗风⑱，漂然皆有节概，知去就之分。顷者足下离旧土，临安定，安定山谷之间，昆夷旧壤⑲，子弟贪鄙，岂习俗之移人哉？于今乃睹子之志矣！方当盛汉之隆，愿勉旃⑳，毋多谈。

【注释】

①本文选自《汉书·杨恽传》。杨恽(yùn)(?—前54)，字子幼，华阴(今属陕西)人，司马迁的外孙。关于这封信的背景，《汉书·杨恽传》记载恽失爵位家居，以财自娱。友人安定太守西河孙会宗，与恽书谏戒。恽内怀不服，写了这封回书。在信中，他以嬉笑怒骂的口吻，逐点批驳孙的规劝，为自己狂放不羁的行为辩解。还赋诗讥刺朝政，明确表示“道不同，不相为谋”，与“卿大夫之制”决裂的意向。全信写得情怀勃郁，锋芒毕露，与司马迁《报任安书》桀骜不驯的风格如出一辙。②材朽行秽：才能低劣品行肮脏。文质：文，文采、形式；质，内容、实质。底：同“抵”，至，到达。赖：依靠。先人：指已经去世的父亲杨敞。余业：遗留的功业。备：备员，充数。宿卫：在宫中值宿警卫，这是郎官的职责。杨恽曾任郎官。③变：指汉宣帝地节四年(前66)，霍光子孙霍禹等欲谋反事。④猥(wěi)：轻率，随便。⑤朱轮：车轮漆成红色。汉制，公卿列侯以及俸禄在二千石以上的官员方能乘坐朱轮车。列卿：中央的高级官员。此指任光禄勋，位在九卿之列。通侯：即彻侯。秦爵二十级中的最高一级。汉制，刘姓功臣封侯者为诸侯，异姓功臣封侯者为列侯，亦称彻侯。后因避汉武帝讳，改称通侯。⑥素餐：不劳而食，无功受禄。⑦北阙：宫殿北面的楼观，汉代为上章奏事和被皇帝召对之处。杨恽被拘于此，是临时性关押处置。⑧说：同“悦”。⑨既：尽。古代规定，臣子为君父守丧三年，三年之后除丧，行动不受丧服的限制。⑩三年：杨恽于汉宣帝五凤二年(前56)秋被免为庶人，五凤四年(前54)夏四月朔日食，被人告发而获罪，前后虽跨三个年头，实际上不到两年。⑪伏腊：古代进行祭祀活动的两个节日。夏至以后

的第三个庚日叫初伏，天极热时。冬至后第三个戌日为腊日，天极冷时。后世也以阴历十二月初八为腊日。炰(páo)羔：烤小羊。⑫缶(fǒu)：瓦制的打击乐器，最初流行于秦地。乌乌：唱歌声。可能是歌曲中的一种和声。⑬“田彼南山”四句：《汉书·杨恽传》张晏注：“山高而在阳，人君之象也。芜秽不治，言朝廷之荒乱也。一顷百亩，以喻百官也。言豆者，贞实之物，当在囷仓，零落在野，喻己见放弃也。其曲而不直，言朝臣皆谄谀也。”可供参考。萁(jī)，豆茎。⑭籴(dí)：买进谷物。⑮贾(gǔ)竖：旧时对商人的贱称。⑯董生：指董仲舒，西汉时大儒。⑰明明：当作“皇皇”解。皇皇，即“遑遑”，匆急慌忙的样子。⑱西河：战国时魏地的西河，辖境在今陕西东部黄河西岸地区，与汉代的西河郡并非一地。文侯：魏文侯，名斯，魏国的建立者，著名贤君。段干木：战国初魏人，隐居不仕。魏文侯曾请他作相，他跳墙而避走。文侯深为敬重，每次乘车经过他的住所门口，必伏轼致敬。田子方：战国时人，为魏文侯所优礼。⑲安定：郡名，治所在高平(今宁夏回族自治区固原县)。昆夷：古代西夷的一支，即殷周时的西戎。⑳旃(zhān)：文言助词，相当于“之”或“之焉”。

【知识】

1.《汉书》

以上两篇文章均选自《汉书》。《汉书》，又称《前汉书》，由我国东汉时期的历史学家班固编撰，是中国第一部纪传体断代史，“二十四史”之一。《汉书》分为纪12篇，表8篇，志10篇，传70篇。《汉书》在我国文学史上的地位也很突出。它写社会各阶层人物都以“实录”精神，平实中见生动，堪称后世传记文学的典范。

2. 诸子作品

孔子所作的《春秋》，为我国最早的编年体史书；屈原所作《离骚》为我国古代最长的政治抒情诗；左丘明著史书巨著《左氏春秋》和《国语》；战国时大军事家兵家代表人物孙膑著有《孙膑兵法》；秦始皇的相国吕不韦，组织门客编写了号称“一字千金”的《吕氏春秋》(又称《吕览》)，这是杂家思想的代表作。

【品读】

这两封书信分别是西汉著名的史学家、文学家司马迁和其外孙杨恽写给友人的，时代不同，写信的原因不同，但两封信中沉重、幽怨、激愤的情绪都深深攫住了读者的心灵，磅礴而下，不可遏制的气势贯穿了信件始末。

首先，两封信的内容都反映了封建专制制度的黑暗残酷，体现了作者"不平则鸣"的创作态度。两封信句句慷慨激越，段段唏嘘欲绝，它是被侮辱被损害者的血泪控诉，是不屈不挠者对黑暗社会声讨的檄文，是伟大的民族精英在身残处秽中关于人生观、世界观的宣言。

《报任安书》是司马迁写给其友人任安的一封回信。司马迁因李陵之祸处以宫刑，众所周知，当李陵兵败投降匈奴的事件发生，在朝廷"大臣忧惧，不知所出"，"全躯保妻子之臣"及平时对李陵有睚眦之怨的人一片"媒孽其短"的声音中，司马迁挺身而出，说了一些公道话，李陵降敌，有失民族气节；但在当时，他的遭遇却又值得同情。司马迁惹祸上身，无故遭受酷刑，他对受"腐刑"的耻辱极为强调，认为"大质已亏"，不但无地自容，而且"轻朝廷，羞当世之士"，决不能再做什么"推贤进士"之事，越是强调自己受刑后的卑贱，越见出作者的倔强与对屈辱的不能容忍，屈辱和愤懑郁结，故在信中一吐为快。《报孙会宗书》中，杨恽在开首即言明致书会宗的缘由，信中他称自己"材朽行秽"，因"遭遇时变，以获爵位"，而"终非其任，卒与祸会"的不幸遭遇，"身率妻子，戮力耕桑，灌园治产，以给公上"，却又因此遭世人讥议，这令他深感愤懑，在心中他将血泪凝成文字，满腹牢骚，触之倾吐，洋洋洒洒。

其次，两封信发自愤懑，对于所受到的不公正的待遇，祖孙二人都表现出了相同的不折腰、不低头、凛然大义、不可侵犯的倔强性格和悲壮情怀，并且以不同的方式来反抗封建专制的残酷迫害。

司马迁认为"腐刑"之辱不可忍，在受刑前理应"引决自裁"，不该忍辱偷生，受此屈辱，这充分表现出他性格的刚烈，他所以受此耻辱，又是出于正直敢言和对朝廷的忠诚。在节选的第二段文字中，他以古人发愤图强来自我激励，总结了周文王等人在患难中著书，以及“《诗》三百，大抵圣贤发愤之所为作也”的大量事例，一方面表明作者对统治者有清醒的认识，对汉武帝的态度是很明确的；另一方面宫刑之后的司马迁，精神上的打击异常沉重，忍辱负重，苟且偷生，饱尝了死亡一样的人生况味。当一个有尊严的人不再在乎尊严的时候，当一个有着精神追求的人过着一种耻辱生活的时候，他还要为人类著书立说，还要“究天人之际，通古今之变，成一家之言”，不畏惧任何权势，哪怕是死亡的威胁，哪怕是精神的摧残，哪怕是人格的剥夺，都义无反顾地倔强到底，斗争到底，让历史来证明一切，因此发愤著书、隐忍写作是他对封建专制的一种无声的反抗。《报孙会宗书》中，因为杨恽的一番作为得罪了朝中的权贵，于是就有人给他制造流言蜚语，最终被皇帝黜免。如果换了别人，也许只能“阖门惶惧，为可怜之意”，安分守己，徒唤奈何而了此一生。但心怀不满的杨恽却没有走这条世俗为废退臣子所规定的结局之路。相反他利用尚有余禄，“方籴贱贩贵，逐什一之利”，以“小人”、“下流之人”自居。表面看这是杨恽的“堕落”，实则是他对皇权，对不公正命运的反抗，只不过他不是以直接的方式，而是曲折地宣泄，形式上荒淫作乐的小人行为，实质是一个志存高远、敢于反抗、傲岸不羁的灵魂。

最后，两封信无论是叙事还是议论，语言风格上都是急言极论，接连倾泻，气势磅礴，极富感染力。司马迁长久郁积心中的悲愤，借此文喷薄而出，有如长江大河，一泻千里，其气势之壮阔，令人惊叹。此文之奇，更在于他的纵横开阖、起伏跌宕。《报孙会宗书》行文沉郁顿挫，感情激越深沉，多用正言反说、反言正说的方式，直抒胸臆地表达出作者愤激的情绪。

两封书信，祖孙二人，在不同的人生境况下，发愤成书，向世人展示出了反抗世俗、蔑视权贵、桀骜不驯的骨气和处世态度，对后世都产生了极大的影响。

【借鉴】

1. “究天人之际，通古今之变，成一家之言”

所谓“究天人之际”就是要探讨天道和人事之间的关系。在这个问题上，司马迁继承了先秦以来天人相分的唯物主义传统，他反对以天道干预人事，认为社会现象是由人的活动构成的，天是天，人是人，天属于自然现象，与人事没有什么必然的联系。所谓“通古今之变”，就是要通过历史的发展演变，寻找历代王朝兴衰成败之理。所谓“成一家之言”，就是借写这样一部历史著作，来表达他的某些独到的历史见解，表达他的某些社会、政治思想。我们高中生写作议论文，这一境界“虽不能至”，也应“心向往之”。

2. “君子、小人”之别和“义、利”之辨

《汉书·董仲舒传》：“夫皇皇求财利常恐乏匮者，庶人之意也；皇皇求仁义常恐不能化民者，大夫之意也。”《报孙会宗书》引用作：“明明求仁义常恐不能化民者，卿大夫之意也；明明求财利常恐困乏者，庶人之事也。”董氏说的正是“君子、小人”之别和“义、利”之辨，可作为写作时论点或名言积累。

【思考】

1.《报任安书》第一段中，作者交待了自己隐忍苟活于世的原因是什么？(用自己的话回答)

2.《报孙会宗书》第二段中，可以看出作者遭受时人讥议的主要原因是什么？(用自己的话回答)

3. 请赏析《报孙会宗书》第三段中引述歌词的作用。

4. 两文同为书信，但语言风格不同，试结合文章作简要分析。

【译文】

报任安书

就人之常情而言，没有不贪生厌死的，(难免要)怀念父母和妻子儿女；至于为正义和公理所激奋的人，则不是这样，那是因为有所不得已的缘故。现在我不幸，早年失去了父母，(又)没有亲兄弟，独自一人，至于对妻子儿女怎么样，少卿是看得出来的吧？况且勇士不一定死于名节，而怯懦的人仰慕道义，则随时随地都可以勉励自己不受辱。我虽然怯懦，想苟全性命，却很懂得舍生取义的道理，何至于甘心接受绳捆索绑的侮辱呢！再说，奴婢侍妾一类人，尚且能自杀（而不受辱），何况我是不得已啊？我之所以含垢忍辱，苟且偷生，情愿被囚禁在粪土一般的牢狱之中，是因为我的心愿尚未完全实现，耻于默默无闻而死，而文采不能显露给后世的人们。

古代拥有财富、尊位而姓名埋没的人，不可胜数，只有卓越超群的人才为后人所称道。文王被拘禁在羑里时推演了《周易》；孔子在困穷的境遇中编写了《春秋》；屈原被流放后创作了《离骚》；左丘明失明后写出了《国语》；孙膑被砍去了膝盖骨，编著了《兵法》；吕不韦被贬放到蜀地，有《吕氏春秋》流传世上；韩非被囚禁在秦国，写下了《说难》《孤愤》；（至于）《诗经》300篇，也大多是圣贤们为抒发郁愤而写出来的。所有这些作者都是心中感到抑郁不舒畅，理想不得实现，所以叙述所经历的事情，让后世了解自己。例如左丘明眼瞎了，孙膑的腿断了，最终不能为世所用，（于是）回家著书，抒发心中的郁愤，想留下文字来表现自己的思想。

我不自量力，近来将自己的心愿寄托在无用的言辞上，搜集世上散失的文献，粗略地考证历史人物的所作所为，统观他们由始至终的过程，考查他们成功、失败、兴起、衰败的规律，上起轩辕黄帝，下到如今，写成表10篇，本纪12篇，书8篇，世家30篇，列传70篇，共计130篇。也想用来探究天道和人事的规律，弄清从古至今的历史发展过程，成就一家的学说。（此书）已经起草，尚未完成，就碰上这桩祸事，惋惜它没有写成，因此宁愿接受宫刑而没有怨怒的表情。我确实想完成这本书，把它（暂时）藏在名山之中，（以后）再传给跟自己志同道合的人，使它流行于大都会，这样我就补偿了前番下狱受刑所遭到的侮辱，即使一万次遭到杀戮，哪里有悔恨呢！可是，这番话只能说给有见识的人听，对俗人就难说了。

况且，在负罪的情况下不容易处世，身处卑贱，受到的非议和指责也就很多。我因为（对皇帝）说话（不谨慎）而遭到这桩祸事，深深地被邻里同乡所耻笑，以致先人蒙受污辱，还有什么颜面再为父母扫墓呢？即使再过一百代，也只是耻辱更甚而已！因此我心思重重，极为痛苦，在家时总是恍恍惚惚，好像丢失了什么，出外时又不知要到什么地方去。每想到这桩奇耻大辱，没有一次不是汗流浃背，将衣湿透！我现在身为皇宫里的小臣，怎么能离开皇宫去过山居穴处的隐士生活呢？所以，我只好随波逐流，按照时代的风气行事，用来抒发内心的悲愤。如今少卿却教导我推荐贤能之士，这岂不跟我私下的愿望相违背吗？尽管我(也)想打扮自己，用美妙的言辞粉饰自己，可这对世俗没有好处，不能取信于人，恰恰是只能招致侮辱罢了。总之，到死的那一天，然后是非才会有个定论。

这封信不能详尽地表达我的意思，(只能)简略地说说一些固塞而鄙陋的想法。谨再次致意。

报孙会宗书

我才能低下，行为卑污，外部表现和内在品质都未修养到家，幸而靠着先辈留下的功绩，才得以充任宫中侍从官。又遭遇到非常事变，因而被封为侯爵，但始终未能称职，结果遭了灾祸。你哀怜我的愚昧，特地来信教导我不够检点的地方，恳切的情意甚为深厚。但我私下却怪你没有深入思考事情的本末，而轻率地表达了一般世俗眼光的偏见。直说我浅陋的看法吧，那好像与你来信的宗旨唱反调，在掩饰自己的过错；沉默而不说吧，又恐怕违背了孔子提倡每人应当直说自己志向的原则。因此我才敢简略地谈谈我的愚见，希望你能细看一下。

我家正当兴盛的时候，做大官乘坐朱轮车的有十人，我也备位在九卿之列，爵封通侯，总管宫内的侍从官，参与国家大政。我竟不能在这样的时候有所建树，来宣扬皇帝的德政，又不能与同僚齐心协力，辅佐朝廷，补救缺失，已经受到窃据高位白食俸禄的指责很久了。我贪恋禄位和权势，不能自动退职，终于遭到意外的变故，平白地被人告发，本人被囚禁在宫殿北面的楼观内，妻子儿女全关押在监狱里。在这个时候，自己觉得合族抄斩也不足以抵偿罪责，哪里想得到竟能保住脑袋，再去奉祀祖先的坟墓呢？我俯伏在地想着圣主的恩德真是无法计量。君子的身心沉浸在道义之中,快乐得忘记忧愁;小人保全了性命,快活得忘掉了自身的罪过。我私下考虑:过失已经很大了,品德已经污损了,永远当一个农民到死算了!因此亲自率领妻子儿女,竭尽全力耕田种粮,植桑养蚕,灌溉果园,经营产业,用来向官府交纳赋税,想不到又因为这样做而被人指责和非议。

人的感情所不能限制的事情,圣人也不加以禁止。所以即使是最尊贵的君王和最亲近的父亲,为他们送终服丧,至多三年也有结束的时候。我获罪以来,已经三年了。种田人家劳作辛苦,一年中遇上伏日、腊日的祭祀,就烧煮羊肉烤炙羊羔,斟上一壶酒自我慰劳一番。我的老家本在秦地,因此我善于唱秦地的民歌。妻子是赵地的女子,平素擅长弹瑟。奴婢中也有几个会唱歌的。喝酒以后耳根发热,昂首面对苍天,信手敲击瓦缶,按着节拍呜呜呼唱。歌词是:"在南山上种田辛勤,荆棘野草多得没法除清。种下了一顷地的豆子,只收到一片无用的豆茎。人生还是及时行乐吧,等享富贵谁知要到什么时辰!"碰上这样的日子,我兴奋得两袖甩得高高低低,两脚使劲蹬地而任意起舞,的确是纵情玩乐而不加节制,但我不懂这有什么过错。我幸而还有积余的俸禄,正经营着贱买贵卖的生意,追求那十分之一的薄利。这是君子不屑只有商人才干的事情,备受轻视耻辱,我却亲自去做了。地位卑贱的人,是众人诽谤的对象,我常因此不寒而栗。即使是素来了解我的人,尚且随风而倒讥刺我,哪里还会有人来称颂我呢?董仲舒不是说过吗:"急急忙忙地求仁求义,常担心不能用仁义感化百姓,这是卿大夫的心意。急急忙忙地求财求利,常担心贫困匮乏,这是平民百姓的事情。"所以信仰不同的人,互相之间没有什么好商量的。现在你还怎能用卿大夫的要求来责备我呢!

你的家乡西河郡原是魏国的所在地,魏文侯在那里兴起大业,还存在段干木、田子方留下的好风尚,他们两位都有高远的志向和气节,懂得去留和仕隐的抉择。近来你离开了故乡,去到安定郡任太守。安定郡地处山谷中间,是昆夷族人的家乡,那里的人贪婪卑鄙,难道是当地的风俗习惯改变了你的品性吗?直到现在我才看清了你的志向！如今正当大汉朝的鼎盛时期，祝你飞黄腾达，不多谈了。

与朱元思书[①]

［南朝］吴　均

风烟俱净，天山共色。从流飘荡[②]，任意东西。自富阳至桐庐一百许里，奇山异水，天下独绝。

水皆缥碧[③]，千丈见底。游鱼细石，直视无碍。急湍甚箭，猛浪若奔[④]。

夹岸高山，皆生寒树[⑤]，负势竞上[⑥]，互相轩邈[⑦]，争高直指[⑧]，千百成峰。泉水激石，泠泠作响[⑨]；好鸟相鸣，嘤嘤成韵。蝉则千转[⑩]不穷，猿则百叫无绝。鸢飞戾天[⑪]者，望峰息心[⑫]；经纶世务者[⑬]，窥谷忘反。横柯上蔽，在昼犹昏；疏条交映，有时见日。

【注释】

①本文选自《艺文类聚》卷七，是作者写给好友朱元思信中的一段话。朱元思，一作宋元思。②从流飘荡：（乘船）随着江流飘荡。从，顺，随。③缥（piǎo）碧：青绿色。④奔：这里指飞奔的马。⑤寒树：耐寒常绿的树木。⑥负势竞上：山峦凭借（高峻的）地势，争着向上。⑦轩邈：（高山争着）向高处和远处伸展。⑧直指：笔直地向上，直插云天。⑨泠（líng）泠作响：泠泠地发出声响。泠泠，拟声词，形容水声清越。⑩千转：长久不断地叫。转，同“啭”，鸟叫声。⑪鸢飞戾天：鸢飞到天上。这里比喻极力追求名利的人。鸢，老鹰。戾，至。⑫望峰息心：看到这些雄奇的山峰，就会平息热衷于功名利禄的心。⑬经纶世务者：治理政务的人。经纶，整理丝缕，引申为筹划、治理。

山中与裴秀才迪书

［唐］ 王 维

近腊月下，景气①和畅，故山②殊可过。足下方温经，猥③不敢相烦，辄便往山中，憩感配寺，与山僧饭讫④而去。

北涉玄灞⑤，清月映郭。夜登华子冈，辋水⑥沦涟，与月上下。寒山远火，明灭林外。深巷寒犬，吠声如豹。村墟⑦夜舂，复与疏钟相间。此时独坐，僮仆静默⑧，多思曩昔，携手赋诗，步仄径，临清流也。

当待⑨春中，草木蔓发⑩，春山可望，轻鲦出水，白鸥矫⑪翼，露湿青皋⑫，麦陇朝雊，斯之不远，倘能从我游乎？非子天机清妙⑬者，岂能以此不急之务相邀？然是中有深趣矣！无忽。因驮黄檗⑭人往，不一⑮。山中人王维白。

【注释】

①景气：气候。②故山：指王维“辋川别业”所在地的蓝田山。③猥：对自己的谦称。④讫：完。⑤涉：渡。玄：黑色。⑥辋水：即辋川，在蓝田县南。⑦村墟：村庄。⑧静默：指已入睡。⑨当待：等到。⑩蔓发：蔓延生长。⑪矫：举，张开。⑫青皋(gāo)：青草地。皋，水边高地。⑬天机清妙：性情高远。天机，天性。清妙，超尘拔俗。⑭黄檗(bò)：一种落叶乔木，果实和茎内皮可入药。⑮不一：古人书信结尾常用的套语，不一一详述之意。

【知识】

1. 王维

王维，字摩诘。唐代诗人、画家。开元九年(721)中进士，曾为大乐丞、右拾遗，官至尚书右丞，世称王右丞。以写山水田园诗著称，散文也很有特色，精通书画音乐。苏轼曾在《东坡题跋·书摩诘蓝田烟雨图》中如此评价:“味摩诘之诗,诗中有画;观摩诘之画,画中有诗。”王维早年即有才名,有积极用世、建功立业的思想,晚年意志渐趋消沉,无意仕进,笃志奉佛,在辋川(今陕西省蓝田县境内)与好友裴迪“浮舟往来,弹琴赋诗,啸咏终日”,过着一种半官半隐的生活。

2. 吴均

吴均(469—520),字叔庠,南朝梁文学家、史学家,吴兴故鄣(今浙江省安吉县)人。其出身寒微,好学有俊才,性格耿直,仕途上很不得意。其诗文清拔有古气,深受当时文坛领袖沈约的赞赏,时人效仿其文,世称“吴均体”。

3. 骈体文

《与朱元思书》是一篇用骈文写就的小品文。骈文是与散文相对的一种文体,起源于汉末,形成于魏晋,盛行于南北朝。其主要特点是讲究结构的平行和对偶,故称骈体;以四字句和六字句为主,又称“四六文”;音韵上讲究平仄相对,节奏和谐;用词上讲究用典和辞藻。骈文注重形式技巧,往往束缚内容的表达,但运用得当,也能增强文章的艺术效果。

【品读】

《与朱元思书》和《山中与裴秀才迪书》两文堪称山水尺牍中的典范之作。虽然同是书信,但也可以说是优美的写景记游散文。

两文都采用了多角度写景的手法。《山中与裴秀才迪书》描绘了辋川风景中的两幅典型图画,一幅是真实的寒山冬夜图,一幅是遥想的辋川春日图。写冬景,先以“清月映郭”粗笔勾勒图画的大背景,然后细笔描绘波光月影的荡漾、寒山远火的明灭,再于自然图景中点染上深巷吠声、村夜舂米声、寺庙钟声。有色有声,以明托暗,以声显寂,基调是清幽寂静的。绘春景,有静态的描摹,草木葱郁,远山可辨,青草湿露;有动态的刻画,小鱼出水,鸥鸟展翅,野鸡晨鸣。浑然一幅万物勃发、生机盎然、色调鲜明的水彩画,基调是清新明快的。《与朱元思书》

写异水,既写静态江水的深而清澈,“水皆缥碧,千丈见底。游鱼细石,直视无碍”,又写动态江水的汹涌澎湃,连用两个比喻“急湍甚箭,猛浪若奔”。写奇山,先写视觉,“夹岸高山,皆生寒树,负势竞上,互相轩邈,争高直指,千百成峰”,写出山色之青葱、山势之高峻;写听觉,“泉水激石,泠泠作响;好鸟相鸣,嘤嘤成韵。蝉则千转不穷,猿则百叫无绝”,写出山音的清越和谐;写感觉,“鸢飞戾天者,望峰息心;经纶事务者,窥谷忘反”,从虚处落笔,写出作者置身于这样一个超尘绝俗的佳境中,油然而生拂袖绝尘的隐居志趣。描写山景的最后一笔是绘“山光”,人在船上,船随水行,看到光线随着枝条的疏密或明或暗,营造出清幽安谧的意境。由此观之,两文在写景上都采用了形声兼备、虚实相间、动静互见、明暗映衬的手法。

山水作品的主题,或是描写山水之美,或是在山水中寄寓自身的情思,寻找精神的慰藉,化解生活的苦闷与仕途的失意。两文都是在描写山水之美的同时,借山水自明隐逸之志。王维年轻时即有才名,颇有经国济民之志,后因奸相李林甫把持朝政,积极用世的心志渐渐冷淡下来,于山水间寻求宁静闲适的生活。但他一方面对当时的官场感到忧虑和厌倦,一方面却又恋栈怀禄,很长一段时间在郊外的终南山和辋川过着半官半隐的生活。《山中与裴秀才迪书》一文表现了诗人期望闲适山水之中、追求田园生活的心理。吴均生活在门阀制度盛行的南朝时期,出身寒门,因极高的文学才华得以进入缙绅之列,但仕途颇为坎坷。当时南朝隐居避世之风日长,吴均也通过撰写《与朱元思书》,希图寄情富春江,一洗尘世生活的愤懑,抒发了向往自然、厌弃尘俗的情感。文中也暗含对好友的婉言相劝,希望他早日挣脱官爵羁绊,归隐林泉。

两篇山水尺牍,皆文以图现,意寓画中,充满着诗情画意。然而,由于时代、身份、经历的不同,王维的作品较之吴均的山水小品更为灵动而有禅趣。主要表现在王维极力营造的一种得意忘言的“深趣”,即通过对辋川山水的观照,展现其心灵的体验和领悟。“辋川冬夜图”体现作者对辋川山水作恬淡、闲静的观照,“辋川春日图”揭示了自然生命的律动。从对两幅图景的不同观照中,深刻体现了“禅是动中的极静，也是静中的极动，寂而常照，照而常寂，动静不二，直探生命的本原”（宗白华《美学散步》）的禅学理念。由此可见王维以禅入文，展现其孤寂爱静的性格特点，体现出冲淡空灵的艺术风格。

【借鉴】

1. 精神突围，寄情山水

中国古代的文人多有山水情结，隐藏着内心的隐逸情怀。儒家思想激励着每一个士人积极入世，但兼济天下者毕竟是少数，故在仕途渺茫或者断绝的情况下，精神的突围就显得特别重要，比如孔夫子“乘桴浮于海”、李青莲“且放白鹿青崖间”等。王摩诘和吴叔庠于蓝田辋川和富春江畔的奇山异水中寻求内心真正的静谧安宁，故可作为追求内心闲适宁静、精神的突围等主题的写作素材。

2. 以景结情，韵味无穷

《与朱元思书》结尾处运用了以景结情的手法。文章于主旨句后补写“山光”，是对全篇清幽安宁氛围的补充渲染，和作者闲适恬静的心态吻合，给读者留下广阔的想象空间，含不尽之意于言外。诗文的妙处贵在韵味无穷，而以景结情是获取韵味的一种方式。归有光《项脊轩志》以亭亭如盖的枇杷树收尾，也是这种写法。我们写作记叙抒情性文章时，不妨学用此法。

【思考】

1.《山中与裴秀才迪书》一文中有一个词浓缩了全文的主要内容，是本文的“文眼”，请找出这个词，并说说其包含了哪些内容？

2.《与朱元思书》一文中触景生情，因情明志的句子是哪一句？体现了作者何种思想感情？

3. 两篇文章在写景手法上有何相通之处？请结合文章内容，对此作简要赏析。

【译文】

与朱元思书

烟雾都消散净尽，天空和山峦呈现出同样的颜色。我乘着船随着江流飘荡，任凭它向东或向西。从富阳县到桐庐县(相距)一百里左右，奇山异水，是天下独一无二的美景。

江水都是青绿色，(清澈得)即使千丈深也能见到水底。游鱼和细石可以看得清清楚楚，毫无障碍。湍急的水流比箭还快，迅猛的波浪犹如奔马。

两岸的高山，都长着耐寒常绿的树，(高山)凭着(高峻的)形势，争着向上，仿佛互相争着向高处和远处伸展；(它们)都高耸着，笔直地指向(天空)，形成了成千成百的山峰。泉水冲激着石头，发出泠泠的清响；和美的鸟儿互相鸣叫，唱出和谐动听的声音。蝉儿不断地高歌，猿猴长久地啼叫。那些极力追求名利的人，看到(这些雄奇的)山峰，就会平息热衷于功名利禄的心；那些治理政务的人，看到(这些幽美的)山谷，也会流连忘返。横斜的树枝在上面遮蔽着，即使在白天，也像黄昏时那样阴暗；稀疏的枝条交相掩映，有时可以见到阳光。

山中与裴秀才迪书

现在接近十二月末，气候温和舒畅，旧居蓝田山很值得游赏。知道您正在温习经书，不敢打扰您，就自行到山中游玩，在感配寺休息，跟山寺中的僧人一起吃完饭，便离开了。

我向北渡过深青色的灞水，清朗的月色映照着城郭。夜色中登上华子冈，见辋水泛起涟漪，水波或上或下，水中的月影也随同上下。那寒山中远远的灯火透过树林忽明忽暗地闪烁。深巷中狗，发出豹子一样的叫声。村子里传来舂米声，又与稀疏的钟声相互交错。这时我独坐在那里，跟来的僮仆已入睡，想起从前和您携手吟诵诗歌，曾在狭窄的小路上漫步，也曾在清澈的溪流旁驻足。

应当等到春天，草木蔓延生长，山景更可观赏，轻捷的鲦鱼跃出水面，白色的鸥鸟张开翅膀，晨露打湿了青草地，麦田里的雉鸟在清晨鸣叫，这些景色离现在不远了，您能和我一起游玩吗？若不是您性情高远，我怎会用此等闲事邀请您呢？而这当中有很深的旨趣啊！不要忽略。借运送黄檗的人前往之便带信给你，（其他）不一一详述了。山中人王维说。

答李翊书[①]

［唐］ 韩 愈

六月二十六日，愈白[②]。李生足下：生之书辞甚高，而其问[③]何下而恭也？能如是，谁不欲告生以其道[④]？道德之归也有日矣，况其外之文乎？抑愈所谓望孔子之门墙而不入于其宫者[⑤]，焉足以知是且非邪？虽然，不可不为生言之。

生所谓"立言"[⑥]者，是也；生所为者与所期者，甚似而几矣。抑不知生之志：蕲[⑦]胜于人而取于人邪？将蕲至于古之立言者邪？蕲胜于人而取于人，则固胜于人而可取于人矣！将蕲至于古之立言者，则无望其速成，无诱于势利，养其根而俟其实，加其膏[⑧]而希其光。根之茂者其实遂[⑨]，膏之沃者其光晔[⑩]。仁义之人，其言蔼如[⑪]也。

抑又有难者。愈之所为，不自知其至犹未也[⑫]；虽然，学之二十余年矣。始者，非三代两汉之书不敢观，非圣人之志不敢存。处若忘，行若遗，俨乎其若思，茫乎其若迷[⑬]。当其取于心而注于手[⑭]也，惟陈言之务去，戛戛[⑮]乎其难哉！其观于人，不知其非笑之为非笑也。如是者亦有年，犹不改。然后识古书之正伪，与虽正而不至焉者，昭昭然白黑分矣，而务去之，乃徐有得也。

当其取于心而注于手也，汩汩然来矣。其观于人也，笑之则以为喜，誉之则以为忧，以其犹有人之说者[⑯]存也。如是者亦有年，然后浩乎其沛然矣。吾又惧其杂也，迎而距之[⑰]，平心而察之，其皆醇也，然后肆焉。虽然，不可以不养也，行之乎仁义之途，游之乎诗书之源，无迷其途，无绝其源，终吾身而已矣。

气，水也；言，浮物也。水大而物之浮者大小毕浮。气之与言犹是也，气盛，则言之短长与声之高下者皆宜。虽如是，其敢自谓几于成乎？虽几于成，其用于人也奚取焉[18]？虽然，待用于人者，其肖于器邪？用与舍属诸人。君子则不然。处心有道，行己有方[19]，用则施诸人，舍则传诸其徒，垂诸文而为后世法。如是者，其亦足乐乎？其无足乐也？

有志乎古者希矣，志乎古必遗乎今。吾诚乐而悲之。亟称其人，所以劝之[20]，非敢褒其可褒而贬其可贬也。问于愈者多矣，念生之言不志乎利，聊相为言之。愈白。

【注释】

①选自《韩昌黎文集》。李翊(yì)，中唐时人，唐德宗贞元十八年(802)进士。此文是李翊登第前韩愈就其求教作文之事的回信。②白：陈述。③其问：指李翊信中向韩愈请教问题的态度。④道：这里指为文之道，具体指儒家的仁义道德。⑤抑愈所谓望孔子之门墙而不入于其宫者：抑，连词，表示轻微的转折。望孔子之门墙而不入于其宫：韩愈以此自指未能窥见孔子学说的深刻道理。《论语·子张》："子贡曰：'譬之宫墙……夫子之墙数仞，不得其门而入，不见宗庙之美，百官之富。'"⑥立言：著书立说，流传后世。《左传》襄公二十四年："大上有立德，其次有立功，其次有立言，虽久不废。"⑦蕲：同"祈"，求。⑧膏：灯油。⑨遂：生长，成熟。⑩晔(yè)：光明。⑪蔼如：和顺的样子。⑫不自知其至犹未也：自己不知道是到了这种程度没有。⑬处若忘，行若遗，俨乎其若思，茫乎其若迷：呆着的时候好像忘掉了什么，行走的时候好像遗失了什么，一本正经地思考，茫茫然像是迷路的样子。此句形容苦思冥想、专心致志的样子。处，停止、止歇。俨乎，庄重的样子。⑭取于心而注于手也：取于心，指构思。注于手，指作文。⑮戛戛(jiá)：艰难的样子。⑯人之说者：指讨人喜欢的成分。说，同"悦"。⑰迎而距之：从反面试图来否定它，指反复推敲、检验。距，同"拒"。⑱虽几于成，其用于人也奚取

焉:即使接近成功,那被人用时又有哪些可为人所取的呢? ⑲处心有道,行已有方:心中思虑不离于道,付诸行动合乎法度。⑳亟称其人,所以劝之:屡次称赞那些(志于古的)人是为了勉励他们。亟,屡次、一再。

答韦中立论师道书[1]

[唐] 柳宗元

二十一日,宗元白:

辱书云欲相师。仆道不笃,业甚浅近,环顾其中,未见可师者。虽常好言论,为文章,甚不自是也,不意吾子自京师来蛮夷间[2],乃幸见取[3]。仆自卜固无取,假令有取,亦不敢为人师。为众人师且不敢,况敢为吾子师乎?

孟子称:“人之患,在好为人师[4]。”由魏、晋氏以下,人益不事师。今之世不闻有师,有辄哗笑之,以为狂人。独韩愈奋不顾流俗,犯笑侮,收召后学,作《师说》,因抗颜而为师[5]。世果群怪聚骂,指目牵引,而增与为言辞[6]。愈以是得狂名,居长安,炊不暇熟,又挈挈而东,如是者数矣。

屈子赋曰:“邑犬群吠,吠所怪也。”仆往闻庸蜀之南,恒雨少日,日出则犬吠,余以为过言。前六七年,仆来南。二年冬,幸大雪逾岭,被南越中数州[7],数州之犬,皆苍黄吠噬狂走者累日,至无雪乃已,然后始信前所闻者。今韩愈既自以为蜀之日,而吾子又欲使吾为越之雪,不以病乎? 非独见病,亦以病吾子。然雪与日岂有过哉? 顾吠者犬耳。度今天下不吠者几人,而谁敢衒怪于群目[8],以召闹取怒乎?

仆自谪过以来,益少志虑。居南中九年,增脚气病,渐不喜闹,岂可使呶呶[9]者,早暮咈吾耳、骚吾心? 则固僵仆烦愦[10],愈不可过矣。平居望外遭齿舌不少,独欠为人师耳。

抑又闻之,古者重冠礼,将以责成人之道,是圣人所尤用心者也。数百年来,人不复行。近有孙昌胤者,独发愤行之。既成礼,明日造朝至外庭,荐笏言于卿士曰:"某子冠毕。"应之者咸怃然。京兆尹郑叔则怫然曳笏却立,曰:"何预我耶[11]?"廷中皆大笑。天下不以非郑尹而快孙子[12],何哉?独为所不为也。今之命师者,大类此。

吾子行厚而辞深,凡所作,皆恢恢然有古人形貌,虽仆敢为师,亦何所增加也?假而以仆年先吾子[13],闻道著书之日不后,诚欲往来言所闻,则仆固愿悉陈中所得者[14]。吾子苟自择之,取某事去某事,则可矣。若定是非以教吾子,仆材不足,而又畏前所陈者,其为不敢也决矣。吾子前所欲见吾文,既悉以陈之,非以耀明于子[15],聊欲以观子气色诚好恶何如也。今书来,言者皆大过。吾子诚非佞誉诬谀之徒,直见爱甚故然耳。

始吾幼且少,为文章以辞为工。及长,乃知文者以明道,是固不苟为炳炳烺烺[16]、务彩色、夸声音而以为能也。凡吾所陈,皆自谓近道,而不知道之果近乎远乎?吾子好道而可吾文,或者其于道不远矣。故吾每为文章,未尝敢以轻心掉之,惧其剽而不留也;未尝敢以怠心易之,惧其弛而不严也;未尝敢以昏气出之,惧其昧没而杂也;未尝敢以矜气作之,惧其偃蹇而骄也[17]。抑之欲其奥,扬之欲其明,疏之欲其通,廉之欲其节,激而发之欲其清,固而存之欲其重,此吾所以羽翼乎道也。本之《书》以求其质,本之《诗》以求其恒,本之《礼》以求其宜,本之《春秋》以求其断,本之《易》以求其动,此吾所以取道之原也。参之谷梁氏以厉其气[18],参之《孟》《荀》以畅其支[19],参之《庄》《老》以肆其端[20],参之《国语》以博其趣,参之《离骚》以致其幽,参之《太史公》以著其洁,此吾所以旁推交通而以为之文也。

凡若此者,果是耶,非耶?有取乎,抑其无取乎?吾子幸观焉,择焉,有余以告焉。苟亟来以广是道,子不有得焉,则我得矣,又何以师云尔哉?取其实而去其名,无招越、蜀吠怪而为外廷所笑,则幸矣。宗元白。

【注释】

①本文选自《河东先生集》。写于元和八年(813),是作者被贬永州期间给韦

中立的一封回信。元和八年(813),韦中立曾经从长安来到永州,向柳宗元求教,返回京城后,又写信给柳宗元,要求拜师,并向他请教如何写作文章。柳宗元于是写了这封著名的书信,加以详细的解答。②蛮夷间:指作者当时被贬的所在地永州。永州为少数民族聚居之地,故说“蛮夷间”。③见取:被认为有可取之处。④人之患,在好为人师:语出《孟子·离娄上》,意思是说:人的毛病在于不谦虚,喜欢以教人者自居。⑤抗颜:态度严正不屈。⑥增与为言辞:在韩愈的身上加以诽谤的言论。⑦逾:越过。岭:指五岭(越城、都庞、萌渚、骑田、大庾),在湖南、江西、广东、广西等省区边境。被:覆盖。南越:泛指广东、广西一带。⑧衒(xuàn)怪于群目:指行为突出而招人注目。衒:炫烂。⑨呶呶(náo):喧哗不止的样子。⑩僵仆:形容处境困顿。烦愦:烦恼昏乱。⑪何预我耶:与我有什么相干呢?⑫不以非郑尹而快孙子:不以郑叔则的话为错误,却拿孙昌胤的行冠礼来取笑。⑬假而:假如。年先吾子:年龄比您大。⑭悉陈中所得者:把我的心得体会全部告诉您。中:心中。⑮耀明于子:在您面前炫耀高明。⑯不苟为:不随便写作。炳炳(bǐng)烺烺(lǎng):明亮美好。⑰蹇(jiǎn):不通顺。⑱谷梁氏:即《谷梁传》,《春秋三传》之一。厉其气:激励文章的清气。⑲支:同“枝”。畅其枝:使文章枝条舒畅。《孟子》《荀子》文章均博辞纵横,说理通畅充分,如树木的枝叶繁茂舒展。⑳端:端绪。肆:放纵。《老子》《庄子》的思想深宏博远,似无端涯。

【知识】

1. 陈言务去

韩愈提出“惟陈言之务去”的创作主张,指写作时要排除陈旧的东西,努力创造、革新,提倡一种新颖、独创的语言方式。他强调学习古文自然、平实的语言,反对六朝以来形式主义的绮靡文风;强调言之有物、反映人的精神,以此为文章注入生气,从而使散文创作呈现出一种新的面貌。

2. 文以明道

柳宗元提倡“文以明道”,实际上是要求写文章宣传某种思想或主张。要求文章为现实服务,为改革社会服务。他对创作的要求是作品思想内容必须通过辞藻形式来表达,而辞藻形式必须为思想内容服务。

【品读】

《答李翊书》是韩愈给李翊的复信,是一篇书信体论说文。面对后生的求教,韩愈在文中叙述了自己治学为文的经历,提出了“气盛言宜”(内容决定形式)、“务去陈言”(致力于创新)的文学主张,表现了作者排击世俗的勇气和顽强进取的精神。

《答韦中立论师道书》是柳宗元被贬永州期间给韦中立的一封回信。韦中立曾写信要求拜柳宗元为师,并不辞道远,从长安到永州去拜访求教。柳宗元的这封回信谈了两个问题,一个是论师道,一个是论写作,表明了作者对于“师道”的看法及自己的文学主张。

韩愈和柳宗元的这两封书信,写作的年代比较接近,作为古文运动的倡导者,两人的主张有共通性,也有差异性。

两篇文章都涉及了“师道”。

韩愈在《答李翊书》的开头说:“生之书辞甚高,而其问何下而恭也!能如是,谁不欲告生以其道?道德之归有日矣,况其外之文乎?”韩愈愿意回答后生的求教,并且谈谈写作之道,可见韩愈“敢为人师,乐为人师”的精神。正因为韩愈等人已经在文坛上树立起了古文的旗帜,而且又能荐举后进,所以许多后进才踊跃地接受其文学主张,并且积极地写出符合韩愈主张的文字。

柳宗元在《答韦中立论师道书》中论及“师道”时,说“为众人师且不敢,况敢为吾子师乎”,明确表示不敢担当老师的名义。他虽赞扬韩愈“奋不顾流俗”,“抗颜而为师”的精神,但又反复申说自己“不敢为人师”,唯恐“炫怪于群目”,“召闹取怒”。柳宗元的解决办法是“取其实而去其名”,即不必讲求为师之名,应该注意为师之实;师生可以互相学习,取长补短。柳宗元是唐代古文运动的倡导者和实践者,他不仅在散文创作上给古文运动作出了巨大的贡献,而且也为古文运动培养了一批新的作者，造就了一辈人才。所以，不能因为他声称“不敢为人师”而真的认为他是不提倡“从师”的。

在文学主张上，两篇文章都提到了“文”与“道”的关系。

韩愈认为有较高的道德修养是为文的前提。由《答李翊书》开头可见，他认为德是文章的内核，文是德之载体，或者说是外在的表现形式。这和他所一贯倡导的“文以载道”的观点是一致的。那么，“道”和“文”怎样能相促相长，达到较高的水准呢？他在《答李翊书》的第二段形象地论述了这个问题，他说：“将蕲至于古之立言者，则无望其速成，无诱于势利，养其根而俟其实，加其膏而希其光。根之茂者其实遂，膏之沃者其光晔，仁义之人，其言蔼如也。”韩愈认为，要写好文章，不要被狭隘的功利所驱遣，而要像为树养根，给灯加油那样，去加强道德修养，有了较高的道德水准，诗之树才根深叶茂，文之灯才光焰万丈！有了较高的道德修养，写文字也就自然和顺，何需挖空心思、搜肠刮肚、冥搜虚饰以敷缀其文呢？接下来韩愈提出“惟陈言之务去”的创作主张，提倡一种新颖、独创的语言方式。他强调学习古文自然、平实的语言，反对六朝以来形式主义的绮靡文风；强调言之有物、反映人的精神，以此“道”与“文”相促相长，从而使散文创作呈现出一种新的面貌。

柳宗元在《答韦中立论师道书》中写道：“始吾幼且少，为文章以辞为工。及长，乃知文者以明道，是固不苟为炳炳烺烺、务彩色、夸声音而以为能也。”这与韩愈提出的“文以载道”、“惟陈言之务去”有异曲同工之妙。柳宗元提倡“文以明道”，要求写文章宣传某种思想或主张，要求文学为现实服务，为改革社会服务。他对创作的要求是作品思想内容必须通过辞藻形式来表达，而辞藻形式必须为思想内容服务。因此，他不仅以“道”指导创作，以“道”指导为文，使“文以明道”，而且用它去改造人，改造社会，进行革新，以图实现自己的政治理想。

从这两篇文章可以看到，韩愈和柳宗元提倡的古文运动，实为借古以立新。无论是“文以载道”还是“文以明道”，都强调言之有物、反映人的精神，以此为文章注入生气，从而使散文创作呈现出一种新的面貌。

【借鉴】

1. “文”与“道”的统一

韩愈提出“文以载道”的文学主张，他认为德是文章的内核，文是德之载体，或者说是外在的表现形式。他强调学习古文自然、平实的语言，反对六朝以来形式主义的绮靡文风；强调言之有物、反映人的精神，以此“道”和“文”相促相长。而柳宗元也在文中提出“文以明道”的观点，他认为文章应该传达某种思想或主张，要求文字为现实服务，要求辞藻形式必须为思想内容服务，以此来反对空洞无物的颓靡文风。今天我们写作也要坚持“文”与“道”的统一，追求思想性与艺术性的完美统一。

2. 说理严谨，批判有力

柳宗元的《答韦中立论师道书》，体现了其说理严谨、批判有力的特点。

为了说清拒绝“欲相师”的理由，他先说“仆道不笃，业甚浅近”，“未见可师者”，即自身条件不够资格当老师。接着对真正的原因——“不敢为人师”展开论述，从师道之衰的历史谈到当前的情况：先说韩愈“抗颜而为师”受到嘲笑；然后以蜀犬吠日，越犬吠雪为喻，说明自己不敢为人师；再说自己平时不为人师都要遭人口舌，如果一旦为人师则会招来更多的攻击；继而又以孙子行冠礼为外廷所笑为例，说明凡“独为所不为”都要遭到非难嘲笑。这样，就从历史根源、现实情况、社会风气、自身处境等诸方面，把自己“不敢为人师”的原因和道理，层层推进，说得清楚明白，充分透彻。

对反对师道的人，柳宗元把他们比作庸蜀吠日、南越吠雪的狗，他们的群怪聚骂，就好像“越蜀吠怪”，冷嘲热讽，尖酸辛辣，不论从形象和用词上，都透出批判的锋芒，显示出其批判的尖锐和力量。

在我们的写作中，也要学习柳宗元这种条理清晰、层层推进的写法，学会从从历史到现实、从个体到社会、从主观到客观，各个层面，由浅入深，由小及大，由表及里地展开分析，以使我们的论述更全面、更严谨、也更充分。另外，议论文中比喻、反语、讽刺、借代等等手法的使用，往往可以加强论述的表达效果。

【思考】

1. 通读《答韦中立论师道书》，列举作者之所以会答复李翊的原因。

2. 结合《答李翊书》原文，从学习方法的角度谈谈韩愈“学之二十余年”经历给你的启示。

3. 在文学主张上，两篇文章都提到了“文”与“道”的关系，试结合原文加以比较分析。

【译文】

答李翊书

六月二十六日，韩愈禀告。李翊足下：你的来信文辞很好，而且请教问题的态度多么谦虚恭敬。能像这样，谁不想把那为文之道告诉你呢？道德的归真为期不会久了，何况它的外在形式（文章）呢？不过我只是所谓“望见了孔子的门户和围墙但尚未登入堂室”的人，哪里能够知道是对还是错呢？虽然如此，还是不可不同你谈谈这方面的道理。

你所说的“立言”这句话，是对的；你写的文章以及希望达到的目的，非常符合而且相接近。然而不知道你的志向：是祈求自己的文章超过别人而被人所取法呢？还是希望达到“古之立言者”的境界呢？祈求自己的文章超过别人而被人取用，那你本来就超过了别人而且可以被人取用了！如果期望达到“古之立言者”的境界，那就不能指望它很快成功，不要被世俗的势利所诱惑，应该培育果树的根茎来等待它结果，多添灯油来盼望灯光明亮。根系发达的果树，果实才会顺利成熟，油脂多而好的油灯，火光才明亮。具有仁义之道的人，他的言语和和顺顺。

不过又有感到为难之处。我所写的文章，自己也不知道它达没达到“古之立言者”的境界;虽然如此,学习“古之立言者”已经20多年了。起初,不是夏、商、周三代和两汉的书我不敢看,不是圣人的思想我不敢铭记于心。呆着时仿佛忘记了什么,行走时仿佛丢失了什么,有时样子庄重若有所思,有时模糊不清迷迷惑惑。当自己把心中的思想表达出来的时候,力求革除陈词滥调,困难极了!文章被人看,我不在乎别人的非难讥笑。像这样过了不少年头,还是不改变自己的治学方法和处世态度。这样之后才能识别古书中是否与“圣人之志”相合以及虽然正确但尚未达到最高境界之处,直至清清楚楚地黑白分明了,并力求扬弃那些错误的和虽正确但不完善的东西,才慢慢地有所收获。

当自己把心中的思想写出来的时候,文思敏捷泉涌而来。这时文章被人看,别人讥笑它我就高兴,别人称誉它我就担忧,这是因为感到自己的文章中还保留了讨世人喜欢的成分。像这样又过了不少年头,然后文思才宽广奔放,像水势汹涌的波涛一样。我又怕文思不纯正,便像阻挡水一样,不让文思过于汹涌,冷静反复地推敲检验,觉得它完全纯正了,再放手去写。即使这样,还是不可不修养正道,使自己沿着仁义的道路,漫游在儒家经典的源流中,不迷失方向,不断绝源泉,这样度过我的一生就满足了。

思想修养好比是水;文辞好比是浮在水面上的东西。水大的话,大大小小的浮物都能浮起。思想修养和文辞的关系仍然是如此,思想修养深,那长长短短的语句与抑扬顿挫的声调都能运用自如。即使如此,哪里敢自己认为接近成功了呢?即使接近于成功,那被人用时又有什么可取的呢?即使这样,等待别人采用的,难道不就像器物一样了吗?用与不用都取决于别人。有修养的人就不是这样,他们使自己的思想不离开道,使自己的行动合乎法度,被用时就把自己的道德学问施行开来,不被用时就传授给自己的弟子,写进文章里而流传下去,让后代效法。像这样做,到底值得快乐呢?还是不值得快乐呢?

现在有志于恢复仁义之道的人很少了,有志于仁义之道的人一定会被今人所遗弃。我的确为“志乎古”的人而感到高兴,同时也为“遗乎今”的事而感到悲愤。我屡次称赞那些有志于仁义之道的人,只是要以此勉励他们,并不敢褒奖那些该褒奖的人，批评那些该批评的人。向我求教的人可多了，考虑到你说的不是有志于名利，姑且为你讲了这番话。韩愈禀告。

答韦中立论师道书

二十一日，宗元启：

承蒙您来信说，想要认我做老师。我的道德修养不深，学识非常浅薄，从各方面审察自己，看不出有值得学习的东西。我虽然经常喜欢发些议论，写点文章，但自己很不以为都是正确的。没有想到您从京城来到偏远的永州，让我幸运地成为您取法的对象。我自己估量本来就没有什么可取的东西，即使有可取的，也不敢做别人的老师。做一般人的老师尚且不敢，更何况做您的老师呢？

孟子说："人们的毛病，在于喜欢充当别人的老师。"从魏、晋以来，人们更加不尊奉老师。在当今的时代，没听说还有老师，如果有，人们就会哗然讥笑他，把他看作狂人。只有韩愈奋然不顾时俗，冒着人们的嘲笑侮辱，招收后辈学生，写作《师说》，就严正不屈地当起老师来。世人果然都感到怪异，相聚咒骂，对他指指点点使眼色，相互拉拉扯扯示意，而且大肆渲染地编造谣言来攻击他。韩愈因此得到了狂人的名声。他住在长安，煮饭都来不及煮熟，又遭外放而匆匆忙忙地向东奔去。像这样的情况有好几次了。

屈原的赋里说："城镇中的狗成群地乱叫，叫的是它们感到奇怪的东西。"我过去听说庸、蜀的南边，经常下雨，很少出太阳，太阳一出来就会引起狗叫，我以为这是过分夸大的话。六七年前，我来到南方。元和二年的冬天，遇到下大雪，越过了五岭，覆盖了南越的几个州；这几个州的狗，都惊慌地叫着咬着，疯狂奔跑了好几天，直到没有雪了才静止下来，这以后我才相信过去所听说的话。如今韩愈已经把自己当作蜀地的太阳，而您又想使我成为越地的雪，我岂不要因此受到辱骂吗？不仅我会被辱骂，人们也会因此辱骂您。然而雪和太阳难道有罪过吗？只不过感到惊怪而狂叫的是狗罢了。试想当今天下见到奇异的事情不像狗那样乱叫的能有几个人，因而谁又敢在众人眼前显出自己与众不同，来招惹人们的喧闹和恼怒呢?

我自从被贬官以来,对个人的志向考虑更少了。住在南方九年,又增添了脚气病,慢慢地不爱喧闹,怎么可以让那些喋喋不休的人,从早到晚刺激我的耳朵、扰乱我的思想呢?那必将使我卧床不起,心烦意乱,更加不能生活下去了。我平时意外地遭到不少口舌,独缺爱做别人老师这一条罪名罢了。

可是我又听说,古代重视冠礼,在加冠以后,人们将以成年人的标准去要求他,这是圣人所最费心的啊。几百年来,人们不再行冠礼。最近有一个叫孙昌胤的,独自决心努力实行这事。他完成冠礼之后,第二天到朝廷去,到了外廷,把笏板插在衣带中对大臣们说:“我的儿子行冠礼完毕。”答他话的人都显出莫名其妙的样子。京兆尹郑叔则却不高兴地垂下笏板,退后一点站住,说:“这跟我有什么相干呢?”外廷的人都大笑起来。天下的人并不认为京兆尹郑叔则的话是错误的,反而嘲笑孙昌胤,为什么呢?只是因为孙昌胤独自做了别人所不做的事。现在被称作老师的人,大都类似这样。

您的品行敦厚,文辞高深,凡是您作的文章,都气魄宏大,有古人的风貌,即使我敢做您的老师,对您又有什么帮助呢?假如因为我比您年长,学道、写文章的时间比您早,您确实愿同我往来,交谈彼此所学的东西,那么,我当然愿意向您毫无保留地陈述自己全部的心得。您自己随便加以选择,吸取哪些,扬弃哪些,就可以了。如果要我判定是非来教您,我的才能不够,而且又顾忌前面所说的那些情况,我不敢做您的老师是肯定的。您以前想要看看我的文章,我已经全部陈列给您了,这并不是以此向您炫耀自己,只是姑且想要通过观察您的神情态度来了解我的文章的确是好是坏。现在您的来信,说的话都对我过奖了。您的确不是那种巧言谄媚假意奉承的人,只不过是特别喜欢我的文章,所以才这样说罢了。

当初我年轻又不懂事,写文章时把文辞漂亮当作工巧。到了年纪大一些,才知道文章是用来阐明道的,因此不再轻率地讲究形式的美观、追求辞采的华美、炫耀声韵的铿锵,把这些当做自己的才能了。凡是我所呈给您看的文章,都自认为接近于道,但不晓得果真离道近呢,还是远呢?您喜爱道而又赞许我的文章,也许它离道不远了。所以，我每当写文章的时候，从来不敢漫不经心地随便写作，恐怕文章浮滑而不深刻；从来不敢偷懒取巧地写作，恐怕文章松散而不严谨；从来不用糊涂不清的态度去写作，恐怕文章晦涩而又杂乱；从来不敢用骄傲的心理去写作，恐怕文章盛气凌人而又狂妄。加以抑制是希望文章含蓄，进行发挥是希望文章明快，加以疏导是希望文气流畅，进行精简是希望文辞凝炼，剔除污浊是希望语言清雅不俗，凝聚保存文气是希望风格庄重不浮。这就是我用文章来辅佐道的方法。学习写作以《尚书》为本原，以求文章质朴无华；以《诗经》为本原，以求文章具有永恒的情理；以《三礼》为本原，以求文章内容合理；以《春秋》为本原，以求文章是非明确、褒贬分明；以《易经》为本原，以求文章能够反映出事物的发展变化。这就是我吸取"道"的源泉的办法。参考《谷梁传》，以加强文章的气势；参考《孟子》《荀子》，以使文章条理通达；参考《庄子》《老子》，以使文章汪洋恣肆；参考《国语》，以使文章增强情趣；参考《离骚》，以使文章能够情思幽微；参考《史记》，以使文章显得语言简洁。这就是我用来广泛学习，使它们融会贯通，并运用来写文章的办法。

凡是上面所说的这些，到底是对，还是不对呢？有可取的地方，还是没有可取的地方呢？希望您看看，进行选择，有空就来信告诉我。如果我们经常往来交谈，以扩充发挥作文之道，即使您不因我的帮助有什么收获，我却因为您的帮助而有所收获，又何必以老师来称呼这种关系呢？采取老师的实质，去掉老师的名义，不要招致越地和蜀地的狗的惊怪狂叫，或者像孙昌胤举行冠礼那样遭到人们的嘲笑，那就万幸了。宗元再告。

狱中上母书

[明] 夏完淳

不孝完淳今日死矣，以身殉父，不得以身报母矣！

痛自严君见背①,两易春秋,冤酷日深,艰辛历尽。本图复见天日,以报大仇,恤死荣生②,告成黄土③,奈天不佑我,钟虐先朝④,一旅才兴,便成齑粉。去年之举⑤,淳已自分必死,谁知不死,死于今日也。斤斤延此二年之命,菽水之养⑥无一日焉。致慈君托迹于空门,生母寄生于别姓,一门漂泊,生不得相依,死不得相问。淳今日又溘然先从九京,不孝之罪,上通于天。呜呼!双慈在堂,下有妹女,门祚⑦衰薄,终鲜兄弟。淳一死不足惜,哀哀八口,何以为生?

虽然,已矣!淳之身,父之所遗;淳之身,君之所用。为父为君,死亦何负于双慈?但慈君推干就湿,教礼习诗,十五年如一日。嫡母慈惠,千古所难。大恩未酬,令人痛绝。慈君托之义融女兄⑧,生母托之昭南女弟⑨。淳死之后,新妇遗腹得雄,便以为家门之幸。如其不然,万勿置后⑩。会稽大望⑪,至今而零极矣,节义文章如我父子者几人哉?立一不肖后,如西铭先生为人所诟笑,何如不立之为愈耶?

呜呼!大造⑫茫茫,总归无后,有一日中兴再造,则庙食⑬千秋,岂止麦饭豚蹄⑭不为馁鬼而已哉?若有妄言立后者,淳且与先文忠在冥冥诛殛顽嚚⑮,决不肯舍!兵戈天地,淳死后,乱且未有定期,双慈善保玉体,无以淳为念。二十年后,淳且与先文忠为北塞之举⑯矣。勿悲,勿悲,相托之言,慎勿相负!

武功甥将来大器,家事尽以委之。寒食盂兰,一杯清酒,一盏寒灯,不至作若敖之鬼⑰,则吾愿毕矣。新妇结褵⑱二年,贤孝素著,武功甥好为我善待之,亦武功渭阳情⑲也。

语无伦次,将死言善。痛哉,痛哉!人生孰无死,贵得死所耳。父得为忠臣,子得为孝子。含笑归太虚⑳,了我分内事。大道本无生,视死若敝屣。但为气所激,缘悟天人理。恶梦十七年,报仇在来世。神游天地间,可以无愧矣!

【注释】

①严君:对父亲的敬称。见背:去世。②恤死荣生:告慰死者,褒奖生者。③告成黄土:把复国成功的事向祖先的坟墓祭告。④钟:聚焦。虐:灾难。先朝:

指明朝。⑤去年之举：指1646年作者参加的由吴易为首的抗清活动，兵败后，夏完淳只身流亡。⑥菽水之养：代指对父母的供养。菽水，豆和水，指普通食品，常用作孝养父母之称。⑦门祚：家运。⑧义融女兄：作者之姐夏淑吉，别名义融。⑨昭南女弟：作者之女夏惠吉，字昭南。⑩置后：抱养别人的孩子为后嗣。⑪会稽大望：指夏氏本为会稽郡的望族。⑫大造：指天地。⑬庙食：受人奉祀，在庙中享受祭飨。⑭麦饭豚蹄：祭祀的食品。⑮先文忠：作者父亲夏允彝死后谥“忠节”。殛（jí）：杀。顽嚚（yín）：愚顽之徒。⑯北塞之举：意为北上抗清。⑰若敖之鬼：没有后嗣按时祭祀的饿鬼。若敖：若敖氏，春秋时楚国公族名。这一族的后代令尹子文看到族人子越椒行为不正，估计他可能会给整个家庭带来灾难，临死前，对族人哭着说：“鬼犹求食，若敖氏之鬼，不其馁而。”后来，若敖氏终于因为越椒叛楚而被灭了全族。⑱结褵（lí）：代指成婚。⑲渭阳情：指甥舅之间的情谊。《诗经》：“我送舅氏，曰至渭阳。”⑳太虚：天。

与妻书

［清］ 林觉民

意映卿卿如晤[1]：吾今以此书与汝永别矣！吾作此书时，尚为世中一人；汝看此书时，吾已成为阴间一鬼。吾作此书，泪珠和笔墨齐下，不能竟书而欲搁笔。又恐汝不察吾衷，谓吾忍舍汝而死，谓吾不知汝之不欲吾死也，故遂忍悲为汝言之。

吾至爱汝，即此爱汝一念，使吾勇于就死也。吾自遇汝以来，常愿天下有情人都成眷属；然遍地腥云，满街狼犬[2]，称心快意，几家能彀[3]？司马春衫，吾不能学太上之忘情[4]也。语云：仁者“老吾老以及人之老，幼吾幼以及人之幼”。吾充吾爱汝之心，助天下人爱其所爱，所以敢先汝而死，不顾汝也。汝体吾此心，于啼泣之余，亦以天下人为念，当亦乐牺牲吾身与汝身之福利，为天下人谋永福也。

汝其勿悲！

汝忆否？四五年前某夕，吾尝语曰："与使吾先死也，无宁汝先吾而死[5]。"汝初闻言而怒，后经吾婉解，虽不谓吾言为是，而亦无词相答。吾之意盖谓以汝之弱，必不能禁失吾之悲，吾先死留苦与汝，吾心不忍，故宁请汝先死，吾担悲也。嗟夫！谁知吾卒先汝而死乎！吾真真不能忘汝也！回忆后街之屋，入门穿廊，过前后厅，又三四折，有小厅，厅旁一室，为吾与汝双栖之所。初婚三四个月，适冬之望日前后，窗外疏梅筛月影[6]，依稀掩映；吾与（汝）[7]并肩携手，低低切切，何事不语？何情不诉？及今思之，空余泪痕。又回忆六七年前，吾之逃家复归也，汝泣告我："望今后有远行，必以告妾，妾愿随君行。"吾亦既许汝矣。前十余日回家，即欲乘便以此行之事[8]语汝，及与汝相对，又不能启口，且以汝之有身[9]也，更恐不胜悲，故惟日日呼酒买醉。嗟夫！当时余心之悲，盖不能以寸管[10]形容之。

吾诚愿与汝相守以死，第以今日事势观之，天灾可以死，盗贼可以死，瓜分之日可以死，奸官污吏虐民可以死，吾辈处今日之中国，国中无地无时不可以死，到那时使吾眼睁睁看汝死，或使汝眼睁睁看我死，吾能之乎？抑[11]汝能之乎？即可不死，而离散不相见，徒使两地眼成穿而骨化石，试问古来几曾见破镜能重圆？则较死为苦也，将奈之何[12]？今日吾与汝幸双健。天下人之不当死而死与不愿离而离者，不可数计，钟情如我辈者，能忍之乎？此吾所以敢率性就死不顾汝也。吾今死无余憾，国事成不成自有同志者在。依新已五岁，转眼成人，汝其善抚之，使之肖我。汝腹中之物，吾疑其女也，女必像汝，吾心甚慰。或又是男，则亦教其以父志为志，则我死后，尚有二意洞[13]在也。甚幸，甚幸！吾家后日当甚贫，贫无所苦，清静过日而已。

吾今与汝无言矣。吾居九泉之下遥闻汝哭声，当哭相和也。吾平日不信有鬼，今则又望其真有。今人又言心电感应[14]有道，吾亦望其言是实，则吾之死，吾灵尚依依旁汝也，汝不必以无侣悲！

吾平生未尝以吾所志语汝，是吾不是处；然语之，又恐汝日日为吾担忧。吾牺牲百死而不辞，而使汝担忧，的的非吾所忍。吾爱汝至，所以为汝谋者惟恐未尽。汝幸而偶我，又何不幸而生今日之中国！吾幸而得汝，又何不幸而生今日之中国！卒不忍独善其身。嗟夫！巾短情长，所未尽者，尚有万千，汝可以模拟⑮得之。吾今不能见汝矣！汝不能舍吾，其时时于梦中得我乎！一恸！辛亥三月廿六夜四鼓⑯，意洞手书。

家中诸母⑰皆通文，有不解处，望请其指教。当尽吾意为幸。

【注释】

①如晤：像见面一样。旧时书信常用的开头习惯用语。②狼犬：喻指清朝统治者。③彀：同“够”。④太上之忘情：语出宋欧阳修《祭石曼卿文》：“不觉临风而殒涕者，有愧夫太上之忘情。”太上：道家中指修炼到对人间喜怒哀乐均无动于衷的极高境界。⑤与……无宁：即“与其……还不如……”，表选择关系。⑥疏梅筛月影：语出元王实甫《西厢记》：“明皎皎花筛月影”。筛，漏下。⑦（汝）：原文缺，据文意补。⑧此行之事：指准备参加广州起义。⑨有身：有孕，怀孕。⑩寸管：毛笔的代称，此指文字。⑪抑：还是。⑫奈……何：对……怎么办。⑬意洞：林觉民的字。⑭心电感应：这是近代唯心主义者的说法，认为人死后心灵还有知觉，能和活的人从精神上感应。⑮模拟：揣摩想象。⑯四鼓：四更，即约凌晨二点钟左右。⑰诸母：各位伯母、叔母。

【知识】

1. 夏完淳

夏完淳（1631—1647），原名复，字存古，号小隐，松江府华亭县人（现上海市松江），明末抗清义军将领、诗人。其父夏允彝为江南名士，夏完淳受父亲影响，矢志忠义，崇尚名节。著有《南冠草》《续幸存录》等，合编为《夏完淳集》。

2. 林觉民

林觉民（1887—1911），字意洞，号抖飞，又号天外生，福建闽侯（今福州市）

人，黄花岗七十二烈士之一。林觉民从父读书，后留学日本，参加孙中山组织的同盟会，从事反清爱国活动。

【品读】

在古代散文中，书信体散文是颇具特色的。夏完淳的《狱中上母书》和林觉民的《与妻书》即是个中名篇。两文成书时代不同，作者经历与地位不同，但文中展现出的舍生取义的英雄气概、为天下谋永福的爱国情怀和至真至诚的骨肉亲情，使后世读者的心为之震颤和共鸣，两文也成了光耀千古的华夏正气篇。这两札书信抒情、叙事兼而有之，显示了它作为一种特殊的书信体散文不同于其他散文的特点：具有最为情深意切的感人性和最为贴近生活的真实性。而在其叙事、抒情的基础上，两文都进行了深刻的述理，阐发了人生大义。

两文中对亲人、对国家的真挚情爱，之所以能深撼人心，因为是作者用血泪、生命写成，动了真情，写了实事，才使他们那真挚的爱恋、满腔的悲愤和激越的义理，毫无遮拦，一泻而下。正如公安派袁宏道《叙小修诗》所言："独抒性灵，不拘格套，非从自己胸臆流出，不肯下笔"，"情至之语，自能感人"。

《狱中上母书》中，少年英雄夏完淳抗清复明，身陷囹圄，不为利诱，无畏蹈死，至死不渝。赴死之前，只因"忠"未能拯救明朝，"孝"不能躬侍"双慈"，满心内疚，凝思于笔端。全文紧扣一个"忠"字，追忆"严君见背"，自己"兴旅"事泄被捕；铺陈双慈"推干就湿""教礼习诗"的大恩大德，"哀哀八口""一门漂泊"之惨状；纵论父志、母爱、子孝的伦理，生死价值的哲理；极抒"二十年后"与先父塞北举兵，以冀"中兴再造"之豪情，将私与公、家与国、孝与忠，自始至终熨帖于字里行间，最后以"忠"告结，致成精神上的以"忠"概"孝"，"忠""孝"两全，死而无憾。就这六百余字的篇幅，以其深沉、悲壮、豪迈的笔调，凝成"忠""孝"两行血泪，吐情写意，一气呵成，惊天地，泣鬼神。

《与妻书》是林觉民写给妻子的绝笔信，紧扣一个"爱"字，"泪珠和笔墨齐下"，将对妻子的深情和对天下人的博爱这两条情感的线索始终交织在一起，开导、劝慰、叮嘱妻子。作者临难陈事言志，或引典议理，抨击朝政，纵谈国事，“于啼泣之余，亦以天下人为念”，晓之以理，乐于牺牲两人之福利，为天下人谋永福；或倒叙抒情，极写夫妇“疏梅月影”“并肩携手”，恩爱难舍之情事，嘱妻善抚后代，深望革命事业后继有人。全文以哭当歌，所叙所议，如诉如泣，作者对天下人的拳拳之心，对妻子的切切之情，跃然纸上。

《狱中上母书》和《与妻书》同作为诀别之书，情感之真、叙述之悲、立意之切无出其右者，盖因两文都淋漓尽致地呈现了作者复杂而又矛盾的情感。一边是慈母贤妻幼子，一边是家国革命天下，面对这“家”与“国”“情”与“理”之间的矛盾，夏完淳和林觉民都义无反顾地选择国家大理。可这种抉择的背后有着怎样巨大的痛苦呢？在时代前行的滔滔洪流之中又有多少不为人知的付出与悲哀呢？之所以感人，就在于它表现出了人与时代、人与命运之间复杂而又无奈的关联，表达出了最普遍的情感与最崇高的理想之间本身的冲突与矛盾。而这恰恰也是我们绝大多数人都要面对的问题，故今日读来依旧令人动容。

亚里士多德说过：“只有在适当的时候，对适当的事物，对适当的人，在适当的动机下，以适当的方式发生的感悟，才是适度的最好的感情。”《狱中上母书》和《与妻书》正是运用了最恰当的叙事、抒情与议论的章法，和丰富多彩的修辞手段，最终成为感人至深的千古名篇。

【借鉴】

1.“无情未必真豪杰，怜子如何不丈夫”

两封诀别书完美塑造了两位执着于理想、忠诚于国家、心中激荡着“以天下人为念”的浩然正气的民族英雄。而更为难得是他们不仅有“家国天下”的豪情，更有着一个普通人对于家人那种最为朴实真挚的情感。夏完淳把忠君爱国之情熔铸在“孝子”的身份上，林觉民将民主革命理想贯穿于“爱妻”的点滴中。他们正是源于对亲人骨肉超乎寻常的深挚情感，方能拥有民胞物与的胸怀，才能在死生义利之际，善于抉择，成为大仁大勇的英雄、烈士。两人可用作论“理想”“抉择""生与死""家与国""人生境界"的论据。

2. 自然贴切的用典

古人为文常喜用典,因能以极经济的言语传达最丰赡的意蕴。林觉民写《与妻书》是在起义前夕匆忙写就,更见出其文字功底的深厚。文中的典故信手拈来而恰到好处。说自己同情百姓困苦的生活,用"司马青衫"来表达;说自己对受苦的百姓有深厚的感情,用"不能学太上之忘情"来表达;说关爱天下百姓,用孟子的"老吾老以及人之老,幼吾幼以及人之幼"来表达。但用典要做到贴切自然则不易,有"直用""活用""反用"三种方法。"直用"即直接引用典故的本来意义来表达含蓄的情感。"活用"指灵活地运用典故,可以在其原有意义上引申发挥。"反用"指按典故的固有含义反其意而用之。总之最好能做到融化而不涩,用典而无迹。

【思考】

1.《狱中上母书》的开篇即提出了"殉父"和"报母"的矛盾,这对矛盾是怎样化解统一的?

2. 请用简洁的语言分条概括《与妻书》第3段中追忆的夫妻生活,并分析叙事的作用。

3. 两篇文章皆是怎样将抒情、记叙、议论熔为一炉的?

4. 两封书信中多处运用了反复的修辞格,咏叹起伏,请结合原文加以简析。

【译文】

狱中上母书

不孝儿子完淳今日要死了!以身体奉献给父亲的事业,就不能再以身体来报答母亲了。

自从父亲离我而去,悲痛地过去了两个年头,怨恨惨痛越积越深,历尽了艰难辛苦。本来希图重见天日，以报大仇，使死者得到赠恤，生者获得荣耀，向九泉之下的父亲报告我们的成功，无奈上天不保佑我们，把灾祸集中于先朝，一支军队刚一组织起来，就立即被粉碎。去年的义举，我已自认为非死不可，谁知当时不死，却死于今天！短短地延续了两年的生命，却没有一天得以孝养母亲。以致尊贵的慈母托身于空门，生母则寄生在异姓之家，一门漂泊，活着不能相互依靠，有人死了也不能相互安慰。我今日又奄忽先赴九泉，不孝之罪的深重，连上天都已知晓了。唉！两位母亲都健在，下面又有妹妹、女儿，家运衰败，并无兄弟。我死了并不足惜，我所哀痛不已的，是家庭的众多人口今后怎么生活？

虽然如此，但是，就这样吧！我的身体是父亲留给我的，我的身体是为国君所用的，为父为君而死，又哪里是辜负两位母亲呢？但尊贵的慈母对我爱护备至，教我学礼习诗，15年来从未改变。嫡母如此慈爱恩惠，千百年来所少有。大恩未曾报答，使我悲痛到了极点！现在我只得把尊贵的慈母托付给义融姐，把生母托付给昭南妹了。我死之后，如果妻子能得到一个遗腹子，那就是家门的幸运。如果不然，千万不要另立后嗣。会稽的大望族至今已零落到极点，品德学问像我父子这样的有几个呢？像西铭先生那样立一个不肖的后嗣，被旁人所诟骂讥笑，还不如不立为好！

唉！天地是无穷无尽的，家族却不可能永远绵延不绝。有一日朝廷中兴重建，那么，我们就能千百年地在庙中接受祭祀、供养，又哪里只是享受麦饭豚蹄，不至成为饿鬼而已呢？如果有人妄言另立后嗣，我与父亲在冥冥之中一定要诛杀这个顽固愚蠢之人，决不饶恕他！兵戈遍布天地，我死之后，战乱不会有停止之日。两位母亲请好好保重玉体，不要再把我挂在心里。20年之后，我跟父亲将要扫平北方边境！不要悲伤，不要悲伤！我所嘱托的话，千万不要违背。

武功甥是未来大有成就的人物，家里的事都交托给他。寒食节和七月十五，以一杯清酒，一盏寒灯来供我，使我不至于成为无人祭祀的饿鬼，我的愿望就已达到了。妻子与我成婚两年以来，贤惠、孝顺素来为人所深知，武功甥为我好好地照顾她，这也是甥舅的情谊啊！

语无伦次,而这都是将死之时的肺腑之言。悲痛,太悲痛了!但是,人有哪个是不死的呢?贵在死得其所。父亲能成为忠臣,儿子能成为孝子。含笑归天,完成我的分内之事。从佛教的原理来说,一切事物本都未尝生存,我把自己的身体看得像破旧的鞋子一样不足珍惜。我只是为刚正之气所激,因而懂得了天人之理。17年来只是一场噩梦,报仇在于来世。我的神魂将遨游于天地之间,我对一切都毫无愧怍。

与妻书

意映爱妻,见字如面:我现在用这封信跟你永远分别了!我写这封信时,还是人世间一个人;你看这封信时,我已经成为阴间一鬼了。我写这封信,泪珠和笔墨一齐落下,不能把书信写完就想放下笔,又怕你不能体谅我的心思,以为我忍心撇下你去死,以为我不知道你不想让我死,所以就强忍着悲痛给你说这些话。

我非常爱你,就是爱你的这一意念,促使我勇敢地去死呀。我自从结识你以来,常希望天下的有情人都能结为夫妇;然而如今遍地血腥阴云,满街凶狼恶犬,有几家能够称心满意呢?见百姓处在灾难中,我像白居易那样泪湿青衫,我不能学习那种思想境界高的圣人到忘掉感情的地步。古语说:仁爱的人"尊敬自己的长辈从而推广到尊敬别人的长辈,爱护自己的儿女从而推广到爱护别人的儿女"。我扩充爱你的思想,帮助天下人爱他们所爱的人,这是我敢于在你之前去死而不顾及你的原因。希望你能体谅我这种心情,在哭泣之后,也把天下人的忧乐作为自己的忧乐,应该也乐意牺牲我和你个人的福利,来替天下人谋求永久的幸福。你一定不要悲伤啊!

你还记得吗?四五年前的一个晚上,我曾经对你说:"与其让我先死,不如让你先死。"你刚听这话就很生气,后来经过我委婉的解释,你虽然不说我的话是对的,但也无话可答。我的意思是说凭你瘦弱的身体,一定经受不住失去我的悲痛,我先死,把痛苦留给你,我内心不忍,所以宁愿希望你先死,让我来承担这份悲痛。唉！谁知道我终究比你先死呢？我实在是不能忘记你啊！回忆后街我们的家，进入大门，穿过走廊，经过前厅和后厅，又转三四个弯，有一个小厅，小厅旁有一间房，那是我和你共同居住的地方。刚结婚三四个月，正赶上冬月十五日前后，窗外稀疏的梅枝漏下点点月光，朦胧的月光与梅影互相映衬；我和你并肩携手，低声私语，什么事不说？什么感情不倾诉呢？到现在回想起当时的情景，只剩下泪痕。又回忆起六七年前，我背着家里人出走又回到家时，你流着泪告诉我："希望今后如有远行，一定把这事告诉我，我愿跟着你一起走。"我也已经答应你了。十几天前回家，就想顺便把这次远行的事告诉你，等到跟你面对时，又不能开口，况且因你怀孕了，更怕你不能承受悲伤，所以我只得天天喝酒以求一醉。唉！当时我内心的悲痛，是不能用笔墨来表达的。

我确实愿意和你相依为命直到老死，但根据现在的局势来看，天灾可以使人死亡，盗贼可以使人死亡，列强瓜分中国的时候可以使人死亡，贪官污吏虐待百姓可以使人死亡，我们这辈人生在今天的中国，国内无时无地不可以使人死亡，到那时让我眼睁睁看你死，或者让你眼睁睁看我死，我能够这样做呢？还是你能这样做呢？即使能不死，但是夫妻离别分散不能相见，白白地使我们两地双眼望穿，尸骨化为石头，试问自古以来什么时候曾见过破镜能重圆的？那么这种离散比死要痛苦啊，又将对它怎么办呢？今天我和你幸好双双健在。然而天下不应当死却死了和不愿意分离却分离了的人，多得不能用数字来计算，像我们这样爱情专一的人，能忍受这种事情吗？这是我敢于索性去死而不顾你的缘故啊！我现在死去没有什么遗憾，国家大事成功与不成功自有同志们在继续奋斗。依新已经五岁了，转眼之间就要长大成人了，你一定要好好地抚养他，使他像我一样。你腹中的胎儿，我猜她是个女孩，女孩一定像你，我心里非常欣慰。或许又是个男孩，就也教育他以父亲的志向作为志向，那么我死后还有两个意洞在呀。非常幸运，非常幸运！我们家以后的日子会很贫困，但贫困没有什么可痛苦的，只不过清清静静过日子罢了。

我现在跟你再没有什么话说了。我在九泉之下远远地听到你的哭声，一定也用哭声相应和。我平时不相信有鬼,现在却又希望它真有。现在又有人说心电感应有道理,我也希望这话是真的。那么我死了,我的灵魂还能依依不舍地伴着你,你不必因为失去伴侣而悲伤了。

我平素不曾把我的志向告诉你,这是我的不对的地方;可是告诉你,又怕你天天为我担忧。我为国牺牲,死一百次也不推辞,可是让你担忧,的确不是我能忍受的。我爱你到了极点,所以替你打算的事情只怕不周全。你有幸嫁给了我,可又如此不幸生在今天的中国!我有幸娶到你,可又如此不幸生在今天的中国!我终究不忍心只顾自己而不管别人。唉!方巾短小情义深长,没有写完的心里话,还有成千上万,你可以凭方巾领会没写完的话。我现在不能见到你了,你又不能忘掉我,大概你会在梦中梦到我吧!写到这里太悲痛了!辛亥年三月二十六日深夜四更,意洞亲笔写。

家中各位伯母、叔母都通晓文字,有不理解的地方,希望请她们指教,应当完全理解我的心意才好。

（二）序　　跋

梅圣俞诗集序

［北宋］　欧阳修

予闻世谓诗人少达而多穷[①]，夫岂然哉？盖世所传诗者，多出于古穷人之辞也。凡士之蕴其所有，而不得施于世者，多喜自放于山巅水涯之外，见虫鱼草木风云鸟兽之状类，往往探其奇怪，内有忧思感愤之郁积，其兴于怨刺[②]，以道羁臣[③]寡妇之所叹，而写人情之难言。盖愈穷则愈工。然则非诗之能穷人，殆穷者而后工也。

予友梅圣俞，少以荫补为吏[④]，累举进士，辄抑于有司，困于州县，凡十余年。年今五十，犹从辟书[⑤]，为人之佐，郁其所蓄，不得奋见于事业。其家宛陵，幼习于诗，自为童子，出语已惊其长老。既长，学乎六经仁义之说，其为文章，简古纯粹，不求苟说[⑥]于世。世之人徒知其诗而已。然时无贤愚，语诗者必求之圣俞；圣俞亦自以其不得志者，乐于诗而发之，故其平生所作，于诗尤多。世既知之矣，而未有荐于上者。昔王文康公尝见而叹曰："二百年无此作矣！"虽知之深，亦不果荐也。若使其幸得用于朝廷，作为雅、颂，以歌咏大宋之功德，荐之清庙[⑦]，而追商、周、鲁颂[⑧]之作者，岂不伟欤！奈何使其老不得志，而为穷者之诗，乃徒[⑨]发于虫鱼物类，羁愁感叹之言。世徒喜其工，不知其穷之久而将老也！可不惜哉！

圣俞诗既多，不自收拾。其妻之兄子谢景初，惧其多而易失也，取其自洛阳至于吴兴以来所作，次为十卷。予尝嗜圣俞诗，而患不能尽得之，遽喜谢氏之能类次[⑩]也，辄序而藏之。

其后十五年，圣俞以疾卒于京师，余既哭而铭之，因索于其家，得其遗稿千余篇，并旧所藏，掇其尤者[⑪]六百七十七篇，为一十五卷。呜呼！吾于圣俞诗论之详矣，故不复云。

庐陵欧阳修序。

【注释】

①穷：困窘，处境困难。引申为不得志，不显贵。②怨刺：怨恨，讥刺。③羁臣：被贬谪的官员。④荫补为吏：梅尧臣少时因进士试不第，不能授官，以其叔父翰林侍读学士梅询荫，任河南县主簿，乃职品甚低之佐吏。⑤辟书：(他人)征召的文书。⑥苟说：苟，苟且；说，通“悦”，取悦。⑦清庙：太庙，皇帝的祖庙。⑧颂：《诗经》的六义之一。与风、雅、赋、比、兴合称六义。此指歌颂盛世的诗篇。⑨徒：只，不过。⑩类次：分类编排。⑪尤者：特别好的。

陈无异寄生篇序

[明] 袁中道

六一居士云：“风霜冰雪，刻露[①]清秀。”以山色言之，四时之变化亦多矣，而惟经风霜冰雪之余，则别有一种胜[②]韵，澹澹漠漠[③]，超于艳冶浓丽之外。春之盎盎[④]，百花献巧争妍者，不可胜数，而梅花独于风霜冰雪之中，以标格韵致为万卉冠。故人徒知万物华于温燠[⑤]之余，而不知长养于寒冱[⑥]之时者，为尤奇也。由此观之，士生而处丰厚，安居饱食，毫不沾风霜冰雪之气，即有所成，去凡品不远。惟夫计穷虑迫，困衡之极，有志者往往淬励磨练，琢为美器。何者？心机震撼之后，灵机逼极而通，而知慧[⑦]生焉。即经世出世之学问，皆由此出，而况举业[8]文字乎？

吾友无异，少遭困厄，客寄四方，益自振，下帷发愤，穷极苦心，发为文章，清胜之气，迥出埃壒[9]，若叶落见山，古梅着蕊；一遇慧眼而兼收之。固其宜也。然予每会无异于长孺[10]座上，嘿嘿[11]而亲之，私自念此非经风霜冰雪之余，有以消磨其习气而然欤？古人有言："能推食与人者，尝饥者也；赐之车马而辞焉者，不畏徒步者也。"若畏饥而惮步，则天下事其吝为之，怯为之，不亦多乎？无异常天下之难者也，必无难天下事矣，予以此劝无异焉。

【注释】

①刻露：完全显露。②胜：美好的。③澹澹漠漠：澹澹，恬静、安然的样子；漠漠，寂静无声的样子。④盎盎：繁荣兴盛的样子。⑤燠（yù）：暖，热。⑥冱（hù）：冻结。⑦知慧：智慧，"知"同"智"。⑧举业：指应科举考试。⑨壒（ài）：尘土。⑩长孺：即虞长孺，明末居士，袁中道的朋友。⑪嘿嘿：微笑的样子。

【知识】

1. 梅圣俞

梅尧臣，字圣俞。梅尧臣早年的诗歌创作，曾受到西昆诗派的影响，后来由于他关心现实，接近人民，诗风逐渐变化，风格平淡朴实，并提出了同西昆派针锋相对的诗歌理论，有矫正宋初靡丽倾向之意，对宋代诗风的转变有倡导和力行之功。在艺术上，梅尧臣注重诗歌的形象性、意境含蓄等特点，提出了"状难写之景如在目前，含不尽之意见于言外"这一著名的艺术标准。

2. 袁中道

明代文学家，字小修，一作少修。"公安派"领袖之一，与其兄袁宗道、袁宏道并称"三袁"。文学主张上强调性灵，其中"性灵"是指纯真、活泼、自然的人性，也指人的各种生活欲望和情感的流露。

【品读】

文人命运之多艰与其创作成果之多丰这一现象，几成定律。汉司马迁《报任安书》中言："《诗》三百篇，大抵圣贤发愤之所为作也。"韩愈则称"不平则鸣""夫和平之音淡薄，而愁思之声要妙；欢愉之词难工，而穷苦之言易好也"等，多在描述此现象。可能因为文人的敏感，其笔下呈现的命运，比起常人经历的人生多了几分痛苦，抑或是只有文人才能用纸笔、文字记下整个人类的悲哀，让读者心有戚戚然。总之，文人的笔下，其个人命运是坎坷的，但其创作出的恰是虽然饱含悲痛、却让世人觉得美丽动人、扣人心弦的文字。其原因到底何在?

欧阳修《梅圣俞诗集序》认为：诗穷而后工。穷者，政治遭际上的不遇，而非生活境况上的困苦——那叫做"贫"。《孟子·尽心上》："古之人，得志，泽加于民；不得志，修身见于世。穷则独善其身，达则兼兼济天下。"欧阳修认为诗人因为"穷"的经历最终使得诗歌精妙。作者在对"世谓诗人少达而多穷"的看法进行辩驳的基础上，以"夫岂然哉"的反问句来否定，认为世上所流传的诗歌，虽多是古代经历坎坷的诗人所做，但是因为这些诗人怀才不遇，没有官职或官位不显，在政治上受到压抑，抱负和理想不能实现，他们常漫游山水以自遣，广泛接触社会生活和自然，而他们的内心则愤慨不平，由触事感物发为诗歌，便能写出难以描摹的忧思孤愤之情。他们的处境越是坎坷困顿，对社会生活的体验就越加丰富，创作出的诗歌也就越发优秀。在此基础上作者提出自己的观点：并不是写诗会使诗人遭受坎坷困顿，而是处境坎坷困顿能使诗人写出好诗，进而说明诗人"穷而后工"，主要原因在于他们因遭遇惨淡使其对社会生活的观察、体验更为丰富，所以写出优秀诗歌。"诗穷而后工"论，是对司马迁及韩愈论点的继承和发展，更进一步阐释了作家生活遭遇对其创作成就所起的重要作用，言简意赅，清楚明白，成为我国古代文学理论批评发展史上的一个新贡献。

而梅圣俞的经历与其诗歌成就恰好说明这一点。梅圣俞之"穷"：从"少"开始，到今“年五十”，其中不少时间的词，概括了他的经历。“辄抑”、“困于”、“犹从”等语，字里行间透露出不平与同情；梅诗之“工”：童子时有诗才，又以其文风之正衬托其诗才之大，后写世人对其诗的推崇。如此诗才却不能受到重用，这在文人除了政治上的追求别无它途取得社会认可的社会，引发了作者无限的感叹。作为老友，作者还是希望能两全其美，梅圣俞既能在朝廷做官，又能写歌功颂德的“雅颂”诗。但在道理上有矛盾，诗人倘不穷，又安能工诗？虽然诗穷而后工，但是经历者的痛苦，又有几人能够感同身受？

袁中道《陈无异寄生篇序》认为：惟夫计穷虑迫，困衡之极，有志者往往淬励磨练，琢为美器。作者以“梅”之不俗的来历为喻，梅在百花开放之春，却以其独特的韵致位居花中之冠，就是因为它经历了寒冷、冰雪的洗礼，因而更为奇特，以此说明读书人在经历困窘之余，也将其自身雕凿成优秀人才。至于其中的原因，还在于此番经历会让人心灵受到震动，灵感在困境中会闪现，从而产生出智慧。陈无异在困厄之中，更为发愤刻苦，于是有“清胜之气”，并且无异乃不“畏饥”、不“惮步”之人，其克服困境的勇气必然使其能做大事，作者既是在追溯原因，也是在劝勉友人。

欧阳修的看法主要从外界寻找原因，袁中道则从内心寻找原因。这两种不同原因的追溯，和两人的身份、主张有关。欧阳修身为官员，明了政治上的不得志会给诗人带来的影响，而袁中道从人的“性灵”出发，认为困顿之经历，恰恰可以打开人的心性，进而“独抒性灵”。不同时代的人，秉持“我手写我心”，古老的话题，也能推陈出新。

【借鉴】

1. “诗穷而后工”

在论及创作与生活的关系时，欧阳修提出的“诗穷而后工”，袁中道提出的“惟经风霜冰雪之余，则别有一种胜韵”、“惟夫计穷虑迫，困衡之极，有志者往往淬励磨练，琢为美器”的观点给了我们很好的启示。

2. 学习两文内因和外因的分析

两文观点相近，但在阐述理由时一者从外寻找原因，一者从内寻找原因。欧阳修认为因为文人仕途不顺，或纵情山水，或落入市井，或深入底层，内心有所郁结，广阔的天地为其提供了写作的素材，所以诗作会因为“穷”而变得精妙；袁中道则认为坎坷的经历可以让人开启灵感，获得智慧，从而成就出世经世的学问。这启示我们作归因分析时，不妨从内、外两面去分析。

【思考】

1. 请结合《梅圣俞诗集序》说说“序”这种文体的主要内容。

2.《陈无异寄生篇序》第一段中写了“百花”和“梅”，请从论证方法的角度分析其作用。

3. 请简要分析两序文写作目的的异同。

4. 欧阳修认为“诗穷而后工”，你认为文学作品优秀与否与文人的坎坷经历是否有必然的联系？简要说说你的理由。

【译文】

梅圣俞诗集序

我听到世人常说：诗人仕途畅达的少，困厄的多，难道真是这样吗？大概是由于世上所流传的诗歌，多出于古代困厄之士的笔下吧。大凡胸藏才智而又不能充分施展于世的士人，大都喜爱到山头水边去放浪形骸，看见虫鱼草木风云鸟兽等事物，往往探究它们的奇特怪异之处，内心有着忧愁感慨愤激的郁积，这些情感化为诗兴，即寄托在怨恨讽刺之中，道出了逐臣寡妇的慨叹，而写出了人所难于言传的感受来。大概越困厄就越能写得工巧。如此说来，并非写诗使人穷困潦倒，大概是穷困潦倒后才能写出好诗来。

我的朋友梅圣俞，年轻时由于荫袭补为下级官吏，屡次考进士，总是遭到主考部门的压制，在地方上困厄了10多年。年已50了，还要靠别人下聘书，去当人家的办事员。郁积着自己的才能智慧，不能在事业上充分地表现出来。他家乡在宛陵，幼年时就学习诗歌，从他孩童时起，写出的诗句就已使得父老长辈惊异了。等到长大，学习了六经仁义的学问，他写出的文章简古纯正，不希求苟且取悦于世人。世人只知道他会写诗罢了。然而当时人不论贤愚，谈论诗歌必然会向圣俞请教。圣俞也把自己不得志的地方，喜欢通过诗歌来发泄，因此他平时所写的东西，其中诗歌就特别多。社会上已经知道他了，却没有人向朝廷推荐他。从前王文康公曾看到他的诗作，慨叹地说："200年没有这样的作品了！"虽然对他了解很深，可还是没有加以推荐。假使他有幸得到朝廷的任用，写出如《诗经》中雅、颂那样的作品，来歌颂大宋的功业恩德，献给宗庙，使他类似于商颂、周颂、鲁颂等作者，难道不是很壮伟的吗？可惜他到老也不得志，只能写困厄者的诗歌，只能在虫鱼之类上抒发穷苦愁闷的感叹。社会上只喜爱他诗歌的工巧，却不知道他困厄已久将要老死了，这难道不值得叹息吗？

圣俞的诗很多，自己却不收拾整理。他的内侄谢景初担心它太多容易散失，选取他从洛阳到吴兴这段时间的作品，编为十卷。我曾经酷爱圣俞的诗作，担心不能全部得到它，十分高兴谢氏能为它分类编排，就为之作序并保存起来。

从那以后过了15年，圣俞因病在京师去世，我已痛哭着为他写好了墓志铭，便向他家索求，得到他的遗稿1 000多篇，连同先前所保存的，选取其中特别好的共677篇，分为15卷。我对圣俞的诗歌已经评论得很多了，所以不再重复。

庐陵欧阳修为之作序。

陈无异寄生篇序

六一居士说："刮风落霜结冰飞雪之时，自然更鲜明地显露出它的清肃秀美。"拿山景来说，四季的变化也是很多的，但只有经过风霜冰雪的洗礼，才别有一种韵致，静缓安然，超过浓艳之景。春天万物繁荣兴盛，尽力展现自身美丽的各种各样的花，数也数不尽，但只有梅花经历风霜冰雪的浸润后，凭其雅韵高致得以在万花中位居第一。因此常人只了解在温暖季节开的花,却不知道在寒冷之中培育、养成的花,是更为奇特的。由此来看,读书人从生下来就处于富裕环境之中,安乐地吃住,丝毫不沾染风霜冰雪的浸润,即使有所成就,但终距常人不远。只有到无计可施、无法可想,困窘到极点之时,有远大志向的人往往磨练自身的意志,将自身雕琢为大器。为什么会这样呢?人在心灵受到震撼之余,灵感被逼迫到极点就通达,从而智慧就产生了。那些治理世事、远离尘世的学问,都是由此生发,更何况准备科举考试的文字呢?

我的朋友无异,从少年起遭受困窘,又寄居四方,这更使他振奋精神,发愤图强,用心良苦。著为文章时,清雅、美好之气,大大超出尘世之人,像叶落之余遥见秀山,古梅之上落着新蕊,遇到识才之人并会收纳他,这本就是理所当然呀。我常在长孺家碰到无异,含着笑与他亲近,私底下总想:这是不是在经历风霜冰雪浸润后,消磨掉了他身上的习俗之气,才这样的呢?古人说:“能推让自己的食物让给别人的人,是曾忍受饥饿的人;给他车马但拒绝它的人,是不畏惧徒步行走的人。”如果畏惧饥饿、害怕走路,那么天下的事情小气、胆怯地处理的不也就很多了吗?无异把天下的难事当做平常之事,他一定不会认为做天下大事是困难的,我用这篇文章来劝勉无异。

书韩魏公黄州诗后[①]

[北宋] 苏 轼

黄州山水清远,土风厚善。其民寡求而不争,其士静而文,朴而不陋。虽闾巷小民,知尊爱贤者,曰:“吾州虽远小,然王元之[②]、韩魏公,尝辱居焉。”以夸于四方之人。元之自黄迁蕲州,没于蕲,然世之称元之者,必曰黄州,而黄人亦曰“吾元之也”。魏公去黄四十余年,而思之不忘,至以为诗。

夫贤人君子,天之所以遗斯民,天下之所共有,而黄人独私以为宠,岂其尊德乐道，独异于他邦也欤？抑二公与此州之人，有宿昔[3]之契[4]？不可知也。元之为郡守，有德于民，民怀之不忘也固宜。魏公以家艰，从其兄居耳，民何自知之？《诗》云："有斐君子，如金如锡，如圭[5]如璧。"金锡圭璧之所在，瓦石草木被其光泽矣，何必施于用[6]？

奉议郎孙贲公素，黄人也，而客于公。公知之深，盖所谓教授[7]书记[8]者也。而轼亦公之门人，谪居于黄五年，治东坡，筑雪堂，盖将老焉，则亦黄人也。于是相与摹公之诗而刻之石，以为黄人无穷之思。而吾二人者，亦庶几[9]托此以不忘乎？

【注释】

①韩魏公：指北宋大臣韩琦，封魏国公。与范仲淹齐名，历任边疆大臣，功勋卓著。②王禹偁(954—1001)，字元之。宋代济州巨野(今山东省巨野县)人，出身贫寒。诗人、散文家。晚被贬于黄州，世称王黄州。③宿昔：从前。④契：志趣相投之人。⑤圭：一种玉器。⑥何必施于用：施：加。用：任用。⑦教授：古时设置在地方官学中的学官。⑧书记：从事公文、书信工作的人员。⑨庶几：或许可以。

书魏郑公传后[1]

[北宋] 曾 巩

予观太宗[2]常屈己以从群臣之议，而魏郑公之徒喜遭其时，感知己之遇，事之大小，无不谏诤[3]。虽其忠诚自至，亦得君而然也。则思唐之所以治，太宗之所以称贤主，而前世之君不及者，其渊源皆出于此也。能知其有此者，以其书存也。及观郑公以谏诤事付史官，而太宗怒之，薄其恩礼，失终始之义，则未尝不反复嗟惜，恨[4]其不思，而益知郑公之贤焉。

夫君之使臣,与臣之事君者何?大公至正之道而已矣。大公至正之道,非灭人言以掩己过⑤,取小亮⑥以私其君,此其不可者也。又有甚不可者:夫以谏诤为当掩,是以谏诤为非美也,则后世谁复当谏诤乎?况前代之君有纳谏之美,而后世不见,则非唯失一时之公,又将使后世之君谓前代无谏诤之事,是启其怠且忌矣⑦。太宗末年,群下既知此意而不言,渐不知天下之得失,至于辽东之败⑧,而始恨郑公不在世,未尝知其悔之萌芽出于此也。

夫伊尹、周公何如人也⑨!伊尹、周公之切谏其君者,其言至深,而其事至迫,存之于书,未尝掩焉。至今称太甲、成王为贤君⑩,而伊尹、周公为良相者,以其书可见也。令当时削而弃之,成区区之小让⑪,则后世何所据依而谏?又何以知其贤且良欤?桀、纣、幽、厉、始皇之亡⑫,则其臣之谏词无见焉。非其史之遗,乃天下不敢言而然也。则谏诤之无传,乃此数君之所以益暴其恶于后世而已矣。

或曰:"《春秋》之法⑬,为尊、亲、贤者讳,与此戾矣⑭。"夫《春秋》之所以讳者,恶也,纳谏岂恶乎?"然则焚稿者非欤?"曰:焚稿者谁欤?非伊尹、周公为之也,近世取区区之小亮⑮者为之耳。其事又未是也。何则?以焚其稿为掩君之过,而使后世传之,则是使后世不见稿之是非,而必其过常在于君,美常在于己也,岂爱其君之谓欤?孔光⑯之去其稿之所言,其在正邪,未可知也。而焚之而惑后世,庸讵⑰知非谋己之奸计乎?

或曰:"'造辟而言,诡辞而出'⑱,异乎此。"曰:此非圣人之所曾言也。令⑲万一有是理,亦谓君臣之间,议论之际,不欲漏其言于一时之人耳,岂杜⑳其告万世也?

噫!以诚信持己,而事其君,而不欺乎万世者,郑公也。益知其贤云。岂非然哉?岂非然哉?

【注释】

①魏郑公:魏征(580—643),字玄成,唐朝著名政治家,贞观十年主持修撰五代史成,封郑国公。《旧唐书》和《新唐书》中都有魏征列传。史上有唐王方庆撰

《魏郑公谏录》，编录魏征事迹，侧重其谏奏及与太宗的问对。②太宗：唐太宗(599—649)，即李世民。③谏诤：直爽地说出人的过错，劝人改正。④恨：遗憾。⑤灭：灭绝，堵塞。掩：掩盖，遮没。⑥亮：同“谅”，忠信。⑦怠：疏慢。忌：避忌，讳饰，掩盖。⑧辽东之败：唐太宗进攻辽东，损失惨重。辽东战役后，太宗怅然于魏征辞世，无人谏阻其远征。⑨伊尹：名挚，商初大臣，助汤灭桀，汤去世后又佐继位者。周公：姬旦，文王之子，武王之弟，辅武王伐纣，统一天下，又佐成王开创盛世。⑩太甲：成汤孙，即位三年间暴虐乱德，伊尹放之于桐宫(成汤葬地)；三年后悔过反善，被接回复位。成王：武王子姬诵。⑪让：谦让。⑫桀：夏末代君主。纣：商末代君主。幽：西周末代君主。厉：即周厉王(亦即姬胡)。始皇：秦始皇(前259—前210)，嬴政，公元前221年统一全国。⑬《春秋》之法：《春秋》文字简短，每于一字间寓褒贬，后世即称此为春秋笔法。⑭戾：违反，背叛。⑮小亮：小聪明。⑯孔光：字子夏，鲁人，孔子十四代孙，西汉末年大臣。⑰庸讵：反诘之词，难道，哪里。⑱辟：君主、国君。造辟：朝见君主。诡辞而出：用假话敷衍，不泄露实情。⑲令：即令，即使。⑳杜：断绝，阻碍。

【知识】

1. 后记

写在书籍或文章之后的文字，用以说明写作经过或评价内容等，称“跋”或“书后”，即“后记”。古人多用“书某书或某文后”这一题名，如宋代欧阳修有《书梅圣俞稿后》，王安石有《书李文公集后》，都以“书后”为题。偶或用“读某书或某文后题”这一名称，如唐代柳宗元《读韩愈所著毛颖传后题》，便名之读后题。“后记”同“序”实为一类，或可认为是写于书后或文后的“序”。

2.《旧唐书》和《新唐书》

魏征(魏郑公)传记在《旧唐书》和《新唐书》中均有所见。五代后晋时官修的《旧唐书》，是现存最早的系统记录唐代历史的一部史籍。《旧唐书》共二百卷，包括本纪20卷，志30卷，列传150卷。《新唐书》是北宋时期宋祁、欧阳修等人编撰的一部记载唐朝历史的纪传体断代史书。宋仁宗认为《唐书》(即《旧唐书》)“纪次无法,详略失中,文采不明,事实零落”,庆历四年(公元1044年)下诏重修。《新唐书》前后修史历经17年完成,全书共有225卷。

【品读】

《书韩魏公黄州诗后》和《书魏郑公传后》文体上同属“后记”(跋),内容同属说理文范畴,但从文章内容表达的侧重点来看,还是有些不同的。

“入情”与“入理”。从文体特点上说,“后记”本有说明、介绍、叙事的成分,可是这两篇文章似乎不愿在这方面多花笔墨,而是把这个任务交给读者,由读者在阅读中去了解主体内容。两位作者更愿意在说理和评价方面下功夫,可是着力点又有所不同。《书韩魏公黄州诗后》重在披文入情,情中寓理;《书魏郑公传后》重在披文入理,理中含情。《书韩魏公黄州诗后》写到韩魏公“思之不忘”黄州,以至作诗纪念。苏轼透过韩魏公的黄州诗,感受到韩魏公对黄州的留恋和牵挂、对黄州人民的深情厚谊,同时,也感受到黄州人民对韩魏公与王元之的亲近和敬仰。客居(为官)名士与平常百姓似有“宿昔之契”,其情感人至深。而这种和谐情感表明一个道理:君子贤人的道德品行具有“尊德乐道”的感化力量。《书魏郑公传后》则从唐太宗与魏征的关系说起,提出君与臣之间应以“大公至正之道”为行动准则,认为君主不应“灭人言以掩己过”,臣下不应“取小亮以私其君”。同时以史实为例,从正反两方面说明了把谏诤之事载入史册,将会产生积极的政治效果和深远的历史影响,然后在君臣关系上提出“诚信”二字,在撰述历史上主张“不欺万世”。在这样的深刻见解背后,我们可以从“益知其贤云。岂非然哉?岂非然哉?”这样的话语中,感受到作者对魏郑公的极力推崇,也了解到作者对为人臣者的价值评判和真切期许。两篇文章虽一重“情”一重“理”,但最终都达成了情理交融。

“爱民”与“忠君”。从两篇文章内容的指向性来看,可以分别看作“爱民”与“忠君”。《书韩魏公黄州诗后》的指向是“爱民”。虽然王元之的德政在文中重在衬托韩魏公的品行，但无疑隐含着这样的信息：爱民之人必受民拥戴，而唯有品行高尚之人才能成为爱民之人；而且，在德政治理下的民众，更容易具备“尊德乐道”的修养，从而营造出贤人君子乐于居处的社会环境。《书魏郑公传后》的指向是“忠君”。在封建社会，“三纲”中明确规定“君为臣纲”，这决定了“忠君”是为人臣子的基本行为准则。然而，纵观中国历代封建王朝，几乎每个朝代都是忠臣与奸佞比肩而立，为什么？因为不管哪朝封建统治者，他都是作为人存在的，都有着“忠言逆耳”的同感，于是一些臣子便假忠臣之名，行溜须之实，干奸佞之事。因此，像魏征这样的谏诤之臣便难能可贵，更难得的是唐太宗这样的皇帝能够察纳雅言（虽然有时候难免面子上挂不住，恼怒之下会“薄其恩义”）。而事实证明，正是像魏征这样的大臣，才是真正的“忠君”之人。爱民，会得到民声；忠君，会得到君宠。这似乎是两个层次的评价体系，但实际上，封建社会的这两种评价，其实质是一致的，那就是为了维护封建集团的整体利益，如果在这个过程中老百姓能够从中得到一点益处，那也是幸运之事了。尽管如此，我们仍然不能忽略韩魏公和魏郑公身上的个性化风采，他们在当时的社会环境下，都散发出自身的角色魅力。这也正是两位散文大家由此二人的诗或事生发感慨的源头所在。

苏轼与曾巩同属“唐宋八大家”之列，比较他们二人所作的“后记”，自有相同之处，而从语言表达上来看，苏文更重情辞，兼用渲染衬托；曾文更重义理，兼有对比驳诘，也可谓各有千秋了。

【借鉴】

1. “桃李不言，下自成蹊”

《史记·李将军列传》：“余睹李将军悛悛如鄙人，口不能道辞。及死之日，天下知与不知，皆为尽哀。彼其忠实心诚信于士大夫也？谚曰：‘桃李不言，下自成蹊。’此言虽小，可以谕大也。”司马贞索隐：“桃氏云：‘桃李本不能言，但以华实感物，故人不期而往，其下自成蹊径也。’”由此可知，“桃李不言，下自成蹊”比喻某人实至名归,不用自我张扬也极富感召力。李将军如此,韩魏公、王元之如此,魏郑公又何尝不是如此?然而,为人达到此等地步,如果没有超拔的才能、高尚的情操是不可能的。这也给我们带来启示:为人处事只要有实力、有内涵,不必大肆宣扬,终会以才服人、以德服人;写人记事不必贴标签、喊口号,展现人物的言行,自然会让读者感受到他的才情品格。

2. 文以载道

曾巩的散文创作奉行“文以载道”的观点,《书魏郑公传后》很好地体现了这一点。“文以载道”这个观点由中唐时期韩愈等古文运动家提出的“文以明道”发展而来,经宋代理学家的解释得到完善。文学就是传播儒家之“道”的手段和工具,这样的文学观念因偏于文学的教化目的而显得狭隘,所以时而受到后来者的批判。郭沫若说:古人说“文以载道”,用现在的话说,写文章就是表达思想。按照这样的理解,“道”的含义立即开阔不少。可以这么认为,无论任何文章或文学作品,其内容都应该包含“道”在内,即凡用文字来表述人类感情和思想时所必须具备的条件,就是要能载“道”,含有“道”的实质,如此方是言之有物,才是作品的最高评价。在我们的写作实践中,也应该以发展的眼光来看待“文以载道”,辩证采用这一创作原则,力戒无病呻吟,同时避免写作中的假、大、空和华而不实现象,努力在“学”和“思”的基础上写出真性情、真思想。

【思考】

1.《书韩魏公黄州诗后》第一段“吾元之也”与下文照应的句子是哪一句,其中“吾”表达的情感是怎样的?

2.《书韩魏公黄州诗后》第一段最后说到“思之不忘”,第三段说到“无穷之思”,两种“思”有何内在联系?

3. 比较赏析《书韩魏公黄州诗后》与《书魏郑公传后》两文语言特点的不同。

【译文】

书韩魏公黄州诗后

黄州的山水清美幽远，民风淳厚善良。那里的百姓心无所求，不相互争斗，那里的读书人娴静而有才华，为人质朴但不浅陋。即使居住在小巷中的小民，也知道尊重爱戴贤德之人，说："我们黄州虽然地处偏远，辖地不大，但是王元之、韩魏公曾经在这里居住。"黄州人以此向各个地方的人夸耀。王元之从黄州改任蕲州知县，死在蕲州，然而世人称呼王元之，必定称呼他为王黄州，而黄州人也说"我们元之"。韩魏公离开黄州40多年，还是思念黄州，没有忘怀，到了赋诗来抒发自己怀念黄州的心情的地步。

贤人君子，是上天用来送给那里的百姓的，也是天下所共有的，可是黄州人却把他据为私有，当成宠爱的人，难道是他们尊重有德行、乐于坚持自己信念的人，与别的地方不一样吗？还是两位大人与黄州人，生前就是志趣投合的人？这一切都不可知。王元之任黄州郡守的时候，对黄州百姓有恩，百姓怀念他不忘记他是应该的。韩魏公早年因为家境艰难，住在他兄长家里，百姓从哪里知道他的为人？《诗经》中说："有才华的君子，像金，像锡，像圭，像璧。"金锡圭璧所在的地方，瓦石草木也都被它的光泽照亮了，韩魏公又何必要担任什么职务？

奉议郎孙贲孙公素，是黄州人，曾是韩魏公的门客。韩魏公十分了解他，认为他有教授、书记的才华。而我苏轼也是韩魏公的门生，谪居黄州五年，开垦了东坡，修建了雪堂，也将年老，那么也是黄州人了。于是孙贲和我一起临摹了韩魏公的诗刻在石上，用来寄托黄州人对韩魏公的无穷的思念。而我们二人或许可以借此表示不忘韩魏公的恩情了。

书魏郑公传后

我看到唐太宗常常委屈自己，听从群臣的意见，而魏郑公这些人为碰上了好时代而高兴,感激太宗知遇之恩,事情不论大小,没有不直言进谏的。虽然这是由于他们的忠诚,但也是因为能遇上圣明的君主才能这样的啊!那么,我想唐代之所以是太平盛世,太宗之所以被称为贤君,前代的君主之所以比不上太宗,根本原因都出在这里啊!能够知道这些,是因为相关历史有记载。等我看到郑公把谏诤的事记录下来交付给史官,太宗因此大怒,减轻了对他的恩宠礼遇,丧失了始终如一的君臣道义,我没有一次不反复叹惜,遗憾太宗不慎重思考,而更加理解郑公的贤良了。

君王任用臣子,臣子侍奉君王的原则是什么呢?只是极其公正罢了。极其公正,不是不许别人讲话来掩盖自己的过失,(也不是)博取小的忠信来讨好自己的君主,(因为)这样做是不合适的。还有更不可以做的,认为谏诤是应当掩饰的,这是把谏诤当作不好的事情,那么后代谁还会去当面谏诤呢?况且前代的君主有纳谏的美德,可是后代看不见,那就不只是失掉一时的公正,又将使后代的君主认为前代没有谏诤的情况,这是开启引导了疏慢和忌讳进谏的风气。唐太宗晚年,许多大臣已经知道了他掩盖进谏之事(而不再进谏),致使他逐渐(越来越)不明了治理天下的失误,到后来出现远征辽东失败的情况,才开始遗憾魏征已经不在人世,还不曾知道他悔恨的萌芽就产生于(掩盖进谏)这件事情上。

那伊尹、周公是什么样的人物呢?伊尹、周公对君主恳切地劝谏,言辞极其深刻,事情又非常紧迫。他们的谏词保存在《尚书》里,不曾湮没。到现在,人们还称颂太甲、成王为贤君,伊尹、周公为良相,是因为他们的谏书还见得到。假使当时就把谏书删减毁弃,成就小小的谦让的名声,那么后世依据什么来谏诤,又根据什么知道他们的贤能和杰出呢?桀、纣、幽、厉、始皇这些国君灭亡,他们臣子的谏词就看不到,不是当时史官遗漏没记,而是天下人都不敢进言的结果。那么进谏的言辞没有流传下来,这是这几个国君的恶行更加昭然后世的原因。

有人说:"《春秋》记史的原则是为君主、父母、贤德之人掩饰隐瞒过错,与你的说法正好相反。"《春秋》里所掩饰、隐瞒的都是缺点,接受谏诤怎么能说是缺点呢?又说:"既然如此,是焚毁谏稿的人不对吗?"我说:焚稿的人是谁?这不是伊尹、周公做的，而是近世的人为了博取一点点忠诚而干的，这种事情又不对。为什么？因为他们把焚稿当做替君主掩饰过错的美德，而让后世去传颂这件事。这就使得后世看不到谏言奏章是否正确，一定认为过错通常在君主，把美德常常归结到焚稿者身上，怎么能说是爱他们的君主呢？孔光删去他奏章的内容，究竟是正直还是邪僻，已经不清楚了；而那些用焚稿来迷惑后世的人，又怎么知道不是为了实现他们自己的个人私利呢？

又有人说："'到君主面前说的话，出来不泄露实情。'这也与你的观点不同。"我说，这不是圣人说过的话。即使万一有这样的道理，也是说君臣之间，议论国家大事，不想对当时的人泄露他们的话语罢了，哪里是想杜绝告诉万世的人呢！

唉！用真实诚信要求自己并侍奉君主，而且也不欺瞒万世的人，(这)就是郑公啊！我在前面说过"更加理解了他的贤良"这样的话。难道不是这样吗？难道不是这样吗？

兰亭集序

[东晋]王羲之

永和①九年，岁在癸丑，暮春之初，会于会稽山阴之兰亭②，修禊③事也。群贤毕至④，少长⑤咸集。此地有崇山峻岭，茂林修竹，又有清流激湍，映带左右。引以为流觞曲水⑥，列坐其次，虽无丝竹管弦之盛，一觞一咏，亦足以畅叙幽情。是日也，天朗气清，惠风和畅。仰观宇宙之大，俯察品类之盛，所以游目骋怀，足以极视听之娱，信可乐也。

夫人之相与，俯仰一世⑦。或取诸怀抱，晤言⑧一室之内；或因寄所托，放浪形骸之外⑨。虽趣舍⑩万殊，静躁不同，当其欣于所遇，暂得于己，快然自足，曾不知老之将至⑪。及其所之既倦，情随事迁，感慨系之矣。向之所欣，俯仰之间，已为陈迹，犹不能不以之兴怀。况修短随化，终期于尽。古人云："死生亦大矣！"

岂不痛哉!

每览昔人兴感之由,若合一契[12],未尝不临文嗟悼,不能喻之于怀。固知一死生[13]为虚诞,齐彭殇[14]为妄作。后之视今,亦犹今之视昔,悲夫!故列叙时人,录其所述。虽世殊事异,所以兴怀,其致一也。后之览者,亦将有感于斯文。

【注释】

①永和:晋穆帝年号,345—356年。②会(kuài)稽:郡名,包括今浙江西部、江苏东南部一带地方。山阴:今浙江绍兴。③修禊(xì):古代习俗,于阴历三月上旬的巳日(魏以后定为三月三日),人们群聚于水滨嬉戏洗濯,以消除不祥和求福。实际上这是古人的一种游春活动。④群贤:指谢安等41位与会的名流。⑤少长:如王羲之的儿子王凝之、王徽之是少,谢安、王羲之等是长。⑥流觞曲水:用漆制的酒杯盛酒,放入弯曲的水道中任其漂流。杯停在某人面前,某人就引杯饮酒。这是古人一种劝酒取乐的方式。⑦俯仰一世:很快地过了一生。俯仰,低首抬头之间,形容时间短暂。⑧晤言:面对面谈话。⑨放浪形骸之外:行为放纵不羁,形体不受世俗礼法拘束。⑩趣舍:同"取舍"。⑪老之将至:语出《论语·述而》:"其为人也,发愤忘食,乐以忘忧,不知老之将至云尔。"⑫契:符契,古代的一种信物。在符契上刻上字,剖而为二,各执一半,作为凭证。⑬一死生:把死和生看作一回事。语出《庄子·德充符》:"以死生为一。"⑭齐彭殇:把高寿的彭祖和短命的殇子等量齐观。《庄子·齐物论》:"莫寿于殇子,而彭祖为夭。"

春夜宴诸从弟桃李园序[1]

[唐] 李　白

夫天地者,万物之逆旅[2]也;光阴者,百代之过客[3]也。而浮生若梦[4],为欢几何?古人秉烛夜游,良有以也[5]。况阳春召我以烟景[6],大块假我以文章[7]。

会桃李之芳园，序天伦之乐事⑧。群季俊秀⑨，皆为惠连⑩；吾人咏歌⑪，独惭康乐⑫。幽赏未已，高谈转清⑬。开琼筵以坐花⑭，飞羽觞而醉月⑮。不有佳作，何伸雅怀？如诗不成，罚依金谷酒数⑯。

【注释】

①此序约于开元二十一年(733)前后作于安陆。桃花园，疑在安陆兆山桃花岩。从(旧读 zòng)：堂房亲属。从弟：堂弟。②逆旅：客舍。逆：迎接。旅：客。迎客止歇，所以客舍称逆旅。③过客：过往的客人。李白《拟古十二首》其九："生者为过客。"④浮生若梦：死生之差异，就好像梦与醒之不同，纷纭变化，不可究诘。⑤秉烛夜游，良有以也：这里是说人生有限，应夜以继日的游乐。秉：执。《古诗十九首》其十五："昼短苦夜长，何不秉烛游。"以：因由，道理。⑥阳春：和煦的春光。召：召唤，引申为吸引。烟景：春天气候温润，景色似含烟雾。⑦大块：大地。假：借，这里是提供、赐予的意思。文章：这里指绚丽的文采。⑧序：同"叙"，叙说。天伦：指父子、兄弟等亲属关系。这里专指兄弟。⑨群季：诸弟。兄弟长幼之序，曰伯、仲、叔、季，故以季代称弟。⑩惠连：谢惠连，南朝诗人，早慧。这里以惠连来称赞诸弟的文才。⑪咏歌：吟诗。⑫康乐：南朝刘宋时山水诗人谢灵运，袭封康乐公，世称谢康乐。⑬"幽赏"二句：谓一边欣赏着幽静的美景，一边谈论着清雅的话题。⑭琼筵：华美的宴席。坐花：坐在花丛中。⑮羽觞(shāng)：古代一种酒器，作鸟雀状。醉月：醉于月光下。⑯金谷酒数：金谷，园名，晋石崇于金谷涧(在今河南洛阳西北)中所筑，他常在这里宴请宾客。其《金谷诗序》："遂各赋诗，以叙中怀，或不能者，罚酒三斗。"后泛指宴会上罚酒三杯的常例。

【知识】

1. 王羲之与书法作品《兰亭集序》

王羲之(303—361)，东晋书法家，字逸少。官至右军将军，会稽内史，世称

“王右军”。王羲之 12 岁时经父亲传授笔法论，又师从当时著名的书法家卫夫人，以后又经不断观摩学习，“兼撮众法，备成一家”，有“书圣”美誉。

《兰亭集序》是王羲之书法艺术的代表作。通篇气息淡和空灵、潇洒自然；用笔遒媚飘逸；手法既平和又奇崛，大小参差，既有精心安排，又没有做作雕琢的痕迹，自然天成。其中，凡是相同的字，写法各不相同，如“之”“以”“为”等字，各有变化，特别是“之”字，达到了艺术上多样与统一的效果。

2. 李白

李白(701—762)，唐朝诗人，字太白，号青莲居士，有“诗仙”之称，伟大的浪漫主义诗人。李白一生不以功名显露，不畏权力，藐视权贵，曾流传着“力士脱靴”“贵妃捧砚”“御手调羹”等故事。肆无忌惮地嘲笑以政治权力为中心的等级秩序，批判当时腐败的政治现象，以大胆反抗的姿态，推进了盛唐文化中的英雄主义精神。

【品读】

这两篇文章都是春季宴游诗集之序。两文都介绍了宴游的缘由、宴会时节的景象，借此抒发人生感触。但是因为作者时代背景、个性不同使得两文在描摹的景象、人生旨趣上大异。

从两文描摹的景象来看，《兰亭集序》中的景物主体是山水。“崇”与“峻”只是本色形容，而“茂林修竹”四字遂赋予山岭盎然生气。“清”与“激”亦为本色形容，而“映带左右”四字方使流水神采飞动。作者所描摹之景色格调淡雅。三月江南，想那山间水渚，该有多少鲜花吐艳，真是“姹紫嫣红开遍”！但在此处，这些浓艳之物却不见姿影，得寓作者之目者，唯山、水、林、竹、天、风而已。即使绘竹，亦只言其修而弃其绿；写水，亦只言其清而弃其碧。一切过于浓厚之色不用，这是色调的淡雅，但也是心境的淡雅。晋人对王羲之其人的情性，有“清鉴贵要”之评（《世说新语·赏誉》）。语言上不尚藻饰，不堆砌故实；句法上骈散兼行而以散句为主，素朴自然的形式与其内容构成了和谐的统一。文字格调之淡雅，正是作者情性的体现。

而在李白笔下，“阳春”、“烟景”，只用几个字就体现了春景的特色。“春”前着一“阳”字，把春天形象化，使人感到温暖，眼前呈现一片红艳。春天地气上升，花、柳、山、水，以及其他所有自然景物，都披绡戴縠，分外迷人。那当然不是绡縠，而是弥漫于空气之中的袅袅轻烟。“景”前着一“烟”字，就展现了这独特的画面。此后，“阳春烟景”，就和作者在《黄鹤楼送孟浩然之广陵》一诗中所创造的“烟花三月”一样，成为人们喜爱的语言，一经运用，立刻唤起对春天美景的联想。文中句式多变，从三言到七言，或长或短，交错运用，而且往往上下两句构成整饬、巧妙的对仗，使这篇散文兼具诗赋的特色。整体格调明艳、活泼，充满生命活力，这正与李白之浪漫、洒脱的个性一致。

从两文抒发作者的人生感触来看：《兰亭集序》后半部分抒发宴集之后的感触，以一个“悲”字为基调，回环曲折，感动人心。文中王羲之思考并揭示了人生忧患的来源，首先来自外在世界的流转不定，难以依恃，其次来自个体生命的短暂有限，第三来自生命本体永不满足的内在欲望。结尾处从兰亭宴集发端兴感，从今人及于古人，再及于后人，最后回到兰亭宴集而收笔，舒卷自如。在深沉的慨叹之中，暗含着对人生的眷恋和热爱，从而与上文的乐生之旨契合无间了。作者的感触深刻，有曲折变化之美。

李白亦叹人生短暂，但李白由此而生“及时行乐”之感，认为“古人秉烛夜游，良有以也”。为什么呢？就因为“浮生若梦，为欢几何”，所以要及时行乐，连夜间都不肯放过。后文着力写“乐”:赏自然之美景、叙天伦之乐事、与“群季俊秀”高谈雅事,把欢乐的激情推向高潮,继而“开琼筵以坐花,飞羽觞而醉月”,开筵饮宴,从“羽”字着想,生动地用了个“飞”字,就把兄弟们痛饮狂欢的场景表现得淋漓尽致。这是那欢乐的浪潮激起的洪峰。结尾转入“不有佳作,何伸雅怀”等句,《古文观止》的编者说“末数语,写一觞一咏之乐,与世俗浪游者迥别”,又使其从“痛饮”中脱俗。

总体而言,王羲之以“悲”为基调,这是由晋而唐诸多宴游诗文的情调。如孙绰的《三月三日兰亭诗序》“乐与时去,悲亦系之”、陶渊明的《游斜川诗序》“悲日月之既往,悼吾年之不留”,这些诗文调子是低沉的。由此而言,李白的这篇序,同样写游宴,虽“浮生若梦,为欢几何”,颇有些渺茫难知的感觉,但“吾人咏歌,独惭康乐”“不有佳咏,何伸雅怀”,基本精神还是乐观的,摆脱了“既喜而复悲”的陈套,给人以乐观情绪的感染,有别开生面之感,“自是锦心绣口之文”。

【借鉴】

1. “阳春召我以烟景,大块假我以文章”

对于情景关系的思考,关键在于有情之人如何看待自然之景。自然有情无情,在人之心。在李白眼中,自然用美丽的景色来召唤他,天地把他的“文章”献给我,审美之人充满感恩之情,投入其中,主客拥抱,融合无间,自然成为人极好的伴侣。写作之人重在以有情之眼观察自然,移情于景,写作中由景入笔,文章会呈现出情景交融之美。

2. 整散结合的句式

两篇序文都运用了整散结合的句式。《兰亭集序》中如“天朗气清,惠风和畅。仰观宇宙之大,俯察品类之盛”,四字整句描绘天气,六字对偶的整句描述天地万物,接着以“所以游目骋怀,足以极视听之娱,信可乐也”的散句来描摹人生之乐。《春夜宴诸从弟桃李园序》中“夫天地者,万物之逆旅也;光阴者,百代之过客也”，以对偶整句表达对天地光阴短暂之感，又接以“而浮生若梦，为欢几何”的散句在反问中表达作者及时行乐的人生态度。整散结合的句式，参差错落，诵读语气有一张一弛之叹，值得我们在写作中借鉴，让文笔更凝练优美。

【思考】

1. 结合《兰亭集序》第二段文字分析作者“岂不痛哉”的原因。
2. 两篇文章都联系到庄子的思想，其用意有何不同？
3. 结合这两篇文章，说说魏晋人与唐人生命观和精神气质的异同。

【译文】

兰亭集序

晋穆帝永和九年，这是癸丑年。暮春三月初，我们在会稽郡山阴县的兰亭聚会，进行修禊活动。众多的贤能之士都来参加，年轻的年长的都聚集在一起。这地方有高山峻岭，茂密的树林和挺拔的翠竹，又有清澈的溪水，急泻的湍流，波光辉映萦绕在亭子左右。把水引来作为漂流酒杯的弯曲水道，大家列坐在水边，虽然没有音乐伴奏的盛况，可是一面饮酒一面赋诗，也足以酣畅地抒发内心的感情。这天天气晴朗，空气清新，和风拂拂，温暖舒畅。抬头仰望阔大的宇宙空间，低首俯察繁多的万物种类，放眼纵览，舒展胸怀，也足以尽情享受所见所闻的乐趣，确实是很快活的啊。

人们互相交往，转瞬间度过一生。有的人襟怀坦荡，在家里与朋友倾心交谈；有的人把情趣寄托在某些事物上，不受世俗礼法拘束而纵情游乐。虽然人们对生活的取舍千差万别，性情也有沉静和急躁的差异，但当他们遇到欢欣的事情，心里感到暂时的得志，就喜悦满足，竟没想到人生衰老的暮年会很快来临。等到他们对生平所追求的事物已经厌倦，心情也随着起变化，感慨就跟着发生了。从前所感到欢欣的，顷刻之间已成为往事，对这些尚且不能不深有感触。更何况人的寿命长短,随着各种原因而有变化,终有穷尽的一天。古人说:“死生是人生大事啊!”这难道不可悲吗!

我每次看到前人兴怀感慨的原因,与我所感叹的象符契一样相合,没有一次不对着这些文章而叹息悲伤,心里却不知道这是为什么。我本来就认为把死和生当作一回事是错误的,把长寿和短命等量齐观也是荒谬的。后世人看现代人,正如现代人看古代人一样,可悲啊!因此我一一记下这次兰亭集会者的名字,抄录下他们吟咏的诗篇。即使时代会不同,世事会变化,但人们抒发情怀的原因,那情致是一样的。后世的读者,也将对这些诗文有所感慨。

春夜宴诸从弟桃李园序

天地是万物的客舍,时间是古往今来的过客。死生之差异,就好像梦与醒之不同,风云变幻,不可究诘,得到的欢乐,能有多少呢!古人夜间执着蜡烛游玩实在是有道理啊,况且春天用艳丽景色召唤我,大自然把各种美好的形象赐予我。相聚在桃花飘香的花园中,畅叙兄弟间快乐的往事。弟弟们英俊优秀,个个都有谢惠连那样的才情;而我作诗吟咏,却惭愧不如谢灵运。清雅的赏玩尚未止息,又从高谈阔论转向清言雅语。我们摆开筵席,坐赏名花,行酒如飞,醉于月下,没有好诗,怎能抒发高雅的情怀?倘若有人作诗不成,就要按照当年石崇在金谷园宴客赋诗的先例,罚酒三斗。

（三）奏　疏

论积贮疏[①]

［西汉］贾　谊

管子曰："仓廪实而知礼节[②]。"民不足而可治者，自古及今，未之尝闻。古之人曰："一夫不耕，或受之饥；一女不织，或受之寒。"生之有时，而用之亡度，则物力必屈。古之治天下，至纤至悉也[③]，故其畜积足恃[④]。今背本而趋末，食者甚众，是天下之大残也；淫侈之俗，日日以长，是天下之大贼也。残贼公行，莫之或止；大命将泛[⑤]，莫之振救。生之者甚少而靡之者甚多，天下财产何得不蹶[⑥]！汉之为汉，几四十年矣，公私之积，犹可哀痛！失时不雨，民且狼顾；岁恶不入，请卖爵子[⑦]。既闻耳矣，安有为天下阽危[⑧]者若是而上不惊者？

世之有饥穰[⑨]，天之行也，禹、汤被之矣。即不幸有方二三千里之旱，国胡以相恤[⑩]？卒然边境有急，数十百万之众，国胡以馈之？兵旱相乘，天下大屈[⑪]，有勇力者聚徒而衡击，罢夫羸老易子而咬其骨[⑫]。政治未毕通也，远方之能疑[⑬]者并举而争起矣，乃骇而图之，岂将有及乎？

夫积贮者，天下之大命也。苟粟多而财有余，何为而不成？以攻则取，以守则固，以战则胜。怀敌附远[⑭]，何招而不至？今殴民而归之农，皆著于本[⑮]，使天下各食其力，末技游食之民转而缘南亩[⑯]，则畜积足而人乐其所矣。可以为富安天下，而直为此廪廪[⑰]也，窃为陛下惜之！

【注释】

①本文节选自《汉书·食货志》。写于公元前178年,即汉文帝二年。当是时,由于长期战争,经济凋敝,米价昂贵,这种情况一直延续到汉文帝时仍未改变。贾谊有感于此,作文以劝诫皇帝重视农业生产,积贮粮食。②管子:名夷吾,字仲,春秋时齐桓公的丞相。仓廪实而知礼节:语见《管子·牧民》,指衣食足百姓才会重视礼仪。③纤:细小,细致。悉:周到。④畜:同"蓄",积聚,储藏。恃:依赖,依靠。⑤泛:同"覂"(fěng),覆亡,倾覆。⑥蹶:竭尽。⑦请卖爵子:(朝廷)卖爵位,(穷人)卖子女。⑧阽(diàn)危:临近危险。⑨饥穰:荒年和丰年。⑩恤:救济。⑪天下大屈:全国的财富极度匮乏。⑫罢:同"疲"。羸(léi):瘦弱。⑬疑:同"拟",指与皇帝相比拟,较量。⑭怀敌附远:对敌人采取怀柔政策,使远方之人来归附。⑮殴:同"驱",驱使。著:附着。⑯缘南亩:指从事农业生产。⑰廪廪:同"懔懔",危惧的样子。

论贵粟疏[①]

[西汉] 晁 错

圣王在上而民不冻饥者,非能耕而食之,织而衣之也,为开其资财之道也。故尧、禹有九年之水,汤有七年之旱,而国无捐瘠者[②],以畜积多而备先具也。今海内为一,土地人民之众不避[③]汤、禹,加以无天灾数年之水旱,而畜积未及者,何也?地有遗利,民有余力,生谷之土未尽垦,山泽之利未尽出也,游食之民未尽归农也。

民贫则奸邪生。贫生于不足,不足生于不农,不农则不地著[④],不地著则离乡轻家。民如鸟兽,虽有高城深池,严法重刑,犹不能禁也。夫寒之于衣,不待轻暖;饥之于食,不待甘旨;饥寒至身,不顾廉耻。人情,一日不再食则饥,终岁不制衣则寒。夫腹饥不得食，肤寒不得衣，虽慈母不能保其子，君安能以有其民哉？明主知其然也，故务民于农桑，薄赋敛，广畜积，以实仓廪，备水旱，故民可得而有也。

民者，在上所以牧之，趋利如水走下，四方无择也。夫珠玉金银，饥不可食，寒不可衣，然而众贵之者，以上用之故也。其为物轻微易藏，在于把握，可以周海内而无饥寒之患。此令臣轻背其主，而民易去其乡，盗贼有所劝，亡逃者得轻资也。粟米布帛生于地，长于时，聚于力，非可一日成也。数石之重，中人弗胜，不为奸邪所利；一日弗得而饥寒至。是故明君贵五谷而贱金玉。

方今之务，莫若使民务农而已矣。欲民务农，在于贵粟；贵粟之道，在于使民以粟为赏罚。今募天下入粟县官，得以拜爵，得以除罪。如此，富人有爵，农民有钱，粟有所渫⑤。夫能入粟以受爵，皆有余者也。取于有余，以供上用，则贫民之赋可损，所谓损有余、补不足，令出而民利者也。顺于民心，所补者三：一曰主用足，二曰民赋少，三曰劝农功。

今令民有车骑马一匹者⑥，复卒三人⑦。车骑者，天下武备也，故为复卒。神农之教曰："有石城十仞，汤池百步，带甲百万，而无粟，弗能守也。"以是观之，粟者，王者大用⑧，政之本务。令民入粟受爵，至五大夫⑨以上，乃复一人耳，此其与骑马之功相去远矣。爵者，上之所擅⑩，出于口而无穷；粟者，民之所种，生于地而不乏。夫得高爵也免罪，人之所甚欲也。使天下人入粟于边，以受爵免罪，不过三岁，塞下之粟必多矣。

【注释】

①本文节选自《汉书·食货志》。西汉建国初期，汉高祖刘邦由于采取了罢兵归家、抑制商人、轻徭薄赋等一系列措施，使秦朝末年因连年战争而遭到严重破坏的农业生产逐渐得以恢复。文帝即位后继续奉行"与民休息"的政策，重视农桑，促进了农业的繁荣和商业的发展。但由此也产生了因商业发展而导致谷贱伤农的社会现象。针对这一问题，晁错上疏，全面论述了"贵粟"（重视粮食）的

重要性,对当时发展生产和巩固国防,都具有一定的进步意义。原文较长,略作删节。②捐瘠(jí):被遗弃和瘦弱的人。捐,抛弃;瘠,瘦。③不避:不让,不次于。④地著(zhuó):定居一地。⑤渫(xiè):分散。⑥车骑马:能驾战车的马。⑦复卒三人:免除三个人的兵役。⑧王者大用:治理天下最为需要之物。⑨五大夫:汉代的一种爵位,在侯以下二十级中属第九级。凡纳粟四千石,即可封赐。⑩擅:专有。

【知识】

1. 疏

“疏”指分条陈述。作为一种文体,它是古代臣下向皇帝条陈自己对某事意见的一种文体,也称“奏疏”或“奏议”,如魏征的《谏太宗十思疏》。

2. 贾谊

贾谊(前200—前168),洛阳(今河南洛阳)人。西汉初年著名的政论家、文学家。23岁时,因遭群臣忌恨,被贬为长沙王的太傅。后被召回长安,为梁怀王太傅。梁怀王坠马而死后,贾谊深自歉疚,直至33岁忧伤而死。其著作主要有散文和辞赋两类。散文如《过秦论》《论积贮疏》《陈政事疏》等都很有名;辞赋以《吊屈原赋》《鹏鸟赋》最著名。

3. 晁错

晁错(前200—前154),颍川(今河南禹县)人,西汉初著名的政治家。文帝时任太子家令,以有谋略,被称为“智囊”。景帝即位,受到重用,任内史、御史大夫。曾多次上书主张加强中央集权、削减诸侯封地、重农贵粟。

【品读】

汉代将向皇帝奏事的文书称为“疏”,所谓“夫奏之为笔,固以明允笃诚为本,辨析疏通为首”(《文心雕龙·奏启》)。奏书最讲究条理清晰、疏通简洁。“疏”正取“疏条其事而言之”(《汉书》颜师古注)之意。《论积贮疏》《论贵粟疏》是西汉初年著名的论积粮对立国作用的文章，被鲁迅先生誉为“皆为西汉鸿文，沾溉后人，其泽甚远”。

上“疏”者对国家之“笃诚”是奏议打动皇帝的关键。贾谊面对汉初“生之者甚少而靡之者甚多”的情况，从国家长足发展的角度、以长远的眼光发出“天下财产何得不蹶”的忧虑，引起文帝对积贮粮食问题的重视；接下来对汉代40年“公私之积”太少，发出“犹可哀痛”的感叹，表现了一个知识分子对国家的拳拳之心。在此基础上，提醒“安有为天下阽危者若是而上不惊者”？一“惊”字警示国家粮食问题到了皇帝不得不严重的程度，有触目惊心之效。后又连续以“岂将有及乎？”“何为而不成”等多次反问，步步逼近，情感充沛，气势强烈。尾句“陛下惜之”，语气委婉、恳切，同时又有惋惜、责备之意，规劝文帝赶快改弦易辙，有情有力。晁错作为政治家，开篇即从国家如何做到“蓄积足”入手，“何也”二字，精炼而果断。后通过假设分析，如果百姓生活得不到保障，“君安能以有其民哉”，体现了一个臣子对国君的忠臣之心。就文中之“情”看，贾谊作为一个典型的文人气质的政论家，文采、情感胜于晁错。但二人真诚为国、为君之心，是这两“疏”感动君王的前提。

条理清晰，又是“疏”被阅读甚至采纳的重要条件，此谓以“辨析疏通为首”。勤勉之国君，每日阅览奏议无数。如若条理不清，不知所云，国君难以阅读之时，可能会是大臣性命不保之日。从《论积贮疏》看，首段主要陈述汉初社会国家、个人缺乏积累的现象，接着分析此现象对国家的危害，最后劝导百姓“归农著本”。全文条理清晰，但具体建议不够，缺乏可操作性。《论贵粟疏》开篇以整句道出国家积蓄不多的原因在于“地有遗利，民有余力”，有一定气势。接着分析“民贫”的危害，最后分析怎么做。两文思路虽相似，但贾谊之文更有实用主义的意味，在抓住了“贵粟”的关键后，晁错又提出了入粟于官、拜爵除罪、减少贫民赋税等一系列具体措施，缓和粟贱伤农的情况，从而巩固国防。细致深入的说理，切合实际，易于实施，最终得到汉文帝的重视，采纳了其中以粟买爵的建议，对于之后“文景之治”局面的形成确实起到了较大的作用。鲁迅先生在《汉文学史纲要·

贾谊与晁错》中曾言:“贾生之言,乃颇疏阔,不能与晁错之深识为伦比矣。”晁错之“深识”,在此文中大概主要就是指其提到的具体操作办法。

无论是“以情动人”还是“以理服人”,都需要借助有表现力的语言。就此而言,为了增强论辩、说服力量,两文均采用正反对比,综言利弊得失。《论积贮疏》首段将处理“生产与消费”关系的古今态度形成对比:古人治理天下精细、周全,“故其畜积足恃”;今人则“背本而趋末”,长此以往,国家必亡。第二段,则就应付自然灾害和战争两个方面,从国家存亡攸关的高度阐明不积贮的危害,从反面进一步论证了积贮的重要。《论贵粟疏》开篇即以古今比况,阐明今世“不农”有悖于古先圣王“开其资财之道”的宗旨;继而论不农之害与重农保民之理形成对比,提出“务民于农桑”的思想主张;接着通过珠玉金银与粟米布帛价值、作用的对比分析,强调明君应重农抑商、“贵五谷而贱金玉”的道理;最后提出对策,则通过“复卒”和“人粟受爵”利弊优劣的比较分析,以论证“贵粟”主张的重大意义。总之,正反对举,使文章不乏激切的感情及汪洋恣肆的气势,情理更为真挚、深刻。

【借鉴】

1.“仓廪实而知礼节,衣食足而知荣辱”

此句的意思是:(百姓的)粮仓充足才能知道礼仪,丰衣足食才会知晓荣誉和耻辱。可用以论证物质文明和精神文明的关系。物质文明是精神文明的基础,人只有在较低层次的需求得到满足之后,较高层次的需求才会有足够的活力驱动行为。

2. 对比论证

对比论证是运用正面事例或道理同反面事例或道理加以对比来论证观点,使妍媸分明,增强论证效果。如《论积贮疏》,先从反面着重阐述在“兵旱相乘”的危机情况下,缺少积贮将会出现的严重后果,再从正面申明积贮的重要性。又如《论贵粟疏》中通过古今对比、不农之害与重农保民的对比、珠玉金银与粟米布帛的对比等,使自身的主张得到更鲜明的表现。对比论证有“纵比”与“横比”之分。

“纵比”就是现实和历史对比，“横比”就是两个对立的事物对比，美与丑、强与弱，作者之否定与肯定、褒扬与贬斥，在二者的对照中一目了然。

【思考】

1. 结合这两篇文章说说统治者不贮存粮食的危害有哪些？

2. 清代学者浦起龙评论《论贵粟疏》道：“与贾疏（贾谊《论积贮疏》）同时上，意亦略同，而此更画出滋粟之方，在于自上贵之。……入粟一议，本计在于抑末，中间将珠玉对勘，正欲去其积重之势，以归权于粟也。”结合这段话思考，在第三段中，作者对“珠玉金银”的论述，其用意何在？

3. 两篇文章都引用了圣主“禹”“汤”等人的史实，其作用分别是什么？

4. 从这两篇文章可见中国古代的“重农”思想，但是近代中国社会却似乎因为“小农经济”而落后，对此，你有什么看法？

【译文】

论积贮疏

管子说：“粮仓充实而知道礼节。”百姓不能自足而可以治理的事，从古代到现在，不曾听说过。古代的人说：“一个农夫不种地，就有人挨饿；一个农妇不织布，就有人挨冻。”生产（物资）有限制但是消费没有限度，那么生产能力必定穷尽。古代治理天下，最精细最周全啊，所以它的积蓄足以依靠。现在丢弃根本而趋向末技，吃饭的很多，这是天下的大害啊；淫靡奢侈的风气一天天地增长，这（也）是天下的大祸啊。（这两种）祸害公然流行，没有人制止它；国家命运将要覆灭，没有谁拯救它；生产的很少但是消费的很多，天下财产怎能不竭尽？汉朝成为汉朝，将近四十年了，公家和私人的积蓄，还可（让人）哀痛。天错过农时不下雨，百姓将疑虑不安。收成很坏时，（朝廷）卖爵位（穷人）卖子女。（这些事）已经听到耳朵里了，哪有治理天下危急到这种地步而君王不惊慌的？

世间有荒年丰年,是自然的常态,夏禹、商汤(都)遭受过(荒年)啊。假如不幸有方圆二三千里的旱灾,国家拿什么救济(百姓)呢?突然间边境有了急事,几千、几百万之兵众,国家用什么给他们发放粮饷?兵灾、旱灾相继而来,天下(财物)大大缺乏,有勇气有力量的人聚集暴徒而横行劫击,身体衰弱的、年老的人交换子女而咬他们的骨肉;政治没有完全通达,远方有二心的人,(就)一道发难而争着起兵,这才惊恐而想办法对付他们,哪里还来得及呢?

积蓄(这件事),是天下的命脉啊。如果米粟多而财物有余,做什么而不成功呢?用它来攻就能获得,用它来守就能坚固,用它来作战就能获胜。使敌对的人归顺,使远方的人归附,招什么(人)而不到来?现在驱使百姓而回归到农业上,都附着在根本(事业)上,使天下人自食其力,(从事)工商业和吃闲饭的人,转过来回到农田,那就积蓄充足而人们(都)乐得其所了。(本来)可以达到富足安定天下,却竟然造成这种令人危惧的情形!(臣)私下为陛下痛惜。

论贵粟疏

在圣明的君王统治下,百姓不挨饿受冻,这并非是因为君王能亲自种粮食给他们吃,织布匹给他们穿,而是由于他能给人民开辟财源。所以尽管唐尧、夏禹之时有过九年的水灾,商汤之时有过七年的旱灾,但那时没有因饿死而被抛弃和饿瘦的人,这是因为贮藏积蓄的东西多,事先早已作好了准备。现在全国统一,土地之大,人口之多,不亚于汤、禹之时,又没有连年的水旱灾害,但积蓄却不如汤、禹之时,这是什么道理呢?原因在于土地还有潜力,百姓还有余力,能长谷物的土地还没全部开垦,山林湖沼的资源尚未完全开发,游手好闲之徒还没全都回乡务农。

百姓生活贫困了,就会去做邪恶的事。贫困是由于不富足,不富足是由于不务农,不从事农业就不能在一个地方定居下来,不能定居就会离开乡土,轻视家园。人像鸟兽一样四处奔散,这样的话,国家即使有高大的城墙,深险的护城河,严厉的法令,残酷的刑罚,还是不能禁止他们。人在寒冷的时候,不会等有了轻暖的皮衣才穿；饥饿的时候，也不会等有了美味才吃；饥寒交迫，就顾不上廉耻了。人之常情是：一天不吃两顿饭就要挨饿，整年不做衣服穿就会受冻。那么，肚子饿了没饭吃，身上冷了无衣穿，即使是慈母也不能留住她的儿子，国君又怎能保有他的百姓呢？贤明的君主懂得这个道理，所以让人民从事农业生产，减轻他们的赋税，大量贮备粮食，以便充实仓库，防备水旱灾荒，因此也就能够拥有人民。

百姓呢，在于君主用什么办法来管理他们，他们追逐利益就像水往低处流一样，不管东南西北。珠玉金银这些东西，饿了不能当饭吃，冷了不能当衣穿；然而人们还是看重它，这是因为君主需要它的缘故。珠玉金银这些物品，轻便小巧，容易收藏，拿在手里，可以周游全国而无饥寒的威胁。这就会使臣子轻易地背弃他的君主，而百姓也随便地离开家乡，盗贼受到了鼓励，犯法逃亡的人有了便于携带的财物。粟米和布帛的原料生在地里，在一定的季节里成长，收获也需要人力，并非短时间内可以成事。几石重的粮食，一般人拿不动它，也不为奸邪的人所贪图；可是这些东西一天得不到就要挨饿受冻。因此，贤明的君主重视五谷而轻视金玉。

当今的迫切任务，没有比使人民务农更为重要的了。而要想使百姓从事农业，关键在于抬高粮价；抬高粮价的办法，在于让百姓拿粮食来求赏或免罚。现在应该号召天下百姓交粮给政府，纳粮的可以封爵，或赎罪；这样，富人就可以得到爵位，农民就可以得到钱财，粮食就不会囤积而得到流通。那些能交纳粮食得到爵位的，都是富而有余的人。从富有的人那里得到货物来供政府用，那么贫苦百姓所担负的赋税就可以减轻，这就叫做拿富有的去补不足的，法令一颁布百姓就能够得益。依顺百姓心愿，有三个好处：一是君主需要的东西充足，二是百姓的赋税减少，三是鼓励从事农业生产。

按现行法令，民间能输送一匹战马的，就可以免去三个人的兵役。战马是国家战备所用，所以可以使人免除兵役。神农氏曾教导说："有七八丈高的石砌城墙，有百步之宽贮满沸水的护城河，上百万全副武装的兵士，然而没有粮食，那是守不住的。”这样看来，粮食是君王最需要的资财，是国家最根本的政务。现在让百姓交粮买爵，封到五大夫以上，才免除一个人的兵役，这与一匹战马的功用相比差得太远了。赐封爵位，是皇上专有的权力，只要一开口，就可以无穷无尽地封给别人；粮食，是百姓种出来的，生长在土地中而不会缺乏。能够封爵与赎罪，是人们十分向往的。假如叫天下百姓都献纳粮食，用于边塞，以此换取爵位或赎罪，那么不用三年，边地粮食必定会多起来。

（四）赠　　序

送石处士序

［唐］韩　愈

河阳军节度、御史大夫乌公①，为节度之三月，求士于从事②之贤者。有荐石先生者，公曰："先生何如？"曰："先生居嵩、邙、瀍、谷之间，冬一裘，夏一葛，食朝夕，饭一盂，蔬一盘。人与之钱则辞，请与出游，未尝以事辞，劝之仕，不应。坐一室，左右图书，与之语道理，辨古今事当否，论人高下，事后当成败，若河决下流而东注，若驷马驾轻车就熟路，而王良、造父③为之先后也，若烛照数计而龟卜也。"大夫曰："先生有以自老，无求于人，其肯为某来耶？"从事曰："大夫文武忠孝，求士为国，不私于家。方今寇聚于恒，师环其疆，农不耕收，财粟殚亡。吾所处地，归输之途，治法征谋，宜有所出。先生仁且勇，若以义请而强委重焉，其何说之辞？"于是撰书词，具马币，卜日以授使者，求先生之庐而请焉。

先生不告于妻子，不谋于朋友，冠带出见客，拜受书礼于门内。宵则沐浴，戒行李，载书册，问道所由，告行于常所来往。晨则毕至，张④上东门外。酒三行，且起，有执爵⑤而言者曰："大夫真能以义取人，先生真能以道自任，决去就，为先生别。"又酌而祝曰："凡去就出处何常，惟义之归。遂以为先生寿。"又酌而祝曰："使大夫恒无变其初，无务富其家而饥其师，无甘受佞人而外敬正士，无昧于谄言，惟先生是听。以能有成功，保天子之宠命。"又祝曰："使先生无图利于大夫而私便其身。"先生起拜祝辞曰："敢不敬蚤夜以求从祝规⑥。"

于是东都之人士咸知大夫与先生果能相与以有成也。遂各为歌诗六韵,遣愈为之序云。

【注释】

①河阳军:河阳在今河南孟县,由于唐代节度使的辖区也是军区,故称“军”。节度:节度使,官名。御史大夫:官名,掌管监察和执法。乌公:乌重胤(761—827),字保君,810年升河阳节度使。②从事:州刺史的属官。③王良、造父:王良,春秋时晋人;造父,西周时人。均为古代驾车的能手。④张:摆设筵席,这里指张设筵席以送行。⑤爵:盛酒的礼器,商周时用于祭祀、宴享,后世通称酒器为爵。⑥规:规劝。

送温处士赴河阳军序

[唐] 韩 愈

“伯乐[①]一过冀北[②]之野,而马群遂空。”夫冀北马多天下,伯乐虽善知马,安能空其郡邪?解之者曰:“吾所谓空,非无马也,无良马也。伯乐知马,遇其良辄取之,群无留良焉。苟无良,虽谓无马,不为虚语矣。”

东都[③],固士大夫之冀北也。恃才能深藏而不市者,洛之北涯曰石生,其南涯曰温生[④]。大夫乌公,以𫓧钺[⑤]镇河阳之三月,以石生为才,以礼为罗,罗而致之幕下;未数月也,以温生为才,于是以石生为媒,以礼为罗,又罗而致之幕下。东都虽信多才士,朝取一人焉,拔其尤;暮取一人焉,拔其尤。自居守[⑥]、河南尹,以及百司之执事,与吾辈二县之大夫[⑦],政有所不通,事有所可疑,奚所咨而处焉?士大夫之去位而巷处者,谁与嬉游?小子后生,于何考德而问业焉?缙绅之东西行过是都者,无所礼于其庐。若是而称曰:“大夫乌公一镇河阳,而东都处士之庐无人焉!”岂不可也?

夫南面而听天下，其所托重而恃力者，惟相与将耳。相为天子得人于朝廷，将为天子得文武士于幕下，求内外无治，不可得也。愈縻于兹[8]，不能自引去，资二生以待老。今皆为有力者夺之，其何能无介然于怀邪？生既至，拜公于军门，其为吾以前所称，为天下贺；以后所称，为吾致私怨于尽取也。

留守相公[9]首为四韵诗歌其事，愈因推其意而序之。

【注释】

①伯乐：传说是春秋中期秦穆公时人，以善相马著称。②冀北：冀州的北部，今河北、山西一带地方，相传冀州出产良马。③东都：指洛阳。唐代首都长安，以洛阳为东都。④石生：名洪，字浩川，即《送石处士序》中的石处士，隐居洛阳，十年不仕。温生：即温造，字简舆，曾隐居王屋山及洛阳，后官至礼部尚书。⑤铁钺（yuè）：同“斧钺”，本是古代的两种兵器，后成为刑罚、杀戮之权的标志。此处指节度使的身份。⑥居守：指东都留守郑馀庆。⑦二县：指东都郭下的洛阳、河南二县。大夫：县令。当时韩愈任河南县令，故称“吾辈二县之大夫”。⑧“愈縻（mí）于兹”二句：意思是说，因职务在身，不能离开。縻：牵制，束缚。这句指作者任河南令。⑨留守相公：当指东都留守郑馀庆。

【知识】

1. 处士

古代称有才德而不做官的知识分子为处士。男子隐居不出仕，讨厌官场的污浊，这是德行很高的人方能做得出的选择。后来泛指没有做过官的读书人。

2. 赠序

古代送别各以诗文相赠，集而为之序的，称为赠序，如上面韩愈的《送石处士序》：“于是东都诸人士……遂名为歌诗六韵，遣愈为之序云。”其后凡是惜别赠立的文章，不附于诗帙也都叫赠序，内容多是勉励、推崇、赞许之辞。往往因人立论，阐明某些观点，言辞恳切而意味深长，相当于议论性散文的写法。

【品读】

唐代安史之乱后，各地藩镇拥兵自重，河北、河南、山东诸地藩镇为患尤烈。元和初，唐宪宗着意遏制藩镇势力。元和五年(810)四月，乌重胤任河阳军节度使，是为了对付成德军节度使王承宗的叛乱。乌重胤上任不久，就求贤而用。石洪和温造以处士身份应聘，人们对他们寄予厚望。《送石处士序》和《送温处士赴河阳军序》两文的写成仅相隔几月，是韩愈为送石温二人上任而作。两文皆表达了对所送之人及任贤者乌重胤的赞扬、肯定之意，体现了当时知识分子渴望平抑藩镇，维护唐王朝权威的心愿，表现出韩愈正确的政治见解和积极的人生态度。

《送石处士序》的主旨一为称颂石处士的贤能，肯定他此次出仕不违初衷，为行其所当行；二为借此时机，对他作一些规诫，并且对节度使乌公也含蓄地有所规劝。从表面上看，文章无处不在赞扬石处士的“惟义之归”与乌公的“求士为国”，而事实上韩愈是“赞之正所以规之、励之也”。文章仅为两段：上段写乌公与从事讨论求贤之事，由两人之间的问答，引出石处士其人。笔法活络，收放自如。既赞处士之贤，同时也赞乌公之能知贤、求贤。双方的共同点在一个“义”字上，并以此“义”解众人对处士出仕之疑。下段写处士的应聘与众人的饯行。写其应聘之果，赴行之速，可以看出行事自有决断，与前面写其议论古今人物之当、料事成败之神颇能呼应，让我们感到此人果非常人。规劝处士与乌公的话，则通过送行者口中一一道出，委婉而得体。序中期望乌氏与石洪以道义为归依，并祝两人合作成功，兼寓箴规之意，具有丰富的现实与理想意义。

《送温处士赴河阳军序》与《送石处士序》为姐妹篇，主要赞扬了温处士出众的才能和乌大夫善于识人、用人的德才，表达了为朝廷得到人才而欣慰以及自己失友的惋惜心情。

《送温处士赴河阳军序》既与《送石处士序》相承而作，故处处将石、温二人并提，然而文章绝无雷同重叠之感。两文事件与人物均相关涉，然而在写法上却有所变化，所以有相得益彰之美。例如前文体势自然，而后文则颇有造奇的文势。

文章开头的一段譬喻，说“伯乐一过冀北之野，而马群遂空”，用来比喻“大夫乌公一镇河阳，而东都处士之庐无人焉”。但却不紧接着说出来，而是先论述“马群遂空”的原因来比喻乌公搜罗东都贤士的情况。作者在文中既设奇喻，又在正文中反复议论以求其合，显得煞有介事，将本是韩愈个人的一个想法写成令人信服的道理。因此，论章法，该文比前文要显得出色奇绝。此外，该篇的立意要比前者单纯一些，无非是变着法儿赞扬温、石二人。以伯乐善知马喻乌公善识才，是为了赞扬温、石；极说温、石一去，东都政府和士群无所依恃，也是为了赞扬温、石。表面看来似乎说得过分了，但作者更深一层的意思，是在强调人才的可贵，提醒朝廷要高度重视人才。文章用了比喻，并且正话反说，从“空”字引出“怨”字，而这“怨”比正面的“颂”乌公识才更具有力量。这种不落窠臼、不落俗套的写法，别具匠心，极有特色。

【借鉴】

1. 韩愈对“道”“义”的追求

《送石处士序》中，河阳节度使乌重胤以义取人，“求士为国，不私于家”；石洪以道自任，他不爱财、不求官、只重交游，而一旦乌公“以义请而强委重焉”，他便“不告于妻子，不谋于朋友，冠带出见客，拜受书礼于门内。宵则沐浴，戒行事，载书册，问道所由，告行于常所来往”。可见二人“同道同谋”。韩愈的“道”是指儒家社会政治伦理体系，“义”是指富于社会责任感的行为规范，“义”“道”是韩愈一生追求的社会准则，而他也以此界定乌重胤和石洪的人格，使他们保持在人生价值的高层次上。人生追求有多重境界，在写作中，我们可以此作为论据论述人生的高远追求。

2. 比喻手法

《送温处士赴河阳军序》从取士立论，开头一段以比喻起笔，强调伯乐对于千里马的重要性。伯乐善于选择良马，故一过天下产马最多的冀北“马群遂空”。第二段紧扣上段的比喻，东都洛阳人才荟萃，是士大夫的冀北，南北有石、温二生。而识人的伯乐就是乌公,他在短短时间内就把二生罗致幕下,这样赞颂乌重胤慧眼识贤、善于荐拔人才,而笔法巧妙,渲染得当。写作中运用比喻手法可使描写形象生动,使说理深入浅出生动活泼。

【思考】

1.《送石处士序》第一段写乌公与从事讨论求贤之事,其目的是什么?

2.《送温处士赴河阳军序》第一段在文中的作用是什么?

3. 为什么说“大夫乌公一镇河阳,而东都处士之庐无人焉”?

4. 对乌公的行为,作者似“怨”而实颂,请结合两篇文章的具体内容加以分析。

【译文】

送石处士序

河阳军节度使、御史大夫乌公,就任节度使后的第三个月,向僚属中贤能的人访求人才。有人举荐石先生。乌公说:“石先生怎么样?”那属官回答说:“石先生居住在嵩、邙两座山和瀍、谷两条河之间,冬天穿一件皮衣,夏天穿一件麻布衣服;早晚用餐,只是一碗饭,一盘蔬菜。别人给他钱,他就谢绝;别人请他一起出游,他从未找借口拒绝的;别人劝他出去当官,他却总是不答应。他坐在一间屋子里,左右两旁全是图书。跟他谈道论理,辩论古今的事物的正确与否,评论人物德才的高下,事情的结局是成功还是失败,他的话就如同黄河决堤向东倾注那样滔滔不绝;就如同四匹马驾驶着轻车走在熟悉的路上,并且又是王良、造父那样的驾车高手在前后驾车;又好像用烛光照耀一样明察秋毫,像数理计算般分析精确,像龟甲占卜般预见得准确灵验。”乌大夫说:“石先生有志于隐居到老,没有什么要求别人,他肯为我出山当官吗?”手下的人说:“大夫您文武全才,忠孝兼备,为国家访求贤才,不是为自家谋私利。现在反寇聚集在恒州,军队环布在它的疆界周围,农田无法耕种没有收成,钱财粮草均已用尽。我们所处的地方,是军队往来和物资运输的交通要道，政治措施和军队谋略，都应该有适当的人来出谋划策。石先生仁爱并且勇敢，如果凭借大义邀请他并坚决委以重任，他还有什么话推辞呢？”于是撰写邀请函，准备好车马和礼物，选择好吉日将礼物交给使者，找到石先生的住处拜请他。

石先生没有告诉妻子儿女，也没有与朋友商量，戴好帽子束好衣带正装会见客人，在家里恭敬地接受了聘书和礼物。当天晚上就洗澡沐浴，准备好行装，装好书籍，问清楚道路，与经常往来的朋友告别。次日清晨，亲友们一起来到东门外，为他设宴饯行。酒过三巡，石先生将要动身的时候，有人拿着酒杯说：“乌大夫真正能够凭大义选取人才，石先生您也真正以道理作为自己的责任，从而决定自己的去留，这杯酒为先生您送行。”又斟了一杯酒祝愿说：“凡是隐居或做官，哪有什么一成不变的规定？惟有不变的是以道义作为归依。我就用这杯酒向先生祝贺。”又斟了一杯酒祝愿说：“希望乌大夫永远不要改变初衷，不去做那种专使自家富裕发财而使士兵缺乏粮食忍饥挨饿的事，不要内心喜爱那些善于阿谀奉承的人而只有表面上尊敬正直人士，也不要被讨好奉承的话所蒙蔽，只愿他听从石先生您的意见，从而能取得胜利，确保天子的宠信和任命。”又祝愿道：“希望石先生不要从乌大夫那图谋私利，有营私利己的打算。”石先生起身拜谢道：“我怎敢不恭敬小心地从早到晚尽忠职守来实现这种祝福和规劝？”

于是东都洛阳的人士全都料定乌大夫和石先生一定能够互相合作而有所成就。于是大家各自作了一首六个韵脚十二句的诗歌，让我韩愈为它们写了这篇序。

送温处士赴河阳军序

“伯乐一走过冀北的郊野，马群就空了。”冀北是天下马最多的地方，伯乐虽然善于相马，又怎么能够使马群为之一空呢？解释的人说：“我所说的空，不是没有马，而是没有好马。伯乐识马，遇到好马就把它挑了去，马群中留不下一匹好马了。假如没有好马了，那么就算说没有马，也不算是假话了。”

东都洛阳，本来是士大夫的“冀北”。怀有才能而深深隐居不愿为官换取俸禄的人,住在洛水北岸的有石生,住在洛水南岸的有温生。大夫乌公,凭着节度使的身份镇守河阳的第三个月,认为石生是个人才,用重礼去聘请,将他罗致到幕府之下。没有几个月的工夫,又认为温生是个人才,于是让石生作介绍人,用重礼去聘请,又将温生罗致到幕府之下。纵然东都确实有很多才能出众的人,可是怎么禁得起早晨挑走一人,选拔其中最优秀的;晚上挑走一人,选拔其中最优秀的?那么从东都留守、河南府尹,到各部门的主管官员,以及我们两县的大夫,政事有不顺利之处,事情有疑惑不解之处,又到哪里去咨询从而妥善处理呢?辞去官位而闲居里巷的士大夫同谁一起游玩呢?年轻的后辈,到哪里去考察道德,请教学业呢?东来西往经过洛阳的官员,也不能到他们的居处以礼仪拜访他们了。像这样也可以说是:"大夫乌公一镇守河阳,洛阳处士们的茅庐中竟没有人了!"难道不行吗?

天子治理天下,他所托重和依靠的人,只是宰相和将军罢了。宰相在朝廷为天子求贤人,将军在幕府为天子求得谋士和武将,这样就是想使国家内外得不到治理,也是不可能的了。我被束缚在此地,不能自己引退而离去,想依靠石生、温生两位的帮助直到告老归去。现在他们都被有权力的人夺去了,我怎么能不耿耿于怀呢?温生到了那里,在军门拜见乌公时,请把我前面说的关于宰相将军选拔人才的话转告乌公,替天下人道贺;请把我后面说的话也转告乌公,说我对他选尽东都的贤人心中不满。

东都留守相公首先写成一首四韵诗来赞美此事,我便推衍他的诗意写了这篇序文。

赠黎安二生序[①]

[北宋] 曾　巩

赵郡[②]苏轼,余之同年[③]友也。自蜀以书至京师遗余,称[④]蜀之士曰黎生、安生者。既而⑤黎生携其文数十万言，安生携其文亦数千言，辱以顾余。读其文，诚闳壮隽伟⑥，善反复驰骋，穷尽事理。而其材力之放纵，若不可极者也。二生固可谓魁奇⑦特起之士，而苏君固可谓善知人者也。

顷之⑧，黎生补⑨江陵府司法参军。将行，请余言以为赠。余曰："余之知生，既得⑩之于心矣，乃将以言相求于外邪？"黎生曰："生与安生之学于斯文，里之人皆笑以为迂阔⑪。今求子之言，盖将解惑于里人。"余闻之，自顾而笑。

夫世之迂阔，孰有甚于予乎！知信乎古，而不知合乎世；知志乎道⑫，而不知同乎俗。此余所以困于今而不自知也。世之迂阔，孰有甚于予乎！今生之迂，特以文不近俗⑬，迂之小者耳，患为笑于里之人。若余之迂大矣，使生持吾言而归，且重得罪，庸讵⑭止于笑乎？

然则若余之于生，将何言哉？谓余之迂为善，则其患若此；谓为不善，则有以合乎世，必违乎古，有以同乎俗，必离乎道矣。生其无急于解里人之惑，则于是焉必能择而取之⑮。

遂书以赠二生，并示苏君以为何如也。

【注释】

①本文是曾巩写给黎、安两位两位年轻人的赠序。黎安二生是指黎生、安生，皆为蜀人，至京求序于子固，因以赠之。子固，名巩，鲁复圣公裔，远祖徙南丰。幼英敏，过目成诵。为唐宋古文八大家之一。②赵郡：宋初称赵州，治所在今河北赵县。苏轼是四川眉山人，但他的远祖、唐代文学家苏味道是赵州栾城人，所以作者称赵郡苏轼。③同年：科举制度中称同科考中的人为同年。曾巩和苏轼同为宋仁宗嘉祐二年（公元 1057 年）进士。④称：赞扬。⑤既而：已而，不久。数十万言：数十万字。言，字。⑥闳（hóng）：宏大。隽（juàn）：意味深长。⑦魁奇：同"恢奇"，杰出。⑧顷之：不久。⑨补：充任。江陵：府名，治所在今湖北江陵县。⑩得：契合。⑪迂阔：迂远而不切实际。⑫道：指圣人之道，即儒家的学说。⑬文不近俗：指当时流行四六句式的骈体文，朝廷诏令也都用这种文体，考

试也用它，而黎、安二人不钻研这种文体，却学写古文，所以被笑为不切实际。⑭庸讵(jù)：岂，难道。⑮择而取之：指在古文、道与时文、世俗之间的选择。

送天台陈庭学序①

［明］ 宋 濂

西南山水，惟川蜀②最奇。然去中州③万里，陆有剑阁④栈道之险，水有瞿塘、滟滪之虞⑤。跨马行，则篁竹间山高者，累旬日不见其巅际；临上而俯视，绝壑万仞，杳⑥莫测其所穷，肝胆为之掉栗。水行，则江石悍利，波恶涡诡⑦，舟一失势尺寸，辄糜碎土沉，下饱鱼鳖。其难至如此。故非仕有力者，不可以游；非材有文者，纵游无所得；非壮强者，多老死于其地。嗜奇之士恨焉。

天台陈君庭学，能为诗，由中书左司掾⑧，屡从大将北征⑨，有劳，擢四川都指挥司照磨⑩，由水道至成都。成都，川蜀之要地，扬子云、司马相如、诸葛武侯之所居⑪。英雄俊杰战攻驻守之迹，诗人文士游眺饮射赋咏歌呼之所，庭学无不历览。既览必发为诗，以纪其景物时世之变，于是其诗益工。越三年，以例自免归，会予于京师⑫。其气愈充，其语愈壮，其志意愈高，盖得于山水之助者侈⑬矣。

予甚自愧。方予少时，尝有志于出游天下，顾以学未成而不暇。及年壮可出，而四方兵起，无所投足。逮今圣主⑭兴而宇内定，极海之际，合为一家，而予齿益加耄⑮矣。欲如庭学之游，尚可得乎？

然吾闻古之贤士，若颜回、原宪⑯，皆坐守陋室，蓬蒿没户，而志意常充然，有若囊括于天地者。此其故何也？得无有出于山水之外者乎？庭学其试归而求焉。苟有所得，则以告予，予将不一愧而已也。

【注释】

①本文是宋濂写给陈庭学的一篇赠序。天台：县名，在浙江东部。②川蜀：

四川。四川古代为蜀国地，故称川蜀。③中州：泛指中原地区。④剑阁：今属四川，当地有在山峦峭壁上架设的栈道。⑤瞿塘：瞿塘峡，长江三峡之一，在今四川奉节、巫山间，江面狭窄，历来视为危途。滟（yàn）滪：滟滪堆，为瞿塘峡江口突出的巨石，俗名"燕窝石"。⑥杳：在这里形容看不清楚。⑦诡：奇异多变。⑧中书左司掾（yuàn）：元朝设中书省左右司，明初沿用这官制，左司办理吏部、户部、礼部奏钞分交簿房的事情。掾：协助左司工作的低级官吏。⑨北征：向北方征讨。明初，北方尚存在元代遗留的残余武装，明太祖为了实现统一，多次派遣大将转战北方。⑩都指挥司照磨：明代于每一行省设指都指挥使司，掌一省军政，照磨为其属官。⑪扬子云：扬雄，字子云，成都人，西汉文学家。司马相如：字长卿，成都人，西汉文学家，擅长辞赋。诸葛武侯：诸葛亮，字孔明，阳都（今山东沂南）人，三国时任蜀汉丞相，封为武侯。⑫京师：京城，明初建都于金陵（今南京）。⑬侈：甚多。⑭圣主：指明太祖朱元璋。⑮耄（mào）：八九十岁的年纪。⑯颜回、原宪：都是孔子弟子，他们都是一生贫困而不以为忧，曾受到孔子的称赞。颜回，鲁人，字子渊，孔子称赞他说："贤哉回也！一箪食、一瓢饮，在陋巷，人不堪其忧，回也不改其乐。"原宪，字子思。《史记・仲尼弟子列传》中说他隐居在草泽中，做了卿相的子贡去看望他，"排藜藿入穷阎"（披开很深的野草、豆叶进到他的破屋子里），他戴着破帽，穿着破衣服出来接见。因而后代人常用他比喻穷苦的读书人。

【知识】

1. 宋濂

宋濂（1310—1381）字景濂，号潜溪，别号玄真子、玄真道士、玄真遁叟。汉族，浦江（今浙江浦江县）人，元末明初文学家，曾被明太祖朱元璋誉为"开国文臣之首"。宋濂与高启、刘基并称为"明初诗文三大家"。他因长孙宋慎牵连胡惟庸党案而被流放茂州，途中病死于夔州。他的代表作品有《送东阳马生序》《秦士录》《王冕传》《环翠亭记》。

2. 曾巩的为文主张

曾巩是唐宋古文八大家之一。为文主张“先道而后文”,接近欧阳修,但比欧阳修更侧重于道,先道德而后辞章,这是曾巩的一贯主张。也许正是在这样的思想支配下,曾巩的文章同韩、柳、欧、苏各家相比,便显得质朴少文。韩、欧诸公虽也说过先道后文一类的话,但他们毕竟还是重视文采,曾巩则不很讲求文采。当然,曾巩虽然不讲文采,而文章却写得自然淳朴,自成一家,这是曾巩文章的特色。

【品读】

《赠黎安二生序》和《送天台陈庭学序》皆为赠序。赠序的通常写法,多以对所赠人物进行劝勉为主。这两篇文章中都有这方面的内容,并且都结合了自身境况来表达对所赠对象的肯定和勉励。《赠黎安二生序》以对自我的嘲解来肯定和勉励黎、安二生,揭露时弊,手法委婉,《送天台陈庭学序》在表述自己的遗憾时肯定陈廷学的出游勇气和决断力,并且还提出了重视个人修养的重要性。

曾巩的《赠黎安二生序》一文,从“迂阔”二字生发出议论,结合自己的体会娓娓而谈,循循善诱。

本文的篇幅不长,结构也比较简单,先介绍黎、安二生的由来,再说明写作本文的用意,然后有针对性地指出如何认识迂阔。“迂阔”,从古到今都有人在用这一形容个性的词,如果抛开它那略带贬义的内容,我们可以这样理解:所谓“迂阔”,是指一个人在待人接物方面坚持自己的观点,不迎合世俗偏见,而又有一种执著的信念,矢志不渝。如果他的观点、信念是正确的话,那么这种“迂阔”的表现正是难能可贵的。曾巩正是基于这一思路,才对“迂阔”进行了精辟的分析。

从文中反映的背景来看,黎、安二生由于“学于斯文”,即酷爱韩愈、柳宗元以至欧阳修、苏轼所倡导的古文而遭到“里人”的讥笑;而曾巩也因身体力行地追求“道”,给自己带来一些“患”。可见当时的社会风气是如何浅薄了。这种不直接抨击时弊而从侧面加以反映的手法,正是作者的高明之处。

另外，本文中的委婉的表现手法也值得注意。作者明明表达了自己的是非观，却在提法上留有余地，即劝诫黎、安二生“择而取之”，如何定夺，还是由他们自己去决定吧。还在结尾处提出，希望二生转告苏轼，问一问他“以为如何”。这不仅表明作者的谦虚态度，而且是尊重对方的一种表现。

曾巩此文在于勉励黎安二生坚持学习古文、反对俗文（五代至宋初占统治地位的华而不实的文章）。

宋濂的《送天台陈庭学序》一文，开头便紧密地结合了陈庭学的生活实际。由于他是从川蜀来到南京的，宋濂便肯定他“其气愈充，其语愈壮，其志意愈高”，说明山水确实有助于人的发展。在第三段中，作者不无遗憾地回顾了自己的一生，由于种种原因，没法像陈庭学那样游览川蜀，这一段还是紧扣前文的。第四段，作者提出了一种新的见解，即“坐守陋室”也照样可以修身养性，使自己的论述更加完整思辨。这其实是对陈庭学提出了劝诫：不要把游览名山大川当作提高自己的唯一途径。

本文中关于川蜀的地理环境与人文环境的介绍也是值得我们注意的。作者在介绍地理环境时着重描摹一个“险”字。当然，这里面不乏作者的想象成分，但更多的是从李白的著名诗篇《蜀道难》中衍化而来。写川蜀的险途，是为了诠释“非仕有力者，不可以游”。在介绍人文环境时，作者列举了与川蜀有关的扬雄、司马相如、诸葛亮，则又是为了诠释“非材有文者，纵游无所得”。通篇前后呼应，浑然一体，堪称无懈可击。

宋濂此文不仅肯定了游览名山大川对写作的裨益，而且热情地希望陈庭学要重视提高个人的修养。全文充分表现了作者对后辈的殷切希望，真情厚谊溢于言表。

曾巩和宋濂的两篇文章，都阐明了作者在为文方面的见解和主张，也表达了对年轻人的勉励和期望，对于我们了解古代赠序这种文体，解读文学大家的文论思想等都极具参考价值。

【借鉴】

1.“知信乎古,而不知合乎世;知志乎道,而不知同乎俗”

在《赠黎安二生序》的第三小节,作者说自己“知信乎古,而不知合乎世;知志乎道,而不知同乎俗”。在写作中,我们可以借此话论述一个人在学习、工作、待人接物方面要坚持自己的观点,不迎合世俗偏见,要有一种执著的信念,矢志不渝,即使在别人看来是一种不合于世俗的表现,但只要观点、信念正确,也是难能可贵的。

2. 坐守陋室,亦能志意充然

《送天台陈庭学序》一文提出了一种新的见解,即“坐守陋室”也照样可以修身养性,这其实是对陈庭学提出了劝诫:不要把游览名山大川当作提高自己的唯一途径。这其中蕴含了一种批判思维,即对约定俗成的见解我们可以质疑和否定,只要能自圆其说即可。

【思考】

1. 请简要概括作者在《送天台陈庭学序》一文中表述的观点。

2. 作者在《赠黎安二生序》中说“然则若予之于生,将何言哉”是因为什么?(请用自己的话回答)

3. 你能否从曾巩的论述中大致判断出“古文运动”的基本主张?试简要加以概括。

4. 两篇文章同为赠序,请从内容上比较两篇文章的异同。

【译文】

赠黎安二生序

赵郡苏轼,是和我同一科中进士的朋友。他从蜀地写信寄到京城给我,赞扬蜀地的两个读书人黎生、安生。不久黎生带着他几十万字的文章，安生也带着他几千字的文章，屈驾前来看我。我读他们的文章，确实气势壮阔，风格雄伟，善于反复辨析，把事理说得很深透。他们的才情、笔力奔放，似乎是不可估量的。他们二人确实可以说得上是特别杰出的人才，而苏君也的确可以说是善于识别人才的人了！

不久以后，黎生补任江陵府司法参军。临走的时候，请我写几句话作为赠别。我说："我了解你，已经从内心留下印象，你竟打算从形式上要我写几句话吗？"黎生说："我和安生学习古文，同乡邻里都讥笑我们，认为是迂阔。现在请您写几句话，是想解除同乡邻里的糊涂看法。"我听了这话，想想自己，不禁笑了。

世上迂阔的人，有谁比我更厉害呢？只知道信奉古训，却不懂得迎合当世；只知道立志于圣贤之道，却不懂得随同世俗。这就是我为什么困顿到现在而自己尚不知道的原因啊。世人的迂阔，有谁比我更厉害呢？现在你们的迂阔，只因文章不合世俗，这不过是小的迂阔罢了，还担心被同乡邻里讥笑。像我的迂阔可就大了，如果你们拿了我的话回去，将要得到更多的责怪，岂能只停留在讥笑上呢？

既然这样，那么我将对你们说些什么好呢？说我的迂阔是好的，可是它的祸害却是这样；说它不好，那么虽然可以迎合现代，但一定违背古训，有附和流俗的地方，就一定背离圣贤之道了。你们还是不要急于解除同乡邻里的糊涂认识吧，这样就一定能够在古文和时文，道和世俗这方面作出选择。

我于是写了这些话赠给二位，并且请拿给苏君看，不知道他认为怎么样呢？

送天台陈庭学序

我国西南地区的山水，只有川蜀境内最为奇特。但它距离中原地区有万里之遥，陆路有剑阁栈道的险峻，水路有瞿塘峡、滟滪堆那样的危境。骑马行走在竹林之间，山岭高峻，一连走十来天还看不到它的顶峰；到了山顶向下俯视，陡峭的山谷有万丈之深，一眼看不到它的底部，令人肝胆为之颤抖。乘船航行，长江中的礁石既坚硬又锐利，波涛汹涌，漩涡变化不定，船行时万一稍微偏离了航道，就会像破碎的泥块那样沉入江底，人坠落江水中成为鱼鳖的美食。那个地区行路之难竟然如此。所以除非是官场中人而又有财力的，是不能去游览的；除非是饱学之士而又善写文章的，即使游览了也一无所得；除非是力壮身强的，即便去了大多也会老死在那里。喜好涉猎奇山异水的人对此深感遗憾。

天台的陈庭学君，善于写诗，以中书左司掾的身份，多次跟随大将北征，立下了功劳，被提升为四川都指挥司照磨，经水路到成都去赴任。成都是川蜀的重镇，又是扬子云、司马相如、诸葛武侯居住过的地方。从前那些英雄豪杰征战驻守的遗迹，文人墨客游览眺望、饮酒投壶、吟诗作赋、引吭高歌的场所，庭学没有不去一一游览的。游览之后一定写出诗篇，用来记叙景物和时世的变化，因此他的诗越写越好。过了三年，按照朝廷的惯例自己请求免职还乡，在京城和我会面了。他的精神更加饱满了，他的言谈更加豪迈了，他的志向意趣更加高远了，可能是他从山水那里获益匪浅吧。

我自己感觉很惭愧。当我年轻时，曾立志要外出游览天下，只是由于学业尚无成就而找不到空闲时间。等到壮年能够外出时，又赶上四处战乱的局势，无处可以落脚。到了今天圣明的皇帝崛起，平定了天下，四海之内都统一为一个国家，可是我的年纪却越来越老了。想像庭学那样游览名山大川，还能办得到吗？

然而我听说古代的贤士，像颜回、原宪等人，都是坐守在简陋的屋子里，野草掩遮了门户，但他们的志向和意志却总是充沛坚定，好像是能囊括天地一样。这是什么原因呢？是不是在他们的胸怀中有超出于山水之外的东西存在？庭学回乡以后是否可以探求一下其中的道理呢？如果有什么心得的话，请把你的心得告诉我，那么我将不会只是感到惭愧而已。

（五）哀　祭

祭十二郎文[①]

［唐］韩　愈

年月日，季父愈闻汝丧之七日，乃能衔哀致诚，使建中远具时羞之奠[②]，告汝十二郎之灵：

呜呼！吾少孤，及长，不省所怙，惟兄嫂是依[③]。中年兄殁[④]南方，吾与汝俱幼，从嫂归葬河阳[⑤]；既又与汝就食江南[⑥]，零丁孤苦，未尝一日相离也。吾上有三兄[⑦]，皆不幸早世。承先人后者，在孙惟汝，在子惟吾。两世一身，形单影只。嫂尝抚汝指吾而言曰："韩氏两世，惟此而已！"汝时尤小，当不复记忆；吾时虽能记忆，亦未知其言之悲也。

吾年十九，始来京城。其后四年，而归视汝。又四年，吾往河阳省坟墓，遇汝从嫂丧来葬。又二年，吾佐董丞相于汴州[⑧]，汝来省吾，止一岁，请归取其孥[⑨]。明年，丞相薨，吾去汴州，汝不果来。是年，吾佐戎徐州[⑩]，使取汝者始行，吾又罢去，汝又不果来。吾念汝从于东，东亦客也，不可以久，图久远者，莫如西归，将成家而致汝。呜呼！孰谓汝遽去吾而殁乎！吾与汝俱少年，以为虽暂相别，终当久相与处，故舍汝而旅食京师，以求斗斛[⑪]之禄；诚知其如此，虽万乘之公相，吾不以一日辍汝而就也！

去年，孟东野[⑫]往，吾书与汝曰："吾年未四十，而视茫茫，而发苍苍，而齿牙动摇。念诸父[⑬]与诸兄，皆康强而早逝，如吾之衰者，其能久存乎？吾不可去，汝不肯来，恐旦暮死，而汝抱无涯之戚也。”孰谓少者殁而长者存，强者夭而病者全乎！呜呼！其信然邪？其梦邪？其传之者非其真邪？信也，吾兄之盛德，而夭其嗣乎？汝之纯明，而不克蒙[14]其泽乎？少者强者而夭殁，长者衰者而存全乎？未可以为信也。梦也，传之非其真也？东野之书，耿兰[15]之报，何为而在吾侧也？呜呼！其信然矣！吾兄之盛德而夭其嗣矣！汝之纯明宜业其家者，不克蒙其泽矣！所谓天者诚难测，而神者诚难明矣！所谓理者不可推，而寿者不可知矣！虽然，吾自今年来，苍苍者或化而为白矣，动摇者或脱而落矣。毛血日益衰，志气日益微，几何不从汝而死也。死而有知，其几何离？其无知，悲不几时，而不悲者无穷期矣！汝之子始十岁，吾之子始五岁，少而强者不可保，如此孩提者又可冀其成立邪？呜呼哀哉！呜呼哀哉！

汝去年书云：“比得软脚病[16]，往往而剧。”吾曰：“是疾也，江南之人，常常有之。”未始以为忧也。呜呼！其竟以此而殒其生乎？抑别有疾而至斯乎？汝之书，六月十七日也；东野云，汝殁以六月二日；耿兰之报无月日。盖东野之使者，不知问家人以月日；如耿兰之报，不知当言月日。东野与吾书，乃问使者，使者妄称以应之耳。其然乎？其不然乎？

今吾使建中祭汝，吊汝之孤与汝之乳母。彼有食可守以待终丧，则待终丧而取以来；如不能守以终丧，则遂取以来。其馀奴婢，并令守汝丧。吾力能改葬，终葬汝于先人之兆，然后惟其所愿。

呜呼！汝病吾不知时，汝殁吾不知日，生不能相养以共居，殁不能抚汝以尽哀，敛不得凭其棺，窆[17]不临其穴。吾行负神明，而使汝夭，不孝不慈，而不得与汝相养以生、相守以死；一在天之涯，一在地之角，生而影不与吾形相依，死而魂不与吾梦相接，吾实为之，其又何尤[18]！彼苍者天，曷其有极[19]！自今以往，吾其无意于人世矣！当求数顷之田于伊、颍之上，以待馀年，教吾子与汝子，幸其成；长吾女与汝女，待其嫁，如此而已。呜呼，言有穷而情不可终，汝其知也邪？其不知也邪？呜呼哀哉！尚飨[20]。

【注释】

①十二郎：名老成，是韩愈的二哥韩介的儿子。韩愈的大哥韩会没有儿子，十二郎过继给韩会做儿子。韩愈三岁丧父，从小由大哥、大嫂抚养，和十二郎生活在一起。后来，韩愈的大哥、二哥、大嫂和二哥的另外一个儿子百川，都相继去世。韩愈和十二郎叔侄俩成了韩家的“两世一身”。②建中：韩愈派去祭奠十二郎的人。时羞：时鲜的菜肴。奠：祭品。③省：知道。怙(hù)：依靠。《诗经》说：“无父何怙？”所怙：指父亲。韩愈的父亲韩云卿死于公元770年，当时韩愈只有三岁。兄嫂，指韩会和郑夫人。④殁：死。公元777年5月，韩会由起居舍人贬韶州(治所在今广东韶关市西)刺史，不久死于任上，卒年四十二岁。当时韩愈十岁。⑤河阳：在今河南孟县，韩氏的祖宗坟墓所在地。⑥江南：这里指宣州。唐德宗建中二年(781年)，韩愈跟着大嫂移居宣州(今安徽宣城县)。韩氏有别业在宣州。⑦三兄：韩愈只有韩会韩介两个哥哥，“三”字恐怕是传写错了的。⑧董丞相：董晋，唐德宗贞元十二年(796年)任宣武节度使，汴、宋、亳、颍等州观察使，韩愈在他属下任节度使推官。汴州：在今河南开封。⑨孥(nú)：妻子和儿女。⑩韩愈离开汴州后，宁武节度使张建封任他为徐州(今江苏徐州)节度推官。唐德宗贞元十六年(800年)，张建封去世，韩愈西归洛阳。因此，下文“东亦客也”中的“东”即指徐州，“莫如西归”中的“西”指韩愈的河南老家。⑪斗斛(hú)：古代的量器，十斗为一斛。⑫孟东野：孟郊，诗人，韩愈的学生。孟东野于公元802年出任溧阳(今江苏溧阳市)尉，溧阳离十二郎居住的宣州不远，所以托他带信。⑬诸父：叔父、伯父。⑭克：能够。蒙：承受。⑮耿兰：来报告十二郎死讯的家人。⑯比：近来。软脚病：脚气病。⑰敛：给死者更衣称小敛，把死者装入棺中称大敛。凭：靠着。窆(biǎn)：下葬。⑱尤：怨。⑲曷：同“何”。极：尽头。《诗经·鸨羽》：“悠悠苍天，曷其有极！”⑳尚：希望。飨(xiǎng)：用酒食款待人，泛指请人享受。

祭 妹 文[1]

［清］ 袁 枚

乾隆丁亥冬，葬三妹素文于上元之羊山，而奠以文曰：

呜呼！汝生于浙而葬于斯，离吾乡七百里矣；当时虽觭梦[2]幻想，宁知此为归骨所耶！

汝以一念之贞，遇人仳离[3]，致孤危托落。虽命之所存，天实为之；然而累汝至此者，未尝非予之过也。予幼从先生受经，汝差肩[4]而坐，爱听古人节义事，一旦长成，遽躬蹈之。呜呼！使汝不识诗书，或未必艰贞若是。

余捉蟋蟀，汝奋臂出其间；岁寒虫僵，同临其穴[5]。今予殓汝葬汝，而当日之情形憬然赴目[6]。予九岁，憩书斋，汝梳只髻，披单缣来，温《缁衣》一章。适先生奓户[7]入，闻两童子音琅琅然，不觉莞尔，连呼则则。此七月望日事也，汝在九原，当分明记之。予弱冠粤行[8]，汝掎裳悲恸。逾三年，予披宫锦[9]还家，汝从东厢扶案出，一家瞠视而笑，不记语从何起，大概说长安登科，函使报信迟早云尔。凡此琐琐，虽为陈迹，然我一日未死，则一日不能忘。旧事填膺，思之凄梗，如影历历，逼取便逝。悔当时不将嫛婗[10]情状，罗缕纪存。然而汝已不在人间，则虽年光倒流，儿时可再，而亦无与为证印者矣。

汝之义绝高氏而归也，堂上阿奶[11]仗汝扶，家中文墨顺汝办治。尝谓女流中最少明经义谙雅故者，汝嫂非不婉嫕[12]，而于此微缺然。故自汝归后，虽为汝悲，实为予喜。予又长汝四岁，或人间长者先亡，可将身后托汝；而不谓汝之先予以去也！

前年予病，汝终宵刺探，减一分则喜，增一分则忧。后虽小差，犹尚殗殜[13]，无所娱遣。汝来床前，为说稗官野史可喜可愕之事，聊资一欢。呜呼！今而后吾将再病，教从何处呼汝耶！

汝之疾也，予信医言无害，远吊扬州。汝又虑戚吾心，阻人走报。及至绵惙已极，阿奶问望兄归否，强应曰“诺”。已予先一日梦汝来诀，心知不祥，飞舟渡江。果予以未时还家，而汝以辰时气绝。四支犹温，一目未瞑，盖犹忍死待予也。呜呼痛哉！早知诀汝，则予岂肯远游，即游亦尚有几许心中言要汝知闻，共汝筹画也。而今已矣！除吾死外，当无见期。吾又不知何日死，可以见汝，而死后之有知无知，与得见不得见，又卒难明也。然则抱此无涯之憾，天乎，人乎，而竟已乎！

汝之诗，吾已付梓⑭；汝之女，吾已代嫁；汝之生平，吾已作传；惟汝之窀穸⑮，尚未谋耳。先茔在杭，江广河深⑯，势难归葬，故请母命而宁汝于斯，便祭扫也。其旁葬汝女阿印⑰。其下两冢：一为阿爷侍者朱氏，一为阿兄侍者陶氏。羊山旷渺，南望原隰⑱，西望栖霞，风雨晨昏，羁魂有伴，当不孤寂。所怜者，吾自戊寅年读汝哭侄诗后，至今无男，两女牙牙，生汝死后，才周晬⑲耳。予虽亲在未敢言，而齿危发秃，暗里自知，知在人间尚复几日！阿品⑳远官河南，亦无子女，九族无可继者。汝死我葬，吾死谁埋？汝倘有灵，可能告我？

呜呼！身前既不可想，身后又不可知，哭汝既不闻汝言，奠汝又不见汝食。纸灰飞扬，朔风野大，阿兄归矣，犹屡屡回头望汝也。呜呼哀哉！呜呼哀哉！

【注释】

①选自《小仓山房文集》，是袁枚为其三妹素文所写的一篇祭文。袁枚的三妹素文：名机，字素文。与姓高的指腹为婚。后来高氏子恶劣无赖，高家的人请求解除婚约，但素文受封建礼教的影响，不肯解约。她婚后受尽虐待，不得已，与高家断绝关系，回居娘家。死时40岁。乾隆三十二年丁亥（1767年），袁枚为她营葬。上元之羊山：在今江苏省南京市，当时属江苏省上元县。下文的“斯”即指羊山。②浙：指杭州。觭梦：奇异的梦。觭，同“奇”。③仳（pǐ）离：别离。旧时特指妇女被遗弃而离去。托落：孤独不遇。④差（cī）肩：比肩，并肩。⑤同临其穴：同到它们的穴边凭吊。临，凭吊。⑥憬然赴目：清楚地呈现在眼前。憬然，醒悟。

⑦奓(zhà)户:开门。则则:同“啧啧”,赞叹的声音。⑧弱冠粤行:刚成年时前往广西。袁枚曾于乾隆元年(1736 年)到广西去看望叔父袁鸿。弱冠,男子成年。粤,广西包括在古代“百粤”范围之内。掎:牵引。⑨披宫锦:指中进士。唐朝进士及第,披宫袍,后人就称中进士为“披宫锦”。下文“长安登科”即指这件事。⑩嫛婗(yī ní):婴儿。这里指幼年时期。罗缕:详细。⑪阿奶:指袁枚的母亲。下文“汝嫂”,指袁枚的妻子,“阿爷”,指袁枚的父亲,“阿兄”,指袁枚自己。这些称呼都是向袁机说话的口气。顺:以目示意。⑫婉嫕(yì):柔顺和静。⑬殗殜(yè dié):病不甚重,半起半卧。⑭付梓:指书稿付印。梓,梓木,书的雕版。⑮窀穸(zhūn xī):墓穴。⑯江广河深:由南京到杭州,乘船要先经长江,后经运河,所以这样说。⑰阿印:袁机有两个女儿,阿印是其一,早死。⑱旷渺:广远。原隰(xí):平原和低下的地方。⑲周晬(zuì):周岁。⑳阿品:袁枚堂弟袁树的小名。

【知识】

1. 祭文

祭文是在告祭死者或天地、山川等神祇时所诵读的文章,体裁有韵文和散文两种。内容主要为哀悼、祷祝、追念死者生前主要经历,颂扬他的品德业绩,寄托哀思,激励生者。

2. 古人之死的讳称

古人对“死”有许多讳称。君王至高无上,连“死”也有专称,除“崩”外,还有“山陵崩”“驾崩”“晏驾”“千秋”“百岁”等。一般官员和百姓死亡,则称“殁”“殂”“千古”“殒命”“捐生”“就木”“弃世”“故”“终”等。父母死后。孩子们则讳称“孤露”“弃养”,长辈去世则婉称“见背”。佛道徒之死,说法更多,如“涅槃”“圆寂”“坐化”“羽化”“登仙”“仙逝”等。

3. 兄弟排行的称谓

古时,伯、仲、叔、季是兄弟长幼的次序。长兄为伯,次为仲,又次为叔,最幼为季。若兄弟三人，则称孟、仲、季。韩愈在兄弟三人中排行最小，所以自称“季父”。

【品读】

《祭十二郎文》与《祭妹文》一改过去祭文的矫揉造作的特点，让人感到字字出肺腑，句句断肝肠。虽然两篇文章出自不同时代的不同作家之手，但在选材、表现手法、叙述顺序等方面都有着相通之处。

首先，从选材上看，两者都跳出了“祭文赞颂死者功业德行”的窠臼，寓情于事，选择了日常生活琐事来表达刻骨铭心的骨肉至情。

《祭妹文》袁枚是在家常琐事的诉说中贯注着诚挚的骨肉之情，从朝夕相处同捉蟋蟀，到比肩并坐相伴读书；从掎裳拽衣不放悲声，到衣锦归家瞠视而笑；从妹归母家服侍阿母，到治办文墨见其才学；从阻人走报宽慰长兄到终宵刺探兄妹情深；从绵惙盼兄挣扎应诺到临终之际一目未瞑；从轻信医言远游他乡到痛悔自责伤心悲绝，这一切都属于琐琐屑事，可正是这些极富情致的生动细节，字字凄楚，句句动人，让人睹之神伤，闻之心动，从而产生出追魂摄魄的魅力。《祭十二郎文》中韩愈选择了自己与十二郎之间的个人家常琐事，从自己幼年丧父到叔侄相依为命，从漂泊天涯到未老先衰，从病情揣测到沉痛自责，从后事安排到吊慰家属，虽多记生活琐事，但无一字不关“情”，无一句不含“情”。

其次，从表现手法来看，两文均采用第二人称直呼亡者，便于情感的抒发与流露。

《祭妹文》开头总说亡妹葬于异地，交代祭奠时间、祭者身份，就用“呜呼”一语转第一人称为第二人称，直呼亡妹，奠定全文凄切哀婉的基调。《祭十二郎文》通篇以汝吾（你我）相称，好像同亡者家常对语一样，读来特别真切感人。开篇“告汝十二郎之灵”，作者不像一般祭文用“祭”字，而特别用一“告”字，意思是说：我在对你说话，你听着啊。这就使读者先留下一个印象：下面的话都是作者向十二郎的倾诉；写的全是作者同十二郎之间的个人家常琐事，每字每句，都是讲给死者听的，就像久别重逢的亲人在一起回忆往事。即使是讲十二郎之死的地方，也好像死者就在旁边倾听。同时，文中不时插入一些问话，“其竟以此而殒其生乎？抑别有疾而至斯乎？”“其然乎？其不然乎？”“汝其知也耶？其不知也耶？”像是作者当着十二郎的面在问他，更增强了当面对语的意味。

再次，从写作顺序来看，两文均以时间为序组织材料。

《祭妹文》从素文墓地入笔到病根祸源的交代；从野外同捉蟋蟀到书斋共读诗经；从兄长弱冠远游时的悲恸到中进士还家后全家的欢乐；从离家出嫁到中道回归；从扶持堂上阿母，治办家中文墨到兄病时终宵刺探，为说稗官野史；从她病重时阻人走报，病危时盼望兄归到病逝后一目未瞑及后事的料理等；无不是以时间为序。更妙的是，作者把当年事和眼前景相结合，通过忆旧来悼念逝者，写这些往事时又都紧扣眼前，昔日相聚的深情厚谊，和如今永诀的悲凉凄苦交织，形成鲜明对比，加深加浓了悲剧的气氛，文章感情起伏跌宕，布局疏密有致。

《祭十二郎文》先通过家世的衰落颓败、幼时的孤苦伶仃及叔侄二人之间三别三会的叙述，抒写了两人之间的深厚情谊，表达了作者内心的悔恨无穷与抱恨终生。然后叙写十二郎之死，流露出内心无穷的迷惘和无尽的悲伤。最后通过对家属的吊慰、坟茔的迁徙及遗孤的教养的叙述，极写内心无处诉说、不可遏止的辛酸与悲苦，显得哀婉凄楚。行文自始至终以时间为顺序，以怀念为线索，层层推进，环环相扣，而又步步深入。随着叙述的展开，作者沉重的情感波涛，也一浪高过一浪，使人读完全篇不能不掩卷深思，为作者因失去相依为命的侄儿所遭受到的深切的精神悲痛而潸然泪下。

【借鉴】

1. 叙事中寄寓哀痛，行文中饱含真情

《祭妹文》回忆童年与妹妹共同生活的琐事时，信手拈来，清灵隽妙；悲悼亲人遽然长逝时，又字字珠玑，句句血泪。这种在叙事中寄寓哀痛，行文中饱含真情的写法使文章具有很强的艺术感染力。学写记人类的文章，不妨学学琐事的叙述、以琐事显真情的写法。

2. 多变的句式与修辞

《祭十二郎文》全文使用了散文句调和平易晓畅的家常生活语言，句式长短错落，变化多端；同时还使用了反复、重叠、排比、呼告等多种修辞手法，增强了文章的感染力。在写抒情性的散文时不妨学用这类增强文章感染力的句式与手法。

【思考】

1.《祭十二郎文》开头一节叙写身世、家世的不幸有什么作用。

2.《祭妹文》第一段中，作者对其妹的不幸遭遇表示了同情，同时分析了原因，作者认为造成妹妹悲剧的真正原因是什么？你如何看待作者的观点？

3. 同为哀祭文，两文所抒情感有何不同？请作简要分析。

4. 两文均采用了第二人称的写法，请分析其表达效果。

【译文】

祭十二郎文

某年某月某日，叔父韩愈听到你去世消息后的第七天，才能含着哀痛表达心意，并派建中远来备办了应时的鲜美食品作为祭品，告慰你十二郎的灵位：

唉！我自幼丧父，等到大了，不知道父亲的模样，只有依靠兄嫂抚养。哥哥正当中年时死在南方，我和你都还小，跟随嫂嫂把哥哥的灵柩送回河阳老家安葬。不久又和你到江南谋生，孤苦伶丁，也未曾一天分开过。我上面有三个哥哥，都不幸很早去世，继承先人的后代，在孙子辈里只有你，在儿子辈里只有我，两代各只剩一人，真是形影孤单。嫂子曾经抚摸着你的头而指着我说："韩氏的两代，就只在这里罢了！"你那时很小，当然不会记得了；我当时虽然能够记事，但也不懂得嫂嫂话中所包含的悲伤啊！

我十九岁时，初次来到京城参加考试。四年以后，才回去看你。又过了四年，我去河阳凭吊祖先的坟墓，碰上你护送嫂嫂的灵柩来安葬。又过了两年，我在汴州辅佐董丞相，你来探望我。只留下住了一年，你就要求回去接妻子儿女。第二年，董丞相去世，我离开汴州，你结果没能来成。这一年，我在徐州辅佐军务，派去接你的人刚动身，我就被免职，你结果又没来成。我考虑到你如果跟我东来徐州，徐州也是异乡客地，不可能久住；从长远考虑，还不如我西归河阳老家，等在那里建下家业再接你回来。唉！谁能料到你竟突然离我而逝世了呢！当初，我和你都年轻，总以为虽然暂时分别，终究会长久在一起的，所以我离开你而旅居长安谋生，以寻求微薄的俸禄；如果知道会是这样的情形，即使让我做拥有车马万乘的公卿宰相，我也不愿因此离开你一天而去赴任啊！

去年，孟东野到你那里去时，我给你的信中说："我年纪还不到40岁，但视力就模糊不清，头发花白，牙齿松动。想起各位叔父伯父和兄长们，都是在健康强壮的盛年早早去世，像我这样身体衰弱的人，难道还能活得长久吗？我不能离开这里，你又不肯来这里，恐怕我早晚之间死去，你就会怀有无穷无尽的忧伤了。"谁能料到年轻的人却先死了，而年老的反而还活着，身体强壮的人早早死去，而身体衰弱的反而还活在人间呢？唉！是真的这样呢？还是在做梦呢？还是这传来的消息不真实呢？如果是真的，那么我哥哥有美好的品德反而早早地绝后了呢？你(那么)纯正聪明反而不能承受我哥哥的恩泽吗？年轻的、强壮的人反而要早早死去，年老衰弱的却应活在世上吗？实在不敢把它当作真的啊！是在做梦，是传来的消息不真实，可为什么东野的来信，耿兰报丧的讯息，却又都在我身边呢？唉！这确实是真的了！我哥哥有美好的品德竟然早早地失去后代，你那样纯正聪明是应该继承家业的人，现在却不能承受我哥哥的恩泽了！这正是所谓苍天确实难以揣测，而神意实在难以明白了！也就是所谓天理不可推求，而寿命的长短无法预知啊！虽然这样，我从今年以来，花白的头发有的全要变白了，松动的牙齿有的脱落了，身体越来越衰弱，精神也越来越差了，过不了多久就要随你死去了。如果死后有知觉，那么我们又能分离多久呢；如果死后无知觉，那么我悲痛的时间就没有多久，而(死后)不悲痛的时间却是无穷无尽的。你的儿子才10岁，我的儿子才5岁，年轻强壮的尚不能保全，像这么大的小孩子，又怎么能希望他们长大成人有所作为呢？啊，悲痛啊，真是悲痛！

你去年来信说："近来得了软脚病，时常(发作)得厉害。"我说："这种病，江南地区的人常常得。"没有把它当作值得忧虑的事。唉，(谁知道)竟然是因为这种病而让你丧了命呢？还是由于别的病而导致这样的不幸呢？你的信是六月十七日写的；东野说，你是在六月二日去世的，耿兰报丧时没有说日期。大概是东野的使者不知道向你的家人问明日期，而耿兰报丧竟不知道应该告诉日期；还是东野给我写信时，才去问使者，使者胡乱说个日期应付他呢？是这样呢？还是不是这样呢？

现在我派建中来祭奠你，慰问你的孩子和你的乳母。他们如果有粮食可以吃到丧期终了，就等到丧期结束后再把他们接来；如果不能守到丧期终了，我就马上接他们来。剩下的奴婢，叫他们一起为你守丧。如果我有能力为你迁葬，最后一定把你安葬在祖坟旁，这样以后，才算了却我的心愿。

唉！你患病我不知道时间，你去世我不知道日子，活着的时候不能住在一起互相照顾，死的时候没有抚尸痛哭，入殓时没能在棺前守灵，下棺入葬时又没有亲自到你的墓穴边。我的行为辜负了神明而使你这么早死去。我对上不孝顺，对下不慈爱，既不能与你相互照顾着生活，又不能和你一块死去。一个在天涯，一个在地角。你活着的时候不能和我形影相依，死了后魂灵也不在我的梦中显现，这确实都是我自己造成，又能怨恨谁呢？天哪，(我的悲痛)什么时候才会穷尽！从今以后，我已经没有心思奔忙在世上了，当在伊水、颍水边置办几顷地，度过我的余年；教养我的儿子和你的儿子，希望他们成才；抚养我的女儿和你的女儿，等到她们出嫁，(我的心愿)像这样罢了。唉！话有说完的时候，而哀痛之情却不能终止，你是知道呢？还是不知道呢？悲哀啊！希望你的灵魂前来享用祭品吧！

祭 妹 文

乾隆丁亥年冬天,我将三妹素文安葬在上元县羊山,并且用文章祭奠她说:

唉!你生在杭州,却安葬在这里,这里距离我们家乡有七百里路远啊。当你初生的时候,即使会做奇异的梦,有奇妙的幻想,又怎么料到这里是你埋葬骸骨的地方呢?

你由于一念之间坚守贞操,(不同意解除婚约),遭人离弃,以致使自己处境孤危、郁郁寡欢。这虽然是命中注定的,是上天早就安排好的;但是连累你到了如此的境地,未尝不是我的过错啊。我小时候跟着先生学习,听老师讲授经书,你和我肩并肩地坐在一起,你特别喜欢听老师讲古人忠孝节义的故事;一旦长大成人,就身体力行,照着去做。唉!假使你不知道经书上那些忠孝节义的事,或许未必在以后遭到厄运时能像这样苦守贞节啊。

(记得儿时),我捉蟋蟀,你也张开手臂在草丛乱石中跑来跑去替我帮忙,天冷了,蟋蟀冻死了,(我们又将它埋葬,)我们一同到它的穴边凭吊。现在我将你入殓安葬,但往日的情景清楚地呈现在眼前。我九岁时,(有一次)正在书斋休息,你梳着成对的发髻,披着细绢单衣来到,(一起)温读《缁衣》一章,正好先生开门进来,听到两个童子琅琅的读书声,他不觉脸上露出了笑容,连连发出"啧啧"的赞叹声。这是七月十五日的事情,你在九泉之下,应当清楚地记得这一情景。我二十岁那年到广西去,你牵着我的衣裳伤心大哭。过了三年,我中了进士还家,你从东边厢房端着食案出来,全家人直眼看着笑着,不记得当时的话题从哪儿说起的,大概是说我在长安考中了进士,递信人报信的迟早一类的话。所有这些细微的事,虽然已经成为过去,但是只要我一天没死,就一天不能忘掉。过去的事充塞在胸中,一想起它们就悲伤哽咽。这些情景就像影子一样远远看它清晰可见,但要走近得到它,它便消失无踪了。我后悔当时没有将童稚时的情况,详细地记录保存下来。但是你已经不在人世,那么即使光阴倒流,儿童时代可以再次出现,却再也没有来为它作见证的人了。

你为了维护道义与高氏决裂回到家后，堂上阿母依靠你侍候，家中文字方面的事务巴望着你办理。我曾经说过妇女中最缺少懂得了经书的旨意和熟悉典故的人，你嫂子虽说不是不柔顺和静，但是她在这方面稍有欠缺。所以自你回来以后，我虽然替你的不幸感到悲伤，其实又替我自己（有了你这个好妹妹帮助持家）而感到高兴。我比你大四岁，或许会按人世间年长者先死的规律死在你前面，那我就可以将我死后的事托付给你，却没有想到你竟会在我之前离开了人世啊！

前年我患病时，你通宵不眠前来探问我的病情，病情减轻一分你就高兴，病情增加一分你就担忧。后来病情虽然稍稍好一些，但还是半坐半卧，没有什么可以娱乐消遣。你来到床前，替我讲一些野史小说中使人高兴或惊讶的故事，姑且给我一点欢乐。唉！今后我要是再患病在床，又叫我到什么地方去喊你啊！

你患病时，我听信了医生的话以为你的病没有什么危险，远远地到扬州吊唁友人。（病情恶化了，）你又怕我为你心忧，阻止别人赶来告知我（你的病情）。等到病情严重到了极点，阿母问你是不是盼望哥哥回来，你才勉勉强强答应一声“好”。我已经先一天梦见你来诀别了，心知不吉利，飞舟渡过长江。果然，我在未时回到家中，而你在辰时已经气绝。四肢还温热，一只眼睛还没有闭，你还在挣扎着不死等我（回来）啊！唉，悲痛啊！早知道会和你永别，那么我怎么肯远行！即使要远行，也会有一些心里话要让你听到、了解，（有多少事）要和你一同筹划商量啊！可是现在（一切都）晚了！除了我死之外，我俩应当没有相见的日子。我又不知哪一天死，可以见到你，而且死后有没有知觉，能不能和你相见，也终究难以弄个明白。既然这样，那么我只有抱着这无边无际的遗憾。是天意呢，还是人事呢，却竟至如此呢！

你的诗稿，我已经付印；你的女儿，我已经代你嫁出了；你的生平事迹，我已经写了传记；只有你的墓穴还没有来得及和你商量啊！祖先的坟墓在杭州，路途遥远，江宽河深看样子很难将你的骸骨运回家乡安葬了，所以我特地征求了母亲的吩咐，而让你在这里安息，以便我们祭吊扫墓。你的墓旁葬着你的女儿阿印。你的下首还有两座坟墓，一座是阿爷的侍妾朱氏的，一座是阿兄的侍妾陶氏的，羊山是这样的空旷辽阔，朝南可望见宽阔的平原和低湿的洼地，朝西可望见栖霞山，刮风下雨，早晨黄昏，你寄居他乡的魂灵也有个伴侣，应当不会感到孤单寂寞。可怜的是，我自从戊寅年读你写的哭侄诗后，至今没有男孩，两个女孩正在牙牙学语，出生在你死后，不过刚刚周岁。我虽然因为父母健在不敢说自己年老，但是牙齿松了，头发掉了，我暗地里明白，知道自己活在人世间还能有几天啊！阿品远远地在河南作官，也没有子女，(这样看来，)我们九族里已没有可以继承的人了。你死了由我埋葬，我死了叫谁埋葬呢？你如果有灵的话，可以告诉我吗？

唉！此身以前的事既已能想象，此身以后的事又不能知道，哭你既听不到你答话，祭奠你又没见到你吃祭品，钱纸的灰烬漫天飞扬，北风刮得又凶又猛烈。你的哥哥回去了，还一次次回头来望你啊。唉，悲伤啊！唉，悲伤啊！

附录:《古代散文联璧百篇》分学段研读篇目

高一研读篇目(30 篇)

一、记叙性散文(共 22 篇)

□项羽本纪·垓下之围(司马迁)

□高祖本纪·高祖论杰(司马迁)

■冯谖客孟尝君(《战国策》)

■信陵君窃符救赵(司马迁)

□方山子传(苏轼)

□巢谷传(苏辙)

■芋老人传(周容)

■崇明老人记(陆陇其)

□先妣事略(归有光)

□先妣事略(张惠言)

■焚驴志(王若虚)

■卖柑者言(刘基)

□丰乐亭记(欧阳修)

□醒心亭记(曾巩)

■超然台记(苏轼)

■放鹤亭记(苏轼)

□沧浪亭记(苏舜钦)

□沧浪亭记(归有光)

■桂(周去非)

■菊(李渔)

□《世说新语》三则(刘义庆)

□《梦溪笔谈》二则(沈括)

二、说理性散文(共 6 篇)

□季氏将伐颛臾(《论语》)

□寡人之于国也(《孟子》)

■非攻(《墨子》)

■谋攻(《孙子兵法》)

□鸟说(戴名世)

□杂说(周实)

三、实用性散文(共 2 篇)

□与朱元思书(吴均)

□山中与裴秀才迪书(王维)

高二研读篇目(42篇)

一、记叙性散文(共18篇)

□屈原列传(司马迁)

□张衡传(范晔)

■伯夷列传(司马迁)

■太史公自序(司马迁)

□张中丞传后叙(韩愈)

□段太尉逸事状(柳宗元)

■小石城山记(柳宗元)

■始得西山宴游记(柳宗元)

□前赤壁赋(苏轼)

□后赤壁赋(苏轼)

■游黄山记(徐宏祖)

■游黄山记(袁枚)

□西湖杂记(袁宏道)

□西湖七月半(张岱)

■养竹记(白居易)

■古樟记(戴名世)

□九疑山图记(元结)

□吴山图记(归有光)

二、说理性散文(共10篇)

□学记(《礼记》)

□进学解(韩愈)

■封建论(柳宗元)

■明良论(龚自珍)

□朋党论(欧阳修)

□朋党论(司马光)

■六国论(苏洵)

■六国论(苏辙)

□读《孟尝君传》(王安石)

□蔺相如完璧归赵论(王世贞)

三、实用性散文(共14篇)

□报任安书(司马迁)

□报孙会宗书(杨恽)

■答李翊书(韩愈)

■答韦中立论师道书(柳宗元)

□梅圣俞诗集序(欧阳修)

□陈无异寄生篇序(袁中道)

■书韩魏公黄州诗后(苏轼)

■书魏郑公传后(曾巩)

□论积贮疏(贾谊)

□论贵粟疏(晁错)

■送石处士序(韩愈)

■送温处士赴河阳军序(韩愈)

□赠黎安二生序(曾巩)

□送天台陈庭学序（宋濂）

高三研读篇目(28篇)

一、记叙性散文(共10篇)

□伶官传（欧阳修）

□宦者传（欧阳修）

■五柳先生传（陶渊明）

■六一居士传（欧阳修）

□巨鹿之战（司马迁）

□赤壁之战（司马光）

■烛之武退秦师（《左传》）

■触龙说赵太后（《战国策》）

□柳子厚墓志铭（韩愈）

□潮州韩文公庙碑（苏轼）

二、说理性散文(共12篇)

□稼说送张琥（苏轼）

□原才（曾国藩）

■刑赏忠厚之至论（苏轼）

■刑赏论（曾巩）

□留侯论（苏轼）

□留侯论（魏禧）

■慕贤（颜之推）

■廉耻（顾炎武）

□王充论文与道（王充）

□文心雕龙·情采（刘勰）

■辨奸论（苏洵）

■书苏明允《辨奸论》后（管同）

三、实用性散文(共6篇)

■狱中上母书（夏完淳）

■与妻书（林觉民）

□兰亭集序（王羲之）

□春夜宴诸从弟桃李园序（李白）

■祭十二郎文（韩愈）

■祭妹文（袁枚）